AF832324

# Die Rechtsprechung

der

# Oberlandesgerichte

## auf dem Gebiete des Zivilrechts.

Herausgegeben von

**B. Mugdan**, Kammergerichtsrat a. D.

und

**† R. Falkmann**, Senatspräsident am Kammergericht.

**Sechsunddreißigster Band.**

(Jahrgang 1918, erstes Halbjahr.)

Leipzig,

Verlag von Veit & Comp.

1918

Druck von Metzger & Wittig in Leipzig.

# Systematisches Inhaltsverzeichnis nach der Paragraphenfolge der Gesetze.

**Verfaßt von Oberlandesgerichtsrat Dr. Warneyer in Dresden.**

(Die Zahlen bedeuten die Seiten.)

## I. Reichsgesetze.

### 1. Bürgerliches Gesetzbuch.

Bürgerliches Gesetzbuch.

Bürgerliches Gesetzbuch.

Bürgerliches Gesetzbuch.

Bürgerliches Gesetzbuch.

### 2. Einführungsgesetz zum Bürgerlichen Gesetzbuch.



### 3. Gesetz über die Sicherung der Bauforderungen

vom 1. Juni 1909.



### 4. Stellenvermittlergesetz

vom 2. Juni 1910.



### 5. Handelsgesetzbuch.

Handelsgesetzbuch.

### 17. Grundbuchordnung.



### 18. Zwangsversteigerungsgesetz.



### 19. Abkommen zur Regelung des Geltungsbereichs der Gesetze auf dem Gebiete der Eheschließung vom 12. Juni 1902.



### 20. Abkommen zur Regelung des Geltungsbereichs der Gesetze und der Gerichtsbarkeit auf dem Gebiete der Ehescheidung und der Trennung von Tisch und Bett vom 12. Juni 1902.



### 21. Gesetz, betr. die Unterstützung von Familien in den Dienst eingetretener Mannschaften vom 28. Februar 1888.

## 1. Recht der Schuldverhältnisse.

a) **Schadensberechnung:** α) **Maßgeblicher Ort.**

OLG. Hamburg, 3. ZS. Urteil v. 4. Oktober 1917.

Der Kläger, dem die Maiskleie vertragswidrig nicht geliefert ist, berechnet den Unterschied zwischen dem Vertragspreise und dem Marktpreise, der um die Zeit der Erfüllungsverweigerung in Dresden bestanden habe. Die Beklagte meint, nicht Dresden, sondern Kronstadt komme dafür in Betracht, weil hier der Erfüllungsort gewesen sei. Ob dies zutrifft, bedarf keiner Prüfung. Jedenfalls hatte Beklagter die Ware nach Dresden, dem Sitze des Klägers, zu versenden. Dresden war mithin der Ablieferungsort. Erlangte aber der Kläger erst hier die tatsächliche Verfügung über die gekaufte Ware, so war er befugt, in seine Schadensrechnung den Preis einzusetzen, den er hier aufwenden mußte, um nach der Erfüllungsweigerung der Beklagten in Dresden anderweitig Vertragsware zu erhalten. ... M. M.

β) **Hat der Schädiger auch die Kosten eines erfolglosen Vorprozesses zu ersetzen?**

OLG. Kiel, 1. ZS. Urteil v. 12. Juli 1917.

Die Frage, ob der an sich schadenspflichtige Beklagte dem Kläger auch die Kosten eines Vorprozesses zu erstatten hat, den dieser gegen einen Dritten, X., angestrengt hat, läßt sich nicht allgemein, sondern stets nur an der Hand des Einzelfalles beurteilen. Hier hatte sich der Kläger zunächst an die Beklagte (Kanalverwaltung) mit dem Anspruch auf Schadensersatz gewandt, von ihr aber unter näherer Darlegung des Sachverhalts die Antwort erhalten, daß der Zusammenstoß der Schiffe im Kanal lediglich durch die Besatzung des dem X. gehörigen Baggers verschuldet sei. Der Kläger, der selber nicht Zeuge des Zusammenstoßes gewesen war, verließ sich auf das Ergebnis der amtlichen Ermittlungen und klagte gegen X., indem er zugleich den Streit der Kanalverwaltung verkündete. Diese trat dem Kläger bei und vertrat auch in der Berufungsinstanz ihren bisherigen Standpunkt, der dem Inhalt ihres Schreibens an Kläger vom 10. September 1913 entsprach. Bei dieser Sachlage ist der Klaganspruch begründet. Das Reich haftete dem Kläger nur dann, wenn dieser anderweitig nicht Ersatz erlangen konnte. Nach den amtlichen Ermittlungen des Kanalamtes mußte der Kläger annehmen, daß ihm X. haftpflichtig sei. Wenn er sich infolgedessen entschloß, den Prozeß gegen X. zu führen, so war dies eine sachgemäße und gerechtfertigte Maßnahme, um seinen Schaden ersetzt zu verlangen, und solche Aufwendungen, welche der Geschädigte verständigerweise machen muß, um sich von dem Schaden zu erholen, sind, wenn dieser Erfolg ohne Verschulden des Geschädigten demnächst ausbleibt, als weitere Schadensfolgen anzusehen, für die der ursprüngliche Schädiger als Folgen seiner Handlung aufzukommen hat. Freilich hing es von dem freien Willen des Klägers ab, ob er den Prozeß gegen den Dritten führen wollte, aber darum erscheint doch der ursächliche Zusammenhang als nicht unterbrochen, solange nur die durch die Schadenszufügung gestaltete Sachlage bei Anwendung verständigen Ermessens zu dieser Maßnahme gerechtfertigten Anlaß gab. Der Zusammenhang ist auch als ein adäquater anzusehen; denn ein Unfall, dessen Ursachen nicht von vornherein klar zutage liegen, bringt allgemein die Gefahr mit sich, daß vor völliger Klarstellung des Sachverhalts Beteiligte als schuldig erscheinen, die es schließlich nicht sind, daß also in der Verfolgung des Schuldigen trotz Anwendung aller Sorgfalt zunächst fehlgegriffen wird. [Rsp. 34 S. 400]. B.p.

γ) **Abstrakte Schadensberechnung im nichtkaufmännischen Verkehr.** OLG. Rostock, 2. ZS. Urteil v. 23. März 1917.

Die Beklagte, die dem Kläger (Landwirt) 800 Zentner Palmkuchen waggonfrei Bützow verkauft hatte, erklärte dem Kläger am 13. August 1914 die Aufhebung des Vertrags und lieferte trotz Nachfristsetzung. Der Kläger berechnet seinen Schaden in der Weise, daß er den Preis eines Deckungskaufs für Bützow berechnet und davon den Vertragspreis abzieht. Mit Recht hat das LG. diese abstrakte Schadensberechnung abgelehnt. Sie wird zwar nicht schon dadurch ausgeschlossen, daß sich der Kläger mit der ihm vertragswidrig nicht gelieferten Ware nicht oder doch nicht vollständig eingedeckt, sondern an deren Stelle andere Futtermittel erworben hat. Hätte sich ein Kaufmann mit anderer Ware eingedeckt, so könnte ihm die abstrakte Berechnung des Schadens deshalb noch nicht verweigert werden. Aber sie gehört an sich dem Handelsrechte an. Sie ist in § 376² HGB. zwar nur für Fixgeschäfte ausdrücklich festgesetzt, wird aber auf die gewöhnlichen handelsrechtlichen Lieferungsgeschäfte ausgedehnt, weil im Handelsverkehr der Wille des Kaufmanns, weiter zu veräußern, ohne weiteres anzunehmen ist, so daß er eine sich bietende Gelegenheit zu vorteilhafter Weiterveräußerung nicht unbenutzt lassen wird (Fischer, Schaden S. 59f.). Dies entspricht dem § 252 BGB., wonach als entgangen der Gewinn gilt, der nach dem gewöhnlichen Lauf der Dinge mit Wahrscheinlichkeit erwartet werden konnte. Ob diese Grundsätze auch dann gelten, wenn ein Kaufmann Waren für seinen eigenen Bedarf eingekauft hat (Staub HGB. § 374, Exkurs N. 60 gegen Düringer² 2 S. 253), kann dahingestellt bleiben. Für den nichtkaufmännischen Verkehr ist die abstrakte Schadensberechnung meist nicht anwendbar und muß durch besondere Umstände, die auf die Absicht der Weiterveräußerung schließen lassen, begründet werden. Insbesondere ist hier, wo ein Landmann Futterstoffe zum Verbrauch in der eigenen Wirtschaft gekauft hat, die abstrakte Berechnung unzulässig, weil der Kläger nach dem gewöhnlichen Laufe der Dinge die Ware nicht weiter veräußert haben würde (Fischer aO.) J.n.

ð) **Maßgebender Zeitpunkt bei Nachfristsetzung.**

OLG. Kiel, 2. ZS. Urteil v. 22. Mai 1917.

Was den für den Marktpreis maßgebenden Zeitpunkt angeht, so hat nach der in Rechtsprechung und im Schrifttume herrschenden Ansicht der Käufer die Wahl, ob er die Schadensberechnung auf die Zeit der ersten Inverzugsetzung oder auf den Zeitpunkt des Ablaufs der Nachfrist abstellen will (vgl. RG. 60 S. 347; Staub-Könige-Pinner Exkurs zu § 374 HGB. Anm. 62, Düringer-Hachenburg HGB. II S. 253; Kommentar von Reichsgerichtsräten zum BGB. Anm. 1 zu § 325 BGB.). Neuerdings ist bestritten worden, daß der Ablauf der Nachfrist zugrunde gelegt werden könne (vgl. OLG. Dresden in der Leipziger Zeitschrift 1917 S. 418 und Reinhard das. S. 361). Das Berufungsgericht hält aber an der herrschenden Ansicht fest. Zwar ist es richtig, daß der Käufer durch die Gewährung des abstrakten Schadens wirtschaftlich in die Lage gebracht werden soll, in der er sich befunden hätte, wenn der Verkäufer rechtzeitig geliefert hätte. Aber bis zum Ablaufe der Nachfrist hatte der Käufer noch den Anspruch auf Erfüllung, erst mit dem Ablauf der Frist fiel der Erfüllungsanspruch weg (vgl. § 326 Satz 2 BGB. und RG. 52 S. 94). War also der Erfüllungsanspruch — infolge des Verzugs des Verkäufers — vor seinem Erlöschen, also unmittelbar vor Ablauf der Nachfrist, unter der Wirkung von Preissteigerungen für den Käufer wertvoller geworden, so ist nicht einzusehen, warum dieser Mehrwert des Erfüllungsanspruchs dem Käufer verloren gehen und bei der Umwandlung in den Schadensersatzanspruch außer Betracht bleiben sollte. Der Schadensersatz soll dem Gläubiger dafür gewährt werden, daß er seinen Erfüllungsanspruch so wie sich dieser bis zuletzt gestaltet hatte, eingebüßt hat. B.p.

b) **Umfang des mitwirkenden Verschuldens.**

OLG. Kiel, 2. ZS. Urteil v. 6. November 1917.

Das Mitverschulden des am 25. Nov. 1915 infolge Glätte verunglückten Klägers liegt darin, daß er, obwohl er nach seiner eigenen Angabe am Vormittag von seiner Frau darauf aufmerksam gemacht worden war, daß der Schnee und das Eis auf dem Bürgersteige vor dem Hause des Beklagten nicht beseitigt würden und die Kinder sich dort „Glitschen" machten, er sich auch noch mittags davon überzeugt hatte, daß die Kinder damals vor dem Laden im Hause des Beklagten glitschten, gegen 4 Uhr nachm. diese Stelle, ohne besonders auf sie zu achten, überschritten und hierbei noch seinen dreijährigen Sohn mit sich auf dem Arme getragen hat. Hätte er sich schon bei Beobachtung der beim Straßenverkehr erforderlichen Sorgfalt selber sagen müssen, daß die glatten Stellen des Bürgersteiges nur von einer dünnen Schicht frisch gefallenen Schnees bedeckt waren und ihre Gefährlichkeit für Fußgänger deshalb nicht verloren hatten, so durfte er sich beim Überschreiten dieser Stelle noch viel weniger mit einer unnötigen Bürde belasten, die sein Gleichgewicht ungünstig zu beeinflussen geeignet war und ihn noch dazu behinderte, den Weg vor sich uneingeschränkt im Auge zu behalten. B.p.

c) **Erfüllungsort:** α) **„Zahlung gegen Dokumente bei Ankunft des Dampfers in Hamburg".**

OLG. Hamburg, 6. ZS. Urteil v. 3. März 1917.

Nach dem Vertrage hatte der Beklagte hier nicht nur seine Zahlungspflicht als Käufer zu erfüllen, sondern auch die Ware gemäß § 377 HGB. zu untersuchen. Hinsichtlich des Kaufpreises war vereinbart „Zahlung gegen Dokumente bei Ankunft des Dampfers in Hamburg" und „Anweisung eines Kredits in Hamburg, zahlbar gegen Dokumente bei Ankunft der Ware in Hamburg". Abwegig ist die Bezugnahme des Beklagten auf RG. 46 S. 195. Dort war allerdings als Zahlungsbedingung vereinbart: „Kasse bei Empfang", aber die Beklagte hatte als Käuferin an ihrem Wohnsitz in London zu empfangen und daher auch zu bezahlen. Hier hatte aber der Beklagte gerade in Hamburg zu zahlen und überdies auch die Ware untersuchen zu lassen. Demgemäß war Hamburg Erfüllungsort des Beklagten. M. M.

β) **„Abladung von Holland" und „waggonfrei D."**

OLG. Hamburg, 1. ZS. Urteil v. 14. Mai 1917.

Die Vertragsbestimmung: „Lieferung: März — Abladung von Holland, holländisches Ausfuhrverbot vorbehalten" betrifft nur die Zeit der Lieferung, zumal es sich nicht um ein eigentliches Überseegeschäft handelt. Der Gedanke, daß damit der Erfüllungsort für den Verkäufer, der gleich dem Käufer hier seine Handelsniederlassung hatte und hat, nach Holland verlegt sei, widerspricht dem verkehrsüblichen Sinn der Bestimmung, zumal es mindestens ungewöhnlich wäre, ein ganzes Land als „Erfüllungsort" zu bezeichnen. — Auch die Klauseln: „Preis: waggonfrei Duisburg" und „Zahlung: Kasse gegen Duplikatfrachtbrief" sind, einzeln für sich betrachtet, hier nicht entscheidend. Die erstere Klausel ist an sich nur ein Faktor für die Preisberechnung und die zweite ein solcher für die Zahlungszeit. Dies hindert aber nicht, die Klauseln für die Frage, wo der Erfüllungsort des Verkäufers ist, zur Klarstellung des Vertragswillens heranzuziehen. Nun ist die Ware von Holland nach Duisburg auf dem Wasserwege befördert worden und unbestritten haben dies die Parteien schon beim Vertragsschluß in Aussicht genommen. Demgemäß hatte der Duplikatfrachtbrief, den der Kläger als Verkäufer zur Erlangung des Kaufpreises beschaffen mußte, ab Duisburg (und nicht etwa ab Holland) zu lauten und der Kläger nicht nur die Versendungskosten bis Duisburg zu bezahlen, sondern auch die Ware dort zur Weiterbeförderung auf die Bahn zu geben. Dies weist aber mit genügender Klarheit darauf hin, daß die Versendung bis Duisburg keine bloße Nebenverpflichtung des Klägers war, sondern zu seinen wesentlichen Vertragspflichten gehörte, so daß Duisburg als der Erfüllungsort für seine Lieferungspflicht anzusehen ist. M. M.

γ) **Abladehafen. Besorgung der Versendung der Ware.**

OLG. Hamburg, 3. ZS. Urteil v. 14. Dezember 1916.

Die Klage auf Ersatz des Nichterfüllungsschadens ist unbegründet. Die Beklagte hat eine Ware verkauft, die im Juli 1914 von Amerika zu verladen und „cif Hamburg, andere Häfen mit dem üblichen Aufschlag in Käufers Wahl, netto Kasse gegen Dokumente" zu liefern war. Bei solchem Vertrage war für ihre Vertragspflichten der Abladehafen jedenfalls insoweit, als es sich um die Übergabe der Ware an den Käufer handelte, der Erfüllungsort und ging mit der Auslieferung an den Schiffer die Gefahr der Ware regelmäßig auf den Käufer über (RG. in HansGZ. 1915 S. 123). Bildet wie hier eine nur der Gattung nach bestimmte Sache den Gegenstand des Kaufes, so muß freilich noch hinzukommen, daß der Verkäufer dem Käufer die erfolgte Verladung anzeigt, wodurch sich nach der allgemeinen Rechtsüberzeugung der Kaufleute die im § 243[2] vorgesehene Beschränkung des Schuldverhältnisses vollzieht. Wurde demnächst, nachdem die Reederei gemäß § 629 Nr. 2 HGB. vom Frachtvertrage zurückgetreten war, die Ware aus dem Schiffe wieder ausgeladen, so war das ein Umstand, den die Beklagte nicht zu vertreten hatte. Bestand schon aus diesem Grunde für sie keine Verpflichtung, die Ware von neuem zu verladen, so kommt hinzu, daß mit dem 31. Juli 1914 die Verladungsfrist abgelaufen war, die bei Abladungsgeschäften der hier fraglichen Art eine wesentliche Vertragsbedingung bildet, so daß nach ihrem Ablaufe der Kläger die Verladung überhaupt nicht mehr verlangen konnte.

Zu keiner anderen Beurteilung führt die Erwägung, daß der Verkäufer, der die Versendung der Ware bewirkt, damit ein Geschäft des Käufers besorgt, als dessen Beauftragter er insoweit anzusehen ist (HansGZ. 1916 S. 47). Denn der Auftrag war nach der Natur des Cif-Verkaufes darauf beschränkt, die gegen Seegefahr versicherte Ware ordnungsmäßig auf den Weg zu bringen, und dieser Verpflichtung wurde durch den Abschluß des Frachtvertrags und die Übergabe der Ware an das Schiff genügt. Dafür, daß das Schiff die Reise antrat und den Bestimmungshafen erreichte, hatte die Beklagte nicht einzustehen. . . . M. M.

*δ)* **für Rückgabe der Mietsache und Schadensansprüche.**

OLG. Hamburg, 6. ZS. Urteil v. 28. Juni 1917.

Der Kläger stützt seinen Hauptanspruch [gegen die Militärintendantur] darauf, daß die ihm zurückgegebenen Mieträume über den vertragsmäßigen Gebrauch hinaus abgenutzt worden seien. Er behauptet damit, daß die Beklagte ihre Rückgabepflicht nicht gehörig erfüllt habe. Ob der Vermieter auch schon während des Mietverhältnisses einen Anspruch auf Entschädigung wegen eines vertragswidrigen Gebrauchs der Sachen hat, ist rechtlich bedeutungslos, da sich der Kläger auf die nicht gehörige Erfüllung der Rückgabeverpflichtung der Beklagten stützt und es hierauf für die Zuständigkeit des LG. Bremen allein ankommt. Diese Rückgabe hat die Beklagte an sich am Orte, wo sich die Mieträume befinden, zu bewirken. Dies ist auch noch besonders aus der Vertragsbestimmung zu folgern, daß die Vergütung für die Abnutzung der Räume von der Bremer Garnisonverwaltung zu regeln ist. Danach ist aber nach § 29 ZPO. dieser Ort auch für die Geltendmachung des Klaganspruchs entscheidend, denn er wird aus der Verpflichtung der Mieterin hergeleitet, die Sache in vertragsmäßigem Zustande zurückzuliefern. Ob der Kläger die Wiederherstellung dieses Zustandes selbst oder Ersatz in Geld beansprucht, ist rechtlich unerheblich, da nach § 29 der Gerichtsstand für jede Klage auf Entschädigung wegen Nichterfüllung oder nicht gehöriger Erfüllung einer streitigen Verpflichtung gegeben ist. Ebenso ist bedeutungslos, daß hier die Mietsache selbst dem Kläger bereits zurückgegeben worden ist, da der Anspruch die nicht gehörige Erfüllung der aus dem Mietvertrage sich ergebenden Rückgabeverpflichtung betrifft (vgl. Seuff. 50 Nr. 274). Ebenso ergibt sich die Zuständigkeit des LG. auch hinsichtlich des Ersatzanspruchs wegen nicht erfolgter Rückgabe einer Anzahl von Gegenständen, die sich in Mieträumen befunden haben; denn sie ist an dem Orte, wo sie sich befunden, zurückzugeben, wie sich aus der Natur der Sache ergibt.

Dagegen betrifft der Anspruch auf die rückständigen Verpflegungs- und Quartiergelder eine Verpflichtung, die die Beklagte an ihrem Sitze zu erfüllen hat, da nichts dafür vorliegt, daß sie nach der Absicht der Parteien in Bremen erfüllt werden sollte. Insbesondere ergibt sich eine solche Vereinbarung nicht aus der Abmachung, daß der Kläger sein Geld bei der Kassenverwaltung des Bataillons abholen sollte; denn diese Abmachung bezieht sich nur auf § 270, der aber den Erfüllungsort nicht berührt. Der Kläger meint zwar, daß der Anspruch nur nebensächlicher Natur und daß deshalb der Bremer Gerichtsstand auch für ihn gegeben sei. Da er aber mit der in Bremen zu erfüllenden Rückgabeverpflichtung nicht rechtlich zusammenhängt, so kann auch daraus, daß er materiell geringer ist als die beiden ersten Ansprüche, ein Gerichtsstand in Bremen nicht gefolgert werden. Eine Verbindung mehrerer auf verschiedenen Gründen beruhenden Ansprüche, wie sie hier vorliegt, ist nach § 260 ZPO. überhaupt nur zulässig, wenn für sämtliche Ansprüche dasselbe Prozeßgericht zuständig ist. M. M.

d) **Unmöglichkeit:** *α*) **der Herausgabe wegen Verlustes der Sache.**

OLG. Dresden, 7. ZS. Urteil v. 21. November 1917.

Der Beklagte hat sich in dem Vertrage, durch den er sein Geschäft an die Kläger verkaufte, verpflichtet, ihnen die Handlungsbücher, also auch die hier streitige Strazze spätestens Anfang 1913 herauszugeben. Wenn er jetzt behauptet, die Herausgabe sei objektiv unmöglich, so muß er den Eintritt der Unmöglichkeit als rechtsvernichtenden Umstand voll beweisen; der Nachweis, das Buch sei ihm abhanden gekommen, reicht nicht aus; denn das Buch kann wieder in seinen Besitz gelangen; er kann den Dritten ausfindig machen, der es hat (Planck § 275 II 2a). Deshalb genügt noch nicht, daß ihm die Strazze auf dem Umzug nach Dresden verloren gegangen sei; er müßte weiterhin nachweisen, daß sie infolge des Verlustes vernichtet, oder doch für ihn unauffindbar und nicht wieder beschaffbar sei. Hieran aber hat er es fehlen lassen und insbes. nichts darüber vorgebracht, welche ernstlichen Schritte er etwa zur Wiedererlangung der Bücher gemacht, in welcher Weise er bei der Eisenbahnverwaltung und dem mit seinen Umzug beauftragten Spediteur vorstellig geworden, ob er den Transport, besonders die Bücher versichert hatte und wie sich die Versicherungsgesellschaft seinen Ansprüchen gegenüber verhalten hat. Bei dem großen Wert, den er selbst auf die Bücher legte und bei seiner Verpflichtung zur Herausgabe wäre eine Versicherung gegen Verlust beim Umzug wohl angebracht gewesen. Erst wenn dargetan wäre, daß all die vorgedachten Bemühungen erfolglos gewesen und nach menschlichem Ermessen jede Möglichkeit einer Wiedererlangung der Strazze als ausgeschlossen zu erachten wäre, könnte von einer Unmöglichkeit zur Leistung gesprochen werden. —e—

*β*) **Verkauf vertretbarer oder bestimmter Ware?**

OLG. Hamburg, 6. ZS. Urteil v. 15. Februar 1917.

Verkauft hat die Beklagte am 22. „Kranzdärme, Abladung von A., in Malmö angekommen" und am 25. Februar 1915: „Kranzdärme, die in Malmö angekommen". Die Beklagte hält sich wegen Unmöglichkeit für befreit, da sie auf Grund falscher Auskunft ihres Bankhauses angenommen habe, die tatsächlich noch nicht in Malmö angekommene Ware sei dort bereits eingetroffen gewesen. Da sie ferner „Abladung von A." verkauft und beabsichtigt hatte, zur Erfüllung des Vertrags die mit Dampfer „Preston" erwarteten Därme zu verwenden, so handle es sich um einen Verkauf einer speziell bestimmten Ware, deren Lieferung unmöglich geworden sei. Allein die Beklagte hat nicht Ware aus einem bestimmten Dampfer, sondern allgemein Kranzdärme, als eine Gattungsware, verkauft, von der sie überdies behauptet hat, daß sie bereits in Malmö eingetroffen sei und die sie, soweit die am 22. Februar verkauften in Frage kommen, weiter noch dahin bezeichnet hat, daß sie Abladung von A. seien. Sie hatte also genau bezeichnete Gattungsware verkauft und anzudienen, und kann sich nicht damit entschuldigen, daß die Därme, die sie mit dem Dampfer „Preston" erwartete und zur Erfüllung ihrer Lieferungsverpflichtung bestimmte, nicht angekommen seien. Sie muß für die Folgen unrichtiger Auskunft ihres Bankhauses einstehen, selbst wenn sie gutgläubig sich darauf verlassen hat. M. M.

*γ*) **Rücklieferung der bearbeiteten Ware als Gattungsschuld?**

OLG. Rostock, 1. ZS. Urteil v. 5. Februar 1917.

Die beklagte Genossenschaft übernimmt u. a. auch die Verflockung von Kartoffeln für Nichtgenossen, wobei es vertragsüblich ist, daß der Besteller nicht gerade die aus seinen eigenen Kartoffeln hergestellten Flocken, sondern eine nach dem Gewicht und Stärkegehalt seiner Kartoffeln berechnete Menge des im Betriebe der Beklagten hergestellten Fabrikats zurückerhält. Der Kläger hat im Winter 1915/16 zu solcher Verarbeitung 2400 Zentner Kartoffeln zur Fabrik der Beklagten geliefert und das Entgelt bezahlt, bisher aber trotz Nachfristsetzung nur die Hälfte der herzustellenden Flocken erhalten. Gegen die Klage auf Schadensersatz wendet die Beklagte ein, daß die ihr obliegende Verpflichtung, da der Kläger keinen Anspruch auf Lieferung gerade der aus seinen Kartoffeln hergestellten Flocken habe, eine Gattungsschuld sei, deren Erfüllung ihr infolge der durch den Weltkrieg hervorgerufenen wirtschaftlichen Verhältnisse, besonders durch die Maßnahmen der zuständigen Behörden und durch die im Frühjahr 1916 eingetretene Kartoffelknappheit ohne ihr Verschulden mindestens in solcher Weise erschwert worden sei, daß diese Erschwerung bei billiger Berücksichtigung aller Umstände der Unmöglichkeit gleich geschützt werden müsse. Diese Darlegung, die im wesentlichen auf die Grundsätze des Lieferungsverkaufs vertretbarer Gegenstände zugeschnitten ist, wird dem Wesen des unter den Parteien abgeschlossenen Vertrags nicht gerecht. Es handelt sich um einen Werkvertrag, bei dem der eine Teil die entgeltliche Verarbeitung der vom Besteller überbrachten Kartoffeln zu Flocken übernimmt. Es ist rechtlich genau dasselbe Verhältnis, wie es zwischen dem Lohnmüller und dem Landmann eingegangen wird, der sein Korn zur Mühle bringt, um es gegen Mahllohn zu Mehl verarbeiten zu lassen. Die Verpflichtung der Beklagten, Flocken zurückzuliefern, wird zwar zur Gattungsschuld, aber nur deshalb, weil der Besteller bei der vertretbaren Natur sowohl der eingelieferten Bodenerzeugnisse wie des daraus herzustellenden Fabrikats regelmäßig gar kein Interesse daran hat, ob die zurückzuliefernden Flocken aus seinen eigenen oder aus fremden Kartoffeln hergestellt sind und weil der Fabrikbetrieb des Unternehmers mit sich bringt, daß sich die getrennte Aufbewahrung und Verarbeitung der einzelnen Kartoffellieferungen nicht ohne besondere Unzuträglichkeiten durchführen läßt. Aber der Umstand, daß der Besteller keinen Anspruch auf Flocken einer bestimmten Herkunft hat, ändert an der rechtlichen Natur des Vertragsverhältnisses als eines Werkvertrags nichts und berechtigt vor allem den Unternehmer nicht, nach seinem Belieben über die eingelieferten Kartoffeln ohne Rücksicht auf die dem Besteller gegenüber begründete Verpflichtung zu verfügen. Immer bleibt bestehen, daß der Besteller selbst durch seine Einlieferung den Unternehmer in den Stand setzt, den Vertrag zu erfüllen, indem der Unternehmer entweder aus dem vom Besteller gelieferten Vorrat, oder, wenn er diesen für einen anderen Kunden verwendet, aus der dadurch verfügbar werdenden Lieferung dieses anderen die dem Besteller zurückzugebenden Fabrikate herzustellen vermag. Solange der Unternehmer seinen Betrieb zu halten vermag und solange die eingelieferten Bodenerzeugnisse nicht durch äußere Einflüsse beschädigt werden oder zugrunde gehen, ist er stets in der Lage, erfüllen zu können, weil die Summe der von den Bestellern überbrachten Erzeugnisse der Summe der abzuliefernden Fabrikate entspricht. Liefert aber der Unternehmer die Fabrikate aus den Produkten seiner Besteller an Abnehmer, die ihm zu verabeitende Erzeugnisse nicht geliefert haben, so verletzt er die gegen seine Besteller übernommenen Pflichten und muß die Verantwortung tragen, wenn es ihm nicht gelingt, rechtzeitig Ersatz zu beschaffen. In dieser Lage ist die Beklagte. Sie hat die aus den Kartoffeln des Klägers hergestellten Flocken an die Marineverwaltung geliefert. Sie tat es auf eigene Gefahr in der Erwartung sich anderweitig Kartoffeln beschaffen zu können, um den Kläger daraus zu befriedigen. Diese Erwartung ist fehlgeschlagen. Sie hat sich also selbst in die Unmöglichkeit versetzt erfüllen zu können, für diese eigene Handlung muß sie einstehen. J. n.

d) **Verkauf einer erst herzustellenden Ware.**

OLG. Hamburg, 3. ZS. Urteil v. 21. Dezember 1916.

Nach dem Vertrage von 1912 hatte die beklagte Norwegerin dem deutschen Kläger den ganzen Fang ihres Walfischdampfers für 1913—1915 in seinem Ergebnisse verkauft, aber für 1915 nicht geliefert. Der Streitfall ist nach deutschem Recht zu entscheiden. Erfüllungsort sollte ein Weserhafen, also ein deutscher Hafen sein. Beide Parteien haben sich ausdrücklich der hamburgischen Gerichtsbarkeit, im Falle von Qualitätsstreitigkeiten der hiesigen Arbitrage unterworfen. Auch die Parteivertreter haben übereinstimmend erklärt, daß das deutsche Recht anzuwenden sei. — Die Lieferung der Ware war nach der besonderen Natur des Vertrags eine Hauptverpflichtung der Beklagten, die von wesentlicher Bedeutung war. Die Ware selbst hatte nach dem Vertrage die Beklagte noch erst selbst zu gewinnen, und zwar in der Weise, daß sie ihren Dampfer nach den bei den Shetlandsinseln belegenen Fanggründen zum Walfischfange zu entsenden und sogleich an Bord des Schiffes aus den erlegten Tieren den Tran durch Auskochen herzustellen haben sollte. Infolge des Krieges konnte der auf diese Weise 1915 gewonnene, als Nahrungsmittel wie für technische Zwecke gleich wertvolle Tran nicht nach Deutschland verschifft werden. Zu einer Verschiffung über Norwegen oder zu einer Verbringung dorthin und Einlagerung daselbst war die Beklagte vertraglich nicht verpflichtet, zumal der Kläger Bezahlung des Rechnungsbetrags erst im Laufe des Rechtsstreits angeboten hat, also zu einer Zeit, als der Tran bereits in England verkauft war. Auch war die Beklagte gar nicht in der Lage, die für den Kläger bestimmte Ware nach Norwegen zu verbringen, um sie von dort nach Deutschland zu befördern oder um sie in Norwegen für den Kläger einzulagern. Mit einer Übertragung der Rechte und Pflichten des Klägers auf die holländische Firma X. brauchte die Beklagte nicht einverstanden zu sein. Im Jahre 1914 hatte keine derartige Übertragung, sondern lediglich eine Lieferung an jene Firma stattgefunden. Für 1915 hat der Kläger ein derartiges Verlangen überhaupt nicht gestellt. ... M. M.

e) **Abladegeschäft und Lieferungsgeschäft mit Cif gestelltem Preis. Änderung des Lieferungsortes.**

OLG. Hamburg, 6. ZS. Urteil v. 5. Dezember 1916.

Der Vertrag über chinesisches Hühneralbumin sieht „August/September Verladung von Hamburg“ vor. Es handelt sich somit nicht um das übliche

Abladungsgeschäft aus überseeischen Plätzen. Weder kann die Verladungszeit als Zeitbestimmung des § 376 HGB. angesehen werden, noch bildet sie eine wesentliche Vertragsbedingung in dem Sinne, daß der Käufer eine spätere Lieferung weder verlangen, noch ablehnen darf. Der Vertrag ist daher nicht mit 30. September 1914 ohne weiteres hinfällig geworden; er bestand vielmehr an sich fort, so daß Kläger noch am 2. Oktober 1914 die Lieferung fordern durfte. Die andere Frage, ob die Beklagte infolge Unmöglichkeit der Leistung die Erfüllung des Vertrags ablehnen durfte, wäre unzweifelhaft zu bejahen, wenn ihre Vertragsleistung ausschließlich in der Verladung der Ware nach New York bestanden hätte; denn eine solche Verladung ist seit dem Kriegsbeginn unmöglich. Allein die Annahme der Beklagten, daß der Kläger die Lieferung in Hamburg nicht verlangen durfte, ist irrig. Zwar hat dieses Gericht (HansGZ. 1916 Nr. 36) ausgesprochen, daß das Cif-Geschäft nach seiner besonderen Entwicklung im Zweifelsfalle das Recht des Käufers, Lieferung nach anderen Plätzen oder am Erfüllungsorte zu beanspruchen, ausschließe. Aber damals kam ein Abladegeschäft aus überseeischem Hafen in Betracht und war über die Beförderung Besonderes vereinbart worden. Alles dieses trifft hier nicht zu. Es war an sich in Hamburg zu liefern, und nur auf Anregung des Käufers war der Preis cif New York gestellt worden. Die Beweisaufnahme hat nicht ergeben, daß die Ware ausschließlich zur Ausführung nach Amerika bestimmt war, oder daß Beklagte ein erkennbares Interesse daran hatte, die Ware ausschließlich zur Ausführung nach Amerika zu verkaufen (JW. 1916 S. 478[2]). Unwiderlegt ist die Behauptung des Klägers geblieben, daß die Beklagte ihn nicht hätte hindern können, für das Inland zu kaufen, da die Ware ebensogut bei anderen Firmen erhältlich gewesen wäre. Anderseits ist nach dem Gutachten für Ausfuhrware nach Amerika damals kein geringerer Preis gefordert und bezahlt worden, als für im Inland zu verwendende Ware. Da somit die Vereinbarung eines Cif-Preises dem Geschäfte keinen besonderen Charakter verliehen hat, erscheint der Kläger berechtigt, auf die Verladung der Ware zu verzichten und unter entsprechender Herabminderung des Kaufpreises Lieferung in Hamburg zu verlangen, die tatsächlich möglich war. M. M.

e) **Fahrlässigkeit: *α*) bei Erteilung eines „Verkehrsantrags". Ausgleich in Natur.**

OLG. Hamburg, 6. ZS. Zwischenurteil v. 13. Juli 1916.

Die Beklagte hat zum Ausgleich für die aus dem Dampfer „Gießen" zu viel erhaltenen 30000 kg Mais den Verkehrsantrag vom 19. August 1914 dem Kläger übersandt und dieser ihn entgegengenommen. Damit ist ein Vertrag zustande gekommen, nach welchem die Beklagte den Ausgleich in Natur vorzunehmen, den sie aber schuldhaft nicht erfüllt hat. Denn für sie waren insgesamt 70500 kg Mais bei der Lagerhausgesellschaft auf Nr. 3713 eingelagert. Aus dieser sind auf Anweisung der Beklagten bereits 55000 kg am 19. und weitere 11000 kg am 20. August an 4 verschiedene Empfänger ausgeliefert worden, so daß bereits am 20. August der auf Nr. 3713 lautende Verkehrsantrag nicht mehr zugunsten des Klägers erledigt werden konnte. Die Beklagte hatte zwar einige der erwähnten Anweisungen ohne Benennung einer bestimmten Lagernummer gegeben. Da aber in solchem Falle das Lagerhaus berechtigt ist, die Anweisungen aus einer beliebigen für die Anweisenden notierten Lagernummer zu erfüllen, so mußte Beklagte damit rechnen, daß die Anweisung des Klägers wegen möglicherweise eingetretener Überdisposition nicht werde honoriert werden können. Sie hätte diesen Erfolg voraussehen und ihre Verkehrsanträge so ausstellen müssen, daß sie allen Beteiligten gerecht werden konnte. Die Außerachtlassung dieser Verpflichtung gereicht ihr zum Verschulden und macht sie ersatzpflichtig, und zwar gemäß § 276 BGB., nicht wegen Verletzung eines Eigentumsrechtes des Klägers. Der Mais lag nämlich damals, ohne nach Empfängern ausgesondert zu sein, im Lagerhause. Die für den Kläger bestimmte Menge war also bei der Übersendung des Verkehrsantrags noch nicht als getrennte abgesonderte Menge vorhanden. Eine Eigentumsübertragung gemäß § 931 konnte also durch die Übersendung des Verkehrsantrages noch nicht ohne weiteres eintreten. Nach § 36 der BetriebsO. gilt das Gut erst als auf den Empfänger übertragen, wenn der vom Übertragenden unterzeichnete Antrag mit der Gegenzeichnung des Empfängers bei der Gesellschaft angenommen und eingetragen ist, wobei dann zugleich, wenn es sich um einen Teil einer unter einer Lagernummer lagernden größeren Warenmenge handelt, wohl auch die Aussonderung und weitere gesonderte Lagerung dieses Teiles für den Erwerber geschehen wird. Wenn dieser § 36 auch für den Eigentumsübergang rechtlich nicht zu verwerten ist, so stützt sie doch die vorstehend ausgeführte Rechtsansicht, die von beteiligten Kreisen offenbar geteilt wird. Konnte aber schon am 20. August der Verkehrsantrag nicht mehr aus der Nr. 3713 erfüllt werden, so ist rechtlich unerheblich, ob der Kläger die Einreichung des Antrags bei der Lagerhausgesellschaft ungebührlich verzögert hat, da dies für die Unmöglichkeit der Erfüllung nicht ursächlich war. Unter allen Umständen wird dem Kläger das Recht zuzugestehen sein, einige Tage mit der Einreichung des Verkehrsantrages zu warten.

Die Beklagte behauptet noch, sie habe dem Kläger aus den übrigen Lagernummern aus dem Dampfer X. gleichartigen Mais als Erfüllung angeboten. Diese Behauptung ist rechtserheblich. Denn Beklagte konnte aus den ihr noch verfügbaren gleichartigen Mengen Mais andere Lagernummern erfüllen, solange der Kläger aus dem Leistungsverzuge noch keine Folgen gezogen hatte. Er konnte das Angebot auch nicht mit der Begründung ablehnen, daß er keinen Zoll vergüten wollte, denn er war der Beklagten zum Ersatz des Zolles verpflichtet, weil er an sich nur Mais aus Dampfer „Gießen" zu verlangen hatte, diesen aber beim Einführen in das Zollinland hätte verzollen müssen, und nur verlangen konnte, für die zu wenig erhaltenen 29 397 kg Mais schadlos gehalten, nicht aber besser gestellt zu werden. . . . M. M.

*β*) **bei Fürsorge für ein Pferd, das gegen Entgelt zur Grasung genommen ist.**

OLG. Hamburg, 1. ZS. Urteil v. 2. März 1917.

Nach dem Vertrag hatte der Kläger das Recht, sein Pferd auf der Weide des Beklagten (Fiskus) grasen zu lassen. Auf Grund dieses Vertragsverhältnisses war der Fiskus nicht verpflichtet, jede nur mögliche Vorsichtsmaßnahme zur Verhütung jedes nur denkbaren Unfalles zu treffen; vielmehr brauchten seine Angestellten nur dasjenige Maß von Vorsicht zu beachten, das nach den im Verkehr herrschenden Anschauungen von demjenigen zu verlangen ist, der ein fremdes Pferd gegen Entgelt auf seinem Weideland grasen läßt. Was der Kläger hinsichtlich der Einfriedigung der Wassergräben, Abgrabung der hohen Ufer dieser Gräben und Herstellung von geneigten Ebenen von der Sohle des Grabens in die Weide hineingegraben, zum Zwecke der Selbstrettung des Tieres verlangt, geht nach dem Gutachten ersichtlich über das Maß von Fürsorge, das in Hamburg für verkehrserforderlich erachtet wird, weit hinaus. Auch die Art und Weise, in der man hier die Bergung des in den Graben geratenen Pferdes ins Werk gesetzt hat, bietet nach dem Gutachten keinen Grund zu einem Vorwurfe. Nach dem Beweisergebnisse werden zwar Pferde, die in einen Wassergraben geraten sind, in der Weise geborgen, daß ihnen ein Gurt hinter den Vorderbeinen um den Leib gelegt und sie dann herausgezogen werden; dies war aber hier nicht möglich, weil das Tier zu tief im Wasser saß und deshalb hier nichts anderes übrig blieb, als ihm ein Tau um den Hals zu legen, es so zu befestigen, daß es beim Anziehen nicht zugeschnürt werden konnte und dann zu suchen, das Tier mit Hilfe dieses Taues mittels anderer Pferde herauszuziehen, was dann auch sofort gelang. . . . M. M.

*γ*) **bei Befolgung einer wissenschaftlich vertretenen Heilmethode.**

OLG. Hamburg, 3. ZS. Urteil v. 31. März 1917.

Der beklagte Arzt hat bei der Behandlung des Handgelenkbruches die funktionelle Methode angewendet, indem er die Klägerin von Anfang an mit Massage und Gelenkbewegung behandelt hat. Diese Methode wird (nach dem Gutachten) von namhaften Universitätslehrern und Ärzten nachdrücklich gelehrt, empfohlen und angewendet, so daß dem Beklagten weder ein Kunstfehler noch eine Außerachtlassung seiner Berufspflichten vorgeworfen werden kann, wenn er eine Methode anwandte, die berufene Vertreter der medizinischen Wissenschaft, akademische Lehrer und angesehene Ärzte anwenden und an Universitäten und in Fachzeitschriften lehren. Auch dadurch hat er seine Berufspflicht nicht verletzt, daß er kein Röntgenbild aufnahm. Denn wie der Sachverständige darlegt, läßt sich der Standpunkt durchaus verteidigen, daß der Arzt Aufwendungen vermeidet, die er für überflüssig hält, weil er von vornherein sich sagt, daß der Ausfall der Untersuchung, ob ein Bruch vorliegt oder nicht, seine Behandlung jedenfalls nicht beeinflussen werde. Unter diesen Umständen war auf die beantragte Einziehung eines Obergutachtens nicht einzugehen. Es ist nicht die Aufgabe des Gerichts, festzustellen, welche der beiden Behandlungsmethoden nach dem jetzigen Stande der medizinischen Wissenschaft den Vorzug verdient. Es hatte lediglich zu prüfen, ob der Beklagte unter Außerachtlassung seiner ärztlichen Berufspflicht die Klägerin unrichtig behandelt hat. M. M.

f) **§ 281 bei Doppelverkauf. Verwertung des Konnossements über Cif=Ware durch den Verfrachter.**

OLG. Hamburg, 5. ZS. Zwischenurteil v. 24. Januar 1917.

Der Kläger beansprucht auf Grund des § 281 den Gewinn, den die Beklagte durch den Weiterverkauf des ihm bereits verkauften Getreides erzielt hat. Allein die Voraussetzungen des § 281 liegen hier nicht vor. Wenn der Schuldner eine bereits verkaufte Sache auf eigene Gefahr zum zweiten Male verkauft, so erwirbt er den Anspruch auf die Gegenleistung schon durch den Kaufvertrag selbst, nicht erst durch die Übertragung der Sache, die erst die Unmöglichkeit der Leistung an den ersten Käufer herbeiführt. Es handelt sich in solchem Falle nicht um einen Ersatzanspruch für die Veräußerung des geschuldeten Gegenstandes, sondern um eine durch ein obligatorisches Rechtsgeschäft erworbene Gegenleistung (Planck § 281 S. 85; Oertmann Recht der Schuldv. S. 102; Staudinger § 281 S. 164).

In zweiter Linie begründet der Kläger seinen Anspruch als Schadensersatz wegen Nichterfüllung. Die Beklagte wendet ein, sie sei nach Nr. 5 des Vertrags zu dem Verkauf der Ware berechtigt gewesen, weil der Kläger Anfang August 1914 zu Unrecht die Aufnahme der Dokumente abgelehnt hätte. Zu einer Verfügung über die Ware und das Konnossement war sie jedenfalls dann nicht mehr berechtigt, als sie Ende August 1914 sich durch nachträgliche Vereinbarung mit dem Kläger bereit erklärt hatte, den Vertrag auszuführen. Nach ihrem eigenen Vortrag hat sie Ende 1914 die Ware anderweitig verkauft. Diese einseitige Verfügung hing aber mit der ursprünglichen Weigerung des Klägers nicht zusammen. Die Ware ist nicht infolge jener Weigerung verkauft worden, sondern, nachdem bereits die nachträgliche Abmachung über die Ausführung des Vertrags getroffen war. Nach Abladung der Ware auf den Dampfer war die Gefahr des zufälligen Untergangs gemäß § 447 — die Ware war cif Hamburg verkauft — auf den Kläger übergegangen. Nach Abladung durfte daher die Beklagte nicht mehr über die Ware verfügen, sie hat daher durch anderweiten Verkauf der Ware schuldhaft den Vertrag verletzt und den Gewinn zu ersetzen, der dem Kläger dadurch entgangen ist, daß er nicht das Konnossement über die Ware im Sommer oder Herbst 1915 nach dem neutralen Auslande habe verkaufen können. . . . M. M.

g) **Zeitpunkt für die Schadensberechnung nach § 283. Unmöglichkeit. Rückgabe von Gerste nach § 7 Bek. v. 3. März 1915.**

Kammergericht, 7. ZS. Urteil v. 13. März 1917.

Der Beklagte ist am 30. März 1915 verurteilt worden, die dem Kläger gehörigen 650 Ztr. Gerste gegen Zahlung von 500 Mark herauszugeben, ist aber hierzu nicht imstande, weil er die Gerste verbraucht hat. Die Klägerin fordert deshalb nach § 283 Schadensersatz und berechnet ihren Schaden nach dem Marktpreise vom 1. März 1916, weil sie durch ihr Schreiben vom 24. Februar dem Beklagten noch eine letzte Frist bis zum 1. März 1916 zur Rücklieferung der Gerste vergeblich gestellt hat. Nach § 283 kann der Gläubiger erst nach dem Ablaufe der gesetzten Frist Schadensersatz verlangen. Erst mit dem Ablaufe der Frist entsteht also der Ersatzanspruch. Als maßgebend für die Berechnung des Schadens ist mithin der Endpunkt der Frist, hier also der 1. März 1916 anzusehen (vgl. Recht 1913 Nr. 2850, 1914 Nr. 2401).

Der Beklagte hat sich nach § 283 Satz 3 auf die Unmöglichkeit berufen, die Gerste zurückzugeben. In Betracht kann jedoch nur eine Unmöglichkeit kommen, die nach der Rechtskraft des Urteils eingetreten ist. Hier aber konnte die Unmöglichkeit, die der Beklagte aus der Bek. v. 3. März 1915 (RGBl. S. 139) herleitet, den Ersatzanspruch schon deshalb nicht beseitigen, weil sie schon vor dem Erlaß des Urteils eingetreten war.

Zu prüfen bleibt noch, ob das Urteil etwa den Beklagten zur Vornahme einer strafbaren Handlung verurteilt; dann wäre es insoweit als nichtig zu behandeln und nicht geeignet, einen Anspruch nach § 283 zu begründen. Ein solcher Fall liegt aber hier nicht vor. Die Klägerin hatte die Gerste dem Beklagten auf Grund eines nichtigen Geschäfts geliefert. Ihr gehörte also, wie nach dem Urteil unterstellt werden muß, nach wie vor die Gerste. Die Urteilsformel spricht deshalb auch davon, daß Beklagter die der Klägerin *gehörige* Gerste ihr herausgeben soll. Eine Herausgabe *dieser* Gerste verletzt aber keinesfalls den erwähnten § 7; denn danach wird nur bestraft, wer Gerste beiseite schafft, beschädigt, zerstört, verarbeitet, verbraucht, verkauft, kauft oder ein anderes Veräußerungs- oder Erwerbsgeschäft abschließt. Die Geltendmachung des *Eigentumsanspruchs* wird dagegen durch § 7 nicht gehindert. L.n.

h) **Verzug: α) vorher erlassenes Ausfuhrverbot.**

OLG. Hamburg, 5. ZS. Urteil v. 6. Dezember 1916.

Die Beklagte hatte von Stettin cif Drammen das streitige Mehl im Juli 1914 zu verschiffen. Die letzten Juli-Dampfer nach Drammen sind unstreitig am 23. und 29. Juli von Stettin abgegangen. Ob am 30. oder 31. Juli noch eine mittelbare Verschiffung hätte erfolgen können und ob solche überhaupt in Frage kam, kann dahingestellt bleiben. Denn auch wenn schon am 29. Juli klar gewesen sein sollte, daß die Beklagte nicht mehr bis Ende Juli erfüllen könnte, so bleibt doch die Tatsache bestehen, daß der Monat noch nicht abgelaufen und die Beklagte demgemäß mit ihrer Leistung noch nicht im *Verzuge* war, als am 31. Juli 1914 der Bundesrat das Ausfuhrverbot erließ, das sie nach der Vertragsklausel von ihrer Lieferfrist befreite. Diese Befreiung trat also ein, bevor der Kläger das Recht erwarb, irgendwelche Verzugsfolgen geltend zu machen. Damit erledigte sich ohne weiteres sein Schadensanspruch. M. M.

*β)* **Mahnung unter vertragswidrigen Bedingungen.**

OLG. Dresden, 3. ZS. Urteil v. 3. Januar 1917.

Da der Kläger Erfüllung unter Bedingungen, die dem Vertrage nicht entsprachen, gefordert hat, war seine Aufforderung ungeeignet, die Beklagte in Verzug zu setzen, vielmehr konnte sie, die sonst nach dem Inhalt ihrer Briefe die Erfüllung nicht verweigert hätte, abwarten, daß sich der Kläger zunächst auf den Boden des Vertrags stelle. Mindestens könnte die Nichterfüllung nicht der Beklagten zum Verschulden angerechnet werden, denn auch bei Anwendung der verkehrserforderlichen Sorgfalt durfte sie zu der Ansicht gelangen, daß, so lange der Kläger einen anderen als den wirklichen Inhalt des Vertrags behaupte, sie sein Erfüllungsverlangen nicht zu beachten brauche. Da aber der Verzug nicht vorliegt, solange die Entrichtung infolge eines Umstandes unterbleibt, den der Verpflichtete nicht zu vertreten hat, grundsätzlich aber nur Vorsatz und Fahrlässigkeit zu vertreten sind, schließt das Fehlen des Verschuldens den Verzug und damit die Nachfristsetzung aus § 326 aus (JW. 1916 S. 1585[3]). —e—

i) **Erfordernisse des § 326:** *α)* **Verzug. Schadensberechnung. Nachträgliches Verkehrsverbot.**

OLG. Hamburg, 6. ZS. Urteil v. 20. Juni 1917.

Da die hier streitigen 200 Zentner Schmierseife bis 15. April 1916 nach Wahl des Klägers (Verkäufers) lieferbar waren, durfte er die Verladung auf 10. April 1916 andienen und Stellung des vertragsmäßig bedungenen Akkreditivs verlangen. Beklagte war sonach im Erfüllungs- und Annahmeverzuge, als sie die Verladung zurückwies und das Akkreditiv nicht stellte. Mit Unrecht führt sie aus, der Kläger habe über die streitigen 200 Zentner anderweitig verfügt und könne daher nicht mehr deren Abnahme derselben fordern. Mit Anlage 6 sagt er lediglich, daß er die ursprünglich für Beklagte bestimmten 200 Zentner nach anderer Seite vergeben habe; er entläßt aber die Beklagte nicht aus ihrer Abnahmeverpflichtung, sondern sagt gleichzeitig, daß er die vertraglich bedungenen 200 Zentner für sie etwa am 17. April verladen werde, indem er für die Stellung des Akkreditivs eine Frist bis 15. April setzt. Diese Fristsetzung, jedenfalls aber die in Anlage 8 mit der Androhung des öffentlichen Verkaufs verbundene Nachfristsetzung, entsprach auch den Erfordernissen des § 326. Da Beklagte die Abnahme ablehnt, ist der Schadensanspruch wegen Nichterfüllung begründet; damit ist gleichzeitig der Anspruch auf Erfüllung ausgeschlossen und konnte dadurch nicht wieder aufleben, daß der Kläger ihn unberechtigt und offenbar irrtümlich im Schreiben vom 20. April geltend machte. War sonach der Erfüllungsanspruch des Klägers mit Ablauf des 17. untergegangen, so hat die erst am 19. in Kraft getretene Bek. vom 18. April 1916 (RGBl. S. 308) die Rechtsbeziehungen der Parteien nicht berührt.

Beklagte behauptet weiter, daß der Kläger an die Androhung des öffentlichen Verkaufs gebunden sei, ein solcher Verkauf sei auf Grund der angeführten Bek. aber nicht mehr zulässig gewesen, da er nicht vor dem 19. April 1916 habe bewerkstelligt werden können. Allein der Kläger hat die Wahl, seinen Schaden abstrakt oder konkret zu berechnen; auch ist ihm nicht verwehrt, von der in Aussicht gestellten konkreten Schadensberechnung abzugehen und an ihrer Stelle die abstrakte Berechnung zu wählen. Demnach war ihm auch unbenommen, den Unterschied zwischen Einstandspreis und Verkaufspreis als Schaden zu fordern. Dabei ist als Regel davon auszugehen, daß der Verkäufer genügend Ware zur Erfüllung aller seiner laufenden Verträge hat, und daß ihm die gewinnbringende Ausnutzung aller von ihm eingekauften Waren möglich ist (Rsp. 23 S. 9). Deshalb ist die Beklagte mit ihrer Einwendung nicht zu hören, daß der Verkäufer die nicht abgenommene, also ihm verbliebene Ware zur Erfüllung eines anderen Abschlusses, also gewinnbringend verwendet, mithin einen Schaden nicht erlitten habe. Ihre Behauptung, der Kläger habe weitere Warenvorräte entweder zu dem behaupteten Einstandspreise nicht beschaffen können oder überhaupt zur Erfüllung anderer Verträge nicht zur Verfügung gehabt, ist in dieser Allgemeinheit nicht einlassungsfähig.... M. M.

*β*) **Erfüllungsbereitschaft des Verkäufers. Schadensberechnung.**

OLG. Hamburg, 6. ZS. Urteil v. 26. April 1917.

Die Versteigerung kann der Schadensberechnung nicht zugrunde gelegt werden. Verkauft waren 350 Tonnen holländischer Kartoffeln; versteigert sind dagegen 737 Tonnen aus dem Kahne „Weser". Es kann dahingestellt bleiben, ob dieser Umstand allein die Maßgeblichkeit der Versteigerung auch dann ausschlösse, wenn die versteigerte Ware durchweg die gleiche Beschaffenheit aufgewiesen hätte, wie die nach dem Vertrage zu liefernde und empfangene Ware. Denn diese Voraussetzung traf nicht zu. Die versteigerten 737 Tonnen, welche insgesamt dem Kläger zugeschlagen wurden, waren nur zum Teil Handelsgut mittlerer Art und Güte; der Durchschnitt war also nicht in vertraglicher Beschaffenheit. Hieraus folgt aber nur, daß der Kläger seinen Ersatzanspruch nicht auf das Ergebnis der Versteigerung gründen kann. Unbenommen bleibt ihm die Schadensberechnung unter Zugrundelegung des Markt- oder Verkäuflichkeitspreises der Ware. Um den so begründeten Schaden geltend zu machen, braucht er lediglich zu beweisen, daß er in der Lage und bereit war, vertragliche Ware dem säumigen Beklagten anzudienen, wobei mit Rücksicht auf dessen Weigerung, den Vertrag als bestehend anzuerkennen, nur ein wörtliches Angebot in Frage kommt. Nach dem Beweisergebnisse war aber der Kläger erfüllungsbereit.... Die Ansicht des Beklagten, daß der Kläger ihn genötigt hätte, die 350 Tonnen, so wie sie fielen, aus dem Kahn zu empfangen, beruht auf bloßer Vermutung. Die Kartoffeln waren ihm nach dem Vertrage frei Waggon Münster, und überhaupt nicht aus dem Kahne zu liefern. Es hätten also, wenn es zur Lieferung an ihn hätte kommen können, zuvor die 350 Tonnen ausgesondert werden müssen.... M. M.

γ) **Erfüllung der Vorleistungspflicht des Käufers trotz Verzugs des Verkäufers.**

OLG. Hamburg, 5. ZS. Urteil v. 29. November 1916.

Der Vertrag der Parteien verpflichtete den Kläger (Käufer) zur Depotstellung von 20000 Mark; er hatte daher der Hamburger Bank diesen Betrag, über den die Beklagte gegen Vorlage des Duplikatfrachtbriefes verfügen konnte, zu überweisen. Er hat auch dieser Verpflichtung entsprochen und bereits einen Tag nach dem Vertragschluß das Depot gestellt. Die Beklagte war nach der Depotstellung zur sofortigen Lieferung verpflichtet, hat aber trotz Mahnung nicht geliefert und befand sich daher am 19. März, als ihr gemäß § 326 eine Nachfrist gesetzt wurde, im Leistungsverzuge. Der Kläger hat aber am Tage der Fristsetzung das Depot bei der Bank zurückgezogen. Hierzu war er nicht berechtigt. Es kann dahingestellt bleiben, ob er nach dem Verhalten der Beklagten überhaupt zur Fristsetzung verpflichtet war. Setzte er aber eine Nachfrist, so erklärte er damit, unter allen Umständen noch innerhalb der Frist zur Annahme der Erfüllung bereit zu sein. Er mußte dann aber auch seinen Verpflichtungen aus dem Vertrage nachkommen und auf Grund seiner Vorleistungspflicht, von der ihn der Verzug der Beklagten nicht entband, das Depot bei der Bank stehen lassen. Der Standpunkt des Klägers erscheint sonach verfehlt, daß Beklagte ihm zunächst hätte nachweisen müssen, daß sie mit der Verladung begonnen habe, und daß er erst dann Veranlassung gehabt hätte, das Depot einzuzahlen. Überdies hat er bei der Nachfristsetzung gar nicht erklärt, er werde das Depot sofort einzahlen, wenn ihm jener Nachweis erbracht würde. M. M.

δ) **Fristsetzung bei Weiterverkauf „unter Übertragung der Schlußnote".**

OLG. Hamburg, 6. ZS. Urteil v. 31. März 1917.

Der Kläger, der von der Beklagten laut Schlußnote vom 6. November 1914 75 Tierces Speck vom Westen Nordamerikas cif Lübeck oder Stettin gekauft hatte, verkaufte am 20. November die Ware unter „Übertragung der Schlußnote" an X. weiter und teilte dies sofort der Beklagten mit. Die Abladung sollte von irgendeinem Orte des Westens Nordamerikas über einen transatlantischen Hafen zur Weiterverladung nach Kopenhagen erfolgen. Ablader war die Beklagte persönlich, die an verschiedenen Plätzen der Vereinigten Staaten große Packerniederlassungen besitzt. Am 28. Januar 1915 setzte X. eine Nachfrist bis zum 4. Februar dem Kläger, der das Schreiben sofort der Beklagten weitergab. Diese erklärte darauf, daß sie nicht die 75 Tierces zu liefern vermöchte, bot jedoch die mit Dampfer „Marengo" eingetroffenen 225 Firkins auf den Vertrag an. X. lehnte ab, deckte sich vielmehr anderweitig und klagte seinen Schaden gegen den jetzigen Kläger, dem die Beklagte auf Streitverkündung beigetreten war, erfolgreich ein. Jetzt beansprucht der Kläger den Ersatz seines Schadens von der Beklagten. Der Anspruch ist begründet.

Der Kläger hat sich im Vorstreite damit verteidigt, daß er aus dem

Vertrag ausgeschieden sei. Damit hat er im Verhältnis zur Beklagten auf seine etwaigen Vertragsrechte nicht verzichtet. Im übrigen ist im Vorstreite rechtskräftig entschieden, daß er aus seinem mit X. abgeschlossenen Kaufvertrage nicht ausgeschieden sei, eine Feststellung, an die die Beklagte auf Grund des § 68 ZPO. gebunden ist. War er aber aus jenem Vertrage nicht ausgeschieden, so konnte auch die „Übertragung" der ursprünglichen Schlußnote nicht die Wirkung gehabt haben, die Beklagte an die Stelle des Klägers zu setzen. Es waren infolgedessen X. sowie der Kläger einerseits, die jetzigen Parteien anderseits unverändert Vertragsteile der beiden Kaufverträge geblieben. Die Übertragung der Schlußnote bedeutet lediglich, daß die Beklagte die dem X. verkaufte Ware liefern und dementsprechend auch den Kaufpreis mit X. verrechnen sollte. Sie wurde daher im Verhältnis von X. zum Kläger eine Art Erfüllungsgehilfin des Klägers.

Dieser Umstand ist gleichzeitig dafür wichtig, ob der Kläger der Beklagten gegenüber den § 326 beobachtet hat. Im allgemeinen wird sich der Käufer, der von seinem Abnehmer gedrängt und schließlich gemäß § 326 in Verzug gesetzt wird, nicht damit begnügen können, die von seinem Abnehmer an ihn gerichteten Schriftstücke einfach seinem Verkäufer weiterzugeben; er wird vielmehr, um nicht seine Ansprüche aus dem Verzuge seines Verkäufers zu verlieren, selbständig gegen diesen nach § 326 vorgehen müssen. Hier hatte aber der Kläger den X. unmittelbar wegen der Lieferung an die Beklagte verwiesen und diese sich damit einverstanden erklärt. Es sollte daher keine Rolle spielen, ob sich X. an den Kläger oder durch dessen Vermittlung unmittelbar an die Beklagte wandte. Da diese an X. für den Kläger liefern sollte, war dessen Verzug gleichzeitig derjenige der Beklagten und umgekehrt. Es genügte daher nach Sinn und Zweck der Vereinbarung, wenn der Kläger oder die Beklagte in Verzug gesetzt wurde. Gab der Kläger unter diesen Umständen die Fristsetzung des X. an die Beklagte weiter, so bedeutete das die maßgebliche Fristsetzung an diejenige, die es angehen sollte. . . . Unerheblich ist, daß die amerikanischen Ablader damals keine Tierces abgeladen hätten; denn die Beklagte war nicht von fremden Abladern abhängig, sondern war selbst die Fabrikantin und Abladerin. Ebenso ist gleichgültig, welchen Wert der Kläger oder X. auf die Lieferung in Tierces legten, und ob die Militärbehörden die Ware auch in viel kleineren Gebinden genommen hätten; denn die Schlußnote hebt ausdrücklich die Lieferung in Tierces hervor und berechtigte daher die Käufer, Lieferung in Tierces zu verlangen. M. M.

k) **Vertragstrafe.**[1] **Verschulden bei Unterlassungen?**

OLG. Hamburg, 5. ZS. Urteil v. 11. April 1917.

Ein Grund, warum der Gesetzgeber den zu einem Unterlassen verpflichteten Schuldner im Gegensatz zu dem zu positivem Handeln verpflichteten

[1] Das Versprechen des Klägers, 500 Mark zu zahlen, falls er im Herbst 1912 nicht das Haus des Beklagten kaufe, ist unwirksam, wenn weder über den Kaufpreis noch über die Art seiner Bildung etwas beredet wurde (OLG. Zweibrücken, 2. ZS. Urteil v. 28. Dez. 1914).

Schuldner ohne Rücksicht auf Verschulden für eine Zuwiderhandlung hat haften lassen wollen, ist nicht ersichtlich. Der Wortlaut des § 339 spricht auch nicht zwingend für die in RG. 55 S. 79 vertretene Ansicht. Der Senat nimmt daher an, daß § 339 Satz 2 den Gläubiger nur vom Nachweis des Verschuldens befreit, dem Schuldner aber gestattet, den Mangel eines solchen als Befreiungsgrund geltend zu machen und zu beweisen, eine Auffassung, die das RG. (63 S. 117) erwähnt, ohne zu ihr Stellung zu nehmen. — Der § 339 ist überdies dispositiver Natur: Die Parteien können in allen Fällen die Verwirkung der Strafe von einem Verschulden des Zuwiderhandelnden abhängig machen. Hier ist die Vereinbarung in diesem Sinne schon mit Rücksicht auf den außerordentlich hohen Betrag der für jeden Zuwiderhandlungsfall abgemachten Strafe auszulegen. Es kann nicht der Wille der Parteien gewesen sein, daß der Kläger eine Strafe von 1000 Mark zahlen sollte, wenn einmal durch ein entschuldbares Versehen von seinem Geschäfte aus Butter an Privatkundschaft verkauft wurde. Dies hat auch der Beklagte niemals geltend gemacht, vielmehr behauptet, daß der Kläger bei Erteilung seiner Weisungen an die Kutscher schuldhaft gehandelt habe. M. M.

1) **Stillschweigende Aufhebung eines Vertrags.**

*α*) OLG. Hamburg, 6. ZS. Urteil v. 5. Juni 1917.

Der Kläger, der wegen Nichterfüllung Schadensersatz beansprucht, hatte auf Grund des Vertrags die Ware nach Lieferung abzunehmen und zu bezahlen, so daß die Beklagte schon ein sehr weitgehendes Entgegenkommen zeigte, wenn sie den Kaufpreis bis zum Wiedereintritt der Verschiffungsmöglichkeit stundete. Das weitere Verlangen, Beklagte solle auf ihre Kosten die Ware bis zur Übernahme einlagern lassen, wurde durch die Sachlage nicht gerechtfertigt und ist auch am 7. August 1914 abgelehnt worden. Nunmehr trat der Kläger mit Bemängelungen der Ware hervor und verlangte also Wandlung, die zurückgewiesen wurde. Schließlich schrieb er der Beklagten: „Ich nehme Ihnen die Ware ab, wenn sie obige kleinen Forderungen gutheißen, also die Ware lagert auf Ihre Kosten". Die Beklagte ließ antworten, daß sie den Eingang des Schreibens bestätige und von dem Inhalt Kenntnis genommen habe. Diese Antwort enthielt nach dem voraufgegangenen Briefwechsel, besonders der wiederholten Ablehnung der Lagerkosten und der Wandlung kein Abgehen der Beklagten von ihrem bisherigen Standpunkte, also keine Zustimmung zu dem Vorschlage des Klägers, sondern lediglich eine Bestätigung des Empfanges seines Schreibens. Damit gab sie zugleich unmißverständlich zu erkennen, daß sie auf das erneute Ansinnen des Klägers nichts anderes als bisher zu erwidern habe. Die Rechtslage war also die, daß die klägerische Zurückweisung der Ware wegen der angeblichen Mängel aufrechterhalten geblieben war; denn der Kläger hatte erklärt, er nehme die Ware nur ab, wenn die Beklagte die Lagerkosten trüge. Seitdem hat die Sache während $1^1/_2$ Jahre geruht. Die Ware lagerte bei den Spediteuren für Rechnung der Beklagten, welche Eigentümerin der Ware blieb und sie demnächst anderweit verkaufte. Der Kläger nahm die Ware nicht ab; auch kümmerte er sich sonst nicht um deren weiteres Schicksal und die Bezahlung der Lagerkosten, obwohl die Beklagte die entschiedene Erklärung, daß sie auf Bezahlung der Lagerkosten durch den Kläger bestehe, nicht zurückgenommen hatte.

Es kann nun dahingestellt bleiben, ob die vom Kläger geforderte Wandlung durch das Stillschweigen der Beklagten nachträglich noch als genehmigt und damit gemäß § 465 als vollzogen zu gelten hat. Jedenfalls kann das geschilderte Verhalten und Schweigen beider Vertragsteile in der langen Zeit von ihnen nur so aufgefaßt sein und dementsprechend gedeutet werden, daß das zwischen ihnen bestehende Vertragsverhältnis erledigt sein sollte. Es liegt also eine Aufhebung des Vertrags durch ihren übereinstimmenden Willen in schlüssiger Weise vor. Es sind auch die außergewöhnlichen Verhältnisse der Kriegszeit und die in ihr eingetretenen großen Preisschwankungen zu berücksichtigen. Hat der Kläger deshalb wirklich noch daran gedacht, sich unter Ausnutzung des Umstands, daß es nicht zur förmlichen Vollziehung der Wandlung gekommen war, die Möglichkeit offen zu halten, bei günstiger Gestaltung der Marktlage die Lieferung der Ware nun doch noch zu fordern, so kann er damit nicht durchdringen. Es widerspricht Treu und Glauben im Handelsverkehr, daß bei einem Kaufgeschäfte, dessen Ausführung wegen Meinungsverschiedenheiten zunächst unterblieb, der eine Vertragsteil die Veränderungen in der Marktlage auf Kosten des anderen Teiles in der Weise ausnutzt, daß er während einer so langen Zeit, wie hier, trotz der danach gerechtfertigten, ihm erkennbaren und auch zweifellos erkannten Annahme des anderen Teiles, daß das Geschäft erledigt sei, sich still verhält und dann mit einem Male Vertragserfüllung oder Schadensersatz wegen Nichterfüllung fordert. M. M.

β) OLG. Hamm, 6. (10.) ZS. Urteil v. 20. Oktober 1916.

Der Kläger hat am 31. Oktober 1914 von der Beklagten 100 Zentner Feldbohnen ohne Vereinbarung einer Lieferungszeit gekauft, aber trotz wiederholter Nachfristsetzungen bis zum 12. März 1915 nichts erhalten. Unter Zugrundelegung des für diesen Tag ermittelten Preises fordert er Schadensersatz. Das LG. hat verurteilt. Seine Entscheidung mag für den Regelfall eines ohne Lieferungszeit geschlossenen Kaufvertrags zutreffen, wird aber der besonderen Sachlage des vorliegenden Falles nicht gerecht. Der Kläger hat im Herbst 1914 Feldbohnen gekauft, eine Warengattung, bei der mit größter Wahrscheinlichkeit während des Winters in Kriegszeiten eine erhebliche Preissteigerung zu erwarten war. Bei einem Kaufe solcher Art in solcher Zeit liegt die Annahme nahe, daß beide Vertragsteile eine unverzügliche Abwicklung des Geschäfts beabsichtigten und daß der Käufer, wenn der Verkäufer nicht liefert, ihm alsbald unzweideutig erklären muß, daß er die Lieferung beanspruche oder die aus dem Verzug entspringenden Rechte geltend machen werde. Es kann aber dahingestellt bleiben, ob ein allgemeiner

Rechtssatz dieser Art anzuerkennen ist. Denn jedenfalls ist hier bei den hinzutretenden besonderen Umständen der Klaganspruch unbegründet. Unstreitig hat Beklagte dem Kläger vor dem Kriege Sesam- und Leimkuchen, lieferbar Ende 1914, abgekauft und im November vergeblich abgerufen. Es bedarf keiner Entscheidung, ob der Kläger zur Lieferung dieser Waren trotz des Krieges verpflichtet und in der Lage war. Durch seine Weigerung entgingen jedenfalls der Beklagten für ihre Viehhaltung diese Futtermittel und sie mußte Ersatz dafür schaffen. Diesen zum Teil dadurch zu suchen, daß sie die dem Kläger verkauften Feldbohnen zurückbehielt, war eine naheliegende und sachgemäße Maßnahme. Da der Kläger Lieferung dieser Feldbohnen nicht verlangt hat, obgleich er im Schreiben vom 28. Oktober 1914 prompte Lieferung zur Bedingung gemacht hatte, so durfte sie nach Treu und Glauben dieses Schweigen dahin auslegen, daß der Kläger, um seine Geschäftsverbindung mit der Beklagten für die Zukunft nicht zu gefährden, ihr entgegenkommend die Feldbohnen als Ersatz für die von ihm nicht gelieferten Futterkuchen belassen wolle. Mit dieser Auslegung mußte auch der Kläger bei verständiger Würdigung der Sachlage rechnen. Der der Klage zugrunde liegende Vertrag ist also in dieser Weise stillschweigend aufgehoben worden. F. N.

m) **Einziehungsvollmacht und Sachbefugnis?**

α) OLG. Karlsruhe, 1. ZS. Urteil v. 11. Oktober 1916.

Der Kläger hat die Forderung gegen X. an die A.Bank abgetreten, um bei dieser als Gegenwert eine gleichhohe Geldsumme zu erheben; die Bank machte sich aber von vornherein aus, daß der Kläger die Schuld allein für sie beizutreiben hatte. Er verpflichtete sich daher, ungeachtet der sofortigen Übertragung der Forderung, allein für die Durchführung des damals gegen X. anhängigen Rechtsstreits zu sorgen und auf Grund des zu erwirkenden Titels den Schuldbetrag einzuzieheu und an die Bank abzuliefern, ohne daß diese dabei Kosten aufzuwenden und als Forderungsberechtigte hervorzutreten brauchte, wennschon sie auch berechtigt sein sollte, die abgetretene Forderung jederzeit selbst als Gläubigerin geltend zu machen und dadurch das Weiterbetreibungsrecht des Klägers wieder auszuschließen. Hiernach sollte die Bank überhaupt nicht gehindert sein, selbst das Gläubigerrecht gegen X. auszuüben; überdies erforderte die Durchführung der dem Kläger damit übertragenen Aufgabe, die Forderung ohne Nennung der Bank beizutreiben, durchaus nicht notwendig eine Spaltung des Gläubigerrechts in der Weise, daß aus der restlos übertragenen Forderung ein besonderes formelles Gläubigerrecht für den Kläger ausgeschieden werden sollte. Eine bloße Einziehungsvollmacht in dem Sinne, daß der Kläger nur bevollmächtigt werden sollte, im Namen der Bank, ohne diese jedoch ausdrücklich zu nennen, die Forderung beizutreiben, war freilich damit auch nicht beabsichtigt; vielmehr sollte der Kläger die vollständig übergegangene Forderung im Interesse der Bank, aber in seinem eigenen Namen und auf eigene Kosten allein zu verfolgen verpflichtet und daher auch berechtigt sein. Letzteres war aber auch durchaus zulässig, da zufolge dieses Auftragsvertrags der Kläger bloß ermächtigt werden sollte, als ein an der Forderung selbst wegen deren gleichzeitigen Abtretung allerdings nicht mehr Berechtigter über sie bloß insoweit, als zur Beitreibung der Schuld erforderlich, im Prozeß- und Vollstreckungsweg auch fernerhin noch gerade so zu verfügen, als sei er formell und materiell ihr Gläubiger geblieben. Denn eine solche Ermächtigung hatte nicht nur zur Folge, daß die daraufhin vom Kläger unternommenen Schritte trotz seines vollständig fehlenden Gläubigerrechts auch der Bank gegenüber dieselben Wirkungen herbeiführten, wie wenn dieser dabei selbst tätig geworden wäre (§ 165[1]), sondern räumte dem Kläger zugleich auch ein eigenes Prozeßführungsrecht zur Durchführung der ihm damit zugewiesenen Aufgabe ein. Die rechtliche Zulässigkeit einer derartigen fiduziarischen Übertragung des bloßen Prozeßführungsrechts ohne das zugrunde liegende materielle und formelle Gläubigerrecht ist freilich äußerst streitig, aber bereits vom hiesigen 4. ZS. bejaht worden (Rechtspraxis 1912 S. 239; vgl. Gruchot 65 S. 766). Die Anerkennung eines solchen fiduziarischen Rechtsgebildes, das im Außenverhältnis lediglich die Übertragung der Parteistellung und nicht der Gläubigerstellung bezweckt, entspricht auch durchaus der durch die Bedürfnisse des vielgestaltigen Verkehrslebens hervorgerufenen Fortbildung des deutschrechtlichen Treuhandgedankens, die durch rein begriffslogische romanistische Einwendungen um so weniger gehemmt werden darf, als sie auch jedenfalls im Rahmen der gewollten Rechtslage, dh. des Prozesses praktisch brauchbarere Ergebnisse liefert als die strenge Durchführung des (allein anerkannten) Grundsatzes der Einziehungsabtretung nur in der Form der Übertragung des vollen Gläubigerrechts ohne jede Rücksicht auf den Willen der Parteien. Daher war der Kläger nach fruchtlos gegen X. versuchter Beitreibung auch befugt, die Übertragung des X.schen Geschäfts an die Beklagte wegen Gläubigerbenachteiligung anzufechten. Bchr.

*β*) OLG. Hamm, 2. ZS. Urteil v. 26. Juni 1917.

Eine Bank hatte von dem Kläger 9000 Mark zu fordern, für die ihr X. seine auf dem Grundstücke des Beklagten haftende Grundschuld verpfändet hatte. Nachdem die Bank die Grundschuld gekündigt hatte, erteilte sie dem Kläger eine „Einziehungsvollmacht" des Inhalts, daß er befugt sein sollte, gegen den Beklagten im eigenen Namen Prozesse zu führen und die Versteigerung des Grundstücks durchzuführen. Der Kläger klagte nunmehr in eigenem Namen auf Duldung der Zwangsvollstreckung, er wurde jedoch wegen mangelnder Aktivlegitimation abgewiesen. Gründe.

Mit Unrecht spricht das LG. von Inkassozession. Darunter versteht man die Abtretung einer Forderung mit der zwischen dem Abtretenden und dem Erwerber getroffenen Innenabrede, daß der Erwerber den eingezogenen Betrag dem Abtretenden herausgebe. Es handelt sich in solchen Fällen um die zu fiduziarischen Zwecken erfolgende Forderungsabtretung, die unbedenklich zulässig ist und den Erwerber nach außen zum Gläubiger macht (RG. 53 S. 416). Hier hat die Bank ihre Forderung gegen den Kläger, die durch die Verpfändung der Grundschuld gesichert werden sollte, dem Kläger weder abtreten wollen noch tatsächlich abgetreten. Die Forderung richtet sich gegen den Kläger selbst. Daß die Bank ihm diese Forderung gegen ihn selbst nicht hat abtreten wollen, liegt auf der Hand. Das Pfandrecht an der Grundschuld ist ein akzessorisches Recht und kann gar nicht allein ohne die gesicherte Forderung abgetreten werden. Dies alles ist der Bank ersichtlich auch vollständig klar gewesen. Die offenbar wohlerwogene Urkunde, die noch ihre Erläuterung in dem an den RA. H. gerichteten Schreiben gefunden hat, sagt von Abtretung kein Wort; sie ist mit dem Wort „Einigungsvollmacht" überschrieben und gibt dem Kläger nach Wortlaut und Sinn lediglich eine Vollmacht, die Bank in Prozessen gegen gewisse Schuldner, darunter auch gegen den Beklagten, ferner auch im Zwangsversteigerungsverfahren, zu vertreten; und zwar soll er die in der Vollmacht genannten Tätigkeiten auf seinen Namen für die Bank vornehmen. Die zu entscheidende Frage ist also nicht die, ob eine Einziehungsabtretung zulässig ist, sondern die, ob A. den B. bevollmächtigen kann, im eigenen Namen Rechte des A. einzuklagen, ohne daß A. dem B. den zugrunde liegenden Anspruch selbst, wenn auch nur fiduziarisch, abtritt.

Allerdings hat sich der 5. ZS. des RG. (73 S. 308) für die Zulässigkeit einer Ermächtigung zur Geltendmachung eines Rechts des Ermächtigenden durch den Ermächtigten in eigenem Namen und auf eigene Gefahr und Kosten grundsätzlich ausgesprochen, und zwar auf Grund der im BGB. herrschenden Vertragsfreiheit; vgl. ferner RG. 53 S. 411, 78 S. 90; ähnlich auch der 7. ZS. (JW. 1916 S. 959[3], Recht 1910 Nr. 4063). Allein dem Tatbestand nach hatten die Urteile — vielleicht mit Ausnahme von RG. 53 S. 408 — es sämtlich damit zu tun, daß ein Anspruch *abgetreten*, aber dem Abtretenden die eigene Geltendmachung des abgetretenen Anspruchs überlassen war. Sodann kann der Senat die Richtigkeit des vom RG. aufgestellten Rechtsgrundsatzes nicht zugeben. Es liegt in der Natur der Sache, daß nur derjenige als Partei einen Anspruch einklagen kann, dem der Anspruch zusteht. Eine Spaltung dahin, daß dem A. der Anspruch zusteht, daß aber B. ihn als Partei im Prozeß geltend macht, ist unnatürlich und verletzt die Rechte des Schuldners wie auch die ganze Fügung des Zivilprozesses. In letzterer Beziehung ist namentlich zu beachten, daß, wenn man dem Bevollmächtigten die Parteistellung zubilligt, dieser und nicht der materiell Berechtigte die Parteieide zu schwören und im Verlustfalle die Kosten zu tragen hat, und daß der materiell Berechtigte als Zeuge auftreten kann. Daß dies alles im hohen Maß unnatürlich ist, liegt auf der Hand. Auch kann man nicht dagegen anführen, daß die Sache bei der Einziehungsabtretung ebenso liege. Denn bei dieser liegt eben eine wirkliche Abtretung vor, der Ermächtigte wird also wirklich neuer Gläubiger, wenigstens im Verhältnis zum Schuldner. Dies ist bei der bloßen Klagermächtigung der durchgreifende Unterschied. Auch haben sich andere Senate des RG. auf den hier vertretenen Standpunkt gestellt und erklärt, daß die Befugnis, ein fremdes Recht im eigenen Namen geltend zu machen, eine besondere gesetzliche Bestimmung voraussetze (vgl. zB. BGB. § 1380); wer daher ohne solche Bestimmung ein fremdes Recht im eigenen Namen geltend mache, sei wegen Mangels der Aktivlegitimation abzuweisen. Diesen Grundsatz hat der 3. ZS. (RG. 57 S. 92) ausgesprochen, ferner sehr deutlich und bestimmt der 2. ZS. in dem — allerdings die Abtretung eines Anspruchs betreffenden — Urteil (JW. 1905 S. 718[8]), dann in einem anscheinend dem hier entschiedenen ähnlichen Falle (JW. 1908 S. 479[10]) und in dem — allerdings wieder eine Abtretung betreffenden — Urteil (Warn. 4 Nr. 14; vgl. auch RG. 66 S. 418). Fr.

n) **Wird die Abtretung durch eine Urkunde über die früher erklärte Abtretung erwiesen?**

OLG. Hamburg, 5. ZS. Urteil v. 18. April 1917.

Nach dem Beweisergebnisse hat Marcus die Hauptforderung an X. nicht auf den Kläger übertragen. Eine solche Abtretung liegt auch weder in seiner schriftlichen Erklärung noch in seiner gerichtlichen Aussage. Denn diese hat sich als prozeßrechtlicher Akt nur darauf, was in der Vergangenheit stattgefunden hat, bezogen und enthält keinerlei rechtsgeschäftliche Erklärung, daß eine Abtretung von neuem vorgenommen werde. Die schriftliche Erklärung aber ist lediglich eine Mitteilung an die Erbin des Bürgen, daß eine schriftliche Abtretung der Rechte gegen X. an den Kläger stattgefunden habe. Diese notariell beglaubigte Erklärung, die dem Kläger von Marcus ausgehändigt und der Beklagten im Prozeß vorgelegt worden ist, enthebt den Kläger nicht des Beweises, daß die außerhalb dieser Erklärung liegende Abtretung erfolgt ist. Nach § 409 müßte nur Marcus der Beklagten gegenüber die angezeigte Abtretung gegen sich gelten lassen, auch wenn sie nicht erfolgt ist. Hierin liegt jedoch keine Abtretung; denn ein Vertrag zwischen dem Kläger und Marcus wurde durch Übergabe der an den Schuldner gerichteten Urkunde nicht ohne weiteres geschlossen. Im Zweifel hat Marcus dadurch lediglich den Willen ausgedrückt, dem Kläger einen urkundlichen Beleg, also ein Beweismittel für eine frühere Abtretung zu verschaffen, nicht aber den Willen, eine neue Abtretung vorzunehmen. Die Urkunde ist daher für den Übergang der Forderung ohne Bedeutung; sie wirkt zugunsten des Schuldners, nicht gegen ihn. Die Beklagte ist also nach § 409 Satz 2 berechtigt, an den Kläger zu leisten, aber sie ist dazu nicht verpflichtet (RG. 25. Februar 1909 IV 406/08; RG. 79 S. 306; JW. 1912 S. 789[3]). Daran ändert auch der § 410 nichts; danach ist der Schuldner dem neuen Gläubiger — auch wenn die Abtretung bewiesen ist — zur Zahlung nur gegen eine über die Abtretung ausgestellte Urkunde verpflichtet. Durch diese wird der Schuldner gemäß § 409 instand gesetzt, dem bisherigen Gläubiger gegenüber darzutun, daß er — falls er Quittung von dem in der Urkunde bezeichneten neuen Gläubiger hat — von der Leistung befreit ist. Ob die Urkunde aber im Prozeß zwischen dem neuen Gläubiger und dem Schuldner die Abtretung beweist, ist Sache freier Beweiswürdigung.

Demnach müßte die Beklagte nur, falls die Abtretung bewiesen wäre, Zahlung gegen Aushändigung der Urkunde leisten. Es mag zugegeben werden, daß in einer solchen Urkunde über die Abtretung, sofern sie echt ist und dem neuen Gläubiger von dem bisherigen übergeben wird, meist auch ein Beweis für die Abtretung selbst zu finden sein wird. Dies ist aber, soweit die Urkunde nicht den Abtretungsvertrag selbst enthält, nicht notwendig der Fall und ist hier zu verneinen. M. M.

o) α) **Schuldübernahme nach §§ 415, 416.**

OLG. München, 2. ZS. Urteil v. 13. Januar 1917.

Durch die der Klage abschriftlich beigefügten und zugestellten Urkunden ist erwiesen, daß der Kläger Gläubiger der Klageforderung geworden, daß diese fällig ist und daß für sie die Beklagte die persönliche Haftung übernommen hat. Danach hat der Kläger die sämtlichen zur Begründung des Klaganspruchs erforderlichen Tatsachen durch Urkunden bewiesen. Er war nicht verpflichtet, weiter gemäß §§ 592, 593 ZPO. urkundlich darzutun, daß Beklagte ihm die Schuldübernahme angezeigt habe, und daß hierauf diese entweder genehmigt wurde oder seit der Anzeige 6 Monate verstrichen seien. Die gegenteilige Auffassung läßt sich nicht auf § 416 stützen. Abgesehen davon, daß er den Fall im Auge hat, daß der „Veräußerer", hier also A. und nicht etwa die Beklagte die Schuldübernahme durch den Erwerber dem Gläubiger anzeigt, wurde § 416 geschaffen als Mittel, um die Genehmigung des Gläubigers zu der (privativen) Übernahme von Hypothekschulden und der Entlassung des Veräußerers aus dem Schuldverhältnis zu fördern und zu beschleunigen. Der Schwerpunkt der Bestimmung liegt sohin im Satz 2, der den Gläubiger verpflichtet, binnen 6 Monaten nach Empfang einer Mitteilung des Veräußerers die Verweigerung der Genehmigung zu erklären. Aus Satz 1 ist nicht zu folgern, daß die Wirksamkeit der Schuldübernahme ausschließlich nur auf dem hier besonders vorgesehenen Weg erreicht werden kann; die Schuldübernahme kann vielmehr nach den allgemeinen Grundsätzen genehmigt werden. Es kommt insbesondere, wenn eine Genehmigung nach § 415 erfolgt, § 416 nicht mehr in Frage (JW. 1915 S. 394[5]). Hier ist aber unbestritten, daß der Vertreter des Klägers nicht nur den Verhandlungen, sondern auch der Beurkundung des Kaufvertrags selbst von Anfang bis zum Ende beigewohnt und alle Einzelheiten entworfen hat. Der Kläger hatte also nicht nur von der Schuldübernahme durch die Beklagte Kenntnis, er hat, wenn er nicht gar die persönliche Schuldübernahme durch die Beklagte von vornherein forderte, jedenfalls zum voraus sein Einverständnis mit dieser Schuldübernahme unzweideutig zu erkennen gegeben und damit seine Einwilligung wirksam erklärt und zwar sowohl dem der Beurkundung ausdrücklich nach dem Vertragsinhalt zustimmenden Schuldner A. als der Beklagten gegenüber. Deshalb wurde die Schuldübernahme mit Abschluß des Vertrags ohne weiteres für den Gläubiger und gegen den Übernehmer wirksam. W.

β) **Einrede aus dem Innenverhältnis.**

OLG. Hamburg, 6. ZS. Urteil v. 11. Januar 1917.

Dem Kläger stand eine Hypthek zu. Als der Grundeigentümer das Grundstück verkaufte, verpflichtete sich der Käufer, einen Abnehmer für die Hypothek zu stellen, der ihren Betrag von 50000 Mark an den Kläger zahle. Dieser Abnehmer war der Beklagte, der dem Kläger schrieb: „Den Hypothekenbrief mit notarieller Abtretung bitte ich mir durch eine Bank vorlegen zu lassen, und werde ich die Urkunden gegen Zahlung von 50000 Mark in Empfang nehmen". Durch dieses Schreiben hat sich Beklagter dem Kläger gegenüber persönlich zur Zahlung der 50000 Mark gegen Übertragung der Hypothek verpflichtet. Er hat auch 47000 Mark ausgezahlt, wendet aber gegen die Restforderung ein, er habe zum Grundstückskäufer in einem ähnlichen Verhältnis wie ein Bankier gestanden, er habe für ihn die Zahlung leisten und keine eigene Verpflichtung gegenüber dem Kläger eingehen wollen. Ein solcher Wille kommt aber in seinem Schreiben nicht zum Ausdruck; im Gegenteil tritt Beklagter als der gesuchte und gefundene Übernehmer der Hypothek auf, der für die Umschreibung der Hypothek auf seinen Namen auch eine Zahlungsverpflichtung im eigenen Namen eingeht. Diese Verpflichtung geht er allerdings ein auf Anweisung des Grundstückskäufers. Nachdem er sie aber eingegangen ist, wird ihr Bestand durch die späteren Anweisungen des Käufers und durch dessen Rechtsverhältnis zum Verkäufer so wenig berührt, wie in dem zwar nicht genau vorliegenden, aber ähnlichen Falle des § 784 die Verpflichtungen des Angewiesenen nach der Annahme der Anweisung noch durch die Beziehungen des Anweisenden zum Anweisungsempfänger berührt werden. Beklagter erhebt aber Einwendungen nur aus dem Verhältnis des Käufers, der wegen Schwammangels von der mit der Hypothek identischen restlichen Kaufsumme 3000 Mark kürzen will. M. M.

p) **Kauf: α) durch Gemeinden. Abstrakte Schadensberechnung.**

OLG. Hamburg, 4. ZS. Urteil v. 17. Januar 1917.

Die klagende Stadtgemeinde, die 5000 kg geräucherten Speck, dänische oder schwedische Ware, halb mager, halb fett gekauft hatte, ist nicht Kaufmann. Für die Auslegung des Vertrags kommt es daher an sich auf den Sprachgebrauch des H a n d e l s, dh. auf die im Verkehre unter Kaufleuten etwa geltende Bedeutung des Ausdrucks „geräucherter Speck, dänische oder schwedische Ware" nicht an. § 346 HGB. kann keine Anwendung finden, nach §§ 133, 157 BGB. ist vielmehr festzustellen, was nach a l l g e m e i n e m Sprachgebrauch darunter zu verstehen ist. Danach fallen aber darunter keinesfalls halbe Schweine ohne Kopf und Vorderbeine; sind doch nach dem Gutachten vor Ausbruch des Krieges ungeteilte halbe Schweine überhaupt nicht geräuchert worden. Dabei macht auch der nur auf die Herkunft hinweisende Zusatz „dänische oder schwedische Ware" keinen Unterschied. Die Klägerin konnte auch nicht annehmen, daß Beklagter sein Angebot im Sinne des von ihm behaupteten eigentümlichen Sprachgebrauchs verstanden wissen wollte (RG. 66 S. 429). Umgekehrt konnte die Klägerin, auf deren Seite ein Beamter verhandelte, dessen Betätigungskreis ganz außerhalb des Handelsgewerbes liegt und der nur durch die besonderen Verhältnisse des Krieges sich veranlaßt sah, im öffentlichen Interesse auf freiem Markte derartige Lieferungsverträge abzuschließen, erwarten, daß der Beklagte diesem Umstande Rechnung tragen und sie als nicht fachmännische Vertreterin der Verbraucherinteressen nicht anders ansehen werde als einen Konsumenten selbst. Sie brauchte deshalb — ebenso wie ein kaufender Verbraucher — in keiner Weise damit zu rechnen, daß ihr gegenüber allgemein verkehrsübliche Ausdrücke im Sinne eines abweichenden Sprachgebrauchs des Handels verwendet würden. ... Sie hat daher mit Recht die Annahme der angedienten abgelehnt und die Lieferung vertragsmäßiger Ware verlangt. Da diese innerhalb der Nachfrist nicht geliefert ist, darf sie gemäß § 326 Schadensersatz wegen Nichterfüllung fordern.

Mit Unrecht bestreitet Beklagter der Klägerin das Recht zu abstrakter Schadensberechnung, indem er meint, sie würde die Ware zum Selbstkostenpreise abgegeben und von der objektiv vorhandenen Gewinnmöglichkeit keinen Gebrauch gemacht haben. Allein selbst wenn es ursprünglich in ihrem Plane lag, die Ware zum Selbstkostenpreise abzugeben, so war sie durch nichts gehindert, davon wieder abzugehen und auf Erzielung eines im Interesse der Gemeinde zu verwendenden Überschusses auszugehen. Die Klägerin behauptet auch ausdrücklich, daß sie das getan hätte. Eine solche Erwägung entspricht auch nur einer verständigen, objektiven Würdigung der Sachlage; es hätte, bei den Grenzen, in denen sich die Preisentwicklung damals bewegte, wonach der der Schadensberechnung zugrunde gelegte Preis, vom heutigen Standpunkte angesehen, auch als ein überaus niedriger sich darstellt, keinerlei gegründete Veranlassung vorgelegen, durch Abgabe zum Gestehungspreise der Gemeinde einen solchen von selbst sich ergebenden Gewinn zu entziehen — und um so zwingender wird die Überlegung, mit je längerer Lagerung der Ware man damals rechnete: Je größer die Spannung zwischen Gestehungspreis und dem immer steigenden Marktpreise wurde, um so größer wurde die Veranlassung für die Klägerin, im Interesse ihrer Finanzverwaltung die Ware nur mit einem Zuschlage zu dem niedrigen Einkaufspreise abzugeben. Es handelt sich mithin nur um Folgerungen aus einer den Umständen nach naheliegenden Möglichkeit der Verwertung der Ware. Deshalb kommt nichts darauf an, ob sich die Klägerin tatsächlich entsprechend durch Bezug anderer Fette teurer eingedeckt habe. M. M.

*β*) **Behinderung zur Eigentumsverschaffung durch die BO. vom 8. November 1915. Absetzen einer Ware.**

OLG. Hamburg, 6. ZS. Urteil v. 10. Februar 1917.

Die dem Kläger verkauften und gelieferten Öle befanden sich am 11. November in deutschem Besitze. Es fragt sich, ob sie mit Rücksicht auf die V. vom 8. November 1915 geeignet waren, als Vertragserfüllung zu dienen. Das LG. hat unter Berufung auf § 434 BGB. verneint. Es kann dahingestellt bleiben, ob § 434 auf ein im öffentlichen Interesse erlassenes Veräußerungsverbot anwendbar ist. Jedenfalls hatte Beklagter gemäß § 433 dem Kläger das Eigentum an den ihr verkauften Ölen zu verschaffen. Diese Verpflichtung hat er infolge der V. v. 8. Nov. 1915 nicht erfüllen können und hat infolgedessen den entrichteten Kaufpreis zurückzuerstatten.

Das LG. erachtet den Gefahrübergang als maßgebenden Zeitpunkt für die Frage, wann das in der VO. liegende Leistungshindernis wirkt. Das kann weder für den § 434, noch für den § 433 als richtig anerkannt werden. Die §§ 447, 446 behandeln nur die Gefahr des zufälligen Unterganges (Verschlechterung) der Sache. Zu prüfen ist daher nur, ob das Eigentum bei Eintritt der Wirksamkeit der VO. noch nicht übergegangen war, und ob sich die VO. auf zeitlich vorangegangene Abschlüsse erstreckt. Beide Fragen sind zu bejahen. Der Umstand, daß die Ware in den Schlußscheinen als zurzeit rollend bezeichnet werde, beeinflußt nicht die Frage des Eigentumsübergangs. Der Kläger gewann durch diesen Vermerk kein Verfügungsrecht; es sollte ihm lediglich angezeigt werden, daß die verkaufte Ware bereits unterwegs und daher ihr Eintreffen demnächst zu erwarten sei. Die Öle rollten auch für den Beklagten; an seine Adresse waren sie versandt, und er hat sie ausweislich der Frachtbriefe neu im eigenen Namen an den Kläger versandt. Das Eigentum war auch mit der bloßen Annahme der Ware nicht übergegangen, weil der Kläger vorher erklärt hatte, die Öle nur unter der Bedingung annehmen zu wollen, daß sie erst nach dem 11. November die deutsche Grenze überschritten hätten. — Würde man aber selbst den Eigentumsübergang im regelmäßigen Verlauf der Dinge auf den Zeitpunkt der Absendung der Öle durch die Beklagte zu verlegen haben, so müßte dieser doch bereits durch die Wirksamkeit der VO. vereitelt sein, wenn diese überhaupt auch frühere Abschlüsse betraf. Dies ist anzunehmen. Die VO. hat den 11. November 1915 als zeitliche Grenze für die freie Verfügung über Öle, die damals in Deutschland waren, festsetzen wollen. Es hat die Anmelde- und Überlassungspflicht auf alle Öle ausgedehnt, welche damals irgendwo in Deutschland vorhanden waren, und keine Einschränkung auf solche Ware ausgesprochen, über deren Schicksal noch nicht durch Lieferungsverträge verfügt war. Es muß danach angenommen werden, daß die am 11. November 1915 bestehenden Gewahrsamsverhältnisse nicht mehr ohne Zustimmung des Kriegsausschusses verändert werden durften. Dieser Auslegung widerspricht der Sprachgebrauch keineswegs. Absetzen, Absatz bedeutet nicht nur rechtsgeschäftlich veräußern, sondern auch weggeben, liefern. Das Wort „absetzen" findet sich auch in anderen KriegsVO., zB. in den Bek. vom 5. November 1914 und vom 12. Februar 1915 § 1. M. M.

γ) **Kaufpreis. Höchstpreise. Verzicht auf Rückforderung.**

OLG. Hamburg, 5. ZS. Urteil v. 9. Mai 1917.

Die Bek. vom 11. November 1915 (RGBl. S. 758) bezieht sich nicht auf Speisefett der hier gehandelten Art. Der Höchstpreis für Speisefett ist also, wenn der Vertrag schon vor dem Inkrafttreten der Hamburger Bek. vom 1. Dezember 1915 geschlossen war, nicht an die Stelle des Vertragspreises getreten. Galt demnach zurzeit des Abschlusses diese Bek. noch nicht, so ist der Klaganspruch unbegründet. Galt sie dagegen, so ist weiter zu prüfen, ob nach den besonderen Umständen die Beklagte berechtigt ist, trotz des festgesetzten Höchstpreises die Rückzahlung des nach Maßgabe der Hamburger Bek. vom Kläger zu viel gezahlten Betrages zu verweigern.

Die Parteien streiten, ob das Geschäft am 1. oder 2. Dezember 1915 geschlossen ist; einer Beweisaufnahme hierüber bedarf es nicht. Denn auch wenn es schon am 1. geschlossen sein sollte, fiele es unter die Herrschaft der Hamburger Bek. Diese datiert vom 1., ist aber im Amtsblatt erst am 2. veröffentlicht. Sie hätte daher trotz ihrer Datierung erst vom 2. an Geltung gehabt, wenn nicht die Eingangsworte lauteten: „... mit Wirkung vom 1. Dezember 1915 ab folgende Höchstpreise festgesetzt". Das Gesetz hat also mit voller Klarheit den Beginn seiner Geltung auf ein bestimmtes Datum festgesetzt. Daß die Deputation für Handel 2c, die diese Bekanntmachung erließ, befugt ist, ihren Verordnungen rückwirkende Kraft beizulegen, steht außer Zweifel. Es wäre nur dann nicht der Fall, wenn das Reichsgesetz eine solche Befugnis besonders ausgeschlossen hätte. Das ist, wie die VO. vom 4. August/17. Dez. 1914 ergibt, nicht geschehen. Es mag sein, daß nach dem Willen der Hamburger Behörde die Bek. Geltung erst mit dem Tage der Veröffentlichung gewinnen sollte, daß diese wider Erwarten erst am 2. Dezember geschehen konnte, und daß dann übersehen ist, den Text entsprechend zu ändern. Gegenüber dem unzweideutigen Inhalt hat das keine Bedeutung. Die Entstehungsgeschichte eines Gesetzes und der Wille des Gesetzgebers kommen für den zeitlichen und sachlichen Geltungsbereich des Gesetzes nur insoweit in Betracht, als sie zur Auslegung seiner Bestimmungen herangezogen werden können. Hier aber kommt eine Auslegung des Gesetzes überhaupt nicht in Frage, sondern nur die Anwendung seines klaren Inhalts. Aus dem gleichen Grunde bedarf es auch keiner Beweiserhebung darüber, welche Auffassung die Behörde über den Beginn der Bek. vertritt.

Das hiernach grundsätzlich bestehende Recht des Klägers auf Rückforderung des Zuvielgezahlten ist auch nicht nachträglich erloschen. Die Auffassung des LG., daß nachträglich eine vertragliche Einigung der Parteien erzielt ist, die dem Kläger nach Treu und Glauben verbietet, die Rückzahlung zu beanspruchen, ist unzutreffend. Zunächst steht es nicht im Belieben der Vertragschließenden, an die Stelle des gesetzlichen Höchstpreises einen höheren Vertragspreis zu setzen (§ 134). Dagegen ist nicht zu verkennen, daß ein Verzicht des Käufers auf sein Recht, das Zuvielgezahlte zurückzufordern, grundsätzlich noch keine Umgehung des Gesetzes zu bedeuten braucht. Gegen die Rechtmäßigkeit eines Verzichtes, der etwa in Schenkungsabsicht erklärt werden könnte, ist nichts einzuwenden. Die Voraussetzung für ein solches Verfahren wäre aber immer, daß die Parteien sich darüber einig sind, daß der Verzichtende ein Recht hat, auf das er verzichten kann. Die Parteien müssen sich also, ehe eine derartige nicht geschuldete Zuwendung erfolgt, auf den Standpunkt des Gesetzes gestellt haben. Gerade hieran aber fehlt es. Der Kläger hatte zweifellos nicht den Willen, der Beklagten eine Schenkung zu machen, ebensowenig wie die Beklagte etwas verlangte, worauf sie kein Recht zu haben glaubte. Sie forderte vom Kläger die Zahlung ihres Restguthabens, weil ihr nach ihrer Auffassung diese Forderung zustand, und der Kläger kam diesem Begehren, das er für unberechtigt hielt, nur deshalb nach, weil er sonst das letzte Faß Speisefett nicht erhalten hätte, auf das er Anspruch zu haben glaubte. Bei dieser Uneinigkeit der Parteien über die ihnen obliegenden Rechte und Pflichten und über die gesetzliche Grundlage ihrer Ansprüche konnte in dem Verhalten des Klägers, das unter anderen Umständen vielleicht als Verzicht gedeutet werden müßte, ein wirksamer Verzicht auf sein Rückforderungsrecht überhaupt nicht zum Ausdruck kommen. Eine andere Frage wäre, ob die Beklagte Rechte daraus herleiten könnte, daß der Kläger vielleicht auf unlautere Weise die Beklagte zur Lieferung des letzten Fasses bewogen hat. Ob das der Fall ist, und welche Rechte der Beklagten daraus erwachsen würden, kann indessen dahinstehen, da die Beklagte einen derartigen Einwand nicht erhoben hat. M. M.

δ) **Langfristige Bierlieferungsverträge. Erhöhung des Preises infolge des Kriegs.**

OLG. München, 1. ZS. Urteil v. 18. Juni 1917.

Die Parteien streiten darüber, ob die Beklagte trotz der durch den Krieg hervorgerufenen außerordentlichen Steigerung der Herstellungskosten nach wie vor verpflichtet ist, den Klägern das Bier zu dem im Vertrage vom 1. Juli 1911 festgesetzten Preise von je 16 Mark zu liefern. Diese Frage ist zu verneinen. Das BGB. räumt einer späteren Änderung der Verhältnisse nur in gewissen Ausnahmefällen (vgl. zB. §§ 321, 605 Nr. 1, 610; vgl. auch ZPO. § 323) Einfluß auf die Fortdauer der früheren Vereinbarungen ein. Wohl aber kann die Auslegung nach § 157 dazu führen, daß eine Partei infolge veränderter Umstände an ihr Versprechen nicht mehr gebunden ist. Durch Auslegung kann der Inhalt eines Vertrags insoweit ergänzt werden, als gewisse Punkte nicht geregelt sind; auch Rechtsfolgen, an die der Erklärende gar nicht gedacht hat, können als sinngemäße Folge des in der Erklärung ausgedrückten Geschäftswillens erscheinen und demgemäß als von der Erklärung mitumfaßt gelten, weil die gegenteilige Annahme dem Inhalt der Erklärung widerspräche; in solchen Fällen wird der Richter eine von den Beteiligten nicht getroffene Regelung aus dem Zweck und dem Inhalt des Erklärten im Sinne der Beteiligten so ergänzen, wie diese sie getroffen hätten, wenn sie den eingetretenen Verlauf der Dinge in Betracht gezogen hätten. Vorausgesetzt wird dabei allerdings, daß der Vertrag innerhalb seines tatsächlich gegebenen Rahmens oder innerhalb der wirklich gewollten Vereinbarungen eine ersichtliche Lücke aufweist; dagegen ist die Ergänzung des Parteiwillens unzulässig, wenn sie zu einer Erweiterung des Vertragsgegenstandes selbst führen soll (RG. 87 S. 213) oder den erklärten Vertragswillen ändern würde (Seuff. 72 Nr. 67).

Hier ist eine der Ausfüllung durch Auslegung bedürftige Vertragslücke vorhanden. Über die Frage, ob die Kläger das Bier auch dann zu 16 Mark zu beziehen berechtigt sind, wenn sich der Bierpreis im allgemeinen erhöht, enthält der Vertrag selbst keine Bestimmung. Wurde, wie die Kläger behaupten, ausdrücklich vereinbart, daß auch in diesem Falle der Bierpreis bis 1921 der gleiche bleiben soll, so bedeutet dies unzweifelhaft nur, daß eine unter normalen Verhältnissen eintretende, geringfügige Preiserhöhung, wie sie für die Folgezeit als wahrscheinlich vorauszusehen war, keinen Einfluß üben sollte. Hier handelt es sich aber um eine grundlegende Umwälzung der für die Preisfestsetzung maßgebenden Verhältnisse durch den Krieg. Nach dem Gutachten sind seit Kriegsbeginn die zur Biererzeugung erforderlichen Rohstoffe, besonders die Gerste, so außerordentlich im Preise gestiegen, daß der Herstellungspreis für 1 hl, der sich vor Beginn des Krieges auf etwa 10 bis 12 Mark berechnete, jetzt mehr als 19 Mark beträgt; es ist denn auch der Verkaufspreis des Bieres überall im gleichen Verhältnis gestiegen; in den hier in Betracht kommenden Gegenden Niederbayerns von 20—24 Pfg. auf 30 Pfg. für den Liter. Die Kläger selbst beanspruchen für das von ihnen ausgeschenkte Bier den erhöhten Preis. Selbstverständlich hätten die Parteien, wenn sie beim Vertragsabschluß die Möglichkeit vorausgesehen, daß der Herstellungspreis des Bieres innerhalb der Vertragszeit auf mehr als 19 Mark steigen werde, für diesen Fall an dem Preis von 16 Mark nicht festgehalten, da der Brauerei unmöglich zugemutet werden konnte, mit dem sich hieraus ergebenden Verluste zu arbeiten, während der entsprechende, schon seiner Höhe nach als Kriegswucher erscheinende Gewinn ausschließlich dem Wirte zuflösse. Nach dem Gutachten ist denn auch die Preisfrage zwischen Wirt und Brauerei selbst bei langfristigen Bierlieferungsverträgen allgemein dahin geregelt, daß der Wirt künftighin an die Brauerei um so viel mehr zu zahlen hat, als der Ausschankpreis gegenüber der Friedenszeit erhöht wurde. Darin kommt zum Ausdruck, daß eine Auslegung des Vertrags, wie sie die Kläger verlangen, der Verkehrssitte ebenso wie den Grundsätzen von Treu und Glauben widerspricht. W.

Dazu: **Bierlieferung und Darlehn als rechtliche Einheit.**
Kammergericht, 2. ZS. Urteil v. 23. März 1917.

Das LG. meint, daß die Verpflichtung des Beklagten zur Bierentnahme bei gleichzeitiger Festsetzung einer Vertragsstrafe für die Zuwiderhandlung zwar mit dem ihm gewährten Darlehn zusammenhänge, jedoch eine selbständige Verpflichtung gegenüber der Darlehnsschuld darstelle. Allein gerichtskundig bilden bei den Berliner Bierlieferungsverträgen derartige Darlehne der Brauerei eine wirtschaftliche und auch rechtliche Einheit, nicht aber Bestimmungen, die selbständig nebeneinander stehen. Hieraus folgt, daß sich die Klägerin in dem Augenblick, als das Verhältnis mit der am 2. Januar 1915 erfolgten Rückzahlung des Darlehns endete, das Recht auf die Vertragsstrafe vorbehalten mußte, und diesen Vorbehalt wirksam weder durch das Schreiben vom 8. Dezember 1914, noch durch das Schreiben erst vom 9. Januar 1915 erklären konnte. Fr.

ε) **Verkauf ausländischer Waren, deren Ausfuhr verboten ist. Angebot nach Ablauf der Nachfrist.**

OLG. München, 1. ZS. Urteil v. 3. Dezember 1917.

Die Beklagte hat am 1. Februar 1915 dem Kläger holl. Dörrgemüse Ernte 1914 „ab München" verkauft und rascheste Lieferung versprochen. Dieser Vertrag war infolge des seit Anfang 1915 in Holland bestehenden Ausfuhrverbots von Anfang an unmöglich und daher gemäß § 306 nichtig, so daß die Beklagte gemäß § 307 ersatzpflichtig ist. Mit Recht nimmt nämlich das LG. an, daß die Beklagte, nicht aber der Kläger das Bestehen jenes Ausfuhrverbots kennen mußte. Nach der Art, wie sie die Ware anbot, durfte der Kläger darauf vertrauen, daß sie in der Lage sei, über die Ware verfügen zu können. Sie ihrerseits war bei dem Umstand, daß auch zahlreiche neutrale Länder für Gegenstände des täglichen Bedarfs, besonders für Lebensmittel, Ausfuhrverbote erließen, verpflichtet, sich vor allem darüber zu vergewissern, daß der Ausfuhr der damals in Holland lagernden Ware kein Hindernis entgegenstehe. Durch Anfrage im niederländischen Konsulat hätte sie sich unschwer die erforderlichen Aufschlüsse verschaffen können; unter allen Umständen hatte sie wenigstens einen Versuch in dieser Richtung zu machen. Die Unterlassung jeder Bemühung erscheint als Außerachtlassung der verkehrserforderlichen Sorgfalt (§§ 276, 122²). Dem an sich begründeten Schadensanspruch steht aber der Umstand entgegen, daß der Kläger das nachträgliche Lieferungsangebot der Beklagten ablehnte, obwohl es ihm alles das gewährte, für dessen Entgehen er den Verkäufer verantwortlich machen will. Dieser vom RG. am 30. Mai 1883 (Seuff. 39 Nr. 38) ausgesprochene Grundsatz muß jetzt um so mehr gelten, als der Gedanke, auf dem er beruht, durch § 254 BGB. in erweitertem Umfang anerkannt ist: hat der Beschädigte schuldhaft unterlassen, den Schaden abzuwenden (mindern), so hängt die Ersatzpflicht von den Umständen, besonders davon ab, inwieweit der eine oder andere Teil den Schaden verursachte (vgl. Seuff. 60 Nr. 183). Allerdings war der Kläger, der zurzeit des nachträglichen Angebots auf Grund des § 307 (oder § 326) Anspruch auf Schadensersatz hatte, grundsätzlich nicht verpflichtet, im Interesse des säumigen Verkäufers besondere Tätigkeit zu entwickeln (Seuff. 45 Nr. 30). Ebensowenig war er im allgemeinen verpflichtet, nachdem er mit Recht Schadensersatz wegen Nichterfüllung verlangt hat, das nachträgliche Angebot des Verkäufers zu einem Deckungskauf anzunehmen (JW. 1910 S. 614). Das schließt aber die Anwendung des § 254 im Hinblick auf die besonderen Umstände des einzelnen Falls nicht aus (vgl. Leipz. Z. 1909 S. 143[19]). Wenn freilich der Käufer Grund zu der Befürchtung hatte, der Verkäufer werde ihm, wenn er dessen nachträgliches Angebot annehme, weitere unberechtigte Schwierigkeiten machen, ist § 254 unanwendbar. Hier hatte sich aber die Beklagte, wie der Kläger aus ihrem Briefe entnehmen mußte, ernstlich bemüht, die erforderliche Ausfuhrbewilligung zu erhalten; wenn sie nun am 9. Juni 1915 nach zeitweiser Beseitigung des Ausfuhrverbots sich zur Lieferung unter den früheren Bedingungen bereit erklärte, so berechtigte nichts die Befürchtung, daß sich aus der Annahme dieses Angebots weitere Schwierigkeiten ergeben würden. Eine kurze telegraphische Anfrage des Klägers bei seinem Abkäufer X. hätte ihn darüber vergewissert, daß auch diese Firma noch zur Übernahme der Ware unter den früheren Bedingungen bereit sei. Bei der damaligen Warenknappheit und den steigenden Preisen lag die Vermutung zudem außerordentlich nahe, daß X. zur Aufrechterhaltung des Vertrags trotz der inzwischen abgelaufenen Nachfrist bereit sein werde. Wenn der Kläger die geringe Mühe einer Anfrage bei X. vermieden und sich durch sofortige telegraphische Ablehnung nachträglicher Annahme auf den starren Vertragsstandpunkt gestellt hat, so war er es, der den ihm erwachsenen Schaden verursachte; zum mindesten ist der entstandene Schaden vorwiegend als von *ihm* verursacht anzusehen. Allerdings war zurzeit des nachträglichen Angebots die Klage bereits zugestellt. Allein der Kläger hätte dann die Klage als erledigt erklären und Ersatz der bisher erwachsenen Kosten des Rechtsstreits begehren müssen. W.

**5) Verkauf gegen militärisches Veräußerungsverbot.**

OLG. Hamburg, 3. ZS. Urteil v. 21. Juni 1917.

Der Verkauf ist hier am 6. November 1914 zwischen den hier ansässigen Parteien geschlossen und hier am Tage darauf in der Weise ausgeführt, daß die Beklagte die Konnossemente über die in Antwerpen lagernden Hölzer dem Kläger gegen Bezahlung des Kaufpreises aushändigte. Ob die vom Gouverneur der Festung Antwerpen am 18. Oktober 1914 erlassene Bekanntmachung ein *gesetzliches Verbot* (§ 134) darstellt, ist zweifelhaft, hier aber nicht zu entscheiden. Verboten ist danach der Ankauf und Verkauf sämtlicher in Antwerpen vorhandenen Vorräte; *Verfügungen* über diese sollen nichtig sein. Daß hierunter nur Verfügungen mit dinglicher Wirkung, besonders solche zu verstehen sind, bei denen die Vorräte ganz oder teilweise von dem Orte, an dem sie sich befunden hatten, *weggeschafft* wurden, ist nach der regelmäßigen Bedeutung des Wortes nicht zweifelhaft. Schon hieraus folgt aber, daß auch das Verbot des An- und Verkaufs der Vorräte sich nicht auf ein Geschäft mit vorwiegend obligatorischem Charakter hat beziehen sollen. Soweit aber bei der allgemeinen Fassung ein Zweifel noch obwalten könnte, wird er durch den *Zweck* der Bekanntmachung beseitigt. Es handelte sich augenscheinlich nur um eine Maßnahme zur Sicherung der künftig etwa anzuordnenden Beschlagnahme der Vorräte für das Heer. Die Erreichung dieses Zweckes wurde nicht gefährdet, wenn die an Ort und Stelle verbleibende Ware lediglich ihren Eigentümer wechselte. Die Gefahr, daß die Ware beiseite geschafft und von der Beschlagnahme nicht mehr getroffen wurde, konnte dadurch nicht vergrößert werden. Fehlte es aber hiernach an jedem denkbaren Interesse, durch das ein Verbot in dem weitgehenden Sinne, wie der Kläger es auslegt, gerechtfertigt wurde, so fällt die Annahme, daß die Militärbehörde es beabsichtigt habe. Damit ist der Klage, soweit sie auf Nichtigkeit des Vertrags gestützt wird, der Boden entzogen. Aus dem Vertrage selbst kann aber ein Anspruch auf Rückzahlung des Geleisteten nicht hergeleitet werden. Dem Käufer war zur Pflicht gemacht worden, im Falle einer Zurückhaltung oder Beschlagnahme der Ware seine Ansprüche als Eigentümer der Ware auf Grund der Konnossemente selbst geltend zu machen. Er hat dasjenige erhalten, was von der eingesetzten Kommission als Entschädigung für die Beschlagnahme bezahlt worden ist, und kann mehr von der Beklagten nicht beanspruchen. M. M.

η) **„lieferbar Februar; wir behalten uns eine vierzehntägige Lieferfrist vor."**

OLG. Karlsruhe, 2. ZS. Urteil v. 16. Mai 1916.

Die Beklagte, die im Januar 1915 400 Zentner Heumelasse verkauft und darauf 250 Zentner geliefert hatte, behauptet, zur Lieferung der restlichen 150 Zentner nicht mehr verpflichtet zu sein, weil diese ihr durch die V. vom 12. Februar 1915 untersagt worden sei (§ 323). Dies ist nicht richtig. Nach dem Vertrage hatte die Beklagte „Februar 1915", also spätestens am 28. Februar zu liefern. Sie hatte sich allerdings außerdem eine 14tägige Lieferfrist vorbehalten; allein dadurch ist die Lieferfrist nicht schlechthin um 14 Tage, d. h. bis zum 14. März verlängert worden; vielmehr sollte, wie dies auch der Sachverständige annimmt, nur der Beklagten eine vom Tage des Abrufs laufende Frist von 14 Tagen zur Lieferung eingeräumt werden. Die Bestimmung war deshalb nur in dem Falle von Bedeutung, wenn der Kläger die Ware in den letzten 14 Tagen des Februar abrief; dann verlängerte sich die Lieferungsfrist um 14 Tage vom Tage des Abrufs in den Monat März hinein. Nun hatte aber der Kläger die gesamte Melasse bereits am 1. Februar abgerufen; die Beklagte hatte deshalb spätestens am 28. Februar zu liefern. Dies war ihr auch durch die V. vom 12. Februar 1915 nicht unmöglich gemacht. Vielmehr war nach § 3[1] das. den Herstellern zuckerhaltiger Futtermittel ausdrücklich gestattet, die vor 12. Februar geschlossenen und vor 15. März 1915 zu erfüllenden Lieferungsverträge zu erfüllen. Auch war die Herstellung von Heumelasse bis 1. März 1915 zulässig. Die Beklagte hatte deshalb spätestens am 28. Februar der Beklagten 150 Zentner selbst hergestellte oder anderwärts bezogene Heumelasse zu liefern. B. n.

ϑ) **Die Abnahme als Hauptverpflichtung des Käufers?**

OLG. Karlsruhe, 2. ZS. Urteil v. 23. Mai 1916.

Der Kläger verkaufte am 1. Oktober 1914 Rohmelasse, lieferbar monatlich je zwei leihfrei zu stellende Kesselwagen. Die Beklagte nahm nur 1300 Zentner ab und verweigert weitere Abnahme trotz Fristsetzung. Die

Schadensersatzklage ist begründet; denn der Abnahmeverpflichtung des Käufers kommt nach den besonderen Umständen des Falles die Bedeutung einer Hauptverpflichtung zu. Die Eigenart des Geschäfts besteht darin, daß die Beklagte keine Ware kaufte, die der Kläger auf Lager hatte, sondern eine Ware, die dieser in eigens dafür hergestellten eigenen Kesselwagen bei dem Erzeuger abzuholen und dem Käufer leihfrei zuzuführen hatte. Bei einem derartigen Geschäft kommt es wesentlich darauf an, daß die Versandtverfügungen allseits genau eingehalten werden, da dem Verkäufer nicht zugemutet werden kann, die Wagen ohne Vergütung für unbestimmte Zeit dem Käufer zur Verfügung zu halten; die rechtzeitige Abnahme durch den Käufer ist also hier eine wesentliche, die Leistungspflicht des andern Teils unmittelbar beeinflussende Verbindlichkeit. Eine förmliche „Andienung" jedes einzelnen der fälligen Wagen war nicht nötig, nachdem Beklagte erklärt hatte, sie nehme nichts mehr ab; versandbereit war der Kläger. B.n.

q) **Hypothekenabtretung „ohne Vorbehalt und Neuerung, aber mit Gewährleistung".**

α) OLG. Kiel, 2. ZS. Urteil v. 20. November 1917.

Die Klägerin (Bank in Wismar) ist mit der Hypothek, die der Beklagte ihr 1902 abgetreten hatte, bei der Zwangsversteigerung ausgefallen und verlangt jetzt vom Beklagten die Zahlung von 5000 Mark, weil er mit Gewährleistung abgetreten und dadurch vertraglich eine über § 437 hinausgehende Haftung dahin übernommen habe, für die Sicherheit und jederzeitige Realisierbarkeit der Forderung einstehen zu wollen. Im Gegensatz zum LG. ist davon auszugehen, daß die Klägerin sich durch die gewählte Gewährleistung eine andere Haftung als die durch § 437 gegebene hat versprechen lassen wollen. Diese Ansicht wird dadurch, daß sie sich vom Beklagten eine formularmäßige Abtretungsurkunde aushändigen ließ und in dieser durch handschriftliche Zusätze die Bestimmung über die Abtretung „mit" oder „ohne" Gewährleistung einzufügen war, noch wesentlich unterstützt. Denn im Bankverkehre kann nicht angenommen werden, daß sich die Klägerin in jedem Einzelfalle die Entscheidung über einen Verzicht auf die gesetzliche Gewähr des Abtretenden für den Bestand der Forderung hat vorbehalten wollen. Anderseits wollte auch der Beklagte, indem er ausdrücklich die Hypothek mit Gewährleistung abtrat, vertraglich eine Haftung übernehmen, die nicht schon kraft Gesetzes gegeben war, jedenfalls konnte die Klägerin seine Abtretungserklärung nicht anders verstehen. Demnach ist eine über das Maß des § 437 hinausgehende Haftung übernommen worden. Die Abtretungserklärung, das Parteivorbringen und das Beweisergebnis geben jedoch keinen Anhalt für eine nähere Umgrenzung dieser Gewährleistungspflicht. Einen Bürgen für seine Schuld hat der Beklagte der Klägerin nicht gestellt. Wechselmäßig hat er sich ihr allerdings 1902 und dann noch einmal 1905 für die Zeit bis 1908 zur Zahlung von 5000 Mark verpflichtet und dafür die ihr abgetretene Hypothek als Hinterlage gegeben. Wenn er sich hiernach auch für die Zeit der Gültigkeit dieser Wechsel uneingeschränkt zur Zahlung von 5000 Mark verbunden hat, so ergibt dies doch keinen Anhalt für den von den Parteien gewollten Umfang der nebenher in der Abtretungserklärung übernommenen Gewährleistung; denn wie daraus erkennbar ist, daß 1908 eine Verlängerung der Wechselverpflichtung des Beklagten nicht verlangt worden ist, obgleich seine Verpflichtung aus der Gewährleistung für die abgetretene Hypothek noch fortdauerte, standen diese beiden Verpflichtungen nicht in einem von den Parteien gewollten inneren Zusammenhange zueinander. Unter diesen Umständen kann in der Erklärung des Beklagten nichts Weiteres gesehen werden als die im Verkehr bei entgeltlichen Abtretungen vielfach übliche Haftungsübernahme für die Güte der Hypothek, bei der im Zweifel anzunehmen ist, daß der Gewährleistende dafür einstehen will, daß eine bestimmte Befriedigungssumme aus dem Grundstücke gewonnen werden kann. Eine Gewähr für die persönliche Zahlungsfähigkeit des Schuldners liegt darin nicht (Staudinger § 438 Nr. 4d) und ist auch als Vertragswille der Parteien nicht zum Ausdruck gelangt. . . . Sollte, wie die Klägerin behauptet, das von ihr benutzte Abtretungsformular allgemein bei den meckl. Banken im Gebrauch sein und dort im geschäftlichen Verkehre dahin verstanden werden, daß der Abtretende die Gewährleistung für die Sicherheit und die jederzeitige Realisierbarkeit der abgetretenen Forderung übernehme, so würde sich daraus doch noch nicht ohne weiteres ergeben, daß der damals in Kiel ansässige Beklagte sich jener angeblichen Verkehrsauffassung hat unterwerfen wollen. B.p.

β) **Ist die Landeskulturrente eine „Rentenschuld" im Sinne des § 439² BGB.?**

OLG. Dresden, 1. ZS. Urteil v. 14. Dezember 1916.

Die Frage, ob die beklagten Verkäufer kraft Gesetzes die Rentenbelastung als einen Mangel im Rechte zu vertreten haben, läßt sich aus § 436 nicht beantworten, weil eine Landeskulturrente nicht unter öffentliche Abgaben oder Lasten fällt; denn ihre Bestellung beruht auf einem privatrechtlichen Vertrage des Grundstückeigentümers mit der Rentenbank, die ihm die Mittel zur Bestreitung gewisser Grundstücksaufwendungen darlehnsweise gewährt hat. Die maßgebenden Grundsätze enthält vielmehr § 439. Hier wird im Abs. 1 die Regel aufgestellt, daß der Verkäufer einen Mangel im Rechte nicht zu vertreten hat, wenn der Käufer den Mangel beim Abschlusse des Kaufes kennt, dagegen in Absatz 2 die Ausnahme getroffen, daß der Verkäufer eine Hypothek, eine Grundschuld, eine Rentenschuld oder ein Pfandrecht zu beseitigen hat, auch wenn der Käufer die Belastung kennt.

An der Vertretungspflicht der Beklagten wäre hiernach nicht zu zweifeln, wenn sich die strittige Landeskulturrente unter den Begriff „Rentenschuld" bringen ließe. Allein unter „Rentenschuld" versteht das BGB. ausschließlich die in § 1199 rechtlich gekennzeichnete Sonderart einer Grundschuld, während die Landeskulturrente eine Reallast (§ 1105) ist. Sie ist auch im Grundbucheintrage ausdrücklich als ein solches Rechtsgebilde bezeichnet. Die Reallast als solche der Hypothek gleich zu behandelu, muß bedenklich fallen, da das Gesetz eine entsprechende Anwendung hypothekenrechtlicher Vorschriften — der für Zinsen geltenden — nur für die einzelnen verfallenen Reallastleistungen zuläßt. Überdies verbietet die Entstehungsgeschichte eine Einreihung der Reallast unter die im § 439² besonders behandelten Belastungen. Aus den Motiven S. 215 und der Denkschrift S. 59 ergibt sich, daß diese die allgemeine Regel des ALR. I 11 § 184 bis 187 bildende Vorschrift der heutzutage herrschenden Verkehrssitte Rechnung trägt, wonach die Rechte des Erwerbers eines Grundstückes durch die Kenntnis vom Bestehen von Hypotheken (Grundschulden) nicht berührt werden (vgl. Gruchot 41 S. 300; RG. 57 S. 2; Warn. 6 Nr. 86). Zur Entstehungszeit des BGB. hatte längst die allgemeine Verkehrssitte Platz gegriffen, daß sich die Kaufsparteien darüber regelmäßig ausdrücklich einigen, daß der Erwerber die Hypotheken (Grundschulden) auf den Kaufpreis mit übernimmt, falls nicht deren Löschung vereinbart wird. Reallasten dagegen, die erfahrungsgemäß meist nur in kleinen Geldgefällen oder Naturalleistungen bestehen, pflegen niemals auf den Kaufpreis, sondern darüber hinaus übernommen zu werden. Bezüglich ihrer greift deshalb der § 439¹ Platz, d. h. die Kenntnis des Käufers schließt die aus § 434 begründete Vertretungspflicht des Verkäufers aus. Dabei ist belanglos, auf welche Weise dem Käufer eine solche Kenntnis vermittelt worden ist (RG. 52 S. 276). Die Beklagten haben also nachzuweisen, daß der Kläger beim Vertragsabschlusse das Bestehen der Rente kannte. —e—

r) **Cif-Geschäft. Umfang der Versicherungspflicht. Andienung der Konnossemente.**

*α*) OLG. Hamburg, 2. ZS. Zwischenurteil v. 20. Februar 1917.

Beim Cifablade- oder Verschiffungsgeschäft ist für die Übergabepflicht des Verkäufers (§§ 447, 446) der Ablade- oder Verschiffungshafen Erfüllungsort (RG. 87 S. 134). Die Gefahr der Sache ist jedenfalls mit der am 1. Juli 1914 bewirkten Andienung der Verschiffung auf Dampfer Segovia und der damit erfolgten Konzentration der Gattungsschuld nach § 243 auf den Kläger übergegangen (RG. HansGZ. 1917 Nr. 1). Zu den so auf ihn übergegangenen Gefahren gehört auch die des Verlustes der Ware durch Kriegsereignisse. Die Versicherung gegen diese mußte daher für seine Rechnung genommen werden. Zu einer Versicherung des Käufers gegen diese Gefahr auf eigene Kosten war die Verkäuferin durch die Cifklausel, als welche sie zur Tragung der Kosten nur für die gewöhnliche Seeversicherung verpflichtete, nicht gehalten.

Nachdem die Beklagte die Verschiffung bewirkt hatte, verblieb ihr noch die Andienung der Konnossemente. Mit dieser Verpflichtung konnte sie dann nicht in Verzug geraten, wenn die Leistung infolge eines von ihr nicht zu vertretenden Umstandes unterblieb. Da die Konnossemente von dem japanischen Ablader der Beklagten zurückgenommen worden sind, muß dieser Umstand zunächst als Ursache dafür angesprochen werden, daß die Beklagte die Dokumente dem Kläger in Hamburg nicht andienen konnte. Diese Handlungsweise ihres Abladers hat die Beklagte gemäß § 278 zu vertreten, wenn sie ein Verschulden des Abladers darstellt. Denn für die Verpflichtung, die Konnossemente nach Hamburg gelangen zu lassen, ist der japanische Ablader als Person anzusehen, deren sich die Beklagte zur Erfüllung dieser ihrer Verbindlichkeit bediente (vgl. RG. HansGZ. 1914 Nr. 100). Sie kann daher die Verantwortlichkeit für das, was etwa ihr japanischer Ablader in dieser Hinsicht schuldhaft gefehlt haben sollte, nicht von sich abweisen.... M. M.

β) **„Cif Hamburg, Zahlung: 3 Monate Bankrembours".**

OLG. Karlsruhe, 2. ZS. Urteil v. 10. Oktober 1916.

Weil es sich beim Cif-Geding stets um einen Distanzkauf handelt, so gilt zufolge Handelsübung als Regel, daß Zahlung erst dann verlangt werden kann, wenn der Käufer am Bestimmungsort in die Lage gesetzt ist, über die Ware zu verfügen und ihre Beschaffenheit zu untersuchen. Diese Befristung fällt indessen wieder weg, wenn feststeht oder anzunehmen ist, daß die Ware überhaupt nicht ankommen wird, denn dann ist der Fall des Verlustes gegeben, und diesen hat, seit der Übergabe an den Spediteur (Frachtführer) der Käufer zu tragen.[1] Die Befristung scheidet aber hier auch deshalb aus, weil „drei Monate Bankrembours" vereinbart ist. Der Kaufpreis sollte hiernach durch Annahme eines drei Monate nach Sicht lautenden Wechsels durch die von der Beklagten zu beauftragende Bank beglichen werden, und zwar handelsüblich gegen Ausfolgung der Schiffspapiere. Die Beklagte war danach verpflichtet, die Akzeptierung schon vor Ankunft der Ware zu beschaffen (JW. 1916 S. 1194[14]). Diese Sachlage hat sich auch dadurch nicht geändert, daß wegen Zeitablaufs jetzt nicht mehr Wechselannahme, sondern Barzahlung in Frage kommt.

Die Beklagte kann sich auch nicht darauf berufen, daß der Kläger seiner Verpflichtung hinsichtlich der Versicherung nicht nachgekommen sei. Daß er zufolge des Cif-Gedings wie auch kraft besonderer Vertragsbestimmung die Seeversicherung zu nehmen hatte, ist unbestritten. Diese Verpflichtung erstreckte sich aber nicht ohne weiteres auf die Kriegsversicherung. Zudem hat er beide Schiffe gegen Kriegsgefahr tatsächlich versichern lassen; daß er hierbei nur die direkte Kriegsgefahr, nicht auch die indirekte Kriegsgefahr versicherte, kann nicht als Verletzung seiner Vertragspflichten angesehen werden. Er hatte nur die übliche Versicherung zu nehmen. Auch daß er die Versicherung des „Maru" bei einer englischen Gesellschaft bewirkte, von der seit Kriegsausbruch nichts mehr zu erlangen ist, gereicht ihm nicht zum Verschulden;

[1] An dem hierdurch bewirkten Übergange der Gefahr auf die Käuferin kann auch der Umstand nichts ändern, daß die „Abnahme der Ware hinsichtlich Qualität und Quantität" in Rotterdam erfolgen sollte; denn der Ort, wo der Verkäufer die Ware abzuliefern hat, kann von dem Orte, wo der Käufer sie als Erfüllung anzunehmen, also auch zu untersuchen hat, verschieden sein (OLG. Hamburg, 2. ZS. Urteil v. 30. Nov. 1916).

denn Ende Juli 1914 dachte man in weiten Kreisen nicht daran, daß ein Krieg mit England unmittelbar bevorstehe.

Weiter ist, da ein Ankunftsgewicht nicht ermittelt werden kann, das Abladegewicht maßgebend. Endlich kann der § 6 der Bedingungen der Bremer Baumwollbörse, wonach die Gegenpartei der säumigen Partei lediglich das Recht der „Regulierung" haben soll, dann keine Anwendung finden, wenn, wie hier, die Ware gar nicht zu fassen ist. B.n.

γ) **Weigerung des englischen Remboursshauses, die Tratten anzunehmen. Verzug des Käufers oder Unmöglichkeit?**

OLG. Hamburg, 4. ZS. Urteil v. 12. Januar 1917.

Dem LG. ist darin beizustimmen, daß der Kläger nicht durch die Weigerung seines Remboursshauses in Verzug geraten ist. Denn dieses unterließ die Leistung, nämlich die Akzeptierung der Tratten, weil es sich infolge Gesetzes (Handel mit dem Feinde) daran verhindert sah. Allerdings ist gemäß Art. 30 EG. dieses ausländische Gesetz als ein unmittelbar die Grundlagen deutschen wirtschaftlichen Lebens angreifendes Gesetz unanwendbar. Seine Anwendung kommt jedoch gar nicht in Frage, wenn sich der Kläger auf die dadurch veranlaßte Weigerung seines Bankiers, die Tratten zu akzeptieren, beruft. Darin liegt vielmehr nur die Geltendmachung der tatsächlichen Folgen jenes Gesetzes in bezug auf die Möglichkeit, durch seinen englischen Erfüllungsgehilfen in der vorgesehenen Weise zu handeln, und keineswegs nimmt er für sich in Anspruch, daß er von seiner Rechtspflicht, für die Akzeptierung der Tratten zu sorgen, infolge des englischen Gesetzes entbunden sei. Gegenüber dem Entschluß des Bankiers, dem für diesen geltenden Gesetz entsprechend die Akzeptierung der Tratten zu verweigern, war der Kläger völlig machtlos; er hat daher das Versagen des Rembourses nicht zu vertreten. Eine unbedingte garantieähnliche Gewährübernahme für die Akzeptierung kann in der Remboursvereinbarung nicht gefunden werden.

Der Klaganspruch ist jedoch unbegründet, weil Beklagte zur Zurücknahme der Ware befugt war. Der Kläger hatte mittels des vertraglich vorgesehenen Rembourses zu erfüllen; dieser war die dem Kläger im Sinne des § 223 obliegende Leistung. Die Auffassung des Klägers, daß dieser konkrete Leistungsakt nur eine Modalität der Erfüllung sei, derart daß seine Verpflichtung immer nur auf eine irgendwie zu bewirkende Zahlung gegangen sei, wird der tatsächlichen Abwicklung des Cif-Geschäftes mit Bankrembours in keiner Weise gerecht. Bei solchen Geschäften — so auch hier — pflegt der Verkäufer die Tratten zu diskontieren und die Aufnahme der Dokumente durch das akzeptierende Bankhaus ist regelmäßig das Schlußglied einer Reihe in sich zusammenhängender finanzieller Transaktionen, die nur im Hinblick auf die erwartete Aufnahme der Dokumente (Akzeptierung der Tratten) abgeschlossen werden. Der Verkäufer brauchte sich eine andere Art der Erfüllung nicht aufdrängen zu lassen, die — wie zB. die direkte Barzahlung — eine verwickelte Zurückregulierung aller jener Transaktionen bedingte, ehe der

Verkäufer wieder die Verfügung über die Dokumente erhielte und damit auch seinerseits in die Lage, leisten zu können, versetzt würde. Diese für den Regelfall geltende Überlegung schließt natürlich nicht aus, daß unter besonderen Umständen der vorgesehene Rembours jeden sachlichen Interesses entbehren kann und daß der Verkäufer daher nach Treu und Glauben auch eine andere Art der Erfüllung sich wird gefallen lassen müssen, so zB. wenn der Verkäufer selbst am Remboursplatze die Dokumente und Tratten präsentiert So aber lag es hier eben nicht. Die Dokumente und Tratten befanden sich in London in Händen eines englischen Diskonteurs und eine Barzahlung an Beklagte hätte die Abwicklung des Geschäfts um keinen Schritt fördern können. Dem Kläger ist also, infolge des durch den Krieg bedingten Versagens des Remboursés die ihm obliegende Leistung unmöglich geworden, ohne daß sie das zu vertreten hätte; er hat mithin nach § 323[1] den Anspruch auf die Gegenleistung verloren. Die Beklagte konnte daher nach § 323[3] das Geleistete nach den Vorschriften über die Herausgabe einer ungerechtfertigten Bereicherung zurückfordern, sie durfte daher, nachdem sie das zur Erfüllung ihrerseits Erforderliche durch Verschiffung der Ware bewirkt hatte, auch von ihrer infolge Besitzes der Dokumente fortdauernden Verfügungsbefugnis über die Ware zu ihren eigenen Gunsten Gebrauch machen. [RG. 91 S. 46.] M. M.

s) **Verkauf „waggonfrei Hamburg". Beschaffung von Bahnwagen.**

OLG. Hamburg, 3. ZS. Urteil v. 14. Dezember 1916.

Wie der Kaufvertrag der in Hamburg ansässigen Parteien zeigt, sollte die Ware (Zucker) nach außerhalb versendet werden. Nach § 448 hat mangels Abmachung der Käufer die Versendungskosten zu tragen. Die Klausel „waggonfrei Hamburg" bedeutet daher nichts anderes, als daß hier der Kläger als Verkäufer die Kosten trägt, die bis zur Einladung in den Bahnwagen entstehen. Sie regelt also lediglich die Kostenfrage, sagt aber nichts darüber, wer die Versendung selbst vorzunehmen, besonders für die Gestellung des Wagens zu sorgen hat. Aus dem Gesetz ergibt sich nicht ohne weiteres, daß der Verkäufer die Ware nach dem Bestimmungsorte zu senden verpflichtet sei. Aus § 447 kann dies jedenfalls nicht gefolgert werden; es besteht aber seit alters ein allgemein anerkannter Handelsbrauch solchen Inhalts. Hier haben auch die Parteien durch die weitere Abrede „Kasse gegen Duplikatfrachtbrief" einen dahingehenden Willen erkennbar ausgedrückt.

Hatte sonach der Kläger die Ware zu versenden, so führte er damit doch lediglich ein Geschäft der Beklagten. Daraus ergibt sich aber weiter, daß diese die Abnahme und die Zahlung des Kaufpreises nicht schon deshalb verweigern durfte, weil der Kläger außerstande war, die Versendung zu bewirken (RG. HansGZ. 1916 Nr. 47 S. 88). Anderseits kann aus der Übernahme der Versendungspflicht nicht mehr gefolgert werden, als daß der Verkäufer gehalten ist, die Versendung mit der Sorgfalt eines ordentlichen Kaufmanns vorzunehmen, besonders die mit der Versendung zu betrauende Person auszuwählen und sich die Gestellung des Transportmittels angelegen sein zu lassen. Ihm kann daher, wenn die Beschaffung von Waggons auf ungewöhnliche Schwierigkeiten stößt, nicht angesonnen werden, ungewöhnliche Anstrengungen zu machen, sich ungewöhnlicher Transportmittel (Wege) zu bedienen. Diesen Standpunkt hat bereits das ROHG. bei aus Anlaß des Deutsch-Französischen Krieges eingetretenem Waggonmangel vertreten, allerdings auf Grund des Art. 344 HGB., aber diese Vorschrift ist lediglich als jetzt selbstverständlich gestrichen worden (Staub HGB. S. 996[30]). Unstreitig bestand um die hier fragliche Zeit infolge des Krieges erheblicher Wagenmangel und vergeblich hat der Kläger versucht, Wagen zur Versendung der verkauften Ware zu beschaffen. Nachdem er die Erfolglosigkeit seiner Versuche angezeigt, mußte Beklagte nunmehr entweder für die Beschaffung der Wagen oder, wenn ihr dies nicht möglich war, sonstwie für die Übernahme der Ware, etwa durch Einlagerung am Erfüllungsorte Hamburg, sorgen. Sie befand sich daher im Verzuge, als der Kläger ihr eine Nachfrist gemäß § 326 zur Bewirkung der Abnahme setzte.

Der Kläger hat mit Recht seiner Berechnung den abstrakten Schaden zugrunde gelegt. Höchstpreise schließen die Bildung eines Marktpreises nicht aus. Es ist daher unerheblich, ob Zucker vom 15. März 1915 ab nur an die Bezugsvereinigung Deutscher Landwirte zu Höchstpreisen geliefert werden durfte. Daß der beeidigte Handelsmakler K. einen den Höchstpreis überschreitenden Marktpreis festgestellt habe, ist nicht eingewendet worden. M. M.

t) **Kein Rücktritt aus § 326, wenn der Verkäufer unter Stundung des Kaufpreises (§ 454) den Vertrag erfüllt hat.**

OLG. Karlsruhe, 2. ZS. Urteil v. 5. Dezember 1916.

Die Beklagte war zum Rücktritt und demnach zur endgültigen Zurückbehaltung des verkauften Hafers nicht mehr berechtigt, nachdem sie ihrerseits erfüllt und den Kaufpreis gestundet hatte. Die Erfüllung lag in der Ausscheidung und Übernahme des Hafers auf das Lager der Beklagten für den Kläger. Stundung lag in der Vereinbarung, daß erst nach zwei Monaten bezahlt zu werden brauchte („60 Tage Akzept"); sie war zwar bedingt, aber nicht durch die Einlösung, sondern durch die Ausfolgung des Wechsels; diese Bedingung ist erfüllt. Ist aber der Kaufpreis einmal gestundet, so kann das Rücktrittsrecht auch dann nicht mehr ausgeübt werden, wenn der Käufer nach Ablauf der Stundungsfrist (1. August 1914) mit der Zahlung im Rückstand bleibt. Daher kann dahingestellt bleiben, ob nicht die Beklagte vor Erklärung ihres Rücktritts nach § 326[1] hätte verfahren müssen. Nachdem am 1. September 1914 der Wechsel eingelöst worden, hatte sie jedenfalls von da an kein Recht, die Ausfolgung des Hafers zu verweigern. Für die Höhe des Schadenanspruchs ist als Stichtag nicht der Ablauf der gesetzten Nachfrist (18. September 1914) anzunehmen. Nachdem die Beklagte bereits am 7. und dann nochmals am 11. August erklärt hatte, daß sie den Hafer nicht liefern werde, hätte wegen des täglich zu erwartenden Steigens der Haferpreise der Kläger damals schon die Nachfrist setzen müssen, er durfte damit nicht zuwarten bis 14. September 1914. Dieses Zuwarten hat zwar seinen Grund darin, daß der Kläger noch nicht erfüllen, dh. den Wechsel einlösen konnte. Allein es konnte nicht zum Schaden der Beklagten geschehen. B.n.

u) **Gewährleistung: α) Erfüllungsort bei der Wandlung.**

OLG. München, 1. ZS. Urteil v. 6. Juni 1917.

Der hiesige Kläger hat von der Beklagten zu Solingen in vier Abschlüssen Suppenwürze gekauft und erhalten, wegen deren Mangelhaftigkeit er Wandlung verlangt. Unter der Behauptung, daß sich die Waren dem Vertrage gemäß hier befinden, hat er bei dem hiesigen LG. auf Rückzahlung des Kaufpreises geklagt. Die Einrede der Unzuständigkeit dieses Gerichts ist begründet.

Nach RG. 55 S. 105; 57 S. 12 ist im Falle der Wandlung als gemeinsamer Erfüllungsort für die beiderseitigen Verpflichtungen der Parteien derjenige Ort anzusehen, wo sich die gekaufte Sache dem Kaufvertrage gemäß befindet. Vorliegend befanden sich im Zeitpunkt der Klagerhebung diejenigen Waren, die zur Lieferung nach Dortmund gehörten, überhaupt nicht hier, sondern in Dortmund. Die Waren, die von Solingen nach Berlin versendet worden waren (Kaufpreis 11 250 Mark), waren damals zwar hier, aber nicht infolge des Vertrags, sondern weil der Kläger sie wegen befürchteter oder bereits erfolgter Beanstandung von seinen Kunden zurückgenommen hatte. Ob die Waren, die von Solingen unmittelbar hierher gegangen sind, zum Teil von hier aus an auswärtige Kunden verkauft und geliefert und dann erst vom Kläger, um Beanstandungen vorzubeugen, hierher zurückgerufen wurden, wie dies der Zeuge bekundet, oder ob sie, wie der Kläger nunmehr behauptet, München überhaupt nicht verlassen haben, kann dahingestellt bleiben. Denn auch im letzteren Fall läßt sich gegenüber den Angaben des Zeugen nicht sicher feststellen, daß bei den Kaufsabschlüssen der Parteien es sich um Versendungskäufe handelte. Überwiegende Anzeichen sprechen dafür, daß die Verkäuferin immer nur in Solingen zu erfüllen und abzuliefern hatte und die Verschickung nach auswärts eine außerhalb des Vertragsinhalts stehende Angelegenheit des Klägers war, die er selbst bewerkstelligte, so daß München nicht als der Ort anzusehen ist, an dem sich die Ware infolge des Vertrags befindet. Jedenfalls besteht wegen der Verschiedenheit der Lagerungsorte der Waren kein einheitlicher gemeinschaftlicher Erfüllungsort für die Zugumzugleistung der Beklagten.

Aber auch abgesehen von den Besonderheiten des vorwürfigen Falles kann sich der Senat nicht entschließen, der Rechtsprechung des Reichsgerichts und der damit übereinstimmenden herrschenden Lehre zu folgen. Er hält die Einwendungen für überzeugend, die besonders Oertmann (BayZ. 1905 S. 10, Schuldverh. § 467[4]) und Förster-Kann (ZPO. § 29 N. 3e I) dagegen geltend machen; vgl. auch Seuff. 49 S. 208. Vor allem ist nicht einzusehen, wie die Rücksicht auf das Recht des Verkäufers, den Kaufpreis nur gegen Rückgewähr der Kaufsache zurückzuerstatten, eine Änderung des Gerichtsstands des Erfüllungsorts rechtfertigen soll, die häufig gerade die prozessuale Lage des Verkäufers verschlechtert. Es läßt sich auch nicht verkennen, daß die Anwendung der Grundsätze über den besonderen Gerichtsstand des Auswechslungsorts vielfachen Schwierigkeiten begegnet und besonders zu einer ziemlich gezwungenen Auslegung des Begriffs des „dem Vertrag entsprechenden" Lagerungsorts der Kaufsache geführt hat. Der gegenwärtige Rechtsstreit aber beweist, daß es Fälle gibt, in denen sich jene Grundsätze überhaupt nicht anwenden lassen. Der Senat glaubt demnach daran festhalten zu müssen, daß deshalb, weil im Falle der Wandlung die beiderseitigen Leistungen Zug um Zug zu machen sind, der Erfüllungsort für diese nicht notwendig derselbe zu sein braucht, daß vielmehr wie bei anderen zweiseitigen Verträgen so auch bei den Ansprüchen aus der erklärten Wandlung jeweils der Wohnsitz des Schuldners oder der Ort seiner gewerblichen Niederlassung Erfüllungsort für die ihm obliegende Leistung ist. W.

### β) Wandlung oder Einrede des nicht erfüllten Vertrags?

OLG. Breslau, 8. ZS. Urteil v. 21. Dezember 1917.

Die Beklagte hat geltend gemacht, daß sie die gekauften Pferde wegen des krankhaften Zustands des einen Pferdes dem Kläger sofort nach der Ablieferung zur Verfügung gestellt habe, und daß es sich deshalb nicht um Wandlung, sondern um die Einrede des nicht erfüllten Vertrags handele, wenn sie mit Rücksicht auf die Fehlerhaftigkeit des eines Pferdes Bezahlung der Pferde ablehne. Ihr ist zuzugeben, daß in beiden Fällen die Rechtslage verschieden ist und daß bei mangelhafter Lieferung nicht bloß Gewährleistungsansprüche in Betracht kommen, sondern auch die allgemeinen Grundsätze über die Nichterfüllung. Denn mit der herrschenden Lehre ist davon auszugehen, daß auch die Leistung der Kaufsache in mangelfreiem Zustande einen Teil der dem Verkäufer obliegenden Erfüllungspflicht bildet und deshalb der Verkäufer seiner Pflicht zur Übergabe nicht schon dadurch genügt, daß er die Sache in dem zu dieser Zeit vorhandenen Zustande übergibt, sondern daß er sie frei von Mängeln übergibt. Aus diesem Grunde aber finden die §§ 320 flg. auch auf den Fall Anwendung, wo der Verkäufer mangelhaft liefert (RG. 52 S. 355, 53 S. 73). Daraus folgt jedoch nur, daß die Beklagte den Kläger als im Leistungsverzuge befindlich behandeln konnte, wenn er ihr die Pferde mit einem Fehler behaftet lieferte und sie deshalb die An- und Abnahme der Pferde ablehnte. Sie mußte sich daher der Rechte aus § 326 bedienen, wenn sie vom Vertrage loskommen wollte. Die bloße Zurückweisung und Zurverfügungsstellung der Pferde bewirkte nicht ohne weiteres die Aufhebung des Vertrags, besonders wenn der Fehler seine Ursache nur in einem vorübergehenden Krankheitszustande des einen Pferdes hatte und nach dessen Heilung der Kläger ihr die Pferde von neuem anbot.

Aber es kommt darauf nicht an, denn die Einrede des nichterfüllten Vertrags stand der Beklagten überhaupt nicht zu, solange ihr die Pferde nicht übergeben waren; nachher war sie auf die Rechte aus der Gewährleistung beschränkt (RG. 66 S. 282). Allerdings ist zwischen der Ablieferung und Übergabe der Kaufsache ebenso zu scheiden, wie zwischen der Abnahme und Annahme. Die Ablieferung und Abnahme bedeuten den rein körperlichen Akt der Abgabe und Hinnahme. Übergabe und Annahme sind rechtsgeschäftliche Akte, die auf der Seite des Käufers den Willen voraussetzen, die übergebene Sache unbeschadet etwaiger Rechte wegen vertragswidriger Lieferung als Erfüllung des Kaufsvertrags anzunehmen. Die Erfordernisse der Übergabe sind hier erfüllt gewesen, ... Dagegen stehen der Beklagten Gewährleistungsansprüche nicht zur Seite. ... Sie muß daher den Kaufpreis zahlen. R. ck.

**γ) Vermerk „Ausfuhrerlaubnis ist erteilt" als Zusicherung.**[1]

OLG. Hamburg, 3. ZS. Urteil v. 5. Juni 1917.

Ob der Kläger beim Vertragsabschlusse gewußt hat, daß die verkaufte Ware in Dänemark lagere, kann dahingestellt bleiben. Es handelte sich jedenfalls um eine nach Deutschland zu verladende Ware. Daher kann der Vermerk der Schlußnote: „Für diese Partie ist die Ausfuhrerlaubnis bereits erteilt" nur dahin verstanden werden, daß für diese besondere Partie die Ausfuhrerlaubnis nach Deutschland bereits erteilt sei. Es kommt nicht darauf an, wie die Beklagte den Vermerk verstanden hat, sondern wie der Kläger ihn verstehen mußte. Konnte aber jener Vermerk nur im angegebenen Sinne verstanden werden, so bedeutete er infolge der Aufnahme in die den Inhalt des Vertrags erschöpfend regelnde Schlußnote, daß die Beklagte für die Richtigkeit dieser Zusicherung einzustehen habe. Das Urteil (Rsp. 34 S. 52) hat freilich eine Garantieübernahme deshalb verneint, weil jenem Vermerk der Nachsatz beigefügt sei: „Sollte indessen wider Erwarten die Ausfuhr unmöglich sein .., so ist dieser Abschluß aufgehoben." Diese Ansicht läßt sich jedoch nicht aufrecht erhalten. Vielmehr muß der ganze Satz so verstanden werden: die Beklagte hatte dafür einzustehen, daß für diese spezielle Ware die Erlaubnis der Ausfuhr nach Deutschland bereits erteilt sei; sollte aber trotzdem aus irgendwelchen anderen Gründen, zB. infolge allgemeiner Aufhebung aller erteilten Ausfuhrbewilligungen oder infolge Zurücknahme dieser besonderen Erlaubnis, die Ausfuhr nach Deutschland wider alles Erwarten unmöglich werden, so sollte die Beklagte vom Vertrage zurücktreten dürfen. Der Nachsatz betrifft nur den unerwarteten Eintritt einer Ausfuhrunmöglichkeit, der erste Satz aber die bindende Zusicherung der bereits erfolgten Erteilung der Ausfuhrerlaubnis nach Deutschland. ... M. M.

[1] Ebenso hat der Beklagte, der nach dem Schlußschein die Ware „lagernd unterm Spediteur in Berlin" verkauft, damit dem Kläger zugesichert, daß die bestimmte Ware wenigstens im Augenblicke des Vertragsabschlusses für ihn Berlin greifbar sei, und muß für die Erfüllung dieser seiner Zusicherung einstehen; er kann sich deshalb, wenn die Ware zurzeit des Vertragschlusses bereits verkauft war, nicht auf sein subjektives Unvermögen berufen, sondern muß dem Kläger Schadensersatz für die Nichterfüllung seiner Verpflichtung leisten (OLG. Hamburg, 6. ZS. Urteil v. 14. Juni 1917). M. M.

**Dazu: Verkauf einer in Rumänien rollenden Ware als in Deutschland befindlich.**

OLG. Hamburg, 4. ZS. Urteil v. 18. Mai 1917.

Maßgebend für den Inhalt des Vertrags ist die schriftliche Bestätigung, daß die Ware zurzeit des Abschlusses in Deutschland sei. Sie war aber tatsächlich nicht in Deutschland. Der Kläger erachtet aber den Umstand für genügend, daß derzeit die Ware zum großen Teile nicht nur in Rumänien in deutsche Waggons verladen, sondern schon nach Deutschland rollend war. Der Sinn der Bestimmung ist jedoch unzweideutig: Ware, die sich noch in Rumänien befindet, ist nicht in Deutschland, gleichgültig, ob sie sich schon in deutschen Bahnwagen befindet. Dafür, daß angesichts der Kriegsverhältnisse der Fall, daß die Ware in deutschen Wagen im Auslande rolle, dem Falle gleichzustellen sei, daß die Ware bereits die Grenze überschritten habe, ist, da die Bestimmung klar ist und einer Auslegung durch Hilfe von Sachverständigen nicht bedarf, kein Raum gegeben.

Die Bestimmung stellt sich als die Zusicherung einer Eigenschaft dar; denn mag auch solcher Umstand unter den Parteien von keiner werterhöhenden Bedeutung gewesen sein, so war er doch für den Entschluß der Intendantur, überhaupt den Abschluß zu machen, von maßgebender Bedeutung. Denn nach der Verfügung vom 1. Mai 1915 waren die gesamten Auslandsankäufe an Getreide 2c dem Kriegsministerium vorbehalten und die Intendanturen durften nur solche Verpflegungsgegenstände kaufen, die sich nachweislich innerhalb des Deutschen Reiches befanden; auch Abschlüsse unter der Voraussetzung, daß die Waren über die deutsche Grenze gelangten, waren unzulässig. Die Intendantur durfte daher ohne Anweisung des Kriegsministeriums die Bohnen, falls sie sich noch im Auslande befanden, nicht kaufen, mochte sie auch die Stelle sein, die an sich alle durch das Kriegsministerium veranlaßten Auslandsankäufe zu erledigen hatte. Die Frage, ob die Ware in Deutschland sich befand, war daher von bestimmendem Einfluß auf den Entschluß der Intendantur, das Geschäft abzuschließen; sie betraf tatsächliche Verhältnisse der Ware, die, unabhängig von ihrem Einfluß auf ihre Bewertung auf dem freien Markte, für die subjektive Bewertung der Intendantur in bezug darauf, ob es sich bei der Ware überhaupt um einen für ihre Zwecke in Betracht kommenden Gegenstand handle, von maßgebender Bedeutung war. Es handelte sich daher um eine zugesicherte Eigenschaft im Sinne des § 439 BGB. Beklagter war somit berechtigt, die angediente Ware als vertragswidrig zurückzuweisen. Beklagter hat das nicht getan, sondern sie angenommen, nachdem in mündlicher Besprechung eine Verständigung erzielt war....

Das LG. ist nun der Meinung, daß, da Beklagter die Ware abgenommen habe, die Klausel jegliche Bedeutung verloren habe und Beklagter darum, da die V. vom 26. August 1915 nicht Platz greife, zahlen müsse. Allein die Ware ist ja nur auf Grund jener Verständigung abgenommen: Beklagter wollte einstweilen zahlen und der Kläger wollte den erforderlichen Nachweis, daß sich die Ware bereits zurzeit des Kaufs in Deutschland befand, bringen. Diese Abnahme stellte daher zusammen mit der Zahlung ein Entgegenkommen der Intendantur und ein Abgehen von ihrem grundsätzlichen Standpunkte dar, daß sie sowohl im Hinblick auf die V. vom 26. August als auf die vermutete Vertragswidrigkeit der Ware zur Abnahme nicht verpflichtet sei, und sollte keinesfalls für den Standpunkt des Beklagten präjudizierlich sein, wie sich auch der Kläger alle Rechte vorbehalten hatte. Der offenbare Sinn der ganzen Abmachung ist kein anderer, als der eines Zwischenvergleichs: unbeschadet des beiderseitigen Rechtsstandpunktes wurde eine vorläufige Regelung erzielt, wonach der Kläger erst einmal einen Teil des Kaufpreises, Beklagter die Ware erhielt. Ob der Kläger mehr zu fordern hatte, mußte sich später ergeben, so jedoch, daß — wenn er den geforderten Nachweis erbrachte, — Beklagter sich zur Zahlung des Restes verpflichtete, obgleich man den Standpunkt einnahm, daß an sich angesichts der V. vom 26. August die Ware auf alle Fälle an die Z.E.G. zum Preise von 70 Mark abzugeben sei. Der Kläger hat aber jenen Nachweis nicht erbracht, es steht vielmehr fest, daß die Ware unkontraktlich war. Beklagter kann daher — nachdem man sich über das Schicksal der Ware unpräjudizierlich durch jenen Zwischenvergleich geeinigt hatte — die Zahlung des eingeklagten Restes verweigern, wie er, ohne jene Verständigung, die Abnahme der Ware und des ganzen Kaufpreises hätte ablehnen können.... M. M.

v) **Kauf auf Probe: α) beim Pferdehandel.**

OLG. Rostock, 1. ZS. Urteil v. 11. Januar 1917.

Der Kläger hat auf seinem Hofe 1916 dem Beklagten, der für sein Fuhrmannsgewerbe ein Pferd kaufen wollte, zwei Pferde vorgeführt. Beide waren mit schweren, dem Beklagten mitgeteilten Fehlern behaftet, das eine (Brauner) konnte nicht ohne Hilfe aufstehen, das andere, ein schwarzes ausgemustertes Militärpferd, war dämpfig und pustete. Letzteres Pferd ist dem Beklagten zugeführt worden; er hat es nach einigen Tagen vergeblich zurückgeben wollen, so daß er es versteigern ließ und den Erlös hinterlegte. Der Kläger behauptet, daß das Pferd fest gekauft sei. Der Beklagte will nur erklärt haben, daß er es einmal mit dem schwarzen Pferde versuchen wolle; er habe es also nur auf Probe gekauft. Diese Folgerung ist freilich nicht zwingend; vielmehr wird sehr häufig der Entschluß des Kaufliebhabers, durch den dieser sich für den festen Kauf, besonders eines von mehreren ihm zur Auswahl gestellten Kaufgegenständen entscheidet, in solche oder ähnliche Worte gekleidet. Indessen sprechen doch hier sehr wesentliche Erwägungen dafür, daß Beklagter schwerlich das Pferd fest gekauft habe und daß er, wenn er die Worte „er wolle es mit dem Schwarzen einmal versuchen" oder ähnliche Ausdrücke gebraucht hat, hiermit, wie auch der Kläger der Sachlage entnehmen mußte, nur habe ausdrücken wollen, daß er das Pferd auf Probe kaufe. Zunächst ist durchaus auffällig, daß die Parteien selbst über den

Preis der Pferde gar nicht gehandelt haben. Vielmehr hat der Kläger nur auf Frage des anwesenden Zeugen W. den Preis von 1100 Mark für das braune und von 1000 Mark für das schwarze Pferd genannt, ohne daß weiter darüber gesprochen ist. Wenn nun schon an sich beim Pferdehandel üblich und fast selbstverständlich ist, daß über den Preis hin und her gefeilscht wird und jede Partei einen für sie möglichst günstigen Abschluß herbeizuführen sucht, so muß gerade hier, wo beide zu Kauf stehenden Pferde mit schweren Mängeln behaftet waren, für völlig unwahrscheinlich angesehen werden, daß der vom Verkäufer auf die Frage eines Zuschauers genannte Kaufpreis ohne weiteres als die maßgebende Summe aufgefaßt worden sei. Es kommt dazu, daß der Beklagte für seinen Gewerbebetrieb ein mit dem gesetzlichen Hauptmangel der Dämpfigkeit behaftetes Pferd vernünftigerweise gar nicht kaufen konnte, bevor er sich davon überzeugt hatte, inwieweit es infolge seines Fehlers überhaupt für ihn noch brauchbar war. Endlich hat der Zeuge aus den Verhandlungen den Eindruck gewonnen, daß es sich nicht um einen festen Kauf, sondern nur um eine vorläufige Abmachung handle, die den Parteien für die Zukunft freie Hand ließ. J. n.

$\beta$) **Kauf auf Besicht auswärts lagernder Waren. Anwesenheitspflicht in der Geschäftszeit.**

OLG. Hamburg, 5. ZS. Urteil v. 23. Mai 1917.

Der Kläger hat am 14. Januar 1916 mit der Beklagten einen Kauf „auf morgigen Besicht" abgeschlossen, wie in den §§ 495, 496 gemeint ist. Die Frist des § 496 lief demgemäß am nächstfolgenden Tage, also am 15. Januar (Sonnabend) ab; eine andere Auslegung, etwa dahin, daß am 15. Januar die in Leipzig lagernde Ware nur besichtigt, die Billigung aber erst später geschehen sollte, ist nicht möglich; Kauf „auf Besicht" ist ein feststehender Ausdruck des Geschäfts- und Rechtslebens, seine Bedeutung ist gesetzlich klargestellt, und nichts spricht dafür, daß die Parteien den übereinstimmenden Willen gehabt hätten, das Wort abweichend von der regelmäßigen Bedeutung zu gebrauchen. Auch war die rechtzeitige Billigung durchaus möglich; der Abnehmer der Ware, der sie besichtigen sollte und besichtigt hat, konnte sich telephonisch oder telegraphisch mit dem Kläger in Verbindung setzen.

Die Behauptung, dies sei nur dadurch vereitelt, daß die Beklagte am 15. Januar bis 7 Uhr abends telephonisch nicht zu erreichen gewesen sei, ist erheblich. Es handelt sich bei der Billigung um eine empfangsbedürftige Willenserklärung, deren Zugehen die Beklagte nicht vereiteln durfte. Sie war, da der telephonische Geschäftsverkehr zwischen ihr und dem Kläger, wie übrigens allgemein üblich war, verpflichtet, bis zum Schluß der üblichen Geschäftszeit das Zugehen der auf telephonischem Wege zu erwartenden Willenserklärung nicht zu verhindern. Ob die übliche Geschäftszeit, besonders am Sonnabend, stets bis 7 Uhr dauert, kann unentschieden bleiben, da die Beklagte selbst behauptet, an dem Tage bis 7 Uhr ihr Kontor offen gehalten zu haben und bereit gewesen zu sein, die Billigung entgegenzunehmen, und somit selbst nicht bestreitet, daß die Geschäftszeit damals bis 7 Uhr gedauert hat. Hätte die Beklagte, wenn auch nur fahrlässig, die Verspätung des Zugehens der für sie bestimmten Willenserklärung verschuldet, so würde sie gegen Treu und Glauben handeln, wenn sie aus ihrem eigenen Verschulden zum Nachteil des Klägers Vorteile herleiten wollte (RG. 58 S. 409). Der Kläger hätte dann das Recht, es so ansehen zu dürfen, als ob seine Billigung rechtzeitig zugegangen wäre. Beweispflichtig dafür, daß er vergeblich versucht hat, die Billigung rechtzeitig zu erklären, ist der Kläger. Er hat sich dafür nur zum richterlichen Eide erboten; auf diesen wäre zu erkennen gewesen, wenn die Möglichkeit eines Verschuldens der Beklagten gegeben gewesen wäre und dieses durch den Eid hätte voll erwiesen werden können. Die Beweisaufnahme hat jedoch die volle Überzeugung erbracht, daß die Beklagte am 15. Januar 1915 ihre Geschäftsräume mindestens bis 7 Uhr abends offengehalten hat und bereit gewesen ist, telephonische Gespräche zu führen. Unter diesen Umständen kann es, da ein Verschulden der Beklagten nicht vorliegt, auf den vergeblichen Versuch des Klägers, telephonische Verbindung mit dem Beklagten zu erreichen, nicht ankommen. Selbst wenn dies vor 7 Uhr versucht sein sollte, so kann es an andern Umständen gelegen haben, daß der Versuch vergeblich geblieben ist.

Der Kläger hat sich schließlich auf § 3 der hiesigen Platzusancen für den Warenhandel berufen. Allein dessen Bestimmungen können nur auf solche Waren angewendet werden, die in Hamburg am Platze greifbar sind.... M. M.

γ) **Schadensersatz wegen Nichtvorlegung einer auf Besicht gekauften Ware.**

OLG. Hamburg, 1. ZS. Zwischenurteil v. 8. Oktober 1917.

Eine auf Besicht gekaufte Ware (Sardinen), und zwar eine bestimmte Partie, ist dem Kläger nicht zur Untersuchung gestellt (§ 495[2]) worden und verlangt Schadensersatz wegen Nichterfüllung. Die Beklagte meint, daß der Käufer „auf Besicht" nur das Recht habe, zu nehmen oder abzulehnen. Allein er hat auch hier das Recht darauf, daß ihm vertragliche Ware angedient, dh. zunächst zur Untersuchung gestellt wird; er kann, trotz Billigung im Sinne des § 495, Ansprüche aus vertragswidriger Beschaffenheit erheben (JW. 1912 S. 858). Er hat unter allen Umständen den Anspruch darauf, daß ihm durch Vorführung der Ware Gelegenheit gegeben wird, sich darüber zu entscheiden, ob er billigen will oder nicht (vgl. ROHG. 7 Nr. 85). Wird dieser Anspruch nicht erfüllt, so erwächst ihm nach erfolgloser Fristsetzung ein Anspruch auf Schadensersatz wegen Nichterfüllung (Recht 1910 Nr. 1725); auf den Nichteintritt der aufschiebenden Bedingung (§ 495 Satz 2) kann sich der Verkäufer nicht berufen, weil sie nach § 162 als eingetreten gilt.

Der Beklagten ist allerdings der Beweis für ihre Einrede zu verstatten, daß der Kläger nicht gebilligt hätte. Die hierfür vorgetragenen Behauptungen reichen jedoch nicht aus. War die verkaufte Partie Sardinen identisch mit derjenigen, auf die sich das Gutachten bezieht, und ist sie so schlecht ausgefallen, wie das Gutachten besagt, so ergibt sich daraus noch nicht, daß der Kläger die Ware nicht genommen hätte, zumal mit einer Minderung des Kaufpreises gemäß § 472. Die Erfahrung des heutigen Lebens lehrt, daß Lebensmittel auch von schlechtester Beschaffenheit ihre Abnehmer, und zwar zu unerhört hohen Preisen, finden, und es ist mehr als wahrscheinlich, daß der Kläger hierdurch bei seiner Entschließung beeinflußt worden wäre. M. M.

## 2. Recht der Schuldverhältnisse.

a) **Vermietung eines Lagerkahns nebst Besatzung. Haftung für deren Verschulden.**

OLG. Hamburg, 3. ZS. Urteil v. 13. Februar 1917.

Die eingeklagte Mietzinsforderung für den Kahn Nr. 67 ist nicht bestritten. Die Beklagte hat aber eine Gegenforderung daraus hergeleitet, daß die Ladung Baumwollsaatmehl während der Einlagerung im Kahn durch ein Verschulden der Besatzung des gemieteten Kahns beschädigt worden sei, diese Besatzung habe sie mitgemietet. Wird letzteres unterstellt, so liegt ein Vertrag vor, der Sachmiete in Verbindung mit Dienstverschaffung zum Gegenstande hatte. Der Kläger hatte danach der Beklagten einen zur Einlagerung jener Ladung geeigneten Kahn sowie die von ihm angenommene Besatzung zur Verfügung zu stellen. Dieser Verpflichtung ist er nachgekommen. Der Kahn ist von den Sachverständigen ausdrücklich zur Einlagerung von Baumwollsaatmehl für geeignet erklärt worden; besonders war das Zeltdach bei der Besichtigung gut und dicht anschließend. Gegen die Tüchtigkeit des Schiffers und des Matrosen hat die Beklagte nichts vorgebracht, sondern lediglich geltend gemacht, die Besatzung sei an Zahl nicht ausreichend gewesen, insofern üblicherweise derartige Kähne mit einem Schiffer, einem Bestmann und einem Jungen besetzt würden. Dieser Einwand ist aber nicht begründet, weil jedenfalls während der Zeit der Einlagerung eine Besatzung von zwei Personen als genügend erscheint und überdies nicht ersichtlich ist, daß der Schaden nicht entstanden wäre, wenn die Besatzung die von der Beklagten bezeichnete Stärke gehabt hätte. Der Kläger hat mithin alles getan, wozu er nach dem Vertrage verpflichtet war. Daß er noch eine weitergehende Verbindlichkeit übernommen habe, kann jedenfalls dem Bestätigungsschreiben nicht entnommen werden. Die Besatzung verblieb zwar in ihrem Anstellungsverhältnisse zum Kläger, hatte aber auf Grund desselben kraft des Vertrags der Parteien den Weisungen der Beklagten zu folgen und unterstand deren Kontrolle. Die einzelnen Dienstleistungen der Besatzung geschahen nicht mehr in der Erfüllung einer Verbindlichkeit des Klägers gegenüber der Beklagten. Der Kläger genügte seiner Vertragspflicht, wenn er die Besatzung anwies, sich mit dem Kahn zur Verfügung der Beklagten zu halten und deren Weisungen zu folgen. Das ist unstreitig geschehen.

Eine Haftung des Klägers nach § 278 besteht sonach nicht (vgl. RG. HansGZ. 1913 S. 286).

Eine Haftung des Klägers nach §§ 3, 4, 7[1] des BinnenSchG. ist nicht behauptet. Die Parteien haben es insoweit an den erforderlichen tatsächlichen Unterlagen völlig fehlen lassen; auch haben sie über die Eigentumsverhältnisse an der beschädigten Ladung nichts vorgebracht. Übrigens handelt es sich nach dem Vertrag ausschließlich um die Lagerung von Ware in dem Fahrzeuge des Klägers, nicht zu späteren Transportzwecken mittels desselben, sondern um die Ware demnächst nach beendeter Lagerung wieder ans Land zu schaffen, wie es auch tatsächlich geschehen ist. Auf einen derartigen Vertrag kann aber das BinnenSchG. wenigstens in Ansehung der hier streitigen Frage überhaupt nicht angewendet werden.

Der § 831 BGB. kann gleichfalls nicht zur Begründung der streitigen Schadensforderung dienen. Denn abgesehen davon, daß die Beklagte selbst gar nicht behauptet hat, Eigentümerin der beschädigten Ware gewesen zu sein, war ihr nach dem Vertrag überlassen worden, die einzelnen Verrichtungen der Besatzung, besonders dem Schiffer, zuzuweisen, die sie nach ihren Weisungen auszuführen hatten. Daher war die Beklagte Geschäftsherr im Sinne des § 831 (RGKomm. § 831[2]), nicht der Kläger. M. M.

b) **Streupflicht des Vermieters.**

OLG. Hamburg, 1. ZS. Zwischenurteil v. 2. März 1917.

Der Unfall ereignete sich auf dem im Eigentum der Beklagten stehenden Gang, der von den Bewohnern des Hauses Nr. 6 als gemeinschaftlicher Zugang zu diesem Hause benutzt wird. Daher kann hier nicht der § 69 der Hamburger StraßenO. vom 7. Juli 1902 herangezogen werden, da er, auch wo er „Eingänge" erwähnt, sich nur auf Teile der öffentlichen Straße, nicht aber auf einen Eingang der hier fraglichen Art bezieht, der zwischen zwei im Privateigentum stehenden, zu den dahinter befindlichen Häusern gehörigen Vorgärten liegt, selbst Privateigentum ist und nur den Zugang zu einem Privathause bildet. Vielmehr sind hier ausschließlich zivilrechtliche Grundsätze anzuwenden.

Die Klägerin hat die Wohnung im Hause Nr. 6 neben ihrem Manne gemietet. Die Beklagte war also auch ihr gegenüber vertraglich zur Wahrnehmung der einer Vermieterin der hier fraglichen Art obliegenden Sorgfalt verpflichtet. Soweit sie sich zur Erfüllung dieser Verbindlichkeiten der Hilfe Dritter bediente, hat sie für deren Verschulden nach § 278 einzustehen und kann sich nicht gemäß § 831 entlasten. Nun hatte die Beklagte zurzeit des Abschlusses des Mietvertrags und auch noch zurzeit des Unfalles den Zeugen L. als Verwalter ihres Grundstücks angestellt, das mit einem größeren, von mehreren Parteien bewohnten besseren Miethause bebaut ist. L. wohnte in unmittelbarer Nachbarschaft, in Nr. 4, und hatte diese Wohnung offenbar in seiner Eigenschaft als von der Beklagten angestellter Hausverwalter inne. In solchem Fall ist es in Hamburg allgemein gültige Übung, daß der Hausverwalter im Namen und im Auftrage des Vermieters für die Reinhaltung der allgemeinen Zugänge zum Miethause, ihre Bestreuung bei Glatteis, gehörige Beleuchtung und sonstige Verkehrssicherheit sorgt und zwar den Mietern gegenüber als Ausfluß und stillschweigende Bedingung des mit ihnen geschlossenen Mietvertrags. Dafür, daß diese Verpflichtung der Beklagten als Vermieterin oblag, spricht auch der Umstand, daß L. als Verwalter mit der Frau X. einen schriftlichen Vertrag geschlossen hat, wonach diese u. a. bei Glatteis den Gang zu bestreuen hatte, was sicherlich nicht geschehen wäre, wenn nach dem zwischen den Parteien bestehenden Vertragsverhältnis die Erfüllung der Streupflicht Sache der Klägerin und nicht der Beklagten gewesen wäre. M. M.

c) **Miete einer „Gastwirtschaft mit Tanzerlaubnis". Minderung des Zinses wegen Tanzverbots.**

OLG. Dresden, 4. ZS. Urteil v. 30. Oktober 1917.

Das LG. hat die Minderungsklage abgewiesen, weil ein ohne Beziehung auf ein bestimmtes Tanzlokal wegen des Krieges erlassenes Tanzverbot regelmäßig nicht die Wirkung habe, daß die verpachteten Räume als mit einem Fehler des § 537 (§ 581) behaftet zu betrachten seien. Dem war nicht beizutreten. Vielmehr muß genügen, daß der Pachtgegenstand die Eigenschaft einer Tanzwirtschaft, wenn auch nicht ausschließlich, hatte. Hier ist im Vertrage von 1912 gesagt, es vermiete der Hauseigentümer bestimmte Räume als Wohnung und Geschäftslokal zum Betriebe einer Gastwirtschaft mit Tanzerlaubnis und es dürfe der Abmieter in dem Betrieb der Gastwirtschaft und der Tanzunterhaltung weder längere noch kürzere Zeit einstellen oder wesentlich vermindern; sonst sei der Vermieter berechtigt, sofort zurückzutreten und 500 Mark für jeden Tag der Betriebseinstellung bzw. wesentlichen Betriebsminderung zu verlangen. Schon daraus ergibt sich, daß die Räume zu einem wesentlichen Teile zum Betrieb einer Tanzwirtschaft dem Kläger überlassen waren und daß der vertragsmäßige Gebrauch insoweit in der Benutzung als Tanzlokal bestand. Daß nur zweimal wöchentlich Tanz abgehalten werden durfte, steht dem nicht entgegen. Eines Eingehens darauf, in welchem Verhältnisse die Einnahme aus dem Tanzbetriebe zu den sonstigen Wirtschaftsergebnissen gestanden haben, bedarf es gegenwärtig nicht. Die Berechnung der einzelnen Räume nach ihrem Mietwerte kann schon deshalb keine verläßliche Grundlage bilden, weil die Räume in ihrer Zusammengehörigkeit, in Verbindung mit dem Tanzbetrieb auch soweit sie nicht in dem eigentlichen Saalbau liegen, gewürdigt werden müßten. Es erscheint ohne weiteres glaubhaft, daß die Benutzung aller Gasträume von dem Verkehr beeinflußt wird, den der Tanzbetrieb mit sich bringt. Hiernach muß angenommen werden, daß das Tanzverbot den Pachtgegenstand selbst betraf und dessen Tauglichkeit zu dem vertragsmäßigen Gebrauche minderte. Wenn in RG. 87 S. 277 auf die örtliche Lage der Wirtschaft Bezug genommen wird, so ist das erkennbar geschehen, um darauf hinzuweisen, daß ein Widerspruch mit früheren Entscheidungen, besonders einem Urteile vom 13. Mai 1908 nicht vorliegt. —e—

d) **Kündigung trotz Urteils auf Beseitigung des Mangels.**

Kammergericht, 2. ZS. Urteil v. 12. September 1917.

Der Kläger, der 1908 von der Beklagten Räume zum Geschäftsbetriebe bis 1. Oktober 1919 gemietet hatte, hat am 12. April 1917 die Verurteilung der Beklagten zur Fußbodenausbesserung erzielt, und ist auf die Mitteilung, daß diese Ausbesserung 2 bis 3 Monate dauern werde, nach fristloser Kündigung ausgezogen. Die Klage auf Feststellung, daß das Mietverhältnis nicht mehr besteht, ist begründet.

Der erwiesene Sachmangel gab dem Mieter das Recht: 1. auf Beseitigung des Fehlers (§§ 536, 538²); 2. auf Minderung des Mietpreises (§ 537); 3. auf Schadensersatz unter den Voraussetzungen des § 538; 4. auf außerordentliche Kündigung (§ 542). Das eine Recht schließt bis zur Beseitigung der Mängel oder Beendigung des Mietverhältnisses das andere nicht aus. § 542 setzt ausdrücklich voraus, daß der Mieter die Beseitigung des Mangels verlangt, bevor er das Kündigungsrecht ausübt. Der Anspruch auf Beseitigung des Mangels (§ 536) und das Kündigungsrecht (§ 542) stehen daher zueinander nicht in dem Verhältnisse der Ansprüche aus einer Wahlschuld und die Klage auf Beseitigung ist nicht die Ausübung einer die Geltendmachung des anderen Rechtes ausschließenden Wahl, wie im Falle des § 263. Sie ist vielmehr nur das stärkste Verlangen der Abhilfe, das, erfolglos, die Kündigung erst zulässig macht. Dies Verlangen soll mit einer Fristsetzung verbunden sein. Sie ist aber, wie im Falle des § 326 dann nicht erforderlich, wenn der andere Vertragsteil die Erfüllung ernstlich verweigert. Die Beklagte hat aber ihre Verpflichtung zur Fußbodenausbesserung vor der Klagerhebung und während der einjährigen Dauer des Rechtsstreits auf das Hartnäckigste bestritten und nichts getan. Irrig ist die Meinung der Beklagten, daß der Kläger, um nach § 542 kündigen zu können, ihr nach ihrer Verurteilung zur Beseitigung des Mangels eine Frist dazu hätte setzen müssen. Der Kläger hätte vielmehr ohne weiteres aus dem Urteil vollstrecken und die Beklagte die Vollstreckung nicht durch die Berufung auf ihren nun endlich vorhandenen Willen, die ihr auferlegte Handlung in absehbarer Zeit vorzunehmen, abwenden können. Eine Frist zur Überlegung, ob sie Revision gegen das Urteil einlegen sollte, stand ihr nicht zu. Sie unterließ die Erfüllung ihrer Urteilspflicht, mochte sie auch noch so sehr an der Richtigkeit des Urteils zweifeln und zu bezweifeln berechtigt sein, auf eigene Gefahr. Die Kündigung aber war zulässig geworden, nachdem das im Vorprozeß auf das Stärkste ausgedrückte Abhilfeverlangen nicht erfüllt worden war. Dies Recht ist durch die Verurteilung nicht verloren gegangen. Nur dadurch, daß Beklagte vor dessen Ausübung Abhilfe schaffte, konnte sie diese Ausübung ausschließen. Sie hat die Abhilfe nicht geschafft. Verletzung von Treu und Glauben darf die Beklagte dem Kläger nicht vorwerfen. Es ist nicht abzusehen, worin er Treu und Glauben verletzt haben sollte. Nahm die Beklagte an, daß mit der Klage auf die Beseitigung des Mangels das Kündigungsrecht des Klägers ausgeschlossen wurde, so hat der Kläger diesen Irrtum nicht absichtlich heraufbeschworen. Den „unerträglichen Zustand der Unsicherheit", von dem die Beklagte spricht, verdankt sie lediglich sich selbst; sie konnte ihn durch die Erfüllung ihrer Vertragspflicht jeder Zeit aufheben. Sie ist auch nicht durch das Verhalten des Klägers zu Kosten verursachenden Maßnahmen verleitet worden, sie hat noch nichts zur Beseitigung des Mangels getan. Diese Beseitigung, das steht fest, war ihre Vertragspflicht, die seit 1908 bestand. Sie hat sie bis heute, $1^1/_2$ Jahre nach der auf ihre Erfüllung gerichtete Klage nicht erfüllt. Auf die Schwierigkeiten, die jetzt die Erfüllung erschweren, Rücksicht zu nehmen und deshalb die Kündigung zu unterlassen, war der Kläger nicht verpflichtet. Fr.

e) **Verschlechterungen durch den vertragsmäßigen Gebrauch der Mieträume zur Taubstummenanstalt.**

Kammergericht, 2. ZS. Urteil v. 16. Februar 1917.

Der Kläger verlangt Schadensersatz wegen der Verschlechterungen des Parkettfußbodens, die nicht in dem vertragsmäßigen Gebrauche der Mieträume begründet seien. Allein diese sind, wie der Mietvertrag zweifelsfrei ergibt, dem Beklagten zum Betriebe der aus dem Hause Nr. 1 verlegten Taubstummenanstalt vermietet worden. Dieser Betrieb war ein derartiger, daß Lehrer und Schüler in den Räumen wohnen und schlafen mußten und daß darin Schule gehalten wurde. Dies war dem Kläger bekannt. Der vertragsmäßige Gebrauch der Mietsache umfaßte daher auch das Wohnen und Schlafen von Lehrern und Schülern, sowie das Schulehalten. Verschlechterungen der Mietsache, die dadurch herbeigeführt worden sind, hat nach § 548 der Beklagte nicht zu vertreten. Sein vertragsmäßiger Gebrauch ist ein anderer, als der Gebrauch einer Wohnung. Diese erhält durch das Vorhandensein von Parkettfußböden die Eigenschaft einer feineren („herrschaftlichen") Wohnung, die ohne weiteres nach den Gepflogenheiten des gewöhnlichen Lebens eine pfleglichere Behandlung erheischt. Vermietet aber der Hausbesitzer parkettierte Räume zu anderen Zwecken, so fällt dieser Gesichtspunkt fort und es bedarf besonderer Umstände, die den Anspruch auf pflegliche Behandlung des Parkettbodens, als sie für jeden gewöhnlichen, den Mietzwecken entsprechenden Fußboden notwendig ist, begründen können. Wer zB. parkettierte Räume als Fabrik- oder Lagerräume vermietet, kann einer Abnutzung nicht entgegentreten (§ 550), die dadurch herbeigeführt wird, daß der Mieter in den Räumen seine Fabrikarbeiten ausführen läßt oder schwere Waren lagert. Der Mieter nimmt in solchen Fällen den Parkettfußboden in den Kauf, weil er ihn nicht stört, der Vermieter gibt ihn zu den Mietzwecken preis, weil er auch dabei seine Rechnung zu finden glaubt. Eine Verpflichtung des Mieters, sich in dem Gebrauch der Räume aus Rücksicht auf das Vorhandensein des Parkettbodens zu beschränken, wird ohne besondere ausdrückliche oder stillschweigende Abrede nicht begründet; das bloße Vorhandensein des Parkettfußbodens reicht zur Annahme einer solchen Beschränkung nicht aus. So liegt die Sache auch hier. Für die Zwecke der Taubstummenanstalt war es gleichgültig, ob die Räume Parkett oder gewöhnlichen Fußboden hatten; es trat durch das Vorhandensein des Parketts keine Steigerung in der Eignung der Räume für die Vertragszwecke ein, wie sie bei Vermietung zu Wohnzwecken vorhanden ist. Es fehlt an jedem Anhalt für die Annahme, daß dennoch der Beklagte in der Benutzung durch die Pflicht zu einer pfleglicheren Behandlung beschränkt sein sollte. Vergießen von Tinte ist im Schulbetriebe unvermeidlich. Die Glätte, welche Abziehen und Bohnern, die übliche Behandlung parkettierten Fußbodens in Wohnungen, dem Fußboden gibt, würde ihn für den Schulbetrieb unbrauchbar machen, die Schulverwaltung kann nicht die Gefahr, die damit für die Schüler verbunden ist, verantworten und die Steigerung ihrer Haftpflicht auf sich nehmen. Es blieb daher, um die notwendige Reinigung durchzuführen, nur Ölen und Waschen übrig. Die dadurch herbeigeführten Verschlechterungen des Fußbodens beruhten darum auf dem vertragsmäßigen Gebrauch. In diesem lag auch die Benutzung zu Schlafräumen und damit zur Aufstellung von Bettstellen. In der Auswahl der Art dieser Betten war der Beklagte nicht beschränkt und zur Anbringung besonderer, nicht üblicher Schutzvorrichtungen nicht verpflichtet. Die nachgewiesenen Schäden des Fußbodens sind also Folgen des vertragsmäßigen Gebrauchs, für die der Beklagte als Mieter nach § 548 BGB. nicht einzustehen hat. Fr.

f) **Mietzahlung für eingefrorenen Frachtkahn.**

OLG. Celle, 2. ZS. Urteil v. 29. November 1917.

Der Kläger hatte der Beklagten zu einer Kohlenreise nach Hannover Ende 1916 einen Kahn vermietet, der dann nach Löschung seiner Ladung vom 21. Januar bis 15. März 1917 auf dem Mittellandkanal eingefroren war. Der Anspruch auf den Mietzins bis zur Rückgabe des Kahns ist an sich begründet. Nach den zwischen den Parteien gewechselten Briefen dauerte das Mietverhältnis bis zu der in Ruhrort zu bewerkstelligenden Rückgabe des Kahnes und es fragt sich nur, ob die Beklagte durch dessen zeitweiliges Einfrieren von der Mietzahlung frei geworden ist. Das läßt sich indes nicht annehmen. Zugunsten der Beklagten kann nicht etwa § 323 in Betracht kommen, wonach bei einer ohne unmöglich gewordenen Leistung des einen Teils dessen Anspruch auf die Gegenleistung aufgehoben wird. Zwar war mit dem Einfrieren ein Umstand eingetreten, für den keine der Parteien verantwortlich war; doch ist er ohne Einfluß auf die Leistung des Klägers geblieben. Nach §§ 535, 536 hatte dieser den Kahn in einem dazu geeigneten Zustande zu dem vertragsmäßigen Gebrauche zu überlassen, der in der Beförderung von Frachtgütern bestand. Der Kläger hatte also den Kahn so zur Verfügung zu stellen, daß die Beklagte ihn für jenen Zweck verwenden konnte. Das hatte er jedoch getan, und an der für seine Zweckbestimmung nötigen Brauchbarkeit des Fahrzeuges, soweit er dafür überhaupt zu sorgen imstande war, hatte sich seitdem nichts geändert. Somit liegt eine Unmöglichkeit ihrer Leistung nicht vor.

Ebensowenig kann man aber sonst dazu gelangen, den Mietzinsanspruch abzulehnen. Aus § 552 läßt sich nichts herleiten; er regelt ausschließlich den Fall, daß der Mieter durch einen lediglich in seiner Person liegenden Grund an dem Gebrauch der Sache gehindert wird und gesteht ihm dann keine Befreiung vom Mietzinse zu. Darüber, was zu gelten hat, wenn die Gebrauchshinderung durch andere, sachliche Gründe hervorgerufen wird, ist aus der Vorschrift nichts zu entnehmen. Dann bleibt, abgesehen von dem Kündigungsrechte des § 542, nur § 537 zu berücksichtigen. Allein die dort zugelassene Befreiung des Mieters setzt voraus, daß die Untauglichkeit auf einem Fehler der Sache beruht, und dabei handelt es sich zunächst um Mängel, die in der Sache selbst liegen. Doch hat die Rechtsprechung den § 537 auch dann angewendet, wenn durch behördliche Anordnungen, die die Sache selbst betreffen, deren Tauglichkeit für den vertragsmäßigen Gebrauch beeinträchtigt wird; so JW. 1913 S. 596[3], RG. 87 S. 277. Im ersten Fall handelt es sich um die auf gesetzlichem Verbot beruhende Unbenutzbarkeit von Mieträumen, im zweiten um die Einwirkung eines Tanzverbots auf die Benutzung einer Wirtschaft, die bisher wesentlich als Tanzstätte gedient hatte. Bei derartiger Sachlage wird der Vertragsgegenstand einer für seinen Gebrauch wesentlichen Eigenschaft entkleidet und in der Tat mit einem dem vertragsmäßigen Gebrauch hinderlichen Mangel behaftet. Hier war dagegen die Beschaffenheit des Kahnes in jeder Beziehung, die für seine Verwendung in Betracht kommen konnte, dieselbe geblieben. Nur hat ihm die Beschaffenheit des Fahrwassers, in dem er in Bewegung gesetzt wurde, die Bewegungsmöglichkeit zeitweilig genommen. Nun gehörte es wohl zu einem dem Vertragsverhältnis entsprechenden Gebrauch des Kahnes, daß er sich in seinem Fahrwasser fortbewegen ließ. Dafür hatte demgemäß der Kläger einzustehen. Hierzu war der Kahn aber auch an sich durchaus in der Lage. Wenn sich schließlich trotzdem seiner Fortbewegung ein Hindernis auf der von ihm befahrenen Wasserstraße entgegenstellte, so lag das nur an den besonderen dort zufällig bestehenden Verhältnissen. Das Hindernis hing in keiner Weise mit einer Eigenschaft des Kahnes, mit einem ihm anhaftenden Mangel zusammen, sondern entsprang dem Umstande, daß ihn die Beklagte auf einer dem Einfrieren ausgesetzten Wasserstraße benutzt hatte. Folgte aus der Gewährleistungspflicht des § 537 für den Kläger auch dessen Haftung für die Brauchbarkeit und Fortbewegbarkeit des Kahnes auf Wasserstraßen überhaupt, so umfaßte sie nicht zugleich eine derartige Brauchbarkeit auf der bestimmten, von der Beklagten gewählten Wasserstraße. Wollte man das annehmen, so würde man dem Vermieter eines Kahns die Verantwortung für alle möglichen Zufälligkeiten aufbürden, die dem Fahrzeuge auf der Reise infolge der Beschaffenheit des jeweiligen Fahrwassers zustoßen könnten. Dann hätte er für Sperrung des Fahrwassers, zB. durch Einsturz der Uferwände eines Kanals oder durch den Zusammenbruch einer über ihn führenden Brücke, nicht minder wie für das Zufrieren des Gewässers aufzukommen. Das wäre indes ein unannehmbares Ergebnis. Die Gefahr solcher Zwischenfälle kann nur den Mieter des Kahnes treffen, der ihn diesen dadurch aussetzt, daß er das Fahrzeug die Reise antreten läßt, damit aber auch den Eintritt der Gefahren auf sich nimmt. Gerade hier, wo der Kahn mitten im Winter zu alsbaldigem Gebrauch gemietet wurde, mußte die Beklagte mit gewissen, aus etwaigem Frost hervorgehenden Gefahren rechnen, wenn sie sich auch wohl nicht auf die tatsächlich eingetretene ungewöhnliche Kälte gefaßt gemacht hat. L. dt.

g) **Ersatzanspruch des Vermieters, der den Auszug des Mieters verhindert.**

Kammergericht, 2. ZS. Urteil v. 3. April 1917.

Durch das Urteil des KG. v. 20. Oktober 1915 ist rechtskräftig festgestellt, daß das Mietverhältnis der Parteien durch die Kündigung des jetzigen Beklagten (Mieters) am 30. September 1915 beendet worden ist. Erst am 10. Januar 1916 zog jedoch der Beklagte aus, nachdem der Kläger auf Räumung geklagt und diesen Rechtsstreit nach dem Auszuge des Beklagten durch einen gerichtlichen Vergleich beendet hatte. Jetzt beansprucht der Kläger den Mietzins für die Zeit vom 1. Oktober 1915 bis 10. Januar 1916 mit 944 Mark sowie den für 1915 entrichteten Mietstempel von 20 Mark. Der Anspruch ist nur teilweise begründet.

1. Während der Mietstempel mangels besonderer Abrede sonst vom Vermieter und Mieter je zur Hälfte zu tragen ist (Niendorff Mietr. § 17 Nr. 9), ist hier im Mietvertrag bestimmt, daß ihn der Mieter trägt. Nach dem StStG. vom 30. Juni 1909 Tarif 48 beträgt er für das ganze Jahr $^{6}/_{10}$ des Zinses von 3400 Mark = 20,40 Mark und ist, wenn der Vertrag vorzeitig endet, nur für die Zeit bis zu dieser Beendigung zu entrichten. Da hier der Vertrag am 30. September 1915 endete, war also der Stempel nur für $^{3}/_{4}$ Jahre mit 15,30 Mark zu entrichten. Das hätte der Kläger der Steuerbehörde gegenüber geltend machen müssen. Der Beklagte braucht die unnütze Mehraufwendung nicht zu erstatten.

2. Der Beklagte hält mindestens für den Oktober 1915 den § 557 nicht für anwendbar, weil sein vom Kläger bestrittenes Recht zum Auszuge erst durch das Urteil vom 20. Oktober 1915 festgestellt worden sei und ihm eine gewisse angemessene Räumungsfrist nach dieser Feststellung zugebilligt werden müsse. Letzteres ist richtig (Recht 1907 S. 199). Mit dem LG. ist sie bis 1. November zu bemessen.

Der § 557 gibt dem Vermieter den Anspruch auf den vereinbarten Mietzins als Entschädigung für die Dauer der Vorenthaltung, wenn der Mieter die gemietete Sache nach Beendigung des Mietverhältnisses nicht zurückgibt. Der Gebrauch desselben Worts „zurückgeben" in §§ 557 und 556 berechtigt bei der Art, wie das BGB. gefaßt ist, zu der Annahme, daß das Wort in beiden Vorschriften den gleichen Sinn haben soll. Der Mieter hat die Wohnung nicht bloß aufzugeben, sondern auch dem Vermieter zurückzugeben. Die Rückgabe ist erst dann vollzogen, wenn der Vermieter die Räume in seinen Besitz nimmt (Niendorff § 35 Nr. 1). Ob eine Pflicht des Vermieters zur Rücknahme besteht, ist streitig (dafür: Rehbein BGB. § 293 I², dagegen: Oertmann N. 1³ vor § 293). Jedenfalls bedarf es aber seiner Mitwirkung bei der Rückgabe, seiner Rücknahme. Die Wirkung des § 557 tritt ohne Rücksicht darauf ein, aus welchem Grunde die Rückgabe unterbleibt, auf ein Verschulden des Mieters kommt es nicht an. Aber die Rückgabe im angeführten Sinne muß möglich sein, und das ist sie nicht, wenn der Vermieter seine Mitwirkung, die Rücknahme, verweigert. Dann hat ihm der Mieter die Mietsache nicht vorenthalten, und der Vermieter hat höchstens einen Bereicherungsanspruch. Bis zum Urteil vom 20. Oktober 1915 fehlte zweifellos die Abnahmebereitschaft des Klägers. Unter Berücksichtigung der angemessenen Räumungsfrist ist ihm also der Anspruch aus § 557 für Oktober abzusprechen.

Der Beklagte geht aber weiter. Er hält den Anspruch aus § 557 für die ganze Zeit für unbegründet, weil der Kläger erst am 20. Dezember 1915 in den Auszug gewilligt hätte und danach noch bis zum 10. Januar 1916 die Umzugsfrist gerechnet werden müsse. Im Vorprozesse handelte es sich um das Bestehen des Mietverhältnisses für die Zeit vom 1. Oktober 1915 bis dahin 1916 bei 3400 Mark Jahresmiete, so daß der für die Zuständigkeit und die Anfechtbarkeit maßgebende Streitwert 3400 Mark betrug. Die Revision war zwar nicht zulässig, formelle Rechtskraft erlangte das Urteil aber infolge des § 547 ZPO. erst nach Ablauf der Revisionsfrist (RG. 70 S. 431), also erst am 2. Januar 1916. Die Annahme des LG., daß Beklagter nach dem Erlaß des Urteils den Widerstand des Klägers gegen den Auszug durch eine einstw. Verfügung hätte brechen müssen, ist irrig; denn es besteht nur das Recht, nicht die Pflicht, den Weg der einstw. Verfügung zu beschreiten. Der Kläger hat aber auf ein Schreiben des Beklagten um Gestattung seines Auszugs nicht geantwortet, und noch am 10. Dezember erklärt, daß er trotz des Urteils die Auflösung des Mietverhältnisses bestreite; erst am 20. Dezember ist der Auszug gestattet worden. Danach hat der Kläger bis dahin die Rücknahme der Wohnung als Folge der Auflösung des Mietverhältnisses (§ 556) verweigert, so daß bis dahin die Voraussetzung des § 557 nicht gegeben war.

Bei dem allein bestehenden Bereicherungsanspruche darf man davon ausgehen, daß der Verkehrswert einer Wohnung im vertragsmäßigen Zustande dem vereinbarten Mietzinse entspricht. Ist der Zustand nicht vertragsmäßig, so kann allerdings jener Zins nicht den Maßstab bilden. Der Wert der vertragswidrigen, mangelhaften Mietsache muß besonders ermittelt werden, mindestens durch die Kürzungsrechnung der §§ 537, 472. Aber auch um diesen Betrag ist der Beklagte noch nicht bereichert. Seine Bereicherung besteht nur in der Ersparnis, die er durch Fortbenutzung der klägerischen Wohnung gemacht hat. Er hat seit Januar eine Wohnung für jährlich 1800 Mark gemietet. Mit Recht schließt das LG. daraus, daß er auch schon vom 1. Oktober 1915 ab diese geringere Aufwendung gemacht hätte, wenn der Kläger nicht den Auszug verhindert hätte; er hat also für das 4. Vierteljahr 1915 nur 450 Mark auf Kosten des Klägers erspart.[1] Fr.

h) **Vermieterpfandrecht: α) an fremden Sachen.**

OLG. Braunschweig, 1. ZS. Urteil v. 2. Juni 1916.

Die Beklagte hat Wohn- und Geschäftsräume dem Sohn der Klägerin vermietet und bei dessen vorzeitigem Auszuge wegen Mietforderungen die eingebrachten Sachen zurückbehalten und in Besitz genommen. Die Klägerin nimmt die Sachen als ihr Eigentum in Anspruch und verlangt deren Herausgabe oder Duldung ihrer Fortschaffung, hilfsweise gegen Zahlung der Mietforderung von 600 Mark. Das LG. hat zur Herausgabe gegen Zahlung von 1245 Mark verurteilt. Die Berufung der Klägerin ist nicht begründet.

Die Klägerin macht den in § 985 geregelten Herausgabeanspruch geltend und es fragt sich, ob sich der Beklagte auf ein Recht berufen kann, das ihn zum Besitze der Sachen berechtigt (§ 986). Nach dem Beweisergebnisse war bei den Verhandlungen und dem Vertragschluß der Mieter von seinem Vater vertreten gewesen. Der Beklagte äußerte Bedenken, weil er den Sohn nicht kenne, und wünschte, daß der Vater für den Mietzins aufkomme. Darauf erklärte der Vater unter Hinweis auf die eingebrachten Sachen, „genügt Ihnen das?"; dabei war die Klägerin anwesend und hat dazu gelächelt.... Durch diese Vorgänge hat der Beklagte ein vertragsmäßiges Pfandrecht an den eingebrachten Sachen nicht erworben. Denn der § 1205 setzt die körperliche Übergabe der Pfandsache voraus. Die Klägerin hat aber an ihren Sachen dem Beklagten nicht Besitz eingeräumt. Auch als Vermieter hat er nicht den Besitz an den eingebrachten Sachen erlangt. Denn die tatsächliche Möglichkeit des Vermieters, die Fortschaffung jener Sachen zur Ausübung seines gesetzlichen Pfandrechts zu verhindern, verschafft ihm keinen — auch nicht mittelbaren — Besitz. Mangels eines dinglichen Vertragspfandes findet das LG. in den Vertragsverhandlungen die Begründung des minderen Rechts der Zurückbehaltung. Allein Retention setzt nicht Detention voraus. Der

[1] Nach Ansicht des RG. liegt allerdings eine Bereicherung „auf Kosten des Klägers" erst dann vor, wenn der Kläger bei rechtzeitigem Auszuge des Beklagten anderweit vermietet hätte; obige Entscheidung hätte daher eine dahingehende Prüfung und Feststellung erfordert. Allein dem RG. steht schon der § 557 entgegen. Dieser stellt keine für die Miete gegebene Sondervorschrift, sondern beruht auf der Annahme, daß wer Räume eines Miethauses nach beendigter Miete, also unbefugt, weiter behält, den bisherigen Vermieter „aus dem Grunde der Schadenspflicht oder der Bereicherung" (Mot. 2 S. 415) entschädigen muß. Daß der Vermieter Gelegenheit hatte, die Räume anderweit zu vermieten, wird nicht verlangt; dem Gesetze genügt für die „Bereicherung" die Tatsache, daß dem Vermieter die Benutzung seines Eigentums entzogen war. D. H.

Beklagte, dem der Besitz nicht eingeräumt war, durfte sich auf Grund einer bloß obligatorisch wirkenden Abrede der Zurückbehaltung nicht eigenmächtig in den Besitz der Sachen setzen, sondern konnte sich nur im Klagewege Vertragserfüllung verschaffen. War er aber in den Besitz der Sachen gelangt, so konnte ihm das Zurückbehaltungsrecht nur dazu dienen, einen Druck auf die Klägerin auszuüben, seine Befriedigung durfte er aus den Sachen nicht suchen. Ob ein so geartetes Rechtsgeschäft die Beteiligten gewollt haben, erscheint zweifelhaft, braucht aber nicht festgestellt zu werden, da aus anderen Gründen der Beklagte gegen den Herausgabeanspruch geschützt ist.

Das Vermieterpfandrecht begreift an sich nur die dem Mieter gehörigen Sachen. Die Einbringung fremder Sachen ist für sich allein nicht geeignet, die Sachen jenem Pfandrecht zu unterwerfen. Denn die Einbringung ist nicht lediglich ein tatsächlicher Vorgang, sondern sie ist, sofern sie die Rechtswirkung der Entstehung des gesetzlichen Pfandrechts erzeugt, eine Rechtshandlung, eine Verfügung über die Sachen, deren Wirksamkeit grundsätzlich dadurch bedingt ist, daß dem Einbringenden die Verfügungsbefugnis zusteht. Wie jedoch die Verfügung, die ein Nichtberechtigter über eine fremde Sache trifft, dadurch wirksam wird, daß der Berechtigte der Verfügung zustimmt (§ 185), so entsteht auch an fremden Sachen, die der Mieter als eigene einbringt, das Vermieterpfandrecht dann, wenn der Berechtigte seine Zustimmung dazu erteilt, daß seine Sachen als dem Mieter gehörig mit den sich daran knüpfenden gesetzlichen Folgen eingebracht werden. Der Mann der Klägerin hat kraft des ihm erteilten Vertretungsrechts den Mietvertrag im Namen seines Sohnes abgeschlossen. Er hat auch über die Möbel der Klägerin verfügt, gleich als ob sie dem Mieter gehörten und durch die Einbringung dem gesetzlichen Pfandrecht unterworfen würden. Das ergibt sich daraus, daß er den Beklagten, ohne ihn über das fremde Eigentum aufzuklären, auf die durch die Sachen gesetzlich gewährte Sicherheit hingewiesen und ihn dazu bestimmt hat, sich mit diesem Hinweis für zufriedengestellt zu erklären. Die Zustimmung der Klägerin, daß ihre Möbel rechtlich als Mietsachen des Sohnes betrachtet und behandelt würden, hat sie dadurch erteilt, daß sie zu den vor ihr vernommenen Verhandlungen stillgeschwiegen und gelächelt hat. Ihre Zustimmung hat die Wirkung, daß die eingebrachten Sachen wie eigene Sachen des Mieters dem Vermieterpfandrecht unterworfen sind. Demgemäß war der Beklagte nach § 561 berechtigt, zur Sicherung seiner Forderungen aus dem Mietverhältnis die Sachen in Besitz zu nehmen, als der Mieter infolge seiner Einberufung zum Heeresdienst aus der Wohnung auszog; der Beklagte ist also der Beklagten gegenüber zum Pfandbesitz berechtigt.

Mit diesem Recht ist auch der Hilfsantrag, den Beklagten gegen Zahlung der Mietschuld von 600 Mark zur Herausgabe zu verurteilen, unvereinbar. Der Beklagte ist vielmehr dazu kraft seines Pfandrechts erst dann verpflichtet, wenn er wegen seiner Forderungen aus dem Mietverhältnis befriedigt und damit das Pfandrecht und folgeweise das Besitzrecht erloschen ist (vgl. §§ 1223—1257). Diese Verpflichtung hat nicht die Natur einer Gegenleistung gegenüber der Verbindlichkeit des Mieters zur Entrichtung der Mietschuld, sondern sie wird als einseitige Verpflichtung erst durch die Tilgung der Mietschuld begründet. Da ein synallagmatisches Vertragsverhältnis nicht vorliegt, so kann auch nicht auf Leistung Zugumzug geklagt werden. Ist die Klägerin nicht imstande, als Vindikantin den auf das Pfandrecht gestützten Einwand des Beklagten, zum Besitz berechtigt zu sein, dadurch zu beseitigen, daß sie replizierend das Erlöschen des Pfandrechts durch völlige Tilgung der Mietschuld behauptet und beweist, so ist ihr Herausgabeanspruch schlechthin unbegründet. Die Klägerin ist daher, da sie selbst nicht Tilgung der Mietschuld behauptet, sondern nur bestreitet, daß diese mehr als 600 Mark betrage, unbedingt abzuweisen. Durch die Entscheidung des LG., bei der sich der Beklagte beruhigt hat, ist die Klägerin also nicht beschwert.[1] W.n.

Dazu: Kammergericht, 2. ZS. Urteil v. 19. Dezember 1916.

Der Beklagte hatte dem X. am 16. Mai 1914 Räume mietweise überlassen und macht ein Vermieterpfandrecht an den von X. eingebrachten Sachen geltend. Der Kläger behauptet, Eigentümer dieser Sachen zu sein und verlangt die Feststellung, daß sie dem Vermieterpfandrecht nicht unterliegen, sowie die Verurteilung des Beklagten, ihre Herausnahme aus der Mietwohnung zu dulden. Er erhebt also sowohl die verneinende Feststellungs-, als auch die Leistungsklage; erstere ist daher wegen fehlenden Feststellungsinteresses ohne weiteres abzuweisen. Für die Leistungsklage ist aber der Kläger in vollem Umfange beweispflichtig: Er muß alle diejenigen Tatsachen beweisen, deren Feststellung für den Schluß, daß ihm der Klaganspruch gegen den Beklagten zusteht, erforderlich ist. Dazu gehört hier, daß er das Eigentum der Sachen erworben hat, bevor X. die Sachen in die Mietwohnung beim Beklagten gebracht hatte. Es gehört dazu also auch der Nachweis der Zeit, zu welcher die Übereignung vollzogen worden ist. Der Kläger beruft sich auf den mit X. geschlossenen Vertrag, der das Datum des 20. März 1914 trägt, der Beklagte bestreitet die Richtigkeit dieses Datums. Die in § 416 ZPO. geregelte Beweiskraft der Privaturkunde, deren Unterschrift echt ist, erstreckt sich nicht auf Ort und Zeit ihrer Ausstellung [Busch ZPO.[17]

[1] Obiges Urteil kann nicht gebilligt werden. Es kann dahingestellt werden, ob durch einfache Erklärung die Sachen der Klägerin dem Vermieterpfandrecht unterworfen werden könnten (vgl. Niendorff § 54 S. 395). Keinenfalls sollte der Beklagte an ihnen mehr Rechte erhalten als an Sachen des Mieters. Diesem gegenüber hat er nicht das Recht, erst nach völliger Tilgung der Mietschuld die Sachen herauszugeben; vielmehr kann der Mieter nach § 562 schon durch Sicherheitsleistung die Geltendmachung des Pfandrechts abwenden. Ist die Höhe der Mietschuld streitig, so bleibt nichts übrig, als sie nach den beiderseitigen Angaben (nach etwaiger Beweisaufnahme) festzustellen und dahin zu erkennen, daß gegen deren Hinterlegung die Sachen entfernt werden dürfen. Hieraus folgt, daß die Klägerin durch Zurückweisung ihrer Berufung schlechter als durch Klagabweisung gestellt ist. Denn nunmehr steht rechtskräftig fest, daß sie nur durch Zahlung von 1245 Mark ihre Sachen frei bekommt, auch wenn die Schuld erheblich geringer ist. D. H.

§ 416 Anm. 3]. Die Beweislast für die Richtigkeit des Datums trifft den, für dessen Rechtsverfolgung oder Rechtsverteidigung die Richtigkeit von Bedeutung ist. Er ist aber beweisfällig. Fr.

β) **Abwendung durch Sicherheitsleistung von Wertpapieren.**

OLG. Dresden, 4. ZS. Urteil v. 27. März 1917.

Der Kläger, der im Hause der Beklagten Räume vom 1. April 1915 ab gemietet hatte, hat diese weiter vermietet, doch weigert sich die Beklagte, die vom Kläger eingebrachten Sachen herauszugeben, bis er Sicherheit hinterlegt habe. Deshalb beantragt der Kläger, „Beklagte habe darein zu willigen, daß er gegen den Nachweis, daß er 2000 Mark bei einer Bank zur Sicherheit der Mietzinsansprüche hinterlegt habe und daß die Parteien ohne gegenseitige Genehmigung über das Geld nicht verfügen dürfen, die Sachen entferne." Damit meint er, der Beklagten solle aufgegeben werden, ihren Widerspruch, wenn jener Nachweis erbracht werde, zurückzuziehen. Sonach ist zu untersuchen: ob Beklagte im Falle jenes Nachweises die Erklärung (§ 894 ZPO.) abzugeben habe; in zweiter Linie, ob es statthaft sei, auf Abgabe der Erklärung schon im voraus (§ 259 ZPO.) für den Fall zu klagen, daß der Nachweis künftig erbracht werde oder ob wenigstens der Antrag auf Feststellung der Verpflichtung zulässig sei.[1] Der Kläger leitet die Verpflichtung aus einer Vereinbarung her, deren Abschluß jedoch die Beklagte bestreitet. Dieser Streit könnte unentschieden bleiben, wenn die Verpflichtung schon auf Grund des Mietvertrags vom 15. Februar 1915 bestände.

Nach § 562 hat der Vermieter den Widerspruch aufzugeben, wenn ihm der Mieter Sicherheit leistet. Der Kläger behauptet nicht, daß er selbst dies getan habe, sondern daß es für ihn durch seinen Vater geschehen sei. Dieser Umstand würde an der Wirkung der Sicherheit nichts ändern. Er wäre von Bedeutung, wenn der Kläger die Leistung der Sicherheit in Person vorzunehmen, oder wenn er der Vornahme durch seinen Vater widersprochen hätte (§ 267). Weder das eine noch das andere ist der Fall; namentlich ist kein derartiger Widerspruch darin zu finden, daß sich der Kläger, wie die Beklagte einwendet, „nicht gewillt gezeigt hat, selbst zu einer Hinterlegung, besonders zu einer die Rechte der Beklagten schützenden zu verschreiten". Die Sicherheit muß, wenn sie nach § 562 eine Verpflichtung des Vermieters, seinen Widerspruch aufzugeben, begründen soll, in einer Weise geleistet werden, die das Gesetz zuläßt, und außerdem zureichend sein. Gegenstand der Sicherheit sind nach den Behauptungen des Klägers Schuldverschreibungen der Kriegsanleihe von 1915 im Nennwert von je 1000 Mark. Solche Wertpapiere sind, obwohl sie keinen Kurswert haben, zur Sicherheitsleistung geeignet (§ 2 Bek. v. 22. Dezember 1914); diese kann aber nur durch Hinter-

[1] Dem Kläger ist es wohl weniger auf die Abgabe einer Willenserklärung, als darauf angekommen, daß die Beklagte die Entfernung der Sachen widerspruchslos gestatte. Eine solche Klage kann schon jetzt für den Fall, daß die Hinterlegung erst später nachgewiesen wird, erhoben werden. In dieser Weise verfahren auch die Berliner Gerichte. D. H.

legung, und zwar bei der zuständigen öffentlichen Hinterlegungsstelle geschehen. Das Bestehen öffentlicher Hinterlegungsstellen wird in § 232[1] vorausgesetzt (Mot. 1 S. 389[1]). Allerdings können an sich Wertpapiere nicht nur hinterlegt, sondern auch verpfändet werden (§ 1293). Ferner läßt sich ein Pfandrecht an ihnen auch dadurch bestellen, daß sie einem Dritten zur Aufbewahrung (§ 688) übergeben werden und dem Pfandgläubiger ein Mitbesitz in der Weise eingeräumt wird, daß die Herausgabe nur an den Verpfänder und den Pfandgläubiger gemeinschaftlich erfolgen kann (§ 1206) — ein Verfahren, das nach dem Wortlaut der durch den Vater des Klägers unterzeichneten Erklärung vom 1. Oktober beabsichtigt gewesen zu sein scheint —. Endlich erwirbt auch der Berechtigte an den hinterlegten Wertpapieren nur ein Pfandrecht (§§ 233, 1257, 1273[2]). Jedoch ist er trotzdem nicht verpflichtet, Wertpapiere als Sicherheit anzunehmen, wenn diese durch Verpfändung bewirkt werden soll; denn das Gesetz läßt diesen Weg nur bei beweglichen Sachen und gewissen Forderungen zu (§ 232) und Wertpapiere gehören weder zu diesen Forderungen, noch zu den beweglichen Sachen des § 232 (§ 90, § 237 S. 1, § 234[3]; Motive 1 S. 390[2]). Hätte das Gesetz trotzdem auch bei Wertpapieren gestatten wollen, daß die Sicherheit durch Verpfändung geleistet werde, so hätte es nahe gelegen, die Wertpapiere nicht nur unter den Gegenständen aufzuführen, die der Sicherheitspflichtige hinterlegen könne, sondern auch unter denen, die er verpfänden dürfe. Der Unterschied, den das Gesetz insofern macht, als es bei gewissen Gegenständen Hinterlegung, bei anderen dagegen Verpfändung vorschreibt, läßt sich kaum anders als durch die Absicht erklären, daß bei den Gegenständen, bei denen Hinterlegung vorgeschrieben ist, die Verpfändung ausgeschlossen sein soll. Die Hinterlegung muß beim Amtsgericht vorgenommen werden. Der Vater des Klägers hat jedoch die Papiere nicht dort hinterlegt, sondern einer Bank zur Verwahrung übergeben, übrigens ohne bisher zu bestimmen, daß sie nur an ihn und den Beklagten gemeinsam (§ 1206) herausgegeben werden dürfen, denn die Erklärung vom 1. Oktober ist bisher erst unterschrieben, aber noch nicht der Bank gegenüber abgegeben worden. Mithin sind die Voraussetzungen, unter denen der Beklagte nach § 562 verpflichtet wäre, seinen Widerspruch aufzugeben, selbst dann nicht erfüllt, wenn sich der Betrag, wegen dessen der Beklagte Sicherheit verlangen darf (§ 559), auf nicht mehr als $^{3}/_{4}$ des Preises von 98,50 $^{0}/_{0}$ beläuft, zu dem die Papiere ausgegeben worden sind (§ 234[3]; Bek. vom 22. Dezember 1914 § 2), und wenn somit die Sicherheit der Höhe nach an sich zureichend (§ 240) sein sollte.

In zweiter Linie macht der Kläger geltend, die Beklagte habe sich ihm gegenüber verbindlich gemacht, ihren Widerspruch zurückzuziehen, sobald er nachweise, daß er zur Sicherung ihrer Mietzinsansprüche 2000 Mark bei einer Bank, und zwar so hinterlegt habe, daß der Kläger nicht ohne Genehmigung des anderen Teiles über das Geld verfügen dürfe. Er meint, diese Vereinbarung sei so zu verstehen, daß die Beklagte die Aufgabe ihres

Widerspruchs zu erklären habe, sobald der Kläger die Hinterlegung bei irgend einer Bank vornehme und der Beklagten dies nachweise. Hierin läßt sich dem Kläger nicht beipflichten. An sich würde zwar nicht ausgeschlossen sein, daß die Hinterlegung, auch wenn sie ohne Mitwirkung der Beklagten erfolgt, doch nicht nur dem Kläger, sondern unmittelbar auch der Beklagten ein Recht gegen die Bank gibt (§ 328); die Beklagte hat aber auch ein berechtigtes und wesentliches Interesse daran, daß der Kläger bei der Wahl der Bank nicht nur seine eigenen Verhältnisse und Vorteile im Auge habe, sondern auch auf die Beklagte Rücksicht nehme und vor allem die Wahl nicht auf eine Bank richte, zu der die Beklagte nicht das Vertrauen haben zu können glaubt, daß sie die Pflichten, die sie ihr gegenüber aus der Verwahrung habe, gehörig und sachgemäß (§ 242) erfüllen werde. Unter diesen Umständen würde die Vereinbarung, auf die sich der Kläger stützt, so aufzufassen sein, daß die Beklagte dem Kläger gegenüber noch nicht gebunden sei, solange zwischen ihnen noch keine Übereinstimmung über die Bank bestehe.[1] . . . —e—

γ) **Künftige Entschädigungsforderung nach § 559.**

OLG. Celle, 2. ZS. Urteil v. 14. Juni 1917.

Die Forderung des Klägers ist auch keine Entschädigungsforderung im Sinne des § 559. Der § 5 des Vertrags gibt dem Vermieter bei unpünktlicher Zinszahlung des Mieters neben dem Anspruch auf Räumung das Recht, sofort die Miete bis zum nächsten Ziehtermin unter Berücksichtigung der vertragsmäßigen Kündigungsfrist, darüber hinaus sogar bis zum Ablauf der Vertragszeit zu fordern, sofern er nicht durch anderweitige Vermietung schadlos gehalten wird. Diese Bestimmung soll den Vermieter besser stellen, als er nach dem Gesetz beim Verzuge des Mieters dastehen würde. Er soll nicht gezwungen sein, dem Mieter erst nachzuweisen, daß und in welchem Umfang ihm unter Berücksichtigung einer anderweitigen Verwertung der Mieträume für die Folgezeit ein Schaden als entgangener Verdienst entstanden ist. Er soll vielmehr von dem unpünktlichen Mieter bereits beim Eintritt des Verzuges für einen späteren Zeitabschnitt die Miete fordern dürfen, obwohl für diese Zeit nach der Regel der § 1 des Vertrags der Mieter zur Vorauszahlung nicht verpflichtet wäre und obwohl er ihm für diesen Zeitraum die Mieträume nicht zur Verfügung zu stellen braucht. Es handelt sich dabei nicht um den Anspruch auf Ersatz eines vom Vermieter darzulegenden Schadens, sondern um eine unter besonderen, im Vertrag aufgeführten Umständen erwachsende Mietzinsforderung des Vermieters mit vorgerückter Fälligkeit. Mit dieser Kennzeichnung stimmt auch die Ausdrucksweise des Vertrags überein, in welchem von einer jetzt dem Vermieter zustehenden Mietzinsforderung, nicht von einer Entschädigungsforderung die Rede ist. Mit Recht verweist

[1] Einen solchen Mangel der Bindung hatte die Beklagte nicht vorgebracht. Ihn von Amtswegen zu berücksichtigen, lag um so weniger Anlaß vor, als hier die Deutsche Bank in Dresden gewählt war, gegen die keinerlei Einwendungen zu erheben sind. D. H.

das KG. (Rsp. 21 S. 203) auf den verwandten Fall des § 649. Auch dort wird dem Unternehmer eine Vergütung zugesprochen, obwohl er die Leistung infolge Kündigung des Bestellers nicht zu bewirken braucht. Der weiteren Bestimmung des § 649 über Anrechnung des Ersparten entspricht hier, daß die Zinszahlung wegfällt, wenn der Vermieter durch anderweitige Vermietung einen Gegenwert erhält. Daraus, daß der Vertrag dies als Schadloshaltung bezeichnet, folgt nicht, daß die Mietpreisforderung eine Entschädigungsforderung darstellt. Wenn der Vermieter für die Mietsache eine Zeitlang kein Entgelt (keine „Entschädigung") erhält, so erleidet er natürlich einen Vermögensschaden. Er wird „schadlos" gestellt, wenn er durch anderweitige Vermietung den Gegenwert erlangt. Dadurch gewinnt aber die außergewöhnliche Mietpreisforderung des § 5 ebensowenig wie die gewöhnliche die Natur einer Entschädigungsforderung gemäß § 559. Es handelt sich vielmehr im ersteren Falle um eine Mietpreisforderung und zwar für einen weiter als regelmäßig in die Zukunft sich erstreckenden Zeitabschnitt, der aber in die zeitliche Grenze der nach § 559 mit einem Pfandrecht ausgestatteten Vermieterforderung noch hineinfällt. Deshalb ist es wegen der dieser Forderung für das Pfandrecht zukommenden Bedeutung gleichgültig, ob man sie als künftige ansehen muß oder nicht. Daß im übrigen die Mieträume in dem hier fraglichen Zeitraum leer gestanden haben, ist unstreitig. Die zur Begründung ihres Pfandrechts geltend gemachte Forderung ist also weder nachträglich weggefallen noch etwa gar in ihrer Entstehung gehindert dadurch, daß eine auflösende Bedingung eingetreten oder eine aufschiebende ausgefallen ist, wenn man überhaupt die anderweitige Vermietung als eine Bedingung der Forderung ansehen will. Ebensowenig steht dem Mieter eine Einrede gegen die Forderung wegen einer anderweitigen Vermietung zu, wenn man, wohl richtiger, eine solche und keine Bedingung im Rechtssinne dem Mieter in dem Schlußsatz des § 5 vorbehalten findet. L. dt.

i) α) **Wirkung verspäteter Mietkündigungen.**

OLG. Hamburg, 6. ZS. Urteil v. 3. April 1917.

Die Frage, ob eine verspätete Kündigung wenigstens auf den nächsten zulässigen Termin zu beziehen ist, oder ob es einer neuerlichen Kündigung bedürfe, hängt von den Umständen des Einzelfalles ab (Staudinger § 564 IIc). Wollte der Kündigende auf alle Fälle das Vertragsverhältnis lösen und ist dieser Wille dem andern Vertragsteil auch genügend erkennbar geworden, so ist die Kündigung ohne weiteres für den nächsten zulässigen Termin wirksam. Daß der Kläger (Testamentsvollstrecker) den Mietvertrag auf alle Fälle lösen wollte, ergab sich aber unverkennbar nicht nur aus dem in dem Tode des Mieters liegenden Grunde der Kündigung, sondern auch daraus, daß er die Beklagte bat und ermächtigte, die Räume sobald als möglich anderweitig zu vermieten. Da er diese Bitte nie zurückgenommen hat, so hat er den Beklagten fortdauernd das Recht eingeräumt, die Mieträume zu vermieten, und damit unverkennbar ausgedrückt, daß ihm selbst an den Mieträumen nichts mehr läge. Es kommt daher auf die Behauptung der Beklagten, daß der Kläger das in den Mieträumen betriebene Geschäft habe verkaufen wollen, nicht an. M. M.

β) **Fortsetzung des beendigten Mietverhältnisses.**

OLG. Hamburg, 6. ZS. Urteil v. 14. Juli 1917.

Der Kläger (Vermieter) hat dem Beklagten das Mietverhältnis auf 1. April 1916 rechtzeitig gekündigt; mit diesem Zeitpunkt endete es daher. Beklagter hat nun den Gebrauch der Räume über den 1. April 1916 hinaus fortgesetzt. Das Mietverhältnis gilt aber nicht nach § 568 auf unbestimmte Zeit verlängert, weil der Kläger seinen entgegenstehenden Willen dem Beklagten durch die Schreiben vom 7. und 14. April 1916 erklärt hat. Denn während Beklagter bis 1. April nur 3000 Mark Miete bezahlte, forderte der Kläger für die Zeit vom 1. April 1916 3500 Mark jährliche Miete. Die Forderung eines höheren Mietzinses anstelle des bisherigen ist aber als eine der Verlängerung des bisherigen Mietverhältnisses entgegenstehende Willenserklärung des Vermieters aufzufassen. Hinzu kommt, daß Beklagter dem Kläger kurz vor dem 1. April 1916, als die Parteien über die Verlängerung des Mietverhältnisses unterhandelten, erklärt hat, er werde unter keinen Umständen mehr als 2000 Mark jährliche Miete bezahlen. Diese allerdings vor 1. April 1916 abgegebene entschiedene Erklärung des Beklagten behielt ihre Geltung auch nach 1. April 1916 bei, so daß auch diese Erklärung des Beklagten der Verlängerung des Mietverhältnisses auf unbestimmte Dauer entgegenstand. Der Mietzins ist wesentlicher Bestandteil eines Mietvertrags, so daß bei fehlender Einigung der Parteien über den Mietzins der § 568 nicht anwendbar ist. Beklagter befand sich sonach, als er am 1. April 1916 nicht räumte, von diesem Zeitpunkt ohne Rechtsgrund in den Mieträumen und hat auf Grund des § 557 für die Dauer der Vorenthaltung der Mieträume als Entschädigung den vereinbarten, dh. den bis zur Beendigung des Mietverhältnisses gezahlten Mietzins zu vergüten. M. M.

k) **Pacht:** α) **Einfluß von Treu und Glauben.**

OLG. Kiel, 2. ZS. Urteil v. 29. Mai 1917.

Nach dem Pachtvertrage hat der Beklagte als Pächter des dem Kläger gehörigen Fideikommißgutes neben dem vereinbarten Pachtzinse in Geld u. a. 3 Pfund Butter wöchentlich an den gutsherrlichen Gärtner und an den Amtsdiener der Gutsherrschaft zu leisten. Durch Bek. des Generalkommandos vom 16. November 1915 ist angeordnet worden, daß sämtliche Empfänger von Deputat das vertragliche Deputat an Butter nur noch in Höhe von 50% erhalten dürften und anstelle der wegfallenden Fettmengen durch Marmeladen, Mus, Honig oder Sirup zu entschädigen seien. Der Kläger verlangt nun von dem Beklagten, daß dieser ihn für die hiernach wegfallende Buttermenge mit dem jeweiligen Höchstpreis entschädige. Der Kläger habe sich mit dem Gärtner und dem Amtsdiener dahin geeinigt, daß diese Geld statt der wegfallenden Butter erhielten; diese Ablösung in Geld sei auch allgemein üblich, der Beklagte selber wende sie auch bei seinen eigenen Deputatisten an. Der Anspruch ist begründet.

... Die Bek. vom 16. Nov. 1915 griff unmittelbar nur in das Verhältnis zwischen den Deputatpflichtigen und den Deputatberechtigten ein. Der Kläger als Gutsherr durfte letzteren nur noch die Hälfte Butter liefern. Nun war der Beklagte als Pächter nach seinem Vertrage dem Kläger gegenüber verpflichtet, an die im Vertrage bezeichneten Deputatisten wöchentlich 3 Pfund Butter — dieselbe Leistung, auf die sie der Gutsherrschaft gegenüber Anspruch hatten — zu liefern. Der Kläger hatte also seine Lieferpflicht insoweit vertragsmäßig auf den Beklagten abgewälzt, ohne daß dieser indes hierdurch in ein unmittelbares Vertragsverhältnis zu den gutsherrlichen Deputatisten trat. Der Beklagte wurde vielmehr ihnen gegenüber vom Kläger als sein Erfüllungsgehilfe verwandt und durfte als solcher nur noch die halbe Butter an sie liefern. Damit war die Butterlieferung, die sich der Kläger im Pachtvertrage von dem Beklagten ausgemacht hatte, insoweit unmöglich geworden, ohne daß eine Partei dies verschuldet hatte. Die Folgen der teilweisen Unmöglichkeit würden, wenn die allgemeinen Grundsätze über Unmöglichkeit der Leistung zur Anwendung kämen, dahin zu bestimmen sein: Gemäß § 323 S. 1 Halbs. 2 würde sich die dem Verpächter obliegende Gegenleistung entsprechend der teilweisen Unmöglichkeit der vom Pächter zu beschaffenden Leistung verhältnismäßig nach den Grundsätzen über Minderung beim Kaufvertrage mindern (§ 472). Da aber die Gegenleistung des Verpächters in der Gewährung des Pachtgutes zu Gebrauch und Nutzung besteht, also nicht auf Gewährung vertretbarer Sachen geht, so müßte der Wert der Verpächterleistung in Geld veranschlagt werden, und der Beklagte hätte den Betrag, um den sich diese Geldleistung infolge des Wegfalls der Butterleistung des Pächters verhältnismäßig nach den Grundsätzen des Minderungsrechts mindern würde, nach § 473 S. 2 Halbs. 2 in Geld an den Kläger zu vergüten (RG. 72 S. 299). Soweit dieser seine Leistung schon voll beschafft hat, könnte er das von ihm nach dieser Berechnung zuviel Geleistete als ungerechtfertigte Bereicherung vom Beklagten zurückfordern (§ 323²). Auch nach diesen Grundsätzen hätte der Verpächter daher Anspruch auf Geldersatz, und lediglich die Feststellung der Höhe des Geldersatzes würde eine umfangreiche und zum Teil in ihren Grundlagen unsichere und schwierige Berechnung voraussetzen.

Aber der § 323 ist nur eine für gegenseitige Verträge im allgemeinen gegebene Dispositivvorschrift, die sowohl durch die für besondere Verträge gegebenen Einzelvorschriften als auch dadurch ausgeschlossen werden kann, als die Auslegung des Vertrags nach der Verkehrssitte und nach Treu und Glauben etwas anderes als gewollt ergibt. Letzterer Fall ist hier gegeben. Bei Verpachtungen landwirtschaftlicher Güter liegt es durchweg im Interesse der Gutsherrschaft, daß der Pächter nicht den gesamten Pachtzins in bar leistet, sondern daß er einen Teil der Vergütung in Naturalien leistet, die den wirtschaftlichen Zwecken der Gutsherrschaft dienen und die diese selbst nicht beschaffen kann, da sie eben die Nutzung des Pachtgutes dem Pächter überläßt. Nicht selten aber wird der Fall eintreten, daß wie hier die Zwecke, für die die Gutsherrschaft der Naturalien benötigt, im Laufe der Pachtzeit wegfallen. Es wäre wirtschaftlich ungesund und widerspräche den Interessen aller Beteiligten, wenn der Pächter in solchem Falle die Naturalleistungen, für die die Gutsherrschaft keine Verwendung mehr hat, doch dieser aufdrängen könnte. Anderseits kann durch den Wegfall des Verwendungszweckes beim Gutsherrn der Pächter nicht von der Leistung frei werden, er würde dann ohne Grund von der Verpflichtung zur Entrichtuug der vereinbarten Pachtvergütung zum Teil befreit, obwohl er das Pachtgut in vollem Umfange weiter nutzt. Vielmehr ist davon auszugehen, daß die Gewährung von Naturalien an den Verpächter regelmäßig nur eine durch das Vorliegen besonderer Interessen bedingte Zahlungsweise darstellt, die, solange diese Interessen fortbestehen, die normale Pachtzinszahlung in Geld ersetzen soll, an dessen Stelle aber bei Wegfall der Interessen ein entsprechender Geldzahlungsanspruch tritt. Regelmäßig wird nur der Verpächter ein Interesse an den Naturallieferungen haben; es kann aber auch der Fall so liegen, daß zugleich die Interessen des Pächters eine Fortdauer der Naturallieferungen fordern. Hier sollte die Gutsherrschaft instand gesetzt werden, ihre Verbindlichkeiten gegenüber ihrem Gärtner und Amtsdiener zu erfüllen. Daß der Pächter gerade an den Naturallieferungen ein besonderes Interesse hätte haben sollen, ist nicht dargetan und mit Rücksicht auf die Kriegsverhältnisse unbedenklich zu verneinen. Bei dieser Sachlage entspricht es Treu und Glauben und auch, wie dem Senate bekannt ist, einer namentlich in diesen Kriegszeiten, wo solche Fälle oft vorgekommen sind, in der hiesigen Provinz vielfach betätigten Verkehrssitte, daß alsdann der Pächter den Wert der Naturalien, deren Leistung wegfällt, in Geld ersetzt, und zwar ohne daß die in den §§ 323, 473 vorgesehene verwickelte Verhältnisrechnung erfolgt. Gemäß § 157 ist anzunehmen, daß die Parteien diese Regelung auch hier gewollt haben. Für die Wertbemessung ist, wie dies ebenfalls der Übung entspricht, der Höchstpreis zugrunde zu legen, da die Butter regelmäßig nicht niedriger käuflich ist, er also den jeweiligen Verkehrswert der Ware darstellt. Nach der Bek. v. 16. November 1915 sind allerdings die Deputatempfänger für die wegfallende Butter durch Marmelade rc zu entschädigen. Diese Anordnung bezieht sich indes nur auf das Verhältnis zwischen dem Deputatpflichtigen und dem Deputatempfänger, nicht aber bestimmt sie darüber, ob sich die Gutsherrschaft zur Erfüllung ihrer Pflicht zur Lieferung von anderer Ware der Hilfe ihres Pächters bedienen will. Der Pächter aber hat nach dem Pachtvertrage keinen Anspruch darauf, zu dieser Hilfeleistung vom Verpächter herangezogen zu werden. Dem Pächter liegt der Vertrag, nicht die allgemeine Verpflichtung, der Gutsherrschaft die Ansprüche ihrer Deputatisten von der Hand zu halten, sondern nur eine bestimmte Naturallieferung in Butter zu Händen des Deputatisten auf. Ändert sich nun der Leistungsgegenstand im Verhältnis zwischen Gutsherrschaft und Deputatisten, so ist der Beklagte weder verpflichtet noch auch berechtigt, diesen anderen Gegenstand zu liefern. Anders mag es liegen können, wenn es sich um offensichtlich unerhebliche Abänderungen handelt. Hier aber ist der Deputatist für den Wegfall einer Ware durch Lieferung einer Ware ganz anderer Gattung zu „entschädigen". Wie der Pächter geltend machen könnte, daß er sich zwar für die zu liefernde Butter vorgesorgt habe, aber nicht imstande oder willens sei, eine entsprechende Menge Marmelade zu liefern, so besteht auch für die Gutsherrschaft keinerlei Zwang, die Marmelade sich von ihrem Pächter zu beschaffen. B. p.

β) **Über Felder mit anstehendem Getreide. Zwangsverwaltung.**
OLG. Dresden, 3. ZS. Urteil v. 10. Januar 1917.

Der Beklagte hatte mit dem Gutsbesitzer X. den „Pachtvertrag" vom vom 6. Juli 1914 über verschiedene mit Hafer bestandene Flurstücke abgeschlossen und im August den Hafer abgeerntet. Nachdem am 18. August die Zwangsverwaltung angeordnet war, hat der Zwangsverwalter auf Herausgabe des Hafers geklagt und seinen Sachantrag auch aufrecht erhalten, nachdem das Gericht am 3. Februar 1915 die Zwangsverwaltung aufgehoben hatte. Das LG. hat deshalb den Kläger abgewiesen, weil nunmehr dessen Aktivlegitimation fehle. Die Berufung ist unbegründet.

Es kann dahingestellt bleiben, ob nach Aufhebung der Zwangsverwaltung der Verwalter zur Fortsetzung des Rechtsstreits berechtigt war (RG. 59 S. 88, SächsArch. 1901 S. 735, Ann. 25 S. 73). Auch wenn man dies bejaht, ist die Abweisung der Klage gerechtfertigt, weil der Vertrag als Pachtvertrag geschlossen und ausgeführt worden ist. Zwar ist die Bezeichnung eines Vertrags für dessen rechtlichen Charakter nicht entscheidend; ein alle wesentlichen Merkmale eines Kaufes enthaltender Vertrag wird nicht dadurch zum Pachtvertrage, daß ihn die Parteien als solchen bezeichnet haben (RG. 43 S. 111). Es kann aber recht wohl derselbe Zweck durch Verträge verschiedener rechtlicher Natur erreicht werden. Die Erwerbung anstehender Früchte mag regelmäßig im Wege des Kaufes erstrebt werden, aber auch der Pachtvertrag ist zu diesem Zwecke verwertbar und wenigstens bei der Ernte von Obstbeständen gebräuchlich. In derselben Weise können auch Felder mit anstehendem Getreide zum Gegenstand eines Pachtvertrags gemacht werden. Gerade die Verschiedenheit der bei der Wahl des einen oder des anderen Vertrags eintretenden rechtlichen Folgen kann die Vertragsteile dazu bestimmen, zur Erreichung des beabsichtigten Erfolges einen Pachtvertrag statt eines Kaufes abzuschließen und ihre Rechtsbeziehungen nach den für den ersteren geltenden Grundsätzen zu regeln. Erklären sie das, so liegt, von besonderen Umständen abgesehen, kein Grund vor, die Ernstlichkeit ihrer Willensäußerung zu bezweifeln. Dies muß namentlich dann gelten, wenn eine von ihnen erstrebte Rechtsfolge, wie die Anwendung des § 21³ ZwVG. gerade nur bei Ernstlichkeit des erklärten Pachtvertrags erreicht werden kann. Die Meinung des Klägers, daß das Wesen der Pacht eine auf Erzielung der Früchte gerichtete Tätigkeit des Pächters erfordern, ist nicht zutreffend, auch die auf Gewinnung von Steinen, Ziegelerde 2c gerichteten Verträge sind regelmäßig Pacht.

Der Vertrag vom 6. Juli 1914 ist nicht nur als Pachtvertrag bezeichnet worden, was an sich schon für die Auslegung ihrer Willenserklärung eine gewisse Bedeutung besitzt (SächsArch. 1898 S. 103), sondern enthält auch in seinem Inhalte nichts, was zu der Annahme zwänge, es liege nur eine unzutreffende Bezeichnung eines Kaufvertrags vor, insbesondere sind die Flurstücke selbst als Gegenstand der Verpachtung bezeichnet worden. Den zur Ausübung des Pachtrechts erforderlichen Besitz an jenen Flurstücken hatte Beklagter mindestens dadurch ergriffen, daß er vor Anlegung der Zwangsverwaltung mit stillschweigender Genehmigung des X., die sich aus dem den Beklagten zur Aberntung ermächtigenden Inhalte des Vertrags ergab, den anstehenden Hafer abzuernten begonnen hatte. ... Den Besitz konnte X. dem Beklagten hinterher nicht einseitig durch Mitteilung der das Abfahren des Hafers verbietenden gerichtlichen Verfügung und durch die Aufforderung, dieser Folge zu leisten, wieder entziehen. Er hat ihm auch gar nicht das weitere Abernten des Hafers, sondern nur dessen Einfahren untersagt, so daß, soweit damals das Abernten auf einer der drei Flurstücke noch nicht begonnen gehabt haben sollte, Beklagter nicht im Widerspruche zur Willensäußerung des X. handelte, wenn er den Hafer auch da zu schneiden begann. Beklagter hat auch nicht etwa den Besitz freiwillig wieder aufgegeben, indem er vom weiteren Abernten absah, sondern erklärt, er werde den Hafer trotzdem abfahren, wie er denn auch den Hafer weiter abgeerntet und eingefahren hat. Handelt es sich aber um Pacht, so wurde das Recht des Beklagten auf den Fruchtgenuß, also zur Aberntung und Einbringung des Hafers durch die Beschlagnahme der Grundstücke nicht berührt (§§ 148, $21^3$ ZVG.). —e—

γ) **Pachtabstand oder Eintritt ins Pachtverhältnis? Übergang der Hagelversicherung.**

OLG. Rostock, 1. ZS. Urteil v. 27. November 1916.

K., der das Klostergut D. für die Zeit von Johannis 1914 bis dahin 1928 gepachtet hatte, versicherte alsbald die Feldfrüchte von D. beim Beklagten (Versicherungsverein) auf den Zeitraum von 6 Erntejahren gegen Hagelschaden. 1915 wünschte er aus dem Pachtverhältnis auszuscheiden, dergestalt daß der Kläger Pächter des Gutes würde. Zu diesem Zwecke schlossen K. und der Kläger miteinander den notariellen Vertrag vom 31. Juli 1915 und sodann fanden zwischen ihnen und den Vertretern des Klosters mehrere notarielle Verhandlungen statt, in deren Verfolg der Kläger als Pächter anerkannt und ihm am 23. August 1915 das Gut übergeben wurde. Am 23. September 1915 kündigte er den von K. geschlossenen Versicherungsvertrag. Beklagter wies die Kündigung zurück, weil der Vertrag gemäß § 115 VersVG. auf den Kläger übergegangen sei. Die Klage auf Feststellung des Nichtbestehens dieses Vertragsverhältnisses ist begründet.

Sollte K. vorzeitig aus dem Pachtverhältnis ausscheiden und der Kläger Pächter werden, so konnte dies auf einem der folgenden Wege erreicht werden:

a) K. und das Kloster vereinbarten miteinander, daß der Pachtvertrag völlig aufgehoben sei; das Kloster schloß mit dem Kläger einen neuen Pachtvertrag;

b) der Kläger trat mit Zustimmung des Klosters anstelle des K. in dessen Pachtvertrag als Pächter in der Weise ein, daß er sich von K. die Rechte übertragen ließ und durch Vereinbarung mit K. die Verbindlichkeiten übernahm (Altvater zivArchiv 95 S. 382, OLG. Rostock das. S. 421).

Im Fall a) wurde die Aufhebung des alten Pachtvertrags lediglich vom Kloster und von K. vereinbart und der neue Pachtvertrag lediglich vom Kloster und vom Kläger abgeschlossen, dieser leitete also sein Pachtverhältnis ausschließlich vom Kloster ab. Im Falle b) schlossen K. und der Kläger einen Vertrag miteinander, und das Kloster stimmte diesem zu, wodurch es zu der Übertragung der Pachtrechte die Erlaubnis (§ 549) und zu der Übernahme der Verbindlichkeiten die Einwilligung (§ 415) erteilte; der Kläger leitete demnach sein Pachtverhältnis von K. **und** vom Kloster (aus dessen Zustimmung) her. Im Falle b) findet § 404 zugunsten des Verpächters, und § 417 zugunsten des neuen Pächters Anwendung, während dies im Falle a) nicht in Frage kommen kann. Der neue Pachtvertrag im Falle a) unterliegt der Formvorschrift des § 566; Abtretung, Schuldübernahme und Zustimmung im Falle b) bedürfen keiner Form.

Welchen Weg die Beteiligten hier gegangen sind, ist Sache der Auslegung. Hierbei kommt dem Umstande, daß der Kläger für den Rest der Pachtzeit (1915—1928) Pächter des Gutes D. geworden ist, keine Bedeutung zu. Zwar wird mit Altvater S. 395 anzunehmen sein, daß, wenn dem neuen Pächter die alte Pachtzeit verlängert ist, die Beteiligten die völlige Aufhebung des alten Pachtvertrags gewollt haben. Dagegen kann aus der Nichtverlängerung der alten Pachtzeit nicht gefolgert werden, daß die Beteiligten den Weg b) haben einschlagen wollen, denn die Aufrechterhaltung der bisherigen Pachtperiode ist auch mit dem Weg a) vereinbar. Wenn ferner die vom Kläger zu zahlende Pachtsumme von 6000 auf 7000 Mark erhöht und ihm nun die Lieferung von 35 Zentn. Roggen auferlegt ist, so sind solche Abmachungen auch bei Schuldübernahme und Abtretung als zusätzliche Nebenabmachungen des Gläubigers (Verpächters) mit seinem neuen Schuldner durchaus denkbar. — Von Bedeutung ist dagegen, daß vor Abschluß des Vertrags vom 31. Juli 1915 auf die Erklärung des Klosterhauptmanns, das Kloster willige grundsätzlich in keinen Abstand, der Kläger und K. darlegten, daß sie auch nicht beabsichtigten, sich die Genehmigung für einen Abstandsvertrag zu sichern, sondern daß ihnen darum zu tun sei, dem Kläger die Wiederverpachtung des Gutes an diesen zu sichern, sofern die Bitte des K. um Rücknahme der Pachtung berücksichtigt werde. Nach einiger Zeit teilte der Klosterhauptmann dem Kläger mit, daß das Klosteramt gewillt sei, ihm das Gut zu verpachten, sofern sie sich über die Verpachtungsbedingungen einigen könnten. Darauf schloß der Kläger mit K. den Vertrag vom 31. Juli 1915 ab, dessen § 1 damit beginnt: „K. beabsichtigte, seine Pachtung D. an den Kläger abzustehen. Die Vorverhandlungen mit dem Klosteramt haben zu dem Ergebnis geführt, daß letzteres grundsätzlich einen Abstand von Pachtgrundstücken nicht genehmigen wird, daß es aber bereit ist, vom derzeitigen Pächter die Pachtung D. zurückzunehmen und das Pachtstück von neuem und zwar vom 1. Juli an dem Kläger zu verpachten. ..." Auch am 14. August 1915 verlief die notarielle Verhandlung nicht etwa so, daß zunächst K. und der Kläger Erklärungen abgaben und diesen sodann der Vertreter des Klosteramts zustimmte, — dieser Verlauf würde auf den Weg b) hinweisen. Vielmehr äußerte sich zuerst der Vertreter des Klosteramts und dann erklärte K. und der Kläger ihre Zustimmung dazu.

2. Der § 69[1] VersVG., wonach bei Veräußerungen der Erwerber in die Rechte und Pflichten des Versicherungsnehmers eintritt, setzt voraus, daß das Eigentum an der versicherten Sache vom Versicherungsnehmer als Veräußerer auf den Erwerber übergegangen ist (RG. 84 S. 410). Die §§ 69 ff. finden nach Maßgabe des § 114 auch auf die Hagelversicherung Anwendung. Für diese ist im § 115 die Ausnahmevorschrift getroffen, durch die die allgemeinen Bestimmungen der §§ 69 ff. ausgedehnt werden. Auch wenn eine Übertragung des Eigentums, also eine Veräußerung, nicht vorliegt, jemand vielmehr auf Grund eines anderen, vom Eigentumsrechte verschiedenen Verhältnisses das Recht zum Bezug der Bodenerzeugnisse erwirbt, sind die §§ 69 ff., 114 anzuwenden (Gerhard-Hagen VersVG. § 115[1]). Bei entsprechender Anwendung des § 69[1] ergibt sich für die Hagelversicherung der Rechtssatz: „Erwirbt jemand auf Grund eines Nießbrauchs ... die Berechtigung, die versicherten Bodenerzeugnisse zu beziehen, so tritt anstelle desjenigen, von dem der Erwerber die Berechtigung erworben hat, der Erwerber in die ... Rechte und Pflichten des Versicherungsnehmers ein." Der § 115 setzt also voraus, daß derjenige, auf den die Versicherung kraft Gesetzes übergehen soll, sein Recht zum Fruchtbezuge vom Versicherungsnehmer ableitet, ebenso wie der § 69[1] voraussetzt, daß der Veräußerer Versicherungsnehmer ist. Hier leitet aber der Kläger das Recht zum Fruchtbezug ausschließlich von dem Kloster her, und er wäre auf Grund des § 115 nur dann in das Versicherungsverhältnis eingetreten, wenn zunächst das Kloster kraft Gesetzes in die Rechte und Pflichten des Versicherungsnehmers K. eingetreten wäre. Dies traf jedoch nicht zu. Wenn der Pachtvertrag des K. durch Vereinbarung völlig aufgehoben wurde, so fiel damit die Beschränkung, die während der Dauer des K.schen Pachtbesitzes herbeigeführt war, weg und das Kloster hatte kraft Gesetzes auf Grund seines Eigentums wieder das Recht zum Fruchtbezug. Man kann demnach weder von einer Veräußerung des K. an das Kloster sprechen, noch davon, daß das Kloster das Recht zum Fruchtbezug von K. und auf Grund eines von dem

Eigentumsrechte verschiedenen Verhältnisses erworben habe (ZVersWiss. 1914 S. 444; aA. Villa LZ. 1913 S. 205).

Den vorstehenden Darlegungen steht nicht entgegen, daß, wenn die Beteiligten den Weg b) gewählt hätten, der Kläger in die Rechte und Pflichten des Versicherungsnehmers K. eingetreten wäre, und daß das gleiche deshalb auch für den Weg a) gelten müsse. Allerdings fällt die Abtretung des Pachtverhältnisses unter § 115; denn der neue Pächter erwirbt das Fruchtbezugsrecht auf Grund eines Pachtvertrags, in den er mit Zustimmung des Verpächters eintritt, und er leitet sein Pachtverhältnis von dem alten Pächter, also dem Versicherungsnehmer, und vom Verpächter her (Schneider VersVG. § 115, Rohrbeck, Hagelvers. S. 58 N. 206). Aber daraus folgt nicht, daß auch der Weg a) dem § 115 zu unterstellen ist. Denn wenn auch auf beiden Wegen erreicht wurde, daß K. ausschied und der Kläger Pächter wurde, so sind doch im übrigen, wie oben dargelegt, die beiden Wege verschieden. Dazu kommt, daß sich § 115 als Ausnahme darstellt und infolgedessen eng auszulegen ist. J.n.

δ) **Pacht eines Tanzlokals. Ist die Minderung wegen Tanzverbots sofort geltend zu machen? Haftung nach § 420.**

OLG. Posen, 5. ZS. Urteil v. 5. Dezember 1917.

Der Vertrag der Parteien ist als Pachtvertrag anzusehen. Zunächst weist schon die Lage der Wirtschaft darauf hin, daß weniger die persönliche Tätigkeit des Klägers selbst als die Überlassung der gerade dort belegenen Wirtschaft und deren Räume die Einnahmequelle für ihn bieten sollte; denn die von der Stadt nach der Wirtschaft führende Straße befindet sich in nächster Nähe verschiedener Forts und Kasernen, sie ist nur mit vereinzelten Gebäuden besetzt und diese sind großenteils Tanzwirtschaften. Weiter folgt aus der baulichen Eigenart und Einrichtung der Gastwirtschaft sowie aus den Vorgängen beim Vertragsschluß, daß der Betrieb der Tanzwirtschaft der hauptsächlichste Zweck der Überlassung war. Einen wesentlichen Bestandteil des Grundstücks bildete der Saal, der schon jahrelang vorher bestanden hatte und gemäß dem mit dem Kläger geschlossenen Vertrage noch vergrößert worden ist. Die Verpächter hatten ihn mit einer vollständigen Beleuchtungsanlage versehen und nach seiner baulichen Einrichtung und in Verbindung mit den Nebenräumen, der Kleiderablage, dem Büffetraum und den Restaurationszimmern als Tanzlokal für öffentliche Tanzlustbarkeiten geeignet und bestimmt. Demgemäß ist die Wirtschaft viele Jahre als Tanzlokal schon vor der Pachtzeit des Klägers benutzt worden. Selbst wenn daher der Kläger das Inventar an Tischen, Stühlen, Gläsern, Geschirr und anderem mitzubringen hatte, so ist dies nur von untergeordneter Bedeutung und beseitigt nicht den Charakter der Pacht (RG. 81 S. 23). Überdies hat auch der Kläger das Grundstück als „Tanzwirtschaft" gepachtet und die Höhe des Pachtzinses mit Rücksicht darauf bemessen, daß die Wirtschaft in erster Reihe zu Tanzlustbarkeiten benutzt werden sollte. Infolge des bei Kriegsausbruch erlassenen Tanzverbots ist im Laufe der Pacht ein Fehler entstanden, der die Tauglichkeit der Räume zum vertragsmäßigen Gebrauch mindert, so daß der Minderungsanspruch des Klägers an sich gerechtfertigt ist. Er darf also, da er bisher den vollen Pachtzins bezahlt hat, einen seinem Minderungsanspruch entsprechenden Betrag des Pachtzinses gemäß § 812 zurückfordern.

Die Beklagten meinen aber, daß der Kläger sofort nach Kriegsbeginn seinen Minderungsanspruch hätte vorbringen müssen, damit sie in der Lage gewesen wären, sich danach einzurichten oder Gegenmaßnahmen zu ergreifen. Ob dieser Grundsatz hier anzuwenden ist, kann zweifelhaft sein; denn die Beklagten waren nicht in der Lage, besondere Schritte zu ergreifen, um den durch das Tanzverbot hervorgerufenen Mangel zu beseitigen. Trifft er aber auch auf Minderungsansprüche im allgemeinen zu, so ist er doch nur insofern richtig, als man eine derartige Erklärung von einem Pächter, der das Auftreten eines ihn zur Minderung berechtigenden Mangels erkennt, alsbald nach dieser Erkenntnis verlangen muß. Dem hat aber der Kläger genügt. Nach seiner Behauptung hat er bis kurz vor der Klagerhebung nicht gewußt, daß ihm ein Recht auf Rückerstattung des seinem Minderungsanspruch entsprechenden Pachtzinses zustehe. Er will geglaubt haben, zur Zahlung der vollen Pachtzinsen verpflichtet gewesen zu sein. Er behauptet also, in einem Rechtsirrtum die Mehrleistungen gemacht zu haben. Hiervon ist das Gericht überzeugt. In den ersten Monaten 1916 war RG. 87 S. 277 in Laienkreisen noch nicht bekannt. Der bei dem Kläger vorliegende Rechtsirrtum steht einem Irrtum im Sinne des § 814 gleich (RG. 59 S. 354; 72 S. 199). Aus seiner Bitte, den Zins zu ermäßigen, geht seine Kenntnis von seinem Minderungsrecht nicht hervor, im Gegenteil seine Unkenntnis oder sein Zweifel. Andernfalls hätte er um die Minderung nicht gebeten, sondern sie als sein Recht verlangt. . . .

Die Beklagten haften jedoch dem Kläger nicht als Gesamtschuldner, sondern nach § 420 nur zu gleichen Anteilen, da sie Eigentümer des Grundstücks zur ideellen Hälfte sind und in dieser Weise auch an den Nutzungen des Grundstücks teilnehmen. Gr.

l) **Der Verleiher kann neben der Rückgabe nicht auch Werterſatz gleichzeitig einklagen.**

OLG. Breslau, 8. ZS. Urteil v. 7. November 1916.

Der Kläger hat neben der Herausgabe der Karten weiter noch die Verurteilung der Beklagten zum Ersatz des Wertes dieser Karten verlangt, „falls sie zu deren Herausgabe außerstande sein sollte." Der Kläger will also den Herausgabe- und Wertersatzanspruch nebeneinander schon jetzt zugesprochen haben; welchen von beiden er durchsetzt, soll sich erst nach der Verurteilung ergeben. Nun haftet aber der Entleiher nicht stets dann schon, wenn er seiner Rückgabepflicht nicht nachzukommen vermag, auf Wertersatz; seine Haftung tritt vielmehr regelmäßig erst dann ein, wenn er die Unmöglichkeit der Herausgabe (zB. wegen Untergangs oder Abhandenkommens der Leihsache) zu vertreten hat. Das hier ganz unbeschränkt gestellte Verlangen, daß die Beklagte, falls sie zur Herausgabe der Karten außerstande sein sollte, zur Zahlung von 1000 Mark verurteilt werden soll, ist daher materiell unbegründet; die Unmöglichkeit zur Herausgabe der Risse könnte auch eintreten, ohne daß die Beklagte dafür einzutreten verpflichtet wäre, und dann haftet sie eben nicht für deren Wert. R.ck.

m) **Rechtsnatur der Anzeigenvermittlung.**

OLG. Braunschweig, 1. ZS. Urteil v. 28. April 1916.

Die Beklagte hat vom Sommer 1912 an durch Vermittlung des Klägers nacheinander bis Sommer 1913 verschiedene Geschäftsanzeigen in zahlreiche Zeitungen einrücken lassen. Auf erhaltene Rechnung hat sie zunächst vom Kläger die Nachlieferung nicht erhaltener Belegstücke verlangt und auf die Klage den Teilbetrag von 560 Mark abbezahlt, den Rest von 1100 Mark aber deshalb verweigert, weil sie teilweise die Belegnummern der Zeitungen nicht erhalten habe. Der Anspruch ist begründet.

Die Ansichten über die Natur des Anzeigenvermittlungsvertrags sind sehr geteilt. Für einen Werkvertrag wird er, soweit ersichtlich, nur von Makower (HGB.[13] S. 1448) gehalten, da die „Besorgung des Erfolges der Einrückung" den Gegenstand des Rechtsgeschäfts bilde. Häufiger wird Dienstvertrag angenommen (Ritter HGB. § 407[9], Staudinger BGB. § 631, Recke JW. 1915 S. 253, Ebner D.JZ. 1915 S. 365, 1188). Vorherrschend ist jedoch die Ansicht, daß es sich um ein speditionsähnliches (Staub HGB. Exk. zu § 415 N. 8, Goldmann HGB. S. 1702, Brand HGB. § 407 N. 2daa, Burchard, Spedition S. 66, RG. 20 S. 50, Rsp. 6 S. 95 und 12 S. 213, Recht 1910 Nr. 3831), oder um ein Kommissionsgeschäft des § 406 HGB. handle (Düringer HGB. § 407[4], Zweibrücken Rsp. 6 S. 95). Dem schließt sich der Senat im wesentlichen an, indem er den Vertrag für ein Rechtsgeschäft eigener Art ansieht, das dem Speditionsgeschäft nahe kommt und deshalb nach dessen Rechtsgrundsätzen entsprechend zu beurteilen ist, soweit nicht die Natur der Anzeigenvermittlung eine Abweichung verlangt. Hiernach ist § 384[2] HGB. über die Pflicht zur Rechenschaftsablegung und zur Herausgabe des Erlangten zwar nicht unmittelbar anzuwenden, da jene Vorschrift durch § 408 HGB. ersetzt ist (Staub § 408[27], Düringer § 407[11]), allein aus allgemeinen Grundsätzen und der besonderen Art des Vertragsverhältnisses muß die Verpflichtung des Anzeigenspediteurs gefolgert werden, dem Auftraggeber auf Verlangen nachzuweisen und Rechenschaft darüber zu geben, ob und wie die Vermittlung erfolgt ist (vgl. RG. 73 S. 288). Dieser Ansicht steht das Urteil (Braunschw. Z. 55 S. 133) nicht entgegen; denn wenn dort gesagt ist, die Beweislast des Annoncenbureaus beschränke sich regelmäßig darauf, daß die Vermittlung dargetan werde, so hat damit nach dem Zusammenhange der Gründe nur der Gegensatz zu der abgelehnten Rechtsansicht hervorgehoben werden sollen, daß der Anzeigenspediteur durch den Vertrag nicht auch für den Erfolg der Vermittlung einstehe. Dagegen sollte nicht gesagt werden, daß schon die erfolglose Vermittlung genüge, um den Anspruch auf die Gegenleistung zu begründen. Anderseits ist nicht richtig, daß der Nachweis der auftragsgemäßen Vermittlung nur durch Beibringung der Belegnummern der Zeitschriften erbracht und vorher überhaupt keine Zahlung verlangt werden könne. Wo eine Rechtspflicht zur Auskunftserteilung und Rechnungslegung besteht, verbindet sich eine Pflicht zur Beibringung von Belegen damit nach § 259 BGB. nur, soweit solches üblich ist. Nun wäre solche Üblichkeit zu bejahen, wenn es sich bei den Rechtsbeziehungen zwischen den Parteien um ein einheitliches Vertragsverhältnis handelte, auf Grund dessen der Kläger fortgesetzt tätig gewesen wäre und nun Rechenschaft abzulegen hätte. Allein nicht einmal dann könnte behauptet werden, daß nur Zeitungsnummern und nicht auch Rechnungen oder Mitteilungen der Zeitungen genügende Belege wären. Hier aber handelt es sich um eine ganze Reihe von Aufträgen. Nimmt man dazu das Gutachten, so konnte der Kläger hier nicht bloß durch Belegnummern, sondern auch auf jede andere Weise dartun, daß die Anzeigen auftragsgemäß erschienen seien. Dieser Nachweis ist jetzt nachgeholt. ... W.n.

n) **Sorgfaltspflicht der Patentanwälte bezüglich der Einzahlung der Jahresgebühren.**

OLG. Karlsruhe, 2. ZS. Urteil v. 23. Mai 1917.

Der seinem Wesen nach als Dienstvertrag zu beurteilende Vertrag, durch den der Erfinder seinen Patentanwalt mit der Anmeldung der Erfindung zur Patentierung betraut, hat auch im Ges. vom 21. Mai 1900 keine besondere Regelung gefunden; besonders ergibt sich aus § 5 das. nichts, was über die allgemeinen Grundsätze der §§ 242, 276 BGB. wesentlich hinausginge. Seine Tätigkeit ist daher nicht auf den Verkehr mit dem Patentamt beschränkt, sondern umfaßt auch die Sorge für jede von den Erfindern selbst zur Erreichung ihres Zweckes zu entfaltende Betätigung; er hat namentlich auch allen Zweifeln seiner Auftraggeber bezüglich der für den Bestand der Patente erheblichen Fristen mit größter Umsicht zu begegnen (vgl. RG. 69 S. 26). Dies gilt ganz besonders hinsichtlich der von der Veröffentlichung der Patentanmeldung im Reichsanzeiger an laufenden Frist zur Einzahlung der ersten Jahresgebühr. Um diese wichtige Zahlung für alle Fälle sicherzustellen, hat sich daher allgemein die vom Sachverständigen bezeugte Übung der Patentanwälte ausgebildet, schon den Beschluß, durch den das Patentamt die Bekanntmachung im Reichsanzeiger anordnet, in der Regel eingeschrieben, alsbald — vielfach unter Beifügung des Schreibens des Patentamts selbst — den Erfindern mitzuteilen, und an sie auch die weitere Nachricht des Patentamts über den Tag, an dem die Veröffentlichung im Reichsanzeiger erschienen ist, deren Muster 15a nochmals auf die Notwendigkeit der Taxzahlung hinweist, uneingeschrieben baldigst gelangen zu lassen, wobei sie, soweit sie nicht schon den ersten Bescheid des Patentamts beigelegt hatten, auf die Notwendigkeit der Zahlung und auf die Folgen der Unterlassung ausdrücklich aufmerksam machen, größtenteils unter besonderer Benennung des danach berechneten letzten Zahlungstags. Auch lassen sie sich meistens den Betrag sofort auszahlen und zahlen sodann selbst möglichst bald nach Empfang des Veröffentlichungsbeschlusses an das Patentamt selbst; aber auch, wenn sie die Taxzahlung den Erfindern überlassen, pflegen sie wenigstens noch genau darauf zu achten, ob ihnen einige Zeit vor dem Fristablauf Nachricht von der erfolgten Bezahlung zugeht, und, falls dies nicht geschieht, sich durch Anfrage bei den Erfindern zu überzeugen, daß die Taxzahlung nicht unterblieben ist, und sie dabei meistens nochmals auf die Folgen der Fristversäumung hinzuweisen. Diese Verkehrsübung hat die Beklagte außer acht gelassen. Allerdings war dem Kläger bekannt, daß innerhalb zweier Monate eine Taxe von 30 Mark einzubezahlen war. Allein trotz dieser allgemeinen Rechtskenntnis durfte er sich zunächst darauf verlassen, daß der Beklagte ihn der Verkehrssitte gemäß jedenfalls rechtzeitig auf den Beginn und Ablauf der konkreten Frist aufmerksam machen werde. Dieser Pflicht hat er aber weder mündlich noch schriftlich genügt und dadurch die Versäumung der Einzahlung der ersten Jahresgebühr verschuldet. ... Bchr.

o) **Ermäßigung der Vergütung für Kriegsdauer. Nachforderung und Verzicht.**

OLG. Hamburg, 5. ZS. Urteil v. 11. Juli 1917.

Die Mitglieder des von der Beklagten geleiteten Schauspielhauses, darunter der Kläger, haben am 13. August 1914 auf die Hälfte ihrer Bezüge verzichtet, dagegen hat die Beklagte eine Aufbesserung in Aussicht genommen, sobald die Verhältnisse es ihr erlauben sollten. Der Kläger, der am 30. Juni 1915 aus dem Verbande geschieden ist, verlangt Nachzahlung der Bezüge. Der Anspruch ist unbegründet.

Das LG. hat angenommen, daß der Kläger durch sein Verhalten bei dem Ausscheiden auf den Klaganspruch stillschweigend verzichtet habe. Allein es gibt keine Rechtsnorm, die den Kläger verpflichtet, bei dem Ausscheiden, selbst wenn die Beklagte dabei Rechte aufgab, diese darauf aufmerksam zu machen, daß er aus der Vergangenheit noch Ansprüche habe. Die Verhandlungen betrafen nur die Frage, ob der Kläger vorzeitig gehen dürfe, und berechtigen daher nicht zu der Schlußfolgerung, daß er mit den ihm bis dahin gezahlten 50 % seines Gehaltes endgültig abgefunden sei. Der Kläger hat damals keinen Zweifel daran gehegt, daß der Gang des Theaterunternehmens eine Verbesserung des Gehaltes nicht zulasse. Es fehlt daher an einer genügenden Grundlage für die Annahme, daß der Kläger subjektiv auf solche Rechte aus der Vergangenheit verzichten wollte oder sich bewußt war, daß die Beklagte ihm die durch die Entlassung gewährten Vorteile nicht einräumen würde, wenn er diese damals von dem Kläger selbst nicht bedachten Rechte auf Nachzahlung geltend machte.

Die Entscheidung hängt davon ab, wie die Nr. 5 der Erklärung vom 13. August 1914 aufzufassen ist und ob das Vorbringen des Klägers genügt, um die von der Beklagten getroffene Entscheidung umzustoßen. Sowohl der Wortlaut, wie der Inhalt der Erklärung beweisen, daß es sich um eine vertragsmäßige Abänderung des damals bestehenden Vertrags handelte. Nach Nr. 5 sollten Bezüge bis zu deren früheren Höhe, wenn „die Verhältnisse es der Direktion erlauben sollten", aufgebessert werden und darüber die Direktion entscheiden, zu der die Mitglieder das vollste Vertrauen zu haben erklärten. Es würde zu weit gehen, darin einen Vertrag zu finden, daß die Direktion die Frage der Aufbesserung nach freiem Ermessen entscheiden solle. Zunächst sollte jedenfalls die Direktion darüber entscheiden und zwar nach billigem Ermessen der gesamten Verhältnisse des Theaters (§ 315). Will der Vertragsgegner diese Entscheidung anfechten, so genügt dazu nicht ein Bestreiten der Billigkeit, sondern die Darlegung von Umständen und Tatsachen, die die Unbilligkeit der Entscheidung dartun. Eine solche Beschränkung der Anfechtung ist hier jedenfalls in dem Vertrage dadurch gegeben, daß die Mitglieder feierlich erklären, sie hätten das vollste Vertrauen zu ihrer Direktion. Die Beklagte hat den Mitgliedern erst im November 1915 25 % ihres Gehaltes wieder zugelegt; bis dahin gestatteten ihr die Verhältnisse des Theaters nicht eine Zahlung über 50 % des Gehaltes hinaus. Es liegt auf der Hand, daß es bei dieser Entscheidung nicht nur auf die Tageseinnahmen, sondern, wie auch im Vertrage vom 13. August 1914 ausdrücklich betont ist, auf die gesamten Verhältnisse des Theaters ankommt. Dabei sind nicht die Ergebnisse der einzelnen Monate, sondern diejenigen eines längeren Zeitraumes, die einen Schluß auf den Verlauf der Saison rechtfertigen, in Betracht zu ziehen. Wichtig sind die Zahl der Abonnenten, die Löhne des Hilfspersonals, die Kosten der Beleuchtung und Heizung, die Behinderung durch polizeiliche Vorschriften und die sonstigen, durch den Kriegszustand, zB. die fortwährenden Einziehungen des Personals, herbeigeführten Erschwerungen der Verwaltung. Es ist gerichtsbekannt, daß im August 1914 eine große Zahl Abonnenten wegen des Krieges zurücktraten, daß das Abonnement im zweiten Kriegsjahre noch schlechter ausfiel, und daß das Theater mit einer großen Zahl von Freiplätzen gefüllt war. Was der Kläger dafür anführt, daß die Entscheidung des Beklagten unbillig sei, genügt nicht. Über die Zahl der Abonnenten sagt er nichts. Sein Einwand, daß er darüber nicht unterrichtet sein könne, schlägt nicht durch, denn er hat einen Vertrag geschlossen, durch den ihm die Pflicht der detaillierten Anfechtung auferlegt ist. Außerdem erscheint es keineswegs unmöglich, daß sich nicht der Kläger durch Umfragen einige Kenntnis über den Umfang der Abonnements verschafft haben könnte. Auch der Pachterlaß von 33250 Mark für 1914 und von 30000 Mark für 1915 sprechen nicht dafür, daß, da die Vertragspacht 133000 Mark betragen habe, das Theater nur um etwa 25 % schlechter gearbeitet habe; denn die Erwägungen, die zur Bewilligung des Pachterlasses bestimmt haben, können ganz andere sein, als diejenigen, die für die Bemessung der Höhe der Gehälter in Frage kommen. An den letzten Erlaß ist auch die Bedingung geknüpft, daß die erlassenen 30000 Mark nicht zur Aufbesserung der Gehälter benutzt werden. M. M.

p) **Wichtiger Entlassungsgrund im Sinne des § 133 b GewO.**

Kammergericht, 8. ZS. Urteil v. 4. Februar 1916.

Der Anspruch der Klägerin auf ihr Gehalt vom 22. Oktober bis Ende 1915 ist begründet. Sie ist allerdings, ohne vorher um Urlaub nachgesucht zu haben, nach S. gereist und dort bis 21. Oktober geblieben. Die Veranlassung war aber, daß ihr Mann am 14. Oktober als Verwundeter aus dem Felde in das Lazarett aufgenommen worden war und sie telegraphisch gebeten hat, zu ihm zu kommen. Wenn die Klägerin unter diesen Umständen ohne Urlaub ihren Dienst verlassen hat, so bildet das keinen Entlassungsgrund. Sie hat weiter vor ihrer Abreise das Verlangen ihres Mannes dem Beklagten schriftlich mitgeteilt und gebeten, ihr Fernbleiben zu entschuldigen, sie werde, wenn es irgend gehe, am Dienstag (19. Oktober) zurückkommen. Damit hat sie alles getan, was sie nach Lage der Sache zu tun verpflichtet war; daß sie es unterlassen hat, hinzuzufügen, wohin sie reise und wo sie sich aufhalten werde, kann ihr bei der Erregung, in der sie sich befand, nicht als Verschulden angerechnet werden. Da sie der Ansicht sein durfte, sich bei dem Beklagten ausreichend entschuldigt zu haben, hatte sie in S. zunächst keine Veranlassung, noch einmal dem Beklagten zu schreiben. Sie hatte auch die Absicht, am 19. zurückzufahren. Da erfuhr sie, daß ihr Mann am 20. operiert werden sollte, und sie entschloß sich deshalb, noch den Erfolg der Operation, die sie für eine schwere hielt, abzuwarten. Auch hierin liegt kein wichtiger Entlassungsgrund; vielmehr ist es verständlich und entschuldbar, wenn sie den Wunsch hatte, ihrem Mann in der schweren Stunde der Operation nahe zu sein und ihm ihre Hilfe zuteil werden zu lassen. Daran ändert auch der Umstand nichts, daß ihr bekannt war, der Beklagte habe eine wichtige Geschäftsreise vor und müsse sich deshalb von ihr vertreten lassen. Dr. R.

Dazu: OLG. Hamm, 7. ZS. Urteil v. 15. März 1917.

Der Kläger, der bis 1. Oktober 1916 als Poliermeister angestellt war, ist am 7. August 1916 ohne Kündigung entlassen worden. Es bedarf keiner Untersuchung, ob der Kläger trotz seiner Stellung jegliche Arbeit, auch die, welche nicht einem Meister oblag, auszuführen hätte; eine Meinungsverschiedenheit hierüber war aber kein Grund, ihn in Gegenwart der ihm unterstellten Arbeiter sofort zu entlassen, und seine Erklärung, er wolle erst die Lohnbücher fertig machen, mit beleidigenden Worten zu beantworten. Das hat auch die Beklagte selbst eingesehen und die Entlassung zurückgenommen. Damit ist aber der Anspruch des Klägers aus dieser unberechtigten Entlassung nicht beseitigt. Mag auch der Wortwechsel nicht laut gewesen sein, jedenfalls konnte keiner der anwesenden Arbeiter darüber im Zweifel sein, daß der Kläger sofort entlassen war. Das wurde durch die Zurücknahme der Entlassung nicht geheilt. Der Kläger war in den Augen seiner Untergebenen herabgesetzt und er war mit gutem Grunde berechtigt, die Beseitigung dieser Herabsetzung zu verlangen. Hierzu war eine Lohnerhöhung recht geeignet; doch hat die Beklagte sie verweigert. Sie hat daher dem Kläger den Ausfall und Schaden zu ersetzen, den er durch die unberechtigte Entlassung gehabt hat. Darunter fällt unbedenklich der Ausfall an Lohn. Anders dagegen verhält es sich mit den Umzugskosten. Nach dem Vertrage hatte der Kläger keinen Anspruch auf sie. Er hätte demnach, wenn der Vertrag durch Zeitablauf endete, die Umzugskosten selbst tragen müssen. Dafür, daß bei vorzeitiger Entlassung die Beklagte trotzdem verpflichtet sein soll, diese sonst dem Kläger zur Last fallenden Kosten zu ersetzen, ist nichts vorgebracht. F. N.

q) **Lieferung von Eintrittskarten für ein Theater als Werkvertrag. Einfluß des Krieges.**

OLG. Hamburg, 6. ZS. Urteil v. 15. Dezember 1914.

Der Vertrag, den die Parteien geschlossen haben, ist ein Werkvertrag, gerichtet auf Lieferung der Abonnementskarten an den Beklagten [Billethändler] unter Übernahme der weiteren Verpflichtung, Vorstellungen für die späteren Karteninhaber zu veranstalten. Diese Verpflichtungen hätte der Kläger nicht erfüllt, wenn die jetzigen Aufführungen im Schauspielhause vollständig aus dem bisherigen Rahmen herausfielen; denn wenn auch den Abonnenten besondere Zusicherungen über die aufzuführenden Stücke nicht gemacht worden sind, so ist doch selbstverständlich, daß sie die Aufführung solcher Stücke erwarten dürfen, wie sie dem allgemeinen Programm des Schauspielhauses entsprechen. Der jetzige Spielplan entspricht aber an sich dem Programm des Schauspielhauses, wenn auch dem starken vaterländischen Empfinden der gegenwärtigen Zeit in der Auswahl der Stücke erheblich Rechnung getragen wird und Neuaufführungen nur selten sind, auch der Aufführung klassischer Stücke engere Grenzen gezogen sein mögen als früher. Hiermit müssen sich die Abonnenten abfinden, die einen billigeren Preis für die Karten bezahlen, als die Käufer von Tageskarten und deshalb ein gewisses Risiko tragen müssen. Als Darsteller sind die gleichen Kräfte wie früher tätig. Die Theaterleitung wahrt also nach Kräften den künstlerischen Ruf der Bühne, der auch durch gelegentliche Wiederholung von Stücken, wie sie auch früher üblich war, nicht berührt wird. — Dem Verlangen des Beklagten, der Kläger solle ihm einzelne Karten von denjenigen Plätzen, auf die Beklagter abonniert hatte, zum Tagespreise verkaufen, brauchte der Kläger, da er zur Annahme von Teilleistungen nicht verpflichtet ist, nicht nachzukommen. Eine Verpflichtung des Klägers zur Minderung eines Schadens, wie Beklagter meint, besteht hier nicht; denn § 254 setzt voraus, daß der Verpflichtete von dem Gegner Ersatz eines Schadens beansprucht, der Kläger fordert aber vom Beklagten keinen Schadensersatz, sondern Bezahlung der vereinbarten Vergütung für die Karten. M. M.

r) **Verjährung von Arbeiten an einer Heizungsanlage. Einfluß einer Garantie.**

OLG. Hamburg, 5. ZS. Urteil v. 4. Juli 1917.

Die Frage, ob die Klaganſprüche verjährt sind, hängt davon ab, ob es sich um Arbeiten „an einem Grundstücke" oder um solche „bei Bauwerken" handelt (§ 638). Arbeiten an Bauwerken sind nicht nur die Arbeiten, die das Bauwerk als Ganzes herstellen, sondern auch solche, die die Herstellung einzelner Teile von Bauwerken bewirken. Zum Bauwerk gehört alles, was Teil des mit dem Erdboden verbundenen Gebäudes ist. Ob der Teil rechtlich als Zubehör oder als Bestandteil zu beurteilen ist, ist nicht entscheidend. Die Fortschritte der Technik und die zunehmende Berücksichtigung der Bedürfnisse der Bewohner bei der Herstellung von Miethäusern bringen es mit sich, daß der Umfang des Begriffes „Bauwerk" flüssig ist. Heutzutage werden in großen Städten Wohnhäuser mit besseren Wohnungen kaum noch ohne Sammelheizung gebaut. Das Röhrennetz und die Heizkörper sind in die Wände eingebaut. Die Sammelheizung gehört daher zum Bauwerk und die ihrer Anlage dienenden Arbeiten sind Arbeiten „bei Bauwerken". Eine Abnahme, dh. die Entgegennahme des Werkes und die Anerkennung, daß der Unternehmer sein Werk im wesentlichen beendet habe, hat hier am 2. Oktober 1910 stattgefunden und die Ansprüche des Bestellers auf Beseitigung eines Mangels oder auf Schadensersatz wegen des Mangels verjährten daher an sich am 2. Oktober 1915 und zwar von der Entstehung der Ansprüche an (§ 198) und nicht erst von der erlangten Kenntnis davon.

Im § 2 hat der Beklagte eine Garantie dahin übernommen, daß er alle sich zeigenden Fehler und Mängel, die sich auf unzweckmäßige Ausführung zurückführen lassen, kostenlos beseitigen muß. Der Besteller ist dadurch des Beweises enthoben, daß der Fehler auf einem vom Unternehmer zu vertretenden Mangel beruht, anderseits werden weitergehende Rechte des Bestellers, also auch die Rechte der Wandelung, der Minderung und des Schadensersatzes, ausgeschlossen und es ist neben dem Anspruche auf kostenlose Besserung nur das Recht genannt, die Besserung des Werkes bei Weigerung oder Verzug des Unternehmers auf dessen Kosten anderweitig ausführen zu lassen. Diese 2 Jahre dauernde Garantie hat an sich mit der Verjährung nichts zu tun. Zwar wird man, wenn die Verjährungsfrist kürzer als 2 Jahre ist, die Absicht der Vertragschließenden durch Auslegung dahin zur Geltung bringen, daß die Verjährung auf 2 Jahre verlängert gilt und daß als ihr Beginn nicht die Abnahme des Werkes, sondern der Zeitpunkt gesetzt wird, in welchem der Mangel oder Fehler sich zeigt. Geht aber die Verjährungsfrist, wie hier, über die Garantiefrist hinaus, so liegt kein Grund vor, im Wege der Auslegung einen Vertrag auf Verlängerung der Verjährungsfrist oder auf Veränderung des Anfangs der Verjährung anzunehmen. Dem Besteller bleibt bei der Länge der gesetzlichen Verjährungsfrist noch genügend Zeit, einen sogar am letzten Tage der Garantiefrist entdeckten Mangel geltend zu machen. Ihm stehen dazu noch 3 Jahre zur Verfügung. Hätten die Parteien die Verjährungsfrist um 2 Jahre verlängern wollen, so hätten sie das im Vertrage vereinbaren müssen. Der § 2 gibt keinen genügenden Anhalt, solchen Willen bei ihnen vorauszusetzen.

Die Frage, ob der Kläger einen nach Ablauf der 2 Jahre entdeckten Mangel trotz des § 2 noch geltend machen darf, braucht nicht entschieden zu werden, weil der Kläger den Mangel schon Anfang 1912, also innerhalb der Garantiefrist, entdeckt haben will. Die Klage ist aber erst im November 1916 erhoben. Die Klagansprüche sind daher verjährt, falls der Unternehmer den Mangel nicht arglistig verschwiegen hat. Eine Klagänderung ist in der Berufung auf Arglist nicht zu finden, denn die Grundlage des Anspruchs bleibt auch in diesem Falle der Vertrag. Dagegen hat der Kläger nur behauptet, daß der Beklagte wissentlich von den ihm vorgeschriebenen Vorlagen durch Verkleinerung der Heizflächen abgewichen sei; daß er das getan habe, obwohl er wußte, daß dadurch der zugesagte Heizeffekt vereitelt würde, ist nicht vorgebracht. Der Kläger hat selbst ausgeführt, er kenne nur den Mangel, daß die Heizung die zugesagten Wärmegrade nicht hervorbringe; er sei nicht Techniker genug, um die Ursache dieser Erscheinung feststellen zu können. Es ist daher auch nicht sicher, ob eine Verkleinerung der Heizflächen die geringere Heizwirkung herbeigeführt hat. Eine absichtliche Verkleinerung der Heizflächen ist daher mit einer absichtlichen Verringerung der Heizwirkung noch nicht identisch. Es wäre auch möglich, daß Beklagter zwar die Heizflächen aus Sparsamkeit absichtlich verkleinerte, aber dabei annahm, daß er die Heizwirkung trotzdem noch herbeiführt. Derartige Abweichungen von den Vorlagen wären auch den Vertretern des Klägers bei der Abnahme des Werkes aufgefallen und sie hätten sich ihre Ansprüche vorbehalten. M. M.

s) **Schließt § 645 die Entschädigung nach § 642 aus?**

OLG. Hamburg, 3. ZS. Urteil v. 22. März 1917.

Für die Meinung des LG., daß die Geltendmachung eines Anspruches aus § 645 den Anspruch aus § 642 ausschließe, gibt der Wortlaut der beiden Vorschriften keine Unterlage. Ihr Inhalt spricht dagegen. § 642 gibt einen Ersatzanspruch wegen Verzögerung der Annahme, setzt also das Bestehen des Vertrags voraus. Daraus ergibt sich aber nur, daß nach der Kündigung ein Ersatzanspruch wegen Verzögerung für die spätere Zeit nicht mehr erwachsen kann. Weshalb aber durch die Kündigung ein vorher bereits erwachsener Ersatzanspruch wieder wegfallen soll, ist nicht einzusehen. So gut, wie ein Unternehmer, wenn es im Falle des § 642 nicht zur Kündigung, sondern zur Herstellung des Werkes kommt, den Anspruch auf die vertragsmäßige oder angemessene Vergütung neben dem Ersatzanspruch wegen der Verzögerung hat, so hat er, wenn er nur einen Teil des Werkes herstellt, einen Anspruch auf Ersatz von Vergütung und Auslagen für den tatsächlich hergestellten Teil des Werkes. Nur letzteres wird in § 645 bestimmt, der demnach den § 642 überall nicht berührt. Es kann sich daher nur fragen, wie der Schade nach § 642 und nach § 645 zu berechnen ist. Den ersteren Schaden hat der Sachverständige auf 100 Mark geschätzt; diese sowie die von ihm weiter als Ersatz für Auslagen zugebilligten 25 Mark sind bezahlt. Mit Unrecht setzt aber der Kläger weiter die Provision des X. ein. Es ist zunächst nicht einzusehen, weshalb der Agent eine Provision sollte beanspruchen können, nachdem das Geschäft aus Gründen in der Person der Beklagten nicht ausgeführt ist. Überdies ist die Provision keine Auslage auf die geleistete Arbeit, sondern gehört zu allgemeinen, den Verdienst des Klägers mindernden Unkosten, die sich aus der Art seines Geschäftsbetriebes ergeben, aber mit der Art selbst nur mittelbar zusammenhängen. Wollte man dem Kläger folgen, so würde das dazu führen, daß, je geringer sein Verdienst wegen der Höhe der Provision ist, desto höher sein Ersatzanspruch wäre. Dieser könnte den Anspruch auf Vergütung für die ganze geleistete Arbeit übersteigen, ein Ergebnis, das im Gesetz nicht gewollt sein kann. Wegen des Verzuges aus § 642 ist eine angemessene Vergütung zu gewähren; sie kann nicht genau festgestellt werden, sondern ist zu schätzen. M. M.

t) **Haften nach § 648 auch die unbebauten Teile?**

Kammergericht, 3. ZS. Urteil v. 21. März 1917.

Der Beklagte hatte für die Klägerin, seine Schwester, einen Bau auf Nr. 81 aufgeführt, worauf der bebaute Teil des **Grundstücks** auf Nr. 96 übertragen wurde. Der Beklagte erwirkte durch einstw. Verfügung eine Vormerkung für seine Bauhandwerkerforderung auf Nr. 81 und später auch auf Nr. 96. Die Klage auf Löschung der Vormerkung auf Nr. 81 ist unbegründet.

Es handelt sich hier um ein einziges katastermäßig vereinigtes Grundstück, das erst nach Vollendung des Baues zerlegt worden ist. Für diesen Fall kann dem Urteil (Rsp. 12 S. 83) nicht beigetreten werden. Es beschränkte die Vormerkung auf den bebauten Teil des Grundstücks, weil der Sicherung des Bauhandwerkers die Erwägung zugrunde liege, daß er durch seine Arbeit den Wert des Grundstücks erhöhe, und weil diese Werterhöhung sich nur auf den bebauten Teil erstrecke. Die Äußerung der Prot. 2 S. 326 soll aber nicht sowohl die den Bauhandwerkern zukommende Realsicherheit begrenzen, als vielmehr die Höhe seiner zu sichernden Bauforderung beschränken. Denn nach ihr soll die Sicherung ihm nur so weit zustehen, als die Arbeit am Bauwerk geleistet und ihm durch deren Mehrwert ein Sicherungsobjekt geboten ist (vgl. RG. 58 S. 303, Recht 1910 Nr. 2358). Naturgemäß wendet der Bauhandwerker bei Übernahme von Bauarbeiten sein Augenmerk neben der persönlichen Sicherheit des Bestellers auch der Realsicherheit des zu bebauenden Grundstücks zu und zwar in dem Umfange, wie sich ihm die Parzelle als rechtliche Einheit darbietet. Keineswegs darf der Besteller diese ursprünglich gegebene Grundstückssicherheit nachträglich durch willkürliche Teilung der einheitlichen Parzelle zum Nachteile des Bauhandwerkers schmälern, zumal, wie zB. bei Villengrundstücken, die unbebauten Teile sehr wohl den Wert des ganzen Anwesens erheblich steigern können. Bei gegenteiliger Ansicht wäre der Bauhandwerker den schwersten Schädigungen durch böswillige Besteller ausgesetzt. Allerdings gebietet es das Interesse eines Dritten, der einen unbebauten Teil der ursprünglichen Bauparzelle vor Eintragung der Bauhandwerkervormerkung erwirbt, eine solche nicht noch nachträglich auf dem abveräußerten Teile zuzulassen. Diese Rücksicht fällt aber fort, solange die Teile des ursprünglichen Grundstücks noch in der Hand des Bestellers vereinigt sind. Dies wird bestätigt durch § 11 Satz 2 Ges. vom 1. Juni 1909, wonach, falls die Baustelle nur einen Teil eines Grundstücks bildet, sie vom Grundstück abzuschreiben und als selbständiges Grundstück einzutragen ist. Andernfalls ergreift der einzutragende Bauvermerk das ganze Grundstück. Diese Vorschrift, welche die Rechte der Bauhandwerker klarstellt, gibt lediglich einen bereits früher gültigen Rechtsgedanken wieder. Hier kannte der Beklagte die Verhältnisse des ursprünglichen von ihm zu bebauenden Grundstücks ganz genau. Um so weniger kann ihm durch eine nachträgliche Handlung der Klägerin das Recht entzogen sein, seine Sicherung auch an der der Klägerin noch gehörigen Teilparzelle Nr. 81 zu suchen. K.ch.

u) **Mäklervertrag**[1]: α) **Übertragung des Alleinverkaufs.**

OLG. Rostock, 2. ZS. Urteil v. 13. April 1917.

Nach dem Klagevorbringen hat die Beklagte dem Kläger den Alleinverkauf ihres Gutes unter Zusicherung einer Vergütung von 2 % im Mai 1913 übertragen, das Gut aber Ende Juli 1914 durch andere Mäkler für 1180000 Mark verkauft, so daß sie ihm die Vergütung schulde. Die Beklagte behauptet, daß sie den dem Kläger wie anderen Mäklern erteilten Auftrag bereits im Frühling 1914 widerrufen habe, weil sie ihre Absicht, das Gut zu verkaufen, wegen veränderter Umstände fallen gelassen habe; ohne ihr Zutun sei später ein Hamburger Mäkler an sie unter Verheißung eines ganz unwahrscheinlich hohen Preises herangetreten und habe den Verkauf für 1325000 Mark vermittelt. Der Anspruch ist nicht begründet. Mit RG. 76 S. 361 ist davon auszugehen, daß der Kläger die Vergütung nur aus dem Gesichtspunkte des Schadensersatzes fordern kann; denn der Anspruch auf den Mäklerlohn als unmittelbare Vertragsleistung ist mangels anderweitiger Berechnung auch dann, wenn der Auftraggeber auf das Widerrufsrecht verzichtet und sich verpflichtet hat, nicht ohne Zuziehung des Mäklers abzuschließen, bedingt durch den Erfolg der Tätigkeit des Mäklers, das Zustandekommen des Geschäfts infolge der Nachweisung oder Vermittlung, anderseits stellt sich der Schade, den der Mäkler durch den vertragswidrigen Geschäftsabschluß ohne seine Zuziehung erleidet, in dem Betrag der Provision als entgangenem Gewinn dar (vgl. auch Reichel Mäklerprovision S. 207).... Mit Recht hat deshalb das LG. von dem Kläger den Nachweis verlangt, daß er einen zum Ankauf unter sachgemäßen Bedingungen bereiten und fähigen Käufer gestellt hätte, wenn ihm nicht durch den Selbstabschluß der Beklagten die Möglichkeit zu erfolgreicher weiterer Tätigkeit entzogen wäre.

[1] Der Heiratsvermittler, der sich Heiratswechsel geben läßt und durch Weitergabe an gutgläubige Dritte verwertet, handelt sittenwidrig und ist zum Schadensersatze verpflichtet (Pr. OberVerwG., 3. S. Urteil v. 2. Dez. 1915, Entsch. 70 S. 406).

Denn ohne solchen Nachweis ist dem Mäkler sicherlich nicht infolge des vertragswidrigen Handelns des Auftraggebers die Provision entgangen, also der behauptete Schaden erwachsen, während andere (zB. Reichel S. 208) ihm den weitergehenden Beweis auferlegen, daß der Auftraggeber aller Wahrscheinlichkeit nach mit dem von jenem gestellten Kaufliebhaber auch wirklich abgeschlossen hätte. Der Kläger hat jetzt jenen Nachweis durch Benennung des Zeugen X. als eines zahlungsfähigen und zur Annahme der Bedingungen der Beklagten bereiten Käufers zu erbringen gesucht. Ob diese Beweisantretung ohne Darlegung der Persönlichkeit und der Vermögensverhältnisse des X. ausreichen, kann aber dahingestellt bleiben, denn der Klaganspruch ist aus einem anderen Grunde hinfällig.

Setzt die Klageforderung, wie dargelegt, voraus, daß Beklagte einer Vertragspflicht, nicht ohne Zuziehung des Klägers zu verkaufen, zuwidergehandelt hat, so muß zu der Zeit, da sie ihr Gut verkaufte, für sie noch die Verpflichtung bestanden haben, sich der Vermittlung des Klägers zu bedienen. Dieser leitet sie lediglich daraus her, daß ihm angeblich der Alleinverkauf des Gutes übertragen war. Da aber nach allgemeinen Grundsätzen der einem Mäkler erteilte Auftrag frei widerruflich ist, so hätte Beklagte durch den Widerruf die Freiheit des Handelns wiedergewonnen. Aber auch abgesehen hiervon ist es streitfähig, ob die Übertragung des Alleinverkaufs den Auftraggeber verpflichtet, einen Verkauf nur durch die Vermittlung jenes Mäklers abzuschließen oder ob die übernommene Verpflichtung sich nur darauf beschränkt, keinem anderen Mäkler den gleichen Auftrag zu erteilen. In der Literatur (Staub N. 17 vor § 93 HGB.) ist nur das allgemein anerkannt, daß, wer für bestimmte Zeit einem Mäkler den Alleinverkauf überträgt oder das Kaufobjekt fest an die Hand gibt, innerhalb dieses Zeitraums von einem anderen Verkauf als einem solchen, der ihm von dem Mäkler vorgeschlagen würde, Abstand zu nehmen hat. Hier ist aber der Alleinverkauf übertragen, ohne daß sich Beklagte durch eine Zeitgrenze gebunden hätte oder der Kläger innerhalb bestimmter Frist den Verkauf zustande bringen sollte. Nach JW. 1905 S. 339[9] muß allerdings auch eine ohne zeitliche Beschränkung erteilte Zusage des Alleinverkaufs für einen nach der Verkehrssitte und billigem Ermessen unter Berücksichtigung der Umstände festzusetzenden Zeitraum gelten. Von diesem Standpunkt aus bestand aber die Verpflichtung der Beklagten im Juli 1914 nicht mehr. Denn es waren damals 14 Monate seit Erteilung des Auftrags vergangen, und, wenn es sich auch um ein erhebliches Kaufobjekt handelte, so wechseln die Konjunkturen bei Verkäufen von Landgütern doch auch in einer Weise, daß dem Auftraggeber nicht zuzumuten ist, an Entschlüssen und Kaufbedingungen, die vor mehr als Jahresfrist festgelegt sind, festzuhalten. Der Kläger hat zwar behauptet, als angemessene Frist seien mindestens 2 Jahre anzusehen, und sich dafür auf Sachverständige berufen. Aber eine bestimmte Verkehrssitte hat er nicht behauptet und läßt sich auch nach der dem Gericht innewohnenden Kenntnis der landüblichen

Verhältnisse nicht behaupten. Die allgemeine Berufung auf Sachverständige ist nicht geeignet, dem Gericht eine bessere Grundlage für die Ausübung seines Ermessens zuzuführen, da es im wesentlichen doch von den Umständen des Einzelfalls ausgehen muß, von denen der Sachverständige keine weiterreichende Kenntnis hat. J.n.

β) **Überpreis als Mäklerlohn, abhängig von der Zahlung des Kaufpreises.**

OLG. Hamburg, 3. ZS. Urteil v. 14. Juni 1917.

Das Geschäft ist nicht ausgeführt, weil das Fleisch, das besichtigt werden sollte, überhaupt nicht vorhanden war. Der Beklagte meint, daß eine Provision des Klägers deshalb nicht verdient sei, weil nur die vorhandene Menge Gegenstand des Kaufes gewesen sei. Allein dann hätte der Verkauf von 5000 kg überhaupt keinen Sinn gehabt, sondern es hätte genügt, wenn die vorhandene Menge eventuell mit einer Grenze nach oben verkauft worden wäre. — Daß mit dem Vertragsschlusse die Vergütung eines Maklers verdient wird, ist an sich richtig. Sie braucht auch nicht gerade in einem Hundertteile des Kaufpreises, sondern kann auch in einem Überpreise bestehen. Fraglich kann sein, da es sich um einen Kauf nach Besicht, also einen aufschiebend bedingten Kauf handelt, ob der Umstand, daß ein Besicht nicht stattfinden konnte, zum Nachteile des Klägers oder des Beklagten ist. Es mag letzteres zunächst angenommen werden.

Dann fragt sich weiter, ob bei Vereinbarung eines Überpreises der Vergütungsanspruch von der Abwicklung des Geschäftes abhängt. Diese Frage läßt sich nicht allgemein entscheiden. Aus den Umständen des einzelnen Falles kann ein Wille der Parteien entnommen werden, dahin, daß der Anspruch auf den Überpreis davon abhängt, daß die Zahlung tatsächlich erfolgt. So liegt die Sache aber hier. Es war vereinbart, daß der Beklagte die Ware für 170 Pfg. verkauft, daß der Kläger 5 Pfg. aufschlagen sollte, die dann seine Vergütung bilden sollten. Ob diese von den Parteien als Provision bezeichnet ist, ist an sich gleichgültig. Hätte nun der Kläger direkt den Verkauf an die Ankaufsstelle vermittelt, so hätte diese also 175 Pfg. zahlen müssen, von denen der Kläger 5 Pfg. behielt. In diesem Falle hätte sich seine Tätigkeit von der eines Vermittlers nicht unterschieden. So ist die Sache aber nicht verlaufen. Die Ankaufsstelle hat nicht für 175 Pfg., sondern für 185 Pfg. gekauft. Wäre der Kläger tatsächlich der Vermittler zwischen beiden Vertragsteilen gewesen, so hätte er entweder den Käufern gegenüber dafür sorgen müssen, daß sie die Ware zu 175 Pfg. erhielt oder er hätte das Mehr dem Beklagten zukommen lassen müssen. Schon die Tatsache, daß der Kläger sich hierzu nicht für verpflichtet erachtet und der Beklagte bezüglich des Mehr keine Ansprüche erhoben hat, zeigt, daß die Tätigkeit des Klägers von der eines Maklers erheblich abweicht. Er hat aber auch den Verkauf nicht unmittelbar vermittelt, sondern sich weiterer Zwischenhändler bedient. Diese waren nicht etwa Untermakler, sondern weitere selbständige

Zwischenpersonen, die ihrerseits wieder auf den Kaufpreis aufgeschlagen haben, so daß der Preis auf dem Wege vom Verkäufer zum Erwerber auf 185 Pfg. gestiegen ist. Alle diese Tatsachen lassen sich mit einer vermittelnden Tätigkeit nicht vereinen. Die Verhältnisse lassen sich eher so auffassen, daß sich die verschiedenen Personen gemeinschaftlich beteiligt haben, um den Verkauf zu bewirken und daß sie den Nutzen gemeinschaftlich gezogen haben. Hierbei konnte es dem Vormanne gleichgültig sein, wieviele Zwischenleute noch tätig wurden, bis der Käufer seine Ware erhielt, wenn er nur seinen Verdienst machte. Mit der Mitbeteiligung von Zwischenleuten waren daher alle am Verkaufe Beteiligten einverstanden. Diese Betätigung mehrerer Personen bei dem nur einmal erfolgten Verkaufe der Ware unter Teilung des Gewinnes entspricht aber eher einer gemeinschaftlich von mehreren betriebenen Verkaufstätigkeit unter Teilung des Nutzens, als einer Maklertätigkeit. Man muß daraus folgern, daß wie bei einer Vereinigung zur Erreichung eines gemeinschaftlichen Zweckes auch der Nutzen nur dann den Beteiligten zukommen sollte, wenn der gemeinschaftlich erstrebte Erfolg tatsächlich erzielt wurde, also wenn das Geschäft zur Ausführung gelangte. Hier muß man daher die Vereinbarung dahin verstehen, daß der Kläger den Überpreis nur dann erhalten sollte, wenn der Preis bezahlt wurde, daß hingegen, da eine eigentliche Vermittlertätigkeit nicht ausgeübt ist, auch der § 652 S. 1 nicht anzuwenden ist. M. M.

γ) **Mäklerlohn für aufschiebend bedingte Geschäfte.**

OLG. Hamburg, 1. ZS. Urteil v. 13. Dezember 1916.

Die Schlußnote vom 19. Juni 1916 enthält die Klausel: „Auf Besicht. Besicht und Entscheidung heute.“ Da die Billigung nicht erklärt worden ist, so ist die aufschiebende Bedingung, unter der der Kauf geschlossen war, nicht eingetreten (§§ 495, 496). Nach BGB. § 652 Satz 2 kann somit Mäklerlohn nicht verlangt werden. Natürlich ist diese Bestimmung dispositiver Natur. Daß aber hier das Gegenteil, wie das LG. annimmt, ausdrücklich vereinbart sei, ist aus der Klausel: „Courtage 1 %“ nicht zu entnehmen; sie bestimmt nur die Höhe der Vergütung, ohne festzusetzen, daß sie unbedingt geschuldet sei. Eine Rechtsüberzeugung der Kaufmannschaft, daß für aufschiebend bedingte Geschäfte bei Ausfall der Bedingung Vergütung zu zahlen sei, wäre, weil unrichtig, nicht zu beachten. Ein dahin gehender Handelsgebrauch aber, der nach § 346 HGB. hier für die Auslegung in Betracht käme, liegt nicht vor; denn, wie dem Gericht aus einer Anzahl von Streitsachen bekannt, ist die Frage, ob für die Vermittlung eines bedingten Geschäfts im Falle des Ausfalles der Bedingung Vergütung zu zahlen ist, in Handelskreisen außerordentlich streitig. Ob der Beklagte durch Andienung vertragswidriger Ware den Eintritt der Bedingung verhinderte, ist bedeutungslos, sofern nicht ein Handeln wider Treu und Glauben vorliegt (vgl. § 162 BGB.), wofür nichts beigebracht ist. Unmittelbar kommt übrigens § 162 im Verhältnis der Parteien gar nicht in Betracht: denn nicht der

Mäklervertrag, sondern der Kauf ist unter einer aufschiebenden Bedingung geschlossen. Freilich ist der Auftraggeber auch dem Mäkler gegenüber verpflichtet, den Eintritt der Bedingung des Kaufvertrages nicht wider Treu und Glauben zu verhindern (Rsp. 20 S. 216). Daraus folgt aber nicht allgemein eine Vertragspflicht des Verkäufers gegenüber dem Mäkler, dem Käufer vertragliche Ware zu liefern. Sicherlich nicht beim Kauf auf Probe, bei dem der Käufer die Ware, gleichviel ob vertraglich oder nicht, nach freiem Belieben ablehnen kann. M. M.

δ) **Sorgfaltspflicht eines Hausmaklers.**

OLG. Hamburg, 1. ZS. Urteil v. 27. März 1916.

Der hamburgische Hausmakler ist nicht ausschließlich Vermittler; er übt gegenüber seinem Auftraggeber zugleich eine beratende Tätigkeit im weitesten Umfang aus. Das hamburgische Publikum ist von jeher gewöhnt, in Grundstücks- und Hypothekenangelegenheiten statt an den Juristen sich an den Hausmakler zu wenden, weil es weiß, daß dieser die praktische Handhabung dieser Geschäfte und den Verkehr mit dem Grundbuchamte beherrscht. Diese hochbedeutsame Stellung, die der eines Rechtsanwalts ähnlich ist, kommt zum Ausdruck in der Höhe der üblichen Gebühren; sie hat aber weiter zur Folge, daß an die im Verkehr erforderliche Sorgfalt, die der Hausmakler nach § 278 zu beachten hat, hohe Anforderungen zu stellen sind. Dazu gehört, daß er über die Form eines Immobiliargeschäftes, das er vermittelt, Bescheid weiß und auf ihre Beobachtung hinwirkt. Hier kommt in Frage eine Reugeldvereinbarung, zu der übrigens der Beklagte den Anstoß gegeben hat. Es mußte ihm bekannt sein, daß die höchstrichterliche Rechtsprechung dazu neigt, den Kreis der unter § 313 fallenden Geschäfte auszudehnen, und daß besonders für Reugeldabreden der hier fraglichen Art das RG. die Einhaltung der Form des § 313 verlangt. Hat er über die Frage nicht nachgedacht oder sich über sie nicht unterrichtet, so hat er ebenso fahrlässig gehandelt, wie wenn er die Ansicht des RG. für unrichtig gehalten und sich deshalb nicht danach gerichtet hätte. Zum mindesten hätte er, wenn er Zweifel hatte, einen Rechtsverständigen zuziehen müssen. Daß der Vertragsgegner B., der bereitwillig die in dem Verkaufsangebot geforderte Anzahlung von 2000 Mark gezahlt hat, auf die formgerechte Feststellung seines durch die Zahlung bewiesenen Einverständnisses eingegangen wäre, ist nicht zu bezweifeln. Dadurch, daß Beklagter diese Festlegung nicht veranlaßte, also seine Sorgfaltspflicht verletzte, ist dem Kläger ein Schaden entstanden: er hat die 2000 Mark nebst Zinsen zurückzahlen müssen. Ein Verschulden des Klägers hat nicht mitgewirkt: er brauchte keinen Rechtsverständigen zuzuziehen, da er sich auf die Rechtskenntnisse und Erfahrung des Beklagten verlassen durfte. M. M.

ε) **Mäkler- oder Dienstvertrag (Impresariovertrag)?**

Kammergericht, 21. ZS. Urteil v. 20. April 1917.

Die Beklagte hat am 10. Mai 1915 den Kläger als „Generalvertreter zur Betätigung von Engagementsabschlüssen" unter Zugrundelegung ihres persönlichen Auftretens in Kinotheatern und Unternehmungen von vorgenanntem Charakter für ganz Deutschland auf ein Jahr gegen ein Entgelt von 20% von der Summe des jeweiligen Anstellungsvertrags angenommen. In dem Bestätigungsschreiben heißt es: „Verhandlungen werden nur durch Sie (Kläger) infolge der Ihnen dafür hiermit gleichzeitig erteilten Vollmacht geführt.“ Die Beklagte ist im Juni 1915 von dem Vertrage zurückgetreten und hat sich nach dem Rücktritt ohne Mitwirkung des Klägers anderweit anstellen lassen. Der Kläger verlangt deshalb Rechnungslegung und Zahlung der ihm danach zustehenden Vergütung. Der Anspruch ist jedoch unbegründet.

Eine Vollmacht zum Abschlusse der Anstellungsverträge ist dem Kläger nicht erteilt. Das folgt daraus, daß er ausdrücklich nur zur Führung der Verhandlungen ermächtigt worden ist. Zwar wird er als „Generalvertreter zur Betätigung von Engagementsabschlüssen“ bestellt. Diese Bestellung kann aber nach dem der Vollmacht gegebenen Umfange nur dahin ausgelegt werden, daß ihm lediglich die Vermittlung und die Führung der Verhandlungen obliegen sollte. Tatsächlich hat er auch keinen der vermittelten Verträge selbst abgeschlossen, der Abschluß ist vielmehr stets durch die Beklagte erfolgt.

Im Vertrage ist ausdrücklich zur Bedingung gemacht, daß die Verhandlungen nur durch den Kläger zu führen seien. Die Parteien haben also bei dem Vertragsabschluß gar nicht den Fall im Auge gehabt, daß es ohne mitwirkende Tätigkeit des Klägers zum Abschluß der Anstellungsverträge kommen werde. Daraus ergibt sich die Unrichtigkeit der Ansicht des Klägers, daß ihm in dem Vertrage die Vergütung auch für Anstellungsverträge, die ohne seine Mitwirkung zustande gekommen, zugebilligt sei.

Hiernach ist der Vertrag als Mäklervertrag anzusehen. Er untersteht dem Stellenvermittlergesetze vom 2. Juni 1910, da die nach § 1 daselbst erforderliche Gewerbsmäßigkeit hier gegeben ist. Allerdings gehört dazu, daß die Absicht nicht auf einzelne Geschäfte, sondern einheitlich auf eine ganze Gruppe von Geschäften in fortgesetzt gleichartiger Tätigkeit gerichtet ist, und daß ferner die Absicht dahin geht, aus dieser Tätigkeit eine dauernde Einnahmequelle zu machen. Diese Voraussetzungen liegen hier aber auch vor. Gleichgültig ist hierbei, ob die Vermittlungstätigkeit lediglich für eine Person ausgeübt wird. Entscheidend allein ist, daß die Tätigkeit nicht auf die Vermittlung einzelner Geschäfte, sondern einer Gesamtheit gleichartiger Geschäfte zwecks Gewinnes gerichtet ist. Hier ging die Absicht des Klägers von vornherein darauf, eine unbestimmte Zahl von Anstellungsverträgen für die Beklagte während der Dauer eines Jahres zu vermitteln. Für jede Vermittlung hat er sich eine Vergütung versprechen lassen. Nach § 4 aO. sind aber Verträge nichtig, die einen Arbeitnehmer verpflichten, sich auch in späteren Fällen der Mitwirkung eines bestimmten gewerbsmäßigen Stellenvermittlers zu bedienen. Dr. P.

v) **Stellung des Treuhänders bei Bauten.**

OLG. München, 2. ZS. Urteil v. 3. März 1917.

Der Bauunternehmer X. bekam zu seinem Neubau von der Bank ein in 5 Raten nach Fortschreiten des Baues auszuzahlendes Darlehen zugesagt. Der Beklagte wurde als Treuhänder aufgestellt; ihm wurde der Anspruch auf das Bankdarlehen übertragen, das er nach Anweisung des X. an die Baulieferer und Geschäftsleute zu verteilen hatte. Dem Kläger, der die Schlosserarbeiten lieferte und mit je 1033 Mark auf die 3., 4. und 5. Bankrate eingewiesen wurde, teilte der Beklagte mit, daß dieser die genannten Raten auszahlen würde. Er hat jedoch nur die 3. Rate ausbezahlt. Die Klage auf den Rest ist begründet.

Die Einweisungen in das Baugeld entsprechen zwar nicht der Form des § 783, enthalten aber rechtlich immerhin eine Anweisung an den Treuhänder, dem Eingewiesenen aus dem Baugelde zu zahlen. Der Beklagte als Baugeldempfänger hat die Einweisungen des X. angenommen. Er mußte sie in seiner Eigenschaft als Treuhänder und Zessionar annehmen nach den zwischen den Lieferern und dem Bauherrn einerseits und diesem und dem Treuhänder anderseits bestehenden Schuldgrundverhältnissen. Eine Beschränkung bestand zu seinen Gunsten nur in der Verwendungspflicht; X. durfte nur Bauforderungen im eigentlichen Sinn einweisen; ferner in der Höhe des Baugeldes. Der Treuhänder brauchte nicht aus eigenen Mitteln zu bezahlen und daher nur so viel Einweisungen anzunehmen, als durch das Baugeld gedeckt werden konnten. Ihm lag die selbständige verantwortliche Prüfung ob, wieweit die einzelnen Baugeldraten mit Einweisungen belastet werden durften. Durch die Annahme der Einweisungen, die sich innerhalb dieser Grenzen bewegten, erlangten die Baulieferer Ansprüche auf Befriedigung aus den bezüglichen Baugeldraten. Es entstand durch die Annahme eine persönliche Verpflichtung des Baugeldempfängers, die zunächst auf das Baugeld beschränkt ist, sich aber in Form von Ersatzansprüchen dann erweitert, wenn er seine Vertragspflicht vorsätzlich oder fahrlässig verletzt. Der Beklagte hält allerdings die auf Einweisungen des Bauherrn hin an die Geschäftsleute ergehenden Bestätigungen des Treuhänders für völlig bedeutungslose Mitteilungen. Allein die Lieferer wollen naturgemäß ihre Leistung davon abhängig machen, daß sie einen Anspruch gegen einen Zahlungsfähigen erlangen. Sie wollen dadurch für ihre Forderungen gesichert werden und können diese Sicherheit in der Regel nur bei dem Treuhänder finden, dem das Baugeld übertragen ist, nicht aber bei dem mehr oder weniger zahlungsunfähigen Bauherrn. In diesem Sinne muß der Treuhänder seine Erklärung gegen sich gelten lassen. Die Auffassung des Beklagten widerspricht wie der Absicht der Baugläubiger so dem Zweck des BauFG., das dem öffentlichen Mißstand abhelfen soll, der sich in der Bautätigkeit der größeren Städte mehr und mehr fühlbar gemacht hat, daß nämlich infolge unredlicher Machenschaften oder auch nur infolge finanzieller Bedrängnisse des Bauunternehmers die Bauhandwerker und Baulieferanten um ihre Befriedigung gebracht wurden (RG. 84 S. 190).

Hat der Treuhänder die Einweisung in dem hier dargelegten rechtlichen

Sinn angenommen, so kann er nicht mit dem Einwand gehört werden, daß das Baugeld nicht zur Bezahlung aller Lieferer gereicht habe. Er hat vor der Annahme gewissenhaft zu prüfen, ob das Baugeld ausreicht, und hat sich dazu die Unterlagen vom Darlehensgeber sowie vom Unternehmer zu verschaffen. Er hat zu diesem Zweck auch das Recht, die einzelnen Einweisungen in den oben angegebenen Grenzen zu prüfen und eventuell zurückzuweisen und kann einer zweckwidrigen Verwendung des Baugeldes entgegentreten. Mit dem Einwande der Unzureichendheit des Baugeldes kann er nur ausnahmsweise durchdringen, wenn trotz der in den angegebenen Richtungen vorgenommenen Prüfung das Baugeld in vertraglich zulässiger, unvorhersehbarer Weise gekürzt wird und infolgedessen eine nachträgliche Unmöglichkeit eintritt, die er nicht zu vertreten hat (§ 275). Der Beklagte hat aber die ihm aus der Annahme der Einweisung erwachsenen Pflichten mehrfach verletzt. . . . W.

w) **Zur Haftung aus auftragloser Geschäftsführung.**

*α*) OLG. Breslau, 8. ZS. Urteil v. 4. Januar 1918.

1914 gab der Spediteur D. dem Beklagten 10000 neue Säcke auf Lager, um sie von L. nach und nach über die Grenze nach Rußland zu befördern. Die bei Ausbruch des Krieges noch beim Beklagten lagernden 4800 Säcke verkaufte er Anfang August 1914 an das Proviantamt zu je 40 Pfg., ohne einen Auftrag dazu erhalten zu haben. Der Kläger behauptet, Eigentümer der Säcke gewesen zu sein und sie dem D. nur in Spedition zur Beförderung nach W. übergeben zu haben. Bei Kriegsausbruch habe er die noch nicht nach Rußland geschafften Säcke an X. zu je 1,20 Mark verkauft. Der Beklagte habe grob fahrlässig gehandelt, wenn er die Säcke, die einen Wert von je 1,20 Mark gehabt hätten, für 40 Pfg. verkauft habe. Der Schadensanspruch ist begründet.

Die Aktivlegitimation des Klägers ist gegeben, da er als Eigentümer der verkauften Säcke erachtet werden muß und deshalb er der Geschädigte ist. Daß der Beklagte von dem Eigentum des Klägers nichts wußte, ist gleich; denn wessen Rechtskreis objektiv betroffen wurde, ist entscheidend. Auch soweit auftraglose Geschäftsführung in Betracht kommt, ist der Kläger legitimiert. Denn er war der Geschäftsherr, da der Beklagte im Interesse dessen handeln wollte und gehandelt hat, dem die Säcke gehörten.

Die Haftung des Beklagten kann aus den Vorschriften über die unerlaubte Handlung allerdings nicht schlechthin hergeleitet werden. Denn zunächst ist bedenklich, ob der Beklagte, wenn er die Säcke mit Rücksicht auf die Kriegsgefahr verkaufte und dadurch nur einen zu besorgenden Schaden vom Eigentümer abwenden wollte, widerrechtlich gehandelt hat. Dann aber hat das BGB. die Verletzung des Eigentumsanspruchs in den §§ 989 ff. besonders geregelt, so daß insoweit die allgemeine, die schuldhaft widerrechtliche Verletzung des Eigentums behandelnde Norm des § 823 nicht ohne weiteres zur Anwendung kommt. Allenfalls die Haftung aus § 990 kann gegeben sein, wenn man davon ausgeht, daß der Beklagte beim Erwerb des Besitzes nicht im guten Glauben war, da er sein Nichteigentum kannte (RG. 56 S. 316, JW. 1910 S. 755).

Aber diese Frage kann auf sich beruhen, denn in jedem Falle haftet Beklagter aus auftragloser Geschäftsführung. Es mag sein, daß er mit Rücksicht auf den drohenden Kriegsausbruch und die durch die nahe Grenze begründete Gefahr des Russeneinfalls an sich im Interesse des Klägers handelte, wenn er die bei ihm eingelagerten Säcke veräußerte. Aber er durfte sie nicht verschleudern und mußte auf einen angemessenen Preis auch dann halten, wenn er die Säcke der Militärverwaltung überließ. Denn mochte er auch Anlaß haben, dem Proviantamt, das infolge der Mobilmachung notwendig Säcke gebrauchte, diese in erster Linie zu überlassen, so durfte er doch nicht vergessen, daß er über fremdes Eigentum verfügte und auch bei der Preisbemessung die Interessen des Eigentümers wahrzunehmen hatte, zumal sich die Heeresverwaltung sicherlich auch bereit gefunden hätte, einen höheren Preis zu bewilligen, soweit sich dieser in angemessenen Grenzen bewegte. Mochte deshalb auch der Verkauf an sich dem Interesse des Klägers nicht widersprechen, so lag doch der zu billige Verkauf jedenfalls nicht in seinem Interesse, so daß Beklagter das Geschäft nicht so geführt hat, wie es erkennbar dem wirklichen oder mutmaßlichen Willen des Klägers entsprach. Das aber begründet seine Ersatzpflicht aus § 678 auch ohne sonstiges Verschulden, es sei denn, daß er nach § 680 nur grobe Fahrlässigkeit zu vertreten hat. Aber beides gilt nur dann, wenn man den Verkauf, wie er war, als das vom Beklagten geführte Geschäft ansieht und somit die Geschäftsführung erkennbar überhaupt nicht dem wirklichen oder mutmaßlichen Willen des Klägers widersprach. In diesem Falle versagt zwar die Anwendung des § 678, aber von der Ersatzpflicht ist der Beklagte auch dann nicht befreit; denn führte er für den Kläger auch ein Geschäft, das an sich betrachtet in dessen Interesse lag, so mußte er doch bei der Ausführung dieses Geschäfts auf jeden Fall die gehörige Sorgfalt beobachten. Ließ er diese aus Fahrlässigkeit außer acht, so hat er dem Geschäftsherrn nach allgemeinen Vorschriften für den durch seine Fahrlässigkeit entstandenen Schaden ebenfalls einzustehen (RGKomm. N. 3 vor § 677, 678[1]). Dabei mag der Geschäftsführer im Regelfalle nach § 276 zwar jede Fahrlässigkeit zu vertreten haben. Soweit aber die Geschäftsführung die Abwendung einer dem Geschäftsherrn drohenden dringenden Gefahr bezweckte, hat er auch in diesem Falle nur für grobe Fahrlässigkeit zu haften. Denn § 680 bezieht sich auf alle Fälle der Geschäftsführung. Sollte sie sich nur auf die Fälle der §§ 678, 679 beziehen, so mußte sie auf den Fall, wo die Besorgung des Geschäfts dem Interesse des Geschäftsherrn entsprach, mindestens entsprechend angewandt werden, da es folgewidrig wäre, den Geschäftsführer in diesem Falle strenger haften zu lassen als bei Geschäften, die dem Willen des Geschäftsherrn widersprechen. Dem Beklagten fällt aber grobe Fahrlässigkeit zur Last.... R.ck.

β) **des Kommissionärs eines Kreiskommunalverbandes. Ist er Geschäftsführer ohne Auftrag?**

Kammergericht, 7. ZS. Urteil v. 13. März 1917.

Der Beklagte hat nach den Kriegsverordnungen als Kommissionär des Kreiskommunalverbandes N. die Landwirte anzuweisen, wohin sie Getreide zu liefern haben. Er hat sich dem Verband gegenüber verpflichtet, die Säcke für diese Lieferung zu stellen. Er hat auch dem Kläger Anweisung wegen der Getreidelieferungen gegeben und einen Teil der Säcke gestellt. Einen Teil der Säcke, worin er das Getreide an die Mühlen lieferte, hat der Kläger selbst hergegeben, weil der Beklagte gerade keine vorrätig hatte. Hiervon hat er 350 Stück nicht zurückerhalten und macht den Beklagten dafür aus auftragloser Geschäftsführung haftbar. Allein eine solche Geschäftsführung würde voraussetzen, daß der Kläger ein Geschäft für einen andern, den Beklagten, besorgt hat, ohne von ihm beauftragt und ihm gegenüber sonst dazu berechtigt zu sein. Der Kläger hätte hiernach in erster Reihe darlegen müssen, daß er, als er Säcke zu einer Lieferung hergab, mit dem Bewußtsein und dem Willen gehandelt hat, das Geschäft als ein fremdes, nicht als sein eigenes, zu besorgen.

In dieser Hinsicht fehlt es an jeder hinreichenden Begründung. Da dem Kläger jedenfalls daran lag, das von ihm ausgedroschene Getreide baldmöglichst zu liefern, ohne es erst einlagern zu müssen, so kann nicht ohne weiteres angenommen werden, daß er durch die Verwendung eigener Säcke ein Geschäft des Beklagten besorgen wollte. Es bleibt die Möglichkeit offen, daß er, als er die Säcke verwendete, nur an die Wahrnehmung seines eigenen Vorteils dachte. Läge aber auch auftraglose Geschäftsführung vor, so hätte der Kläger doch keinen Anspruch auf Rücklieferung der Säcke oder Werterſatz gegen den Beklagten. Seiner Auffassung, daß die Hingabe der Säcke eine Aufwendung für den Beklagten bilde und er deshalb nach §§ 683, 670 Ersatz verlangen könne, ist nicht beizupflichten. Vielmehr ist davon auszugehen, daß der Kläger, wenn er eigene Säcke verwendete, annahm, er würde sie zurückerhalten und daß er ferner, wenn er das Geschäft für den Beklagten besorgen wollte, auch selbst den Verbleib und die Rücklieferung der Säcke überwachen mußte. Bei dieser Sachlage liegt in der Verwendung der Säcke nicht ihre völlige Preisgabe durch den Kläger, die es allein rechtfertigen könnte, ihre Hingabe als eine Aufwendung der §§ 683, 670 anzusehen. Der Kläger ging offenbar selbst davon aus, daß die Säcke die seinigen blieben. Wenn sie gelegentlich einer etwaigen solchen Geschäftsbesorgung verloren gingen, so gingen sie ihm, nicht dem Beklagten verloren. Es handelt sich dann um einen zufälligen Schaden, dessen Ersatz der Kläger nicht vom Beklagten fordern kann (Staudinger § 683 I 2 c, § 670[6]). L.n.

γ) **des Anwalts des Zedenten wegen Mitteilung der Abtretung durch gewöhnlichen Brief. Vertragsverhältnis zum Zessionar?**

OLG. Hamburg, 5. ZS. Urteil v. 15. Dezember 1916.

Der Kläger hatte sich 1911 zur Sicherung seiner Forderung von dem Bauunternehmer P. u. a. eine Ende 1912 fällig werdende Forderung an den Schulverband abtreten lassen. Die Klage gegen den letzteren ist jedoch abgewiesen, weil er nach der Abtretung dem P., der inzwischen zahlungsunfähig geworden und wegen Konkursvergehens bestraft worden ist, gezahlt hatte und der Kläger nicht nachweisen konnte, daß der Verband dabei die Abtretung gekannt hätte. Der Kläger beansprucht jetzt vom beklagten Anwalt die Erstattung des Kapitals und der Vorprozeßkosten: er habe den Referendar X., den derzeitigen Generalsubstituten des Beklagten, beauftragt, die Abtretungsurkunde aufzusetzen und die Drittschuldner zu benachrichtigen. Die Benachrichtigungen seien entweder ganz unterblieben oder fahrlässigerweise nur durch „gewöhnliche" Briefe erfolgt. Der Anspruch ist unbegründet.

Der Kläger hat ein Vertragsverhältnis der Parteien darauf gegründet, daß X., selbst wenn er zunächst nur im Auftrage von P. tätig geworden sein sollte, damit doch, jedenfalls soweit die Benachrichtigung der Drittschuldner in Frage gekommen sei, lediglich im Interesse des Klägers gehandelt habe. Dieser Umstand kann jedoch für sich allein noch keinen Anspruch des Klägers auf Vertragshaftung des Beklagten begründen. In RG. 52 S. 365 handelte es sich darum, daß jemand von einem Grundeigentümer, in dessen Grundstück er eine weitere Hypothek geben sollte, eine notarielle Bescheinigung über die derzeitigen Hypothekenverhältnisse verlangt hatte und nun von dem Notar, den der Grundeigentümer beauftragt hatte, eine fahrlässige unrichtige Auskunft erhielt. Diese Auskunft hat das RG. als vertraglich erteilt bezeichnet und demgemäß eine Schadenshaftung des Notars aus §§ 276[1], 676[1] für gegeben erachtet. Solche Auskunft ist hier nicht erteilt; auch ist nicht anzuerkennen, daß hier eine entsprechende Anwendung der in jener Entscheidung ausgesprochenen Grundsätze geboten ist.

Auch darin, daß eine Fahrlässigkeit nicht anzunehmen sei, ist dem LG. beizutreten. Der Kläger meint, daß Mitteilungen der hier fraglichen Art, die — wie der Erfolg zeige — von erheblichster rechtlicher und wirtschaftlicher Bedeutung seien, grundsätzlich nicht in einfachen Briefen erfolgen dürften, und er hat dafür auf die Vornahme von Kündigungen und die Einlegung von Rechtsmitteln verwiesen. Aber damit sind die hier fraglichen Benachrichtigungen nicht zu vergleichen. Kündigungen und Rechtsmitteleinlegungen werden überhaupt nicht wirksam, wenn die Schreiben nicht eingehen. Der Nichteingang eines Benachrichtigungsschreibens beim Drittschuldner dagegen ändert nichts an der Gültigkeit der erfolgten Abtretung. Er hat Bedeutung nur für den Fall, daß der Schuldner trotz der Abtretung sich vom Drittschuldner hinter dem Rücken des Zessionars Zahlung leisten läßt, dh. also regelmäßig nur dann, wenn der Schuldner ein Betrüger ist. Damit zu rechnen, lag derzeit für X. kein Anlaß vor, und zwar um so weniger, als auch der Kläger selbst, als er im Bureau des Beklagten wegen der Benachrichtigungen nachfragte, in dieser Beziehung keine Bedenken gehabt, sondern sich bei der

Benachrichtigung mittels einfacher Briefe beruhigt hat. Daß die Benachrichtigungen in dieser Form tatsächlich abgesandt sind, hält auch das Berufungsgericht für erwiesen. Da feststeht, daß die andern Benachrichtigungen erfolgt sind, liegt kein Grund vor, anzunehmen, daß gerade die hier fragliche Benachrichtigung nicht abgesandt sein solle. Weshalb sie den Drittschuldner nicht erreichten, bleibt freilich unaufgeklärt. M. M.

**d) Herstellung und Übersendung von Bauskizzen durch den vom Unternehmer der Anlage Beauftragten.**

OLG. Rostock, 1. ZS. Urteil v. 29. November 1917.

Der Kläger leitet einen vertragsmäßigen Anspruch gegen die Beklagte daraus her, daß ihm M., der die maschinelle Anlage lieferte, einen Auftrag der Beklagten übermittelt habe. Allein aus dem Briefwechsel ergibt sich, daß Beklagte niemals den M. beauftragt oder ermächtigt hat, einen Dritten mit der Anfertigung der Arbeiten auf ihre Rechnung zu beauftragen; vielmehr ging sie davon aus, diese Anfertigung sei Sache des Unternehmers, und hat nur in diesem Sinne solche von M. verlangt. Daß ersichtlich die Arbeiten nicht von M. hergestellt waren, war einflußlos. Der Unternehmer konnte sich anderer Personen als Gehilfen zur Herstellung der ihm obliegenden Leistungen oder einzelner Nebenleistungen bedienen; dem Besteller gegenüber kamen sie einstweilen nur als Leistungen des Unternehmers in Betracht. Auch das Schreiben des Klägers vom 16. Juli ändert hieran nichts. Die Worte „durch M. erhielt ich Ihren Auftrag" erklärten zunächst nur den tatsächlichen Zusammenhang, der den Kläger veranlaßte, sich mit einer Sache, die ihn an sich nichts anging, zu befassen. Beklagte hatte keinen Grund, diese Worte im Sinne einer Rechtsausführung, durch welche ein von ihr erteilter Auftrag behauptet wurde, aufzufassen; die Tatsache, daß der ihr unbekannte Kläger die Arbeiten unmittelbar an sie anstatt an seinen tatsächlichen Auftraggeber M. übersandte, erklärte sich aus der Dringlichkeit, mit der er dem M. die tunlichst baldige Beschaffung nahegelegt hatte. Wenn demnach Beklagte erst durch die am 15. August übersandte Rechnung den Rechtsstandpunkt des Klägers kennen lernte, so kann aus der Tatsache, daß sie jetzt noch zwei Wochen wartete, ehe sie die Rechnung mit einem Protest gegen ihre Zahlungspflicht zurücksandte, nicht gefolgert werden, daß sie sich der Auffassung des Klägers jemals angeschlossen habe. Auch das Behalten und Gebrauchen der Zeichnungen verstieß nicht gegen Treu und Glauben und verpflichtet die Beklagte nicht, sich behandeln zu lassen, als ob sie dessen Ansprüche anerkenne. Denn sie hatte die Arbeiten als ihr von M. geliefert und geschuldet angenommen und durfte abwarten, wie sich die Geltendmachung der angeblichen Ansprüche des Klägers gestalten würde.

Wenn sich jetzt der Kläger auch auf Geschäftsführung ohne Auftrag und Bereicherung stützt, so liegt hierin keine Klagänderung; vielmehr werden aus dem schon früher behaupteten Tatbestand nur neue rechtliche Folgerungen gezogen. Eine Geschäftsführung wäre freilich nicht schon dadurch ausgeschlossen, daß der Kläger zu einer Tätigkeit im Interesse der Beklagten deshalb geschritten ist, weil er sich hierzu infolge seiner Abmachungen mit M. irrtümlich für berechtigt hielt. Wohl aber scheidet sie aus, wenn sich der Geschäftsführer zu seiner Tätigkeit für verpflichtet hielt (Staudinger § 686[2]). Der Kläger nahm aber irrtümlich an, daß durch Vermittlung des M. zwischen ihm und der Beklagten ein Werkvertrag zustande gekommen sei, kraft dessen er zur Herstellung von Zeichnungen, Beklagte aber zur Vergütung (§§ 631, 632) verpflichtet sei. Die Tätigkeit auf Grund solcher Annahme betraf die Besorgung eigener, nicht fremder Geschäfte, sie war Tätigkeit im eigenen, nicht im fremden Interesse. Im übrigen entsprach, da die Beklagte davon ausging, daß die Arbeiten ihr von M. ohne besondere Vergütung geliefert werden sollten, die entgeltliche Ausführung durch den Kläger sicher nicht ihrem Interesse und wirklichen Willen. Die Ansprüche des Klägers beschränken sich daher nach §§ 684, 683 auf das, was er nach den Vorschriften über die Bereicherung verlangen kann. Allein die Beklagte, die die Arbeiten als von M. geliefert entgegengenommen hatte, ist nicht bereichert, wenn sie sie wirklich von M. fordern durfte und durch ihre Gegenleistung an M. abgegolten hatte. Nun will zwar der Kläger durch Sachverständige nachweisen, daß M. zu so umfangreichen Nebenleistungen ohne besondere Vergütung nicht verpflichtet war. Hieraus würde jedoch nicht folgen, daß Beklagte diese Vergütung dem Kläger zu leisten habe. Denn da sie die Arbeiten von M. erfordert und, wenn auch nicht unmittelbar, durch M. erhalten hatte, so hätte sie in diesem Falle die Gegenleistung dem M. zu machen. Solange M. etwa Ansprüche wegen der Zeichnungen und Berechnungen gegen Beklagte erheben kann, ist sie nicht dem Kläger gegenüber bereichert. Sie ist aber überhaupt nicht auf Kosten des Klägers bereichert. Denn diesem steht sein Gegenanspruch gegen M. zu, der als Vertreter der Beklagten den Werkvertrag mit dem Kläger abgeschlossen hat. Da M. Vertretungsvollmacht nicht hatte und Beklagte die Genehmigung des Vertrags verweigert, haftet M. dem Kläger nach § 178 auf Erfüllung oder Schadensersatz. Dr. Br.

### x) **Haftung für im städtischen Schlachthof eingestelltes Vieh.**

OLG. Hamburg, 1. ZS. Urteil v. 5. März 1917.

Der Kläger macht mit Unrecht geltend, daß der Beklagte (Hamburger Staat) einen ihm in Verwahrung gegebenen Ochsen nicht wieder herausgegeben habe und dessen Verbleib nicht aufklären könne. Nach der SchlachthofO. bleibt das zur Schlachtung aufgetriebene Großvieh zunächst in der Verwahrung des Auftreibenden — sei es einer der Transporteure, die gewerbsmäßig die Überführung der Tiere vom Viehmarkt zum Schlachthofe für die Schlachter besorgen, sei es der Schlachter selbst —, auch wenn es vor der Schlachtung zeitweilig in einer staatlichen Stallung untergebracht wird. Zwar ist laut § 6[3] beim Auftrieb für die einem Besitzer gehörigen Tiere ein Begleitschein abzugeben, der die Anzahl und die Marken der Tiere, sowie den Namen des Eigentümers enthält, aber daraus folgt nicht, daß der Staat die Verwahrung übernimmt. Diese Bestimmung ist, ebenso wie die weitere, daß die Tiere aus den Stallungen nur nach vorheriger Anmeldung beim Stallaufseher in die Schlachthallen überführt werden dürfen, nicht mehr als eine Ordnungsvorschrift; im Gegenteil geht daraus, daß nur eine Anmeldung beim Stallaufseher, nicht dessen Erlaubnis vorgeschrieben ist, hervor, daß die Tiere im Gewahrsam ihrer Inhaber bleiben. Der Kläger hat auch keine Umstände angegeben, aus denen etwas anderes zu folgern wäre. Eine Verwahrung von Tieren durch den Staat tritt erst ein, wenn nachmittags um 5 Uhr alle Fremden den Schlachthof verlassen müssen und die bis dahin nicht geschlachteten Stücke unter der Aufsicht staatlicher Angestellten in den Stallungen zurückbleiben. Aber diese Verwahrung endet wieder am andern Morgen um 5 Uhr, sobald die Angestellten fortgehen und der Schlachthof den Schlachtern wieder zugänglich ist. Daß für diesen Augenblick nicht eine förmliche Rückübertragung des Gewahrsams von den Angestellten an die Schlachter oder deren Vertreter angeordnet ist, wird seinen Grund an der eine schnelle Abfertigung erfordernden Umfänglichkeit des Betriebes haben, bildet aber keinen Grund, die Haftung des Staates für die Tiere über die Zeit bis 5 Uhr morgens hinaus auszudehnen. Sache der Schlachter oder ihrer Leute ist vielmehr, jetzt zur Stelle zu sein und sich nach ihrem Vieh umzusehen. Weshalb eine derartige Anordnung des Betriebes dem BGB. oder dem Gebote der guten Sitte widersprechen sollte, ist nicht einzusehen. Nun behauptet der Kläger nicht, daß sein Ochse in der Nacht vom 16./17. Oktober, als er von 5 Uhr abends bis 5 Uhr morgens in der Stallung Nr. 9 unter staatlicher Verwahrung gestanden habe, abhanden gekommen sei, sondern er geht selbst davon aus, daß erst am andern Morgen ein Unbefugter das Tier in Besitz genommen und geschlachtet habe. Anderseits kann er nicht behaupten, am 17. Oktober um 5 Uhr bei der Stallung Nr. 9 gewesen zu sein, um sich in dem Augenblick, als die staatliche Verwahrung aufhörte, nach seinem Eigentum umzusehen und das Tier selbst wieder in Verwahrung zu nehmen. Dieses Verhalten aber bildet die wahre Ursache seines Verlustes. Damit fällt jeder Grund, den Staat für den Verlust haftbar zu machen. M. M.

γ) **Haftung des Gastwirts für eingestellte Pferde.**

*α)* OLG. Augsburg, 1. ZS. Urteil v. 26. Juni 1917.

Die Unterbringung von Pferden in die Gaststallung ist ein Vertrag besonderer Art, auf den die allgemeinen Vorschriften über Verträge, bes. die §§ 276, 278, 280 anzuwenden sind (JW. 1910 S. 750[6]). Insofern der Gastwirt durch die Zulassung der Einstellung seinen Wirtschaftsbetrieb fördern will und die Dienste des Hausknechts, wenn auch nicht ausdrücklich zur Beobachtung der eingestellten Pferde, sondern allgemein zur Hilfeleistung dabei zur Verfügung stellt, gibt er dadurch seinen Willen dahin kund, daß er sich mittels der Person des Hausknechts zu solchen vertraglichen Leistungen verpflichte, die zu den gewöhnlichen Obliegenheiten eines Hausknechts in einem Lokal wie dem des Beklagten gehören. Dahin ist auch die Beobachtung und Versorgung der Fuhrwerkspferde zu rechnen (Rsp. 22 S. 330). ... Zweifellos hat hier der Hausknecht G. auch nicht für eigene Rechnung und Gefahr die Obhut des vom Kläger in die Gaststallung eingestellten Pferdes übernommen. Denn nicht er, sondern der Dienstherr, der Beklagte, war über den erforderlichen Stall zu verfügen berechtigt, er stellte den dazu erforderlichen Stall zur Verfügung und die zur Unterbringung und Versorgung des Pferdes erforderlichen Maßregeln hat im streitigen Falle nicht G., sondern der Gastwirt zu bestimmen, dem sich G. unterzuordnen hat, da er ihn zu diesen Dienstleistungen anstellte und ihn auch hierfür entlohnte. Mag auch Beklagter die Wirtschaft nur als gewerblicher Stellvertreter des X. ausüben, so berührt doch dieses Vertragsverhältnis nicht die zwischen seinen Gästen und ihm über die Unterbringung des Fuhrwerks abgeschlossenen Rechtsgeschäfte. Denn abgesehen von § 164² schließt Beklagter in diesen Fällen den Vertrag mit dem Gaste im eigenen Namen und für eigene Rechnung ab. Die Ausübung der dem X. zustehenden Wirtschaftserlaubnis durch den Stellvertreter hat mit diesen Rechtsgeschäften nichts zu tun.

G. hat an sich fahrlässig gehandelt, als er das Pferd des Klägers nicht sofort in einen abgesonderten, durch Bretter gegen andere Pferde abgeschlossenen Stand verbrachte, da es eine beunruhigende Aufgeregtheit zeigte, sofort mit den Vorderfüßen in den Barren sprang und unter den anderen Pferden Unruhe hervorrief. Diese Fahrlässigkeit wird aber durch die des Klägers selbst aufgehoben. Das Pferd war noch nicht 4 Jahre alt, feurig, aufgeregt und wenn auch nicht ein Schläger, so doch ein zu Ausschreitungen geneigtes. Der Kläger, der es schon längere Zeit besaß, hätte daher die Eigenschaften und Eigenarten seines Pferdes dem G., der es nicht kannte, mitteilen und ihm zu besonderer Vorsicht durch Isolierung veranlassen müssen, zumal G. gerade mit Aus- und Einschirrung, Tränkung und Fütterung der zahlreichen Pferde sowie mit Ein- und Ausspannung der Fuhrwerke vollauf beschäftigt war und deshalb einem einzelnen Pferde wenig Aufmerksamkeit schenken konnte. P.n.

β) OLG. München, 3. ZS. Urteil v. 7. Dezember 1916.

Der Kläger hat zwei Pferde in der Wirtsstallung der Beklagten eingestellt. Bald darauf rutschte das eine Pferd infolge des mangelhaften Betonpflasters aus und zog sich eine Verletzung des rechten Gesäßbeines zu, an der es dann verendete. Die Klage auf Ersatz seines Wertes und der Tierarztkosten ist begründet. Das Rechtsverhältnis der Streitteile ist zwar nicht nach § 701 oder § 688 zu beurteilen, weil die Beklagte nicht im Betriebe der gewerbsmäßigen Fremdenbeherbergung den Kläger als Gast aufgenommen hat und dieser seine Pferde auch nicht zur Aufbewahrung ihr übergeben und den unmittelbaren Besitz übertragen hat. Auch als Auftragsverhältnis stellt es sich nicht dar, da es hierzu an der Ausführung eines Geschäftes für einen anderen mangelt. Ebensowenig liegt Dienst- oder Werkvertrag vor; die Zulassung der Einstellung von Gespannen, während der Fuhrwerksbesitzer in der Gastwirtschaft verweilt oder sich anderweitig beschäftigt, enthält keine Dienstleistung und erzielt auch keinen durch Arbeit oder sonstige Tätigkeit des Stallbesitzers zu bewirkenden Erfolg. Immerhin wird durch eine derartige Genehmigung ein Vertragsverhältnis geschaffen, das dem Verwahrungsvertrage nahe kommt und für das die Grundsätze hierüber entsprechend anzuwenden sind.

Die Beklagte meint, daß der Kläger schon durch das Einstellen seiner Pferde die Beschaffenheit des Stalles, auch wenn sie mangelhaft war, gebilligt habe und als Vertragsinhalt gegen sich gelten lassen müsse. Allein der Stallgast ist nicht verpflichtet, die Beschaffenheit des Stalles besonders sachkundig zu prüfen, ebensowenig wie dies dem Wirtschaftsgaste bezüglich der Wirtschaftsräume obliegt. Für den ordnungsmäßigen Zustand der Räumlichkeiten hat in beiden Fällen der diese dem allgemeinen Verkehr seiner Gäste zur Verfügung stellende Gastwirt und Stallbesitzer zu sorgen. Diese Erwägungen führen zugleich zur Verneinung eines Mitverschuldens des Klägers an dem Unfalle. Davon könnte nur dann die Rede sein, wenn die Mängel des Stalles so offenliegend gewesen wären, daß sie ohne weiteres jeden Pferdebesitzer hätten abhalten müssen, dort seine Pferde unterzubringen. Daß dies nicht der Fall war, behauptet die Beklagte weitgehend; sie muß dieses Vorbringen auch gegen sich gelten lassen (JW. 1912 S. 534, 1915 S. 798). Sie haftet aber auch nicht nur für grobe Fahrlässigkeit, sondern für jede Außerachtlassung der verkehrserforderlichen Sorgfalt bezüglich des ordnungsmäßigen Zustandes ihres Stalles, weil dessen Überlassung zur Einstellung von Pferden keine unentgeltliche Leistung der Beklagten ist, auch dann nicht, wenn sie für die Benutzung des Stalles in der Regel keine bestimmte Vergütung verlangt und auch von den Trinkgeldern, die an den die Pferde versorgenden Hausknecht allgemein üblich bezahlt werden, nichts erhält. Die Leistung des Vertragsteiles ist nicht mehr unentgeltlich, wenn er dafür auch nur mittelbar eine Vergütung erwartet und erhält. Dies trifft hier zu. Wenn die Beklagte den Gästen ihrer Wirtschaft die Stallung zum vorübergehenden Einstellen der Gespanne zur Verfügung stellt, betätigt sie dies als Nebenleistung der Bewirtung der Fuhrwerksbesitzer und erhält sie in der Bezahlung für letztere mit auch die Entschädigung für die Stallbenutzung.

Die Beklagte durfte sich allerdings bei der Erbauung des Stalles auf dessen sachgemäße Herstellung und Ausstattung durch den sachverständigen Baumeister verlassen (JW. 1908 S. 108). Dadurch wurde sie jedoch nicht von der Verpflichtnng befreit, die Beschaffenheit des Bodens weiterhin zu überwachen und auf seine Ordnungsmäßigkeit zu prüfen und ihn bei eingetretener Abnutzung und natürlicher Beschädigung ordnungsgemäß wieder herzustellen, dies wenn notwendig auch wiederholt. Als Besitzerin eines Stalles, dessen Benutzung die Beklagte gewerbsmäßig überläßt, mußte sie bei Anwendung gewöhnlicher Sorgfalt mit der Abnutzung und Verschlechterung des Stallbodens im Laufe von 7 Jahren rechnen und entsprechende Nachschau zur Beseitigung etwa auftretender Mängel halten und diese veranlassen.... W.

z) **Kann ein Gesellschafter nach Auflösung der Gesellschaft deren Anspruch auf Eigentumsverschaffung gegen Mitgesellschafter verfolgen?**

Kammergericht, 2. ZS. Urteil v. 15. Dezember 1916.

Am 2. Mai 1907 ließ X. von seinem Grundstück Lade Nr. 6 ein Trennstück dem Beklagten, dem M. und dem N. als Miteigentümmern zu je $1/3$ auf. Beklagter erwarb 1915 die Anteile des M. und des N. und wurde als Alleineigentümer des Grundstücks eingetragen. Er hatte mit M., N. und O. eine Gesellschaft zur Ausnutzung der Rüdnitzer Jagd gebildet. Die Gesellschafter beschlossen, vom 1. April 1907 ab auch die Lader Jagd von dem bisherigen Jagdpächter X. zu übernehmen, von ihm das Trennstück zu erwerben und die Gesellschaft um zwei Mitglieder zu vergrößern, und schlossen zur Ausführung dieses Plans einen schriftlichen Vertrag vom 2. März 1907. Darauf traten der Kläger und K. in die Gesellschaft, die sich nun Rüdnitz-Lader Jagdgesellschaft nannte, ein. M. und N. traten später aus der Gesellschaft aus, dagegen trat P. in sie ein. Am 8. August 1914 endete die Jagdpacht und damit die Gesellschaft. Der Kläger behauptet, daß der Beklagte zusammen mit M. und N. das Grundstück Nr. 6 zwar in eigenem Namen, aber als Beauftragte der Gesellschaft für sie und ihre Rechnung erworben und daher jetzt als Alleineigentümer es den Gesellschaftern zur gesamten Hand behufs Auseinandersetzung zu übereignen hätte. Der Antrag auf Feststellung, daß der Beklagte aus dem ihm von M. und N. erteilten Auftrage verpflichtet ist, das Trennstück auf die schließlichen Mitglieder der Jagdgesellschaft zur gesamten Hand zu übertragen, ist begründet.

Nach der jetzt herrschenden Rechtsmeinung ist die Aufnahme neuer Mitglieder in die alte bestehenbleibende Gesellschaft zulässig. Der Kläger ist daher am 1. April 1907 durch seinen Eintritt in die von vier Personen zur Ausnutzung der Jagd gegründete Gesellschaft Mitträger des Gesellschaftsvermögens geworden, mag dieses vorher oder nachher erworben sein. Gehörte dazu ein Anspruch auf Übereignung des streitigen Grundstücks, so nahm er daran seit seinem Eintritt in demselben Maße teil, wie alle übrigen alten oder neuen Gesellschafter. Es ist für seine Rechte und Pflichten innerhalb der Gesellschaft auch gleichgültig, ob er den Vertrag vom 2. März 1907 kannte oder nicht. Der Vertrag bindet ihn, denn er hat nicht mit den vier Personen eine neue Gesellschaft gegründet, sondern ist in die bestehende als neues Mitglied, also mit den für diese durch den Vertrag begründeten Rechten und Pflichten eingetreten. Durch seinen Eintritt, den formlosen Aufnahmevertrag, unterwarf er sich allen für das bestehende Gesellschaftsverhältnis geltenden Vertragsbestimmungen. Nach dem Beweisergebnisse haben aber Beklagter, M. und N. das Grundstück als Beauftragte der Gesellschaft zwar in eigenem Namen, aber für Rechnung der Gesellschaft erworben. Nach § 667 waren sie daher verpflichtet, das Grundstück der Gesellschaft herauszugeben. Da die Leistung unteilbar ist, haften die drei Beauftragten nach § 431 als Gesamtschuldner. Sie haben zwar das Grundstück sich nur zu je

$^1/_3$ auflassen lassen und sind nur als Miteigentümer zu je $^1/_3$ eingetragen worden. Aus der Gesamtschuld folgt aber, daß der Beklagte der Auftraggeberin, der Gesellschaft, das ganze Grundstück zu verschaffen hat. Die willkürliche Art der Auftragsausführung kann an dieser Pflicht nichts ändern. Darum macht auch nichts aus, daß die anderen Beauftragten dem Beklagten ihren Anteil verkauft und aufgelassen haben, er diese $^2/_3$ also nicht unmittelbar aus der Geschäftsbesorgung erlangt hat; sie war es, die ihm erst diesen Erwerb ermöglichte. Der aus dem Auftrage folgende Anspruch auf Herausgabe und Übereignung des Grundstücks hängt nicht von einem in der Form des § 313 geschlossenen Vertrage ab (RG. 54 S. 78).

Die Gesellschaft bestand schließlich aus den Parteien sowie O. und P. Ihnen ist der Anteil der ausgeschiedenen Gesellschafter und damit auch der Anspruch gegen den Beklagten, der Gesellschaft das Eigentum am Grundstücke zu verschaffen, zugewachsen (§ 738). Dieser Anspruch geht nur auf Begründung des Grundstückseigentums zur gesamten Hand für alle vier Gesellschafter zusammen. Die Gemeinschaft zur gesamten Hand ist immer nur eine bestimmte, für einen fest umgrenzten Personenkreis geltende. Als Eigentümer können im Grundbuche nur alle diesem Kreise angehörige Personen unter Bezeichnung des für ihre Gemeinschaft geltenden Rechtsverhältnisses, der gesamten Hand, eingetragen werden (GrBO. § 48). Die Eintragung nur einiger der Berechtigten mit dem Zusatz, daß sie an einer weiteren, noch andere Personen umfassenden Gemeinschaft zur gesamten Hand beteiligt sind, ist unzulässig. Besteht nur ein Anspruch der vier schließlichen Gesellschafter auf das Grundstückseigentum zur gesamten Hand, so kann Beklagter auch nur dementsprechend zur Auflassung verurteilt werden. Die Auflassung (an den Kläger als seinen Miteigentümer zur gesamten Hand), zu der das LG. verurteilt hat, würde zu einem Gesamthandseigentum führen, an dem lediglich die beiden Parteien beteiligt sind. Auf ein solches Eigentum hat aber der Kläger kein Recht, der Beklagte es zu schaffen, keine Pflicht.

Mit der am 8. August 1914 eingetretenen Endigung der Gesellschaft ist begrifflich die Möglichkeit ausgeschlossen, daß sich noch der die Gesellschaft bildende Personenkreis ändert; denn eine Gesellschaft, die von irgendwelchen Personen gebildet wird, besteht nicht mehr. Das Ausscheiden könnte auch nur durch Kündigung und Ausschließung erfolgen und beide erfordern Fortbestand der Gesellschaft, wie der Inhalt der §§ 726, 737 ergibt. Auch das Anwachsen des Anteils des ausscheidenden Gesellschafters nach § 738 setzt voraus, daß die Gesellschaft fortbesteht. Nach § $730^2$ gilt allerdings nach der Auflösung die Gesellschaft noch als fortbestehend, aber nur, soweit es der Zweck der Auseinandersetzung zwischen denen, die zurzeit der Auflösung Gesellschafter waren, erfordert. Das kann für eine Änderung des beteiligten Personenkreises niemals zutreffen. Dem entspricht es denn auch, daß im § 156 HGB. auf die Liquidationsgesellschaft zwar die Vorschriften über die Rechtsverhältnisse der Gesellschafter untereinander und zu Dritten, nicht aber die über die Auflösung der Gesellschaft und das Ausscheiden von Gesellschaftern für anwendbar erklärt sind. Die Gemeinschaft zur gesamten Hand der vier schließlichen Gesellschafter kann sich daher in eine solche zwischen den beiden Parteien allein nicht mehr umgewandelt haben. Dem tragen denn auch die jetzigen Anträge des Klägers Rechnung.

Auch für die Auseinandersetzungsgesellschaft des § 730² besteht das Gesellschaftsvermögen in seiner gesamthändigen Gebundenheit weiter, Eigentum verwandelt sich nicht in Eigentum nach Bruchteilen (RGKomm., Oertmann zu § 730; Staub, HGB. § 145⁴). Bestand gegen die drei Gesellschafter, die das Grundstück in eigenem Namen erwarben, als Gesamtschuldner ein Anspruch darauf, daß sie es der Gesellschaft zur gesamten Hand übereigneten, so konnte auch die Auseinandersetzungsgesellschaft ihn geltend machen, und das gesamthändige Eigentum für die Gesamtheit der Gesellschafter schaffen lassen. Die Geschäftsführung dieser Gesellschaft steht aber nur allen Gesellschaftern gemeinschaftlich zu (§ 730 a. E.). Zur Berichtigung der Schulden und Rückerstattung der Einlagen ist nach § 733³ das Gesellschaftsvermögen, soweit erforderlich, in Geld umzusetzen. Zu diesem Vermögen gehört nicht schon das Grundstück (RG. 54 S. 106), sondern nur der Anspruch auf Eigentumsverschaffung. Dieser könnte unmittelbar in Geld umgesetzt werden, zB. durch Abtretung oder eine vom Beklagten zu leistende Geldabfindung. Ob dies zu geschehen habe oder der Erfüllungsanspruch durchgeführt werden solle, ist eine Verwaltungsfrage (§ 744), die nur allen Gesellschaftern gemeinschaftlich zusteht (§ 730). Auch ist die Einziehung einer Forderung eine Verfügung (RG. 68 S. 11) über den ganzen gemeinschaftlichen Gegenstand, die selbst bei der Gemeinschaft nach Bruchteilen in § 747 dem einzelnen versagt ist, und um so weniger hier zugestanden werden kann. Der § 432² Satz 2 ist auf die Gesellschaft mit Rücksicht auf die §§ 705 ff., die auf dem Grundsatze der gesamten Hand aufgebaut sind, nicht anwendbar. Zu dem Antrag auf Verurteilung des Beklagten ist daher der Kläger nicht befugt. Zulässig erscheint dagegen sein Feststellungsantrag. Fr.

---

## 3. Recht der Schuldverhältnisse.

### a) Auslegung eines Wettbewerbsverbots. Bedeutung des § 348 HGB.

OLG. Rostock, 1. ZS. Urteil v. 13. November 1916.

Der Beklagte hatte in G. ein Häute-, Fell- und Rohproduktengeschäft nebst einer Häutesalzerei betrieben und dazu ein Wohnhaus an der A.Straße, einen damit in Verbindung stehenden Speicher an der Hinterstraße, sowie einen Schuppen in der Nähe des Bahnhofs benutzt. Als er diesen Schuppen 1911 dem Kläger verkaufte, verpflichtete er sich im § 5 des Vertrags bei einer Vertragsstrafe von 5000 Mark für die erste und je 100 Mark für jede weitere Zuwiderhandlung, dem Geschäfte des Klägers in G. und im Umkreise von 50 km keinen Wettbewerb zu bereiten, indem er noch ausdrücklich bemerkte, daß er auch für fremde Rechnung keine Konkurrenz bereiten und auch das Wohnhaus keinem Konkurrenten verkaufen oder vermieten dürfe. Er hat alsbald den Speicher an S., der früher bei ihm angestellt gewesen war, vermietet und zwar unter der Bedingung, daß ihm die Genehmigung zum Betrieb eines Häute-, Fell- und Produktengeschäfts erteilt werde. Nachdem der Kläger, dem vorläufig die Benutzung des Speichers gestattet gewesen war, zu dessen Räumung verurteilt war, hat darin S. ein Konkurrenzgeschäft eröffnet, das er allerdings wegen Versagung der Konzession bald wieder einstellte. Der Kläger verlangt wegen des hierin liegenden Verstoßes gegen das Wettbewerbsverbot Zahlung von 5000 Mark. Der Anspruch ist begründet.

Der § 5 des Vertrags muß dahin verstanden werden, daß auch der Speicher für den Betrieb eines Konkurrenzgeschäfts nicht vermietet werden dürfe. Der Zweck war offenbar, jeglichen Wettbewerb durch den Beklagten persönlich und durch die ihm gehörigen Grundstücke, auf denen er sein Geschäft bisher betrieben hatte, auszuschließen. Das erstere ist im § 5 klar ausgesprochen. Auch das letztere ist insofern zum Ausdruck gekommen, als gesagt ist, der Verkauf oder die Vermietung des Hauses an der A.Straße an Konkurrenten solle verboten sein. Des Speichers an der Hinterstraße ist bei dem letzteren Punkte zwar nicht ausdrücklich gedacht, offenbar aber nur, weil man den Speicher als eine wirtschaftliche Einheit mit jenem Hause ansah und stillschweigend davon ausging, daß eine getrennte Vermietung des Speichers für Geschäftszwecke nicht in Frage kommen werde. Es hätte keinen Sinn gehabt, wenn der Verkäufer dem Käufer die Unterlassung persönlichen Wettbewerbs und des Wettbewerbs durch Benutzung des Wohngrundstücks zugesichert, dagegen sich vorbehalten hätte, den Speicher zu Wettbewerbszwecken auszunutzen. Wer gegen den Wettbewerb an einem bestimmten Platze gesichert sein will, muß jede Möglichkeit, die dem Vertragsgegner geboten ist, ihn durch Wettbewerb in seinem Geschäft zu stören, abschneiden. Daß dies von beiden Teilen auch beabsichtigt ist, muß aber schon dann angenommen werden, wenn nur, wie hier, Unterlassung des Wettbewerbs überhaupt in erster Linie bedungen ist.

Gegen das Verbot hat Beklagter schuldhaft verstoßen, indem er den Speicher an S. mietweise überließ. Allerdings läge kein Verstoß gegen den Vertrag vor, wenn der Beklagte lediglich einen von einer Bedingung abhängigen Vertrag mit S. abgeschlossen hätte und der Vertrag durch Ausfall der Bedingung hinfällig geworden wäre. Anders liegt die Sache aber, wenn auf Grund des bedingten Vertrags dem Mieter das Grundstück bereits vor der Entscheidung über die Bedingung überlassen und so Gelegenheit gegeben ist, den im Vertrage vorausgesetzten Betrieb schon vorher zu eröffnen. Der Beklagte behauptet, daß S. während der kurzen Zeit, wo er den Speicher innegehabt hat, nur wenig Waren umgesetzt und einen ganz geringen Verdienst gehabt habe. Schon ein einzelnes Geschäft war aber geeignet, dem Kläger einen Schaden zuzufügen, wie er ihn durch das Verbot verhindern wollte.

Eine Herabsetzung der Strafe kann nach § 348 HGB. nicht in Frage kommen, da der Beklagte Kaufmann ist und die Strafe im Betriebe seines Handelsgewerbes versprochen hat. Das letztere ist auch dann anzunehmen, wenn er mit dem Vertragsschluß sein Handelsgewerbe aufgegeben hat. Denn die Veräußerung seines Geschäfts im ganzen oder im gewissen Umfang ist der letzte Akt seiner geschäftlichen Tätigkeit (Staub HGB. § 343[26]). Allerdings könnte das Bedenken aufkommen, ob der Beklagte sein Geschäft und nicht vielmehr bloß eins seiner Geschäftsgrundstücke an den Kläger verkauft und seinen Geschäftsbetrieb im übrigen — wenigstens zeitweise — aufgegeben habe. Allein wenn auch der Vertrag anscheinend nur ein Kaufvertrag über einen Schuppen nebst einigem Inventar ist, so stellt er sich doch in Wahrheit als Geschäftsverkauf dar. Denn der Beklagte hat sich durch das darin enthaltene Wettbewerbsverbot gleichzeitig auch verpflichtet, dem Käufer seine Kundschaft zu überlassen. Im übrigen ist aber auch anzunehmen, daß der Beklagte, wenn er auch das Geschäft in G. aufgegeben hat, doch in Hamburg, wo er zurzeit des Vertragsschlusses bereits wohnte, sein Handelsgewerbe fortgesetzt hat, so daß er überhaupt nie aufgehört hat, ein Handelsgewerbe zu betreiben, und deshalb der vorliegende Vertrag als im Betriebe dieses Gewerbes geschlossen gilt. J.n.

b) **Zeit und Ort für Feststellung des Verkäuflichkeitspreises nicht abgenommener Ware.**

OLG. Hamburg, 6. ZS. Urteil v. 27. November 1917.

Der Kläger (Verkäufer) berechnet den ihm aus der Nichtabnahme und Nichtbezahlung der Kartoffeln erwachsenen Schaden in der Weise, daß er den Unterschied wischen dem Vertrags- und dem Verkäuflichkeitspreise ersetzt verlangt. Dabei will die [in Bremen ansässige] Beklagte die Bremer Höchstpreise zugrunde legen. Allein der Kläger hat seine Handelsniederlassung in Münster und hat die Kartoffeln frei Waggon Münster verkauft. Er durfte daher die zurückgewiesene Ware an Ort und Stelle verkaufen, ohne Kaufgelegenheiten in anderen Teilen des Reiches zu suchen. Dafür, daß Münster kein Platz für Kartoffelverkäufe ist oder der Kläger gegen Treu und Glauben handelte, wenn er unternahm, den Verkauf dort zu bewerkstelligen, hat Beklagte nichts vorgebracht.

Weiter erachtet Beklagte den Tag, an dem sie den Rücktritt vom Vertrage erklärt habe (24. Oktober 1914) für die Preisberechnung als maßgebend, so daß dem Kläger überhaupt kein Schaden erwachsen sei. Regelmäßig ist zwar der Zeitpunkt des Verzuges oder bei Bewilligung einer Nachfrist das Ende dieser Frist maßgeblich. Es kann aber auch im einzelnen Falle ein späterer Zeitpunkt in Betracht kommen. Ein solcher Fall liegt hier vor. Die Beklagte war nach ihrer drahtlichen Absage vom 24. Oktober in Verhandlungen mit dem Kläger über die Abnahme eingetreten. Sie hatte noch im letzten Augenblick um Verschiebung des Versteigerungstermins gebeten. Unter solchen Umständen war es natürlich und gereichte dem Kläger nicht zum Vorwurf, daß er die Ware nicht angesichts der weichenden Preise sofort verkaufte. Die Beklagte meint, daß auf diese Verhandlungen deshalb kein Gewicht zu legen sei, weil der Kläger von Anfang an entschlossen gewesen sei, seinen Standpunkt aufrechtzuhalten. Allein ein solcher Standpunkt war völlig mit einer Aufgabe desjenigen der Beklagten vereinbar. Es lag nahe und war jedenfalls möglich, daß Beklagte ihre Rücktrittserklärung zurücknehmen werde, jene erste Erklärung also noch nicht als endgültig zu erachten war. Daß etwa der Kläger auch dann, wenn Beklagte ihren Widerstand aufgab und sich zur Abnahme bereit erklärte, die Lieferung verweigert hätte, hat Beklagte nicht behauptet. Es war also richtig, wenn der Kläger die Kartoffeln so lange nicht verkaufte, als bis für ihn feststand, daß Beklagte sie auf keinen Fall abnehmen würde. Dies aber traf erst dann ein, als der Beklagte die ihm angedrohte Versteigerung geschehen ließ. M. M.

c) **Unwiderrufliches Akkreditiv. Mahnung vor Fälligkeit.**

OLG. Hamburg, 1. ZS. Zwischenurteil v. 12. November 1917.

Die Beklagte brauchte erst zu liefern, sobald der Kläger ihr ein unwiderrufliches Akkreditiv von 148500 Mark bei der Diskontobank in Hamburg gestellt hatte. Diese Vertragsbedingung ist nicht vor 24. November 1916 erfüllt gewesen. Denn erst an jenem Tage hat die Diskontobank der Beklagten angezeigt, daß dieser nunmehr bis 1. Dezember unwiderruflich 148500 Mark für Rechnung des Klägers gegen Auslieferung des abgestempelten Duplikatfrachtbriefes zur Verfügung stehen. Damit war die Vertragsabmachung, daß die verkaufende Beklagte gegen sofortiges unwiderrufliches Akkreditiv zu leisten habe, erfüllt, und ihre Leistung nunmehr fällig geworden. Das LG. hat aber den Ersatzanspruch des Klägers wegen Fehlens einer nochmaligen Mahnung nach 24. November zu Unrecht abgewiesen. Denn der Kläger hatte vorher wiederholt auf Vertragserfüllung gedrängt und am 21. November die Beklagte ausdrücklich aufgefordert, die Ware bis spätestens 26. November anzudienen. Außerdem war durch die Briefe der Beklagten vom 15. und 20. November klargestellt, sowohl daß das Fehlen eines vertragsmäßigen Akkreditivs der Grund der Lieferungsweigerung war, wie daß der Kläger diesen Grund als berechtigt anerkannte. Bei solcher Sachlage widerspricht es Treu und Glauben, wenn die Beklagte die Lieferung grundlos noch weiter verzögerte und deshalb muß Lieferungsverzug angenommen werden, obwohl der Kläger sie nicht noch einmal besonders zur Lieferung aufgefordert hat. Die voraufgegangenen Mahnungen sind als nach dem Willen der Parteien fortwirkend anzusehen, es lag Vollfälligkeit der Leistung in dem von Planck (§ 284[1]) vertretenen Sinne vor. M. M.

d) **Reugeld. Abweichende Regelung.**

OLG. Breslau, 8. ZS. Urteil v. 18. Januar 1918.

Der Beklagte hat 1916 auf Grund des Schreibens der Klägerin: „wir verkaufen Ihnen freibleibend, dh. wenn der Gegenstand noch nicht verkauft ist, einen Gobelin laut Photographie für 4500 Mark; falls Sie ihn aus irgend einem Grunde nicht abnehmen, zahlen wir Ihnen 1/2 Jahr nach Eingang des Stücks 3750 Mark, vorausgesetzt, daß Sie auf alle Fälle den Einkaufspreis von 4000 Mark für das Stück erledigen" einen Gobelin gekauft, ihn aber nicht abgenommen, weil er aus mehreren Stücken zusammengesetzt sei. Die Klage auf Zahlung von 4000 Mark ist begründet. Es handelt sich hier um Rücktritt gegen Reugeld. Dieses ist grundsätzlich Entgelt für willkürlichen Rücktritt und daher nicht verwirkt, wenn der Rücktritt gesetzlich berechtigt ist. Insofern ist der Einwand erheblich, daß der Kaufgegenstand kein Gobelin, dh. kein Gewebe mit durchlaufenden Ketten sei. Die Urkunde ergibt indessen, daß die Parteien das Rechtsverhältnis abweichend vom Gesetz geregelt haben. Der Eingang läßt erkennen, daß eine ganz bestimmte Sache, nicht Gattungsware verkauft wurde. Die Worte: „falls Sie ihn nicht abnehmen" und „vorausgesetzt, .... erledigen", sprechen dafür, daß es nicht darauf ankommen soll, ob der Rücktritt des Beklagten gerechtfertigt ist oder nicht, wofern nur die den Gegenstand des Vertrags bildende Sache geliefert wird. Daß die Klägerin diese Sache angeboten hat, ist nicht bestritten, es ist also unerheblich, ob dies ein echter Gobelin ist oder nicht. R.ck.

e) **Aufrechnung. Räumliche Herrschaft der Rechtsnorm.**

OLG. Augsburg, 1. ZS. Urteil v. 6. November 1917.

Die Klägerin (Schweizer) forderte für den am 27. Juli 1914 gelieferten Käse 6300 Frank Kaufpreis; der Beklagte rechnete mit einer gleichhohen Gegenforderung auf, die er daraus ableitet, daß die Klägerin einen am 24. August 1914 geschlossenen Käsekauf nicht erfüllt habe. Da die Inhaber der klagenden Gesellschaft, die nach schweiz. ObligRecht Art. 590 ff. rechts- sowie prozeßfähig ist und deshalb auch in Deutschland als Partei auftreten kann, Schweizer sind, so unterliegen sie nicht den Auslandsmoratorien (RGBl. 1915 S. 361), können also die Klageforderung geltend machen. Anderseits konnte auch der Beklagte an sich aufrechnen. Die Aufrechnungserklärung war am 2. Dezember 1915 bereits zugestellt, damals unterlag aber die Verfügung über ein Auslandsguthaben noch keiner Beschränkung. Die Zulässigkeit einer Aufrechnung bestimmt sich aber nach deutschem Recht. Im übrigen ist hinsichtlich des Klaganspruchs deutsches, hinsichtlich der Gegenforderung aber schweizerisches Recht anzuwenden. Es ist nämlich nicht behauptet, daß für die Lieferung vom 27. Juli das anzuwendende Recht ausdrücklich vereinbart wurde, und es liegt weder für eine stillschweigende Vereinbarung noch dafür ein Anhalt vor, daß die Parteien, wenn sie die Unterwerfung unter ein bestimmtes Recht erwogen hätten, sie bei vernünftiger Berücksichtigung aller Umstände zu einer solchen Unterwerfung gekommen wären; in der Regel will jede Partei die Sache nach ihrem Rechte beurteilt haben, und das deutsche und das Schweizerrecht weichen nicht so voneinander ab, daß für eine Beurteilung der Rechtsgeschäfte nach beiden Rechten kein Raum sein könne. Deshalb ist das im deutschen internationalen Privatrecht bestimmte Recht anzuwenden und danach das Personalstatut des Schuldners maßgebend; gegen das Recht des Erfüllungsortes spricht, daß dieser nicht nach allen Rechten der gleiche ist und daher erst bestimmt werden kann, wenn das anzuwendende Recht feststeht. Schuldner ist aber bei dem Klaganspruch der Beklagte, bei der Gegenforderung die Klägerin, die hier wegen Nichterfüllung ihrer Verbindlichkeiten zur Übergabe der Ware in Anspruch genommen wird.... P. n.

f) **Abtretung:** *α*) **des Giroguthabens.**

OLG. Hamburg, 1. ZS. Urteil v. 4. Juli 1917.

Ein Giroguthaben ist rechtlich eine Forderung des Verfügungsberechtigten gegen die Bank; die Höhe ist stets wechselnd und ergibt sich aus den Zu- und Abschreibungen, die die Bank zu Lasten und zugunsten des Berechtigten vornimmt. Daß eine rechtliche Möglichkeit besteht und ein wirtschaftliches Bedürfnis, ein Giroguthaben abtreten oder verpfänden zu können, kann nicht bestritten werden. Daß aber hier das jeweilige Giroguthaben des B. dem Kläger abgetreten sein sollte, kann auch bei weitgehendster Auslegung nicht aus dem Vertrage vom 9. April 1915 herausgelesen werden; abgetreten ist vielmehr nur das damalige Giroguthaben des B., das ihm nach Abwicklung der noch laufenden Geschäfte der Bank zustand. Der Wortlaut ist so klar, daß es nicht möglich ist, anstelle der gewählten Wortfassung zu lesen, daß B. sein jeweiliges Giroguthaben abtritt. Es ist auch nichts geschehen, um den Kläger von den fortlaufenden Veränderungen dieser Forderung gegen die Beklagte zu unterrichten. Er hat weder Mitteilungen über die einzelnen Ab- und Zuschreibungen erhalten, noch ist ihm irgendwelche Kontrolle über das Bankguthaben des B. eingeräumt. Das Bankbuch, das allerdings erst mit 7. April 1915 beginnt, ergibt, daß am 9. April 1915 B. über den ganzen Saldo verfügt hat. Das Guthaben, das sich nach Abwicklung der laufenden Geschäfte Ende April 1915 zugunsten des Klägers in unbekannter Höhe ergeben hat, war also von B. vollständig fortgeschrieben und das, was der Kläger jetzt beansprucht, beruht auf Gutschriften für B., die erst nach 9. April 1915 erfolgt und nicht übertragen sind, daher ist die Klage abzuweisen. M. M.

*β*) **Kenntnis „bei Eintritt der Rechtshängigkeit" (§ 407[2]).**

OLG. Hamm, 5. ZS. Urteil v. 21. Februar 1917.

Die Beklagte (Straßenbahn) hatte, von dem bei ihrem Betriebe verletzten Kutscher H. auf Schadensersatz verklagt, eingewendet, daß H. von der klagenden Fuhrwerksberufsgenossenschaft unterstützt werde. Die damals von dieser dem H. bewilligten Renten wurden auch bei der Verurteilung der Beklagten berücksichtigt. Nachdem aber H. im Rechtsmittelzuge höhere Renten — und zwar endgültig erst nach Beendigung des Prozesses mit der Beklagten — erstritten hatte, beansprucht die Klägerin nunmehr die ihr obliegenden höheren Leistungen an H. von der Beklagten im Rahmen des § 1542 RVO. Der Anspruch ist begründet.

Der Entschädigungsforderung des Verletzten geht auf die ihn unterstützende Berufsgenossenschaft schon mit dem Schadensfall über (RG. 60

S. 207). Auf diesen Übergang ist nach § 412 auch § 407 entsprechend anwendbar. Die Kenntnis von der Übertragung kraft Gesetzes ist also anzunehmen, wenn der Schuldner die Tatsachen kennt, an die der gesetzliche Übergang geknüpft ist (RG. 60 S. 204). Bei der Beklagten, die bei den vielen sie berührenden Unfällen die einschlägigen Bestimmungen der Versicherungsgesetze genau kennt, genügt mithin, daß sie weiß, der Unfall habe einen Versicherungsberechtigten getroffen. Sie kann also die Ergebnisse des Vorprozesses nur dann der Klägerin entgegenhalten, wenn sie sich auf die Voraussetzungen des § 407² bei entsprechender Anwendung des § 412 berufen kann, dh. wenn der Vorprozeß erst nach dem Schadensfall anhängig geworden ist — das trifft zu —, und wenn bei Eintritt der Rechtshängigkeit die Beklagte die tatsächlichen Voraussetzungen des Forderungsüberganges noch nicht kannte — und das trifft nicht zu. Die Klageschrift des Vorprozesses zwischen H. und der Beklagten sagt nämlich ausdrücklich, daß H. zurzeit des Unfalls in Stellung bei dem Hauderer X. war und dort wöchentlich 21 Mark verdiente und 50 Mark monatlich an Trinkgeldern einnahm. Sie enthielt also eine Tatsache, die der Beklagten nach ihrer Erfahrung die Überzeugung beibrachte, daß H. in einem der Unfallversicherung unterliegenden Betriebe beschäftigt und deshalb versichert war. Allerdings steht nicht fest, ob die Beklagte diese Kenntnis auch schon vor der Klagerhebung im Vorprozesse hatte und ob ihr der Inhalt der Klageschrift in dem Augenblicke der Klagezustellung bekannt geworden ist, oder erst später. Aber eine Kenntnis „bei dem Eintritte der Rechtshängigkeit" ist schon anzunehmen, wenn sie dem Beklagten durch den Inhalt der Klageschrift vermittelt wird. Das folgt aus dem Grunde für die Ausnahme des § 407, besonders des Abs. 2: sie will nur den gutgläubigen Schuldner schützen, der sich mit dem alten Gläubiger ohne Kenntnis von der Abtretung der Forderung oder ihres gesetzlichen Überganges auf einen Prozeß eingelassen hat, der also außerstande war — und wenn dies auch nur eine kurze Zeit der Fall war —, dem Kläger den Einwand der mangelnden Sachberechtigung von vornherein entgegenzusetzen. Es kommt also im Sinne des § 407² nicht so sehr auf den Augenblick der Klagebehändigung, auf einen absolut bestimmbaren winzigen Zeitpunkt, an, als vielmehr auf die Möglichkeit und Freiheit der Wahl des verklagten Schuldners, zu der Klage nach der einen oder andern Seite sofort Stellung zu nehmen. Diese Wahl kann er aber nicht schon im Augenblicke der Klagebehändigung, vielleicht an einen Ersatzempfänger, betätigen, sondern erst nach Kenntnisnahme von dem Inhalte der Klageschrift. Eine Kenntnis also, die durch den Inhalt der Klageschrift dem Schuldner vermittelt wird, ist im Sinne des § 407² „beim Eintritte der Rechtshängigkeit" vorhanden. Hierin liegt keine Unbilligkeit, da die Beklagte die Möglichkeit hatte, sich im Vorprozesse gegen die Folgen einer Rentenänderung zu sichern, besonders durch Streitverkündung an die Berufsgenossenschaft oder durch einen Antrag auf Aussetzung nach § 1543 RVO. G—e.

g) **Schuldübernahme. Bedingung der Sanierung.**

OLG. München, 2. ZS. Urteil v. 19. Januar 1918.

Die Beklagte hatte eine Wechselforderung gegen die X. GmbH., an der der Kläger als Gläubiger und als Inhaber von Geschäftsanteilen beteiligt war. Als die X in Schwierigkeiten geriet, versuchte er deshalb, diese Verhältnisse zu sanieren, und schrieb Ende 1914 der Beklagten: sie möge die eingeleitete Sanierung nicht durch Geltendmachung ihrer Forderung gefährden. Das Abkommen, das die Gesellschaft auf eine ganz neue Grundlage stellen solle, sehe die Bezahlung aller Schulden durch den Kläger vor und sei so gut wie perfekt; Bedingung sei aber, daß keinerlei Klagen gegen die Gesellschaft erhoben würden, sonst sei das Sanierungsabkommen gescheitert. Die Beklagte hat infolge dieses Schreibens den Wechsel verlängert und behauptet, daß der Kläger ihn einzulösen habe. Die Klage auf Feststellung des Nichtbestehens dieser Verpflichtung ist begründet. Nach der Aussage des Zeugen B. sollte die Sanierung in der Weise stattfinden, daß die sämtlichen Gesellschaftsanteile erworben, zwischen dem Kläger und dem Zeugen geteilt werden und der Kläger die Verbindlichkeiten als eigene Schulden wegfertigen sollte. Wegen der vielen Schwierigkeiten ist jedoch eine Sanierung nicht zustandegekommen. Die X. besteht mit ihren Aktiven und Passiven fort und befindet sich im Konkurse; ihre Verhältnisse sind weder gesundet noch auf eine neue Grundlage gestellt worden. Die vom Kläger und von B. im Juli 1915 errichtete neue Gesellschaft kann nicht als Sanierung der alten angesehen werden. Erstere erwarb das Werk und den Hauptteil der Grundstücke unter der Regelung der Hypothekenverhältnisse durch Kauf von X., einen Teil des Grundvermögens im Wege der Zwangsversteigerung und kaufte auch vorhandene Vorräte vom Konkursverwalter. Guthaben und Verbindlichkeiten der X wurden nicht übernommen. Durch diese neue Gesellschaft, die die notleidende alte Firma mit Aktiven und Passiven in keiner Weise fortsetzte und ertragsfähig gestaltete, vielmehr mit eigenen Mitteln ein neues selbständiges Rechtssubjekt schuf, erfolgte keine Sanierung, d. i. keine Gesundung der alten Firma, die im zahlungsunfähigen Zustande weiter besteht (Staub HGB. § 290[13], Brand HGB. S. 733; Rehm, Bilanzen S. 508). Bei dieser Sachlage ist dem Gutachten nicht zu folgen und kann besonders die Regelung der Hypothekenverhältnisse durch den Kläger bei dem freihändigen Kaufe des Werkes, wie sie meist bei einem mit Hypotheken bestellten Immobile im Falle eines Verkaufs zu erfolgen pflegt, nicht für die Annahme einer Sanierung verwertet werden. W.

h) **Abzahlungen auf eine Gesamtschuld.**

OLG. Hamburg, 6. ZS. Urteil v. 13. Dezember 1917.

Nach der Urkunde von Ende 1912 hat der Beklagte anerkannt, daß er aus der Bürgschaft für X. der Klägerin 2000 Mark schulde, die er von jetzt an als Darlehen zu schulden habe. Da diese neue Verpflichtung doch auch nur bezweckte, die Klägerin wegen ihres Anspruchs gegen X. sicherzustellen, so kann sie den von beiden Schuldnern geschuldeten Betrag nur einmal fordern und liegt eine Gesamtschuld im Sinne des § 421 vor. Dann müssen auch die Abtragungen, die später X. auf die Gesamtschuld gemacht hat, dem Beklagten zugute kommen (§ 422). Daran ändert nichts, daß die Urkunde für den Beklagten eine bestimmte Abtragungsart in monatlichen Raten von 100 Mark vorschreibt, während nach dem Schuldschein X. das Kapital durch Aufschläge zu den Preisen der ihm von der Klägerin gelieferten Biere zu entrichten hatte. Diese Bestimmungen ordnen nur die Fälligkeit für jeden Schuldner verschieden, ändern aber nichts daran, daß die auf die Gesamtschuld erfolgte Zahlung des einen den anderen in Höhe der Zahlung befreit; und zwar ist es dafür gleichgültig, wann die Zahlung erfolgte und ob sie erst erfolgte, als der andere Schuldner sie schon längst hätte entrichten müssen. Ebensowenig spricht gegen eine Gesamtschuld, daß der Beklagte die Schuld mit 5 %, X. sie nur mit 4 % zu verzinsen hat, doch liegt eine Gesamtschuld wegen der Zinsen nur insoweit vor, als die Zinsverbindlichkeiten sich decken. Der Beklagte muß aber beweisen, daß die von X. seit 1913 gemachten Abzahlungen auf die Gesamtschuld und nicht auf die außerdem bestehende den X. allein angehende weitere Darlehnsschuld von noch 582 Mark zu verrechnen sind.

Daß die Abzahlungen des X. ausdrücklich zur Tilgung des auch vom Beklagten geschuldeten Betrags bestimmt worden seien, ist nicht behauptet. Dies ergibt sich auch nicht daraus, daß die Abzahlungen durch Preisaufschläge gemacht sind; denn dadurch sollten die gesamten, dem X. geliehenen 3000 Mark abgetragen werden. Der Beklagte stützt sich nur darauf, daß X. am 6. Juni 1910 zwei Darlehen erhalten habe, eins von 1000 Mark (hierfür sei Silberzeug verpfändet) und eins von 2000 Mark, für das der Beklagte die Bürgschaft übernommen hatte. Anstelle dieser Bürgschaft sei Ende 1912 die Darlehnsverpflichtung getreten; er sei also Gesamtschuldner nur wegen des Darlehns von 2000 Mark; da aber diese Schuld wegen seiner Vermögenslosigkeit weniger gut gesichert gewesen sei, als die alleinige Schuld des X. durch das Silberzeug, so müßten die Abzahlungen des X. nach § 366 auf die Gesamtschuld angerechnet werden. Das ist wegen der seit 1913 gemachten Abtragungen, aber auch nur wegen dieser, an sich schlüssig, aber nicht bewiesen. ... Sind sonach die Abtragungen des X. zunächst auf die ihn allein angehende Darlehnsschuld zu verrechnen, so liegt die Sache so: insgesamt schuldete X. Ende 1912 2582 Mark. Hierauf hat bisher Beklagter 200 Mark, X. durch Bierpreisaufschläge, die nur auf das Kapital zu verrechnen sind, 609 Mark abgetragen, so daß die Kapitalschuld jetzt noch 1773 Mark beträgt. Die Klageforderung geht aber auf ein Kapital von 1800 Mark, also 27 Mark zu viel. Das ist aber im Endergebnis ohne wesentlichen Belang. Denn die 27 Mark muß der Beklagte deshalb bezahlen, weil er für die von X. für 1913 auf die Gesamtschuld nicht entrichteten und dem Beklagten mit in Rechnung gestellten Zinsen gesamtschuldnerisch mit haftet. M. M.

i) α) **Kauf und Verkauf. Aufrechnung der Forderungen. Handelsbrauch.**

OLG. Hamburg, 6. ZS. Urteil v. 22. Mai 1917.

Da die Beklagte dieselben 1450 Sack Salpeter, die sie dem Kläger verkauft hatte, in Aufrechnung mit diesen Kaufverträgen zurückgekauft hat, so erscheint eine effektive Erfüllung dieser sich gegenüberstehenden Verträge begrifflich ausgeschlossen; vielmehr hat nach § 389 grundsätzlich eine Aufrechnung der beiderseitigen Forderungen im Augenblick ihres Gegenübertretens, dh. der Abschließung des Rückkauf- und Aufrechnungsvertrages, stattgefunden und ist der einen Partei, hier dem Kläger, eine Forderung auf den überschießenden Betrag der Kaufpreise erwachsen. Die Beklagte behauptet aber für den Salpeterhandel einen abweichenden Brauch dahin, daß den Vertragsteilen für die Geltendmachung der aus solchen Verträgen entspringenden Rechte die Möglichkeit der tatsächlichen Abwicklung der Lieferungsverträge offen gelassen werde. Was sie aber nach dieser Richtung beigebracht hat, genügt nicht. In Friedenszeiten mögen hier und da solche Rückkaufverträge auch tatsächlich durch Übergabe von Lieferscheinen ausgeführt worden sein, wenngleich dies nach der Angabe des Zeugen S. nur selten geschehen ist. Aber damals machte eine solche Erledigung keinerlei Schwierigkeiten, da sich stets genügend Ware am Markte befand. Entscheidend ist, ob auch unter den ganz veränderten Verhältnissen des Krieges und bei einem Aufrechnungsvertrage im Juli 1915, wo mit einer Lieferungsmöglichkeit im Februar/März 1916 gar nicht zu rechnen war, ein derartiger Handelsbrauch besteht. Es erscheint ausgeschlossen, daß sich für solche Fälle ein derartiger Brauch gebildet oder auch nur vereinzelt eine solche Abwicklung stattgefunden haben sollte. Die ganze Beweisführung der Beklagten ist lediglich auf die ganz verschiedenen Friedensverhältnisse abgestellt und kann daher nicht in Betracht kommen.

Dagegen hat das LG. mit Unrecht Zinsen vom 16. Juli 1915 ab zugebilligt. Da nach dem Vertrage vom 16. Juli 1915 „Lieferung Februar/März 1916" vereinbart ist, so sollte die Abwicklung und auch die Zahlung des Preisunterschiedes offenbar erst in diesem Zeitpunkt erfolgen, und zwar hatte die Beklagte nach ihrer Wahl im Februar/März 1916 zu liefern, so daß die Forderung des Klägers auf den Preisunterschied ohne weiteres erst Ende März 1916 fällig war. M. M.

### β) Hemmung der Verjährung durch Arbitrageverfahren.

OLG. Hamburg, 4. ZS. Urteil v. 13. Oktober 1916.

Da die Ware Ende August 1914 abgeliefert ist, lief die Verjährung nach § 477 Ende Februar 1915 ab, wenn sie nicht vorher gehemmt oder unterbrochen war. Für eine Unterbrechung liegt nichts vor; dagegen war die Verjährung eine Zeitlang gehemmt gewesen. Die Parteien haben sich am 20. Dezember 1914 über die Vornahme einer Arbitrage verständigt. Während ihrer Dauer war der Beklagte vorübergehend zur Verweigerung der geschuldeten Leistung berechtigt. Die Arbitratoren haben ihren Spruch am 26. abgegeben und ihn am 30. Januar 1915 dem Kläger zugehen lassen.

Die Verjährung war also vom 20. Dezember 1914 bis 30. Januar 1915, mithin sechs Wochen lang, gehemmt und ist dann mit dem 11. April 1915 abgelaufen. Die Klage ist erst am 30. April 1915 zugestellt, also beträchtliche Zeit nach dem Ablaufe der Verjährungsfrist. Dafür, daß eine Verlängerung der Verjährungsfrist vereinbart wäre — was nach § 477 rechtlich möglich gewesen wäre —, fehlt es an ausreichendem Anhalt. M. M.

γ) **Verkauf „auf Besicht".**

OLG. Hamburg, 5. ZS. Urteil v. 22. Dezember 1916.

Als Vertragsinhalt kann nur das angesehen werden, was sich für den Kläger aus der Schlußnote ergab. Maßgebend ist allein, wie die Schlußnote verstanden werden mußte. Danach ist I chinesisches Hühneralbumin Qualität „auf Besicht" verkauft. Weiter heißt es: „Wird durch Hamburger freundschaftliche Arbitrage festgestellt, daß die Ware der vertraglichen Bezeichnung entspricht, ist der Käufer zur Abnahme verpflichtet." Das LG. sieht hierin eine Beschränkung des sich für den Käufer aus der Bedingung „auf Besicht" ergebenden Rechtes, die Ware nach Belieben zurückzuweisen, im übrigen aber sei es bei dem geblieben, was aus jener Bedingung für die Rechte und Pflichten der Parteien sich ergäbe. Allein das wesentliche Merkmal eines Kaufes auf Besicht ist allein der Umstand, daß über Annahme oder Ablehnung der Ware das freie Belieben des Käufers entscheidet. Dieses Recht des Käufers ist aber hier ausdrücklich ausgeschlossen. Ein Kauf auf Besicht im Sinne des § 495 liegt daher trotz des Wortlautes der Schlußnote überhaupt nicht vor; das abgeschlossene Geschäft ist vielmehr ein gewöhnlicher Handelskauf. Wenn auch das gelieferte Entenalbumin eine Ware anderer Gattung war als das verkaufte Hühneralbumin, so kann dennoch der Kläger den durch die Nichtlieferung ihm entstandenen Schaden nicht beanspruchen, weil dieser Anspruch vertraglich ausgeschlossen ist. In der Schlußnote ist gesagt: „Der Verkäufer ist weder zur Lieferung von Ersatzware, noch zur Zahlung von Schadensersatz verpflichtet", während unmittelbar vorher die obige Vereinbarung über die Abnahme niedergelegt ist. Beide Bestimmungen hängen eng miteinander zusammen. Der Ware, die der vertraglichen Bezeichnung *entspricht*, ist nach dem zwar nicht ausdrücklich, aber doch erkennbar ausgedrückten Vertragswillen der Parteien die der vertraglichen Bezeichnung *nicht* entsprechende Ware gegenübergestellt. Angesichts der besonderen Umstände, unter denen das Geschäft geschlossen ist, muß angenommen werden, daß unter solcher Ware, die der vertraglichen Bezeichnung nicht entsprach, nicht nur minderwertige Ware verstanden werden sollte, sondern auch solche, die zu einer andern Gattung gehörte, als die verkaufte. Es handelt sich um einen Abschluß zur Kriegszeit. Dem Kläger war bekannt, daß die Ware zu Schiff vom Norden eingeführt werden sollte. Er mußte zum mindesten mit der Möglichkeit rechnen, daß die Beklagte sie noch nicht geprüft hatte. Anderseits hatte diese angesichts der Unzuverlässigkeiten, denen besonders in jetzigen Zeiten Importeure ausgesetzt sind, allen Grund, sich gegen Ersatzansprüche jeglicher Art zu sichern. Bei dieser Sachlage ist die Vertragsklausel dahin auszulegen, daß in allen Fällen, in denen die gelieferte Ware vertragswidrig war, — sei es, daß Beschaffenheitsmängel festgestellt wurden, oder daß Ware anderer Gattung geliefert war —, der Kläger keinen Schaden sollte beanspruchen können. M. M.

k) **Miete:** α) **Beleuchtung des Zugangs zu einer Hinterhauswohnung.**
OLG. Hamburg, 5. ZS. Urteil v. 26. Januar 1917.

Nach dem Beweisergebnis ist es an dem fraglichen Abend an der Unfallstelle sehr dunkel gewesen. Diese Dunkelheit war verkehrsgefährlich, und der Beklagte wäre als Eigentümer des Grundstücks um so mehr verpflichtet gewesen, diese Gefahr zu beseitigen, als der Kläger von ihm die Herstellung einer ausreichenden Beleuchtung gefordert hatte. Wenn er dies trotzdem unterließ, handelte er fahrlässig. Im Vertrage heißt es: „Der Mieter hat die bei ordnungsmäßiger Besichtigung erkennbare Beschaffenheit der Räume genehmigt." Diese Genehmigung bezieht sich aber nicht darauf, ob der Zugang zum Hause ordnungsmäßig beleuchtet war, sondern darauf, ob die Räume sich in einem Zustande befanden, der irgendwelche Ausbesserungen erforderlich machte. Der Kläger hatte beim Vertragsschluß (9. Mai) weder Anlaß noch Gelegenheit zu der Prüfung, ob der Zugang zum Hinterhause in einer Weise beleuchtet war, die auch an dunklen Herbstabenden das Passieren der Haustür ungefährlich machte. Nach Lage der Sache hat die Dunkelheit den Unfall der Frau des Klägers verursacht. Diese trat, vom schwach beleuchteten Korridor kommend, durch die Haustür hinaus auf den dunklen Hofraum. Nach der Erfahrung des Lebens ist anzunehmen, daß sie, ehe noch ihr Auge sich an die Dunkelheit gewöhnt hatte, eine der verschiedenen Stufen, die sich gerade an der gefährlichen Stelle befinden, übersehen hat und dadurch zu Fall gekommen ist. . . . Darin, daß sie das Haus in der Dunkelheit verlassen hat, ohne ein Licht mitzunehmen, liegt kein Mitverschulden. Es mag unterstellt werden, daß sie, die seit einiger Zeit ihrem Manne im Geschäfte half, über die Beschaffenheit des Hauseinganges und auch über die Schwierigkeit, ihn bei mangelnder Beleuchtung zu passieren, unterrichtet war. Gerade dann aber, wenn sie den gefährlichen Weg schon manchmal gegangen war, ohne daß ihr dabei etwas zugestoßen war, durfte sie es ohne Fahrlässigkeit auch am Unfallstage unternehmen, das Haus zu verlassen, ohne ihrerseits für Beleuchtung zu sorgen. M. M.

β) **Anspruch des Mieters auf Wegnahme von Bauten.**
Kammergericht, 23. ZS. Urteil v. 12. April 1917.

Der Kläger ist Verwalter im Konkurse des A., der vom Fiskus Stadtbahnbögen bis Ende 1914 gemietet und sie vom 1. Sept. 1913 an den Beklagten weiter vermietet hatte. Seit 1. Jan. 1915 hat Beklagter sie unmittelbar vom Fiskus gemietet. Der Kläger verlangt die Herausgabe einer Anzahl von qm Holz- und Betonfußböden, die er in die Mieträume eingebaut und dem Beklagten mitvermietet habe. Der Anspruch stützt sich sowohl auf das

Eigentum der Konkursmasse wie auf den mit dem Beklagten geschlossenen Mietvertrag. Der Vertragsanspruch ist davon unabhängig, ob das Eigentum der Masse oder einem Dritten, etwa dem Fiskus zusteht; er beruht auf § 556[1]. Es kann dahingestellt bleiben, ob beim Vertragsschlusse dem Beklagten mitgeteilt worden ist, daß die Fußböden der Masse gehörten. Jedenfalls sind sie nicht als besondere Sachen, sondern lediglich im Zusammenhange mit den Mieträumen vermietet worden. Bei dieser Sachlage erwuchs dem Beklagten neben der Rückgabe der Räume nicht noch eine besondere, selbständige Pflicht zur Rückgabe der Fußböden an den Kläger. Der Verpflichtung, den Mietgegenstand in der Herstellung und Ausstattung, wie er ihn erhalten hatte, einheitlich wieder zurückzugeben, hat er aber genügt, indem er nach Ablauf seiner Mietzeit — da der Kläger als Mieter ausschied — die Räume dem Vermieter des Klägers unmittelbar zur Verfügung stellte. Daß er sich von diesem den Mietbesitz von neuem übertragen ließ, ändert daran nichts; der Kläger kann hiernach nicht noch einen besonderen Anspruch auf die Fußböden auf den Mietvertrag stützen. Mithin kommt nur noch darauf an, ob die Masse Eigentümerin der Fußböden ist. Zwar ist in der Regel anzunehmen, daß Verbesserungen, die der Mieter durch Einbauten anbringt, nur für die Dauer seiner Mietzeit mit der Mietsache verbunden sein sollen. Das kann aber dann nicht gelten, wenn die verbundenen Sachen durch die Verbindung ihre Selbständigkeit vollständig verlieren und im Grundstücke völlig aufgehen. Ein solcher Fall liegt hier vor.... Die Fußböden könnten nur unter ihrer Zerstörung vom Grundstück abgetrennt werden. Unter solchen Umständen, die auch schon im Augenblick der Verbindung klar erkennbar waren, kann nicht angenommen werden, daß der Mieter lediglich einen vorübergehenden Zweck verfolgt habe. Vielmehr ist klar, daß er selbst damit gerechnet haben muß, daß die Verbindung auch nach Beendigung seiner Mietzeit fortbestehen werde und daß der Interessenausgleich mit dem Vermieter auf andere Weise als durch die zerstörende Wegnahme erfolgen werde; § 95 liegt also nicht vor, vielmehr ist das Eigentum an den Böden nach §§ 94, 946 untergegangen.[1] M.

γ) **Anfechtung der Kündigung eines Mietverhältnisses und Schadensersatz.**

OLG. Hamburg, 4. ZS. Urteil v. 19. Dezember 1916.

[1] Obiger Entscheidung stehen folgende Bedenken entgegen: Die zwischen den Parteien geschlossene Untermiete stellt einen selbständigen Mietvertrag dar, der den Beklagten verpflichtete, seinem Vermieter die Sache zurückzuliefern; dann hätte der Kläger, der keineswegs aus jenem Mietvertrag ausgeschieden war, vor der Rückgabe an den Fiskus die Fußböden abtrennen oder sonst darüber verfügen können. Der Beklagte hat also insoweit durch die Ablieferung der Bögen an den Fiskus nicht seiner Rückgabepflicht gegenüber dem Kläger erfüllt und dieser kann deshalb insoweit die Herausgabe verlangen. Unrichtig ist auch die Anwendung des § 94. Ob die Fußböden nur unter ihrer Zerstörung abgetrennt werden können, ist nach § 95 unerheblich; es bleiben die Rohstoffe (Holz, Beton), die, wie die Kriegszeit lehrt, einen recht erheblichen Wert haben. Demgemäß hat auch der Kläger den Streitwert auf mehr als 600 Mark geschätzt. D. E.

In dem über die Mietzahlung geführten Vorprozeß ist durch die Eidesleistung des Beklagten festgestellt, daß er durch die, an die Klägerin gerichteten Worte: „gut, dann ziehen Sie meinetwegen heute gleich aus", nicht den Mietvertrag hat aufheben, sondern nur hat ausdrücken wollen, es sei ihm gleichgültig, ob die Klägerin in der Mietwohnung bleibe und diese benutze. Beruht hiernach das Vorprozeßurteil im wesentlichen auf einer Auslegung der Willenserklärung des Beklagten, so läßt doch die am Schlusse der Begründung als Ergebnis angeführte Wahrscheinlichkeit, Beklagter habe mit den angeführten Worten den Mietvertrag nicht aufheben wollen, erkennen, daß das Gericht die abgegebene Erklärung als nicht dem wirklichen Willen des Beklagten entsprechend erachtete und, in der Annahme einer Anfechtung der Erklärung, durch die Eidesauflage nur den wirklichen Willen des Beklagten feststellen wollte. Waren, wie hiernach auch jene Entscheidung annimmt, die Worte an sich geeignet, das Einverständnis des Beklagten mit der sofortigen Aufhebung des Mietvertrags auszudrücken und wollte der Beklagte eine Erklärung dieses Inhalts überhaupt nicht abgeben, so konnte er die ihm nachteiligen Folgen der Erklärung nur durch Anfechtung beseitigen, wie er denn auch nach Schlußverhandlung des Vorprozesses noch dem Gerichte die Erklärung zugehen ließ, daß er eventuell seinen Anspruch auf Miete auch darauf gründen wolle, daß er die abgegebene Erklärung durch sein späteres Verhalten angefochten habe. Demnach ist anzunehmen, daß Beklagter seine Erklärung gemäß § 119 angefochten hat, und daß die Klägerin, sofern ihr durch das Vertrauen auf die Gültigkeit dieser Erklärung ein Schaden erwachsen ist, dessen Erstattung vom Beklagten gemäß § 122 verlangen kann. Nun hat sie, ehe sie durch sein späteres Verhalten erkannte, daß der Beklagte den Mietvertrag nicht aufheben wollte, einen Mietvertrag über eine andere Wohnung abgeschlossen: ihr ist dadurch, daß sie nunmehr die Miete für beide Wohnungen bezahlen muß, ein Schaden in Höhe der Miete der zweiten Wohnung erwachsen. Ebenso steht ihr infolge der Anfechtung ein Anspruch auf Erstattung der Vorprozeßkosten zu.[1] M. M.

l) **Dienstmiete oder Werkvertrag? Angemessene Vergütung.**

OLG. Hamburg, 3. ZS. Urteil v. 11. Februar 1915.

Durch die mit dem Fabrikbetriebe der Beklagten verbundenen üblen Geruchsausströmungen wurden die Umwohner derart belästigt, daß der Landrat ihr unter Androhung der Schließung der Fabrik aufgab, für die Beseitigung der Gerüche zu sorgen. Sie wandte sich um Rat an den Kläger, und dieser ging infolgedessen im Einverständnis und unter geschäftlichem Mitwirken der Beklagten an die Arbeit, ein die Geruchswirkungen beseitigendes oder ver-

[1] Ist dem Mieter im Vertrage „für den Fall der Versetzung" das Kündigungsrecht ohne jede Einschränkung gegeben, so fällt darunter auch die auf Antrag des Mieters beschlossene Versetzung; eine erst in Aussicht genommene Versetzung genügt nicht und macht die Kündigung nicht wirksam, wenn die Versetzung nachträglich erfolgt (OLG. Hamburg, 5. ZS. Urteil v. 23. Januar 1911).

hütendes Verfahren aufzufinden. Mit Recht hat das LG. die vertraglichen Beziehungen der Parteien als Dienstmiete gekennzeichnet. Die Annahme eines Werkvertrags scheint nur dann möglich, wenn sich die Beklagte die Zahlung einer Vergütung unter der Bedingung ausbedungen hätte, daß die Versuche des Klägers zu einem vollen Erfolge führten. Der selbst sachkundigen Beklagten war es klar, daß die Erhebung einer „Erfindung" zum Vertragsgegenstand ein Unding gewesen wäre. Es handelte sich um ein in der Wissenschaft und Praxis stark beackertes Arbeitsfeld. Die Zusage eines Erfolges oder gar einer „Erfindung" wäre daher eine kostspielige Torheit des Klägers gewesen. Aber auch die Beklagte hat das richtige Gefühl gehabt, daß sie die Dienste des Klägers angemessen bezahlen müsse. Wenn sie gleichzeitig mit der Mitteilung, daß sie das ihr übersandte Verfahren nicht verwenden könne, eine Kostenrechnung einforderte und dabei bat, die Kosten so niedrig wie möglich zu halten, so hat sie damit nicht nur nicht rechtlich geirrt, sondern sie hat dem Recht entsprechend anerkannt und stillschweigend zugesagt, dem Kläger eine angemessene Vergütung zu zahlen. Dabei kommt es auf den Erfolg der zu vergütenden Arbeit nicht an. Daß diese etwa an sich sinn- und wertlos gewesen wäre, kann nach dem Gutachten nicht zugegeben werden, hatte doch die Beklagte selbst, die die Arbeiten, wenn nicht im einzelnen, so doch im großen verfolgte, sogar die Absicht, das Verfahren zum Patent anzumelden. Wenn sie jetzt vorbringt, daß der Kläger überhaupt nicht für sie, sondern nur für sich gearbeitet habe, so war doch seine Gewinnbeteiligung nur für den Fall der Verwertung eines patentfähigen Verfahrens in Aussicht genommen worden. Eine entsprechende Möglichkeit schloß keineswegs aus, daß zunächst die Versuche den Interessen der Beklagten dienten und im Falle eines Mißlingens angemessen vergütet werden mußten. Es war eben eine Tätigkeit des Klägers auf Gedeih und Verderben nicht vereinbart worden, wie denn auch die Beklagte schwerlich jemanden gefunden hätte, der ihr Zeit, Material und Arbeit kostenfrei zur Verfügung gestellt hätte.

Für die Höhe der Vergütung steht die vom Kläger angegebene Zahl der Arbeitstage fest. Sodann ist zu berücksichtigen, daß ein in seiner Art erstes oder doch hoch angesehenes Geschäft (Laboratorium) zu Rate gezogen worden ist. Derartige Einrichtungen, welche Zeit, Material und Arbeit zu praktischen Zwecken zur Verfügung stellen, pflegen mit Rücksicht auf Vorbildung und Ansehen ihrer Inhaber ihre Preise nicht nach den allgemein üblichen Sätzen zu berechnen, sondern gleich Ärzten von besonderem Fachansehen höhere Vergütungen zu verlangen. Dem muß sich der einzelne Auftraggeber, der erwartet, besonders gut bedient zu werden, fügen. M. M.

m) **Zivil- oder Handelsmäkler. Ersatzpflicht. Provisionsverlust.**[1]
OLG. Hamburg, 6. ZS. Zwischenurteil v. 1. Dezember 1917.

X. war an sich geneigt, den Teil des Geschäfts, den der Kläger gekauft

[1] Der Mäklerlohn ist nicht zurückzuzahlen, wenn die auflösende Bedingung des vermittelten Geschäfts eintritt (OLG. Posen, 2. ZS. Urteil v. 16. Mai 1917; PosMSchr. 20 S. 90).

hat, für 25 000 Mark zu verkaufen; doch hat der Beklagte lediglich in der Absicht, für sich eine um 3000 Mark erhöhte Provision herauszuschlagen, den X. bestimmt, den Preis auf 28000 Mark zu erhöhen. Durch dieses Verhalten hat sich Beklagter dem Kläger ersatzpflichtig gemacht. Allerdings ist Beklagter nicht als Handelsmäkler anzusehen. Denn Handelsmäkler ist nach § 93 HGB. nur, wer gewerbsmäßig für andere Personen die Vermittlung von Verträgen über Anschaffung oder Veräußerung von ... Gegenständen des Handelsverkehrs übernimmt; dazu gehört aber ein ganzer Gewerbebetrieb nicht, wenn auch die Vorschriften des BGB. über den Kauf von Waren großenteils auf derartige Käufe Anwendung finden. Aber daraus folgt nicht, daß der Beklagte keinerlei Pflichten gegenüber dem Kläger hatte. Auch der Zivilmakler ist dem Vertragsgegner seines Auftraggebers in gewissem Sinne verpflichtet. Dies muß in erhöhtem Maße hier gelten, wo der Beklagte sich vom Kläger eine besondere Provision ausbedungen hatte. Das hierdurch zwischen den Parteien entstandene Vertragsverhältnis verpflichtete den Beklagten zur Beobachtung von Sorgfalt und Treue, die er dadurch schwer verletzt hat, daß er sich auf Kosten des Klägers von X. eine außerordentliche Provision hatte versprechen lassen und dies dem Kläger verschwieg. Diesem muß er daher den in der Preiserhöhung bestehenden Schaden erstatten. Durch sein Verhalten hat er aber weiter dem Kläger gegenüber seinen Anspruch auf die ausbedungene Provision verwirkt (Seuff. 56 S. 75). Diese Folge erscheint gerade hier besonders geboten, da sich die Verletzung der Treupflicht darauf bezogen hat, daß sich der Beklagte auf Kosten des Klägers eine besonders hohe Vergütung von X. hat versprechen lassen. M. M.

n) **Anweisungswidrige Verweigerung der Auszahlung wegen des Interesses eines Dritten.**

OLG. Hamburg, 6. ZS. Urteil v. 24. Januar 1918.

Das Schiff verweigerte die Auslieferung der Kohlenladung ihrem Befrachter/Empfänger A., falls dieser nicht (außer der Fracht) 3250 Mark Liegegeld zahlen würde. A. zahlte darauf den Betrag unter Vorbehalt an X., dh. an den Agenten, dem nach der Charterpartie die Klarierung des Dampfers im Löschhafen übertragen werden sollte und dann auch übertragen worden war. X. hat den Betrag der Beklagten übersendet, und sie einige Zeit später ersucht, ihn dem Kläger auszukehren. Die Beklagte hat zwar das Geld angenommen, macht aber geltend, daß sie als Beauftragte des A., ohne sich diesem verantwortlich zu machen, das Geld nicht auszahlen dürfe, weil der Liegegeldanspruch des Klägers unbegründet sei. Sie will ferner im März 1916 mit A. vereinbart haben, daß gegen die einbehaltenen 3250 Mark mit einer Gegenforderung der Beklagten aufgerechnet werden sollte. Diese Verteidigung verstößt jedoch gegen Treu und Glauben. A. hatte der Reederei zahlen wollen. Er mußte das tun, um seine Kohlen zu erhalten. Wenn er unter Vorbehalt zahlte, so hieß das nichts anderes, als daß er sich vorbehielt, später den gezahlten Betrag zurückzufordern. X., mit der Klarierung des Schiffes im Löschungshafen betraut, hat demgemäß Fracht und Liegegeld für das Schiff eingezogen. Ob X. sonst noch Agent des Befrachters war, ist gleichgültig. In der hier fraglichen Beziehung hat X. für den Kläger gehandelt. Es wäre ja auch widersinnig, wenn A., um die Ladung zu erhalten, an einen eigenen Vertreter, also an sich selbst, hätte zahlen können und wollen. Ganz folgerichtig hat X. die Beklagte angewiesen, das ihm bezahlte Liegegeld dem Kläger abzuführen. Wenn sich die Beklagte weigerte, dies zu tun, so handelte sie nicht nur im Verhältnisse zum Kläger als dem Eigentümer der 3250 Mark rechtswidrig, sondern sie verstieß auch dadurch gegen Treu und Glauben, daß sie die Weigerung mit ihren Vertragspflichten gegenüber dem A. begründete. Sie wußte sehr wohl, daß eine solche Pflicht nicht bestand, weil der Stockholmer Empfänger gar nicht den Willen haben konnte, den Betrag einzubehalten oder einbehalten zu lassen. Nur durch Zahlung hatte er seine Ladung erhalten können. Er hatte sich, der Not gehorchend, bereit erklärt, erst einmal zu zahlen und sein Recht auf Rückforderung einem späteren Verfahren vorzubehalten. Unter diesen Umständen durfte nicht die Beklagte den zufälligen Umstand, daß ihr das Liegegeld ausbezahlt wurde, benutzen, um das Recht des Klägers zugunsten des Befrachters zu vereiteln.

Ebensowenig erwarb die Beklagte durch das Aufrechnungsabkommen ein Recht auf Einbehaltung der 3250 Mark. Eine Aufrechnung war überhaupt nicht denkbar, weil es an einer Forderung des A. gegen die Beklagte auf Auskehrung des Liegegeldes fehlte. Hinzu kommt aber, daß A. bereits seinen Anspruch gegen den Kläger auf Rückerstattung des Liegegeldes dem Nebenintervenienten abgetreten hatte. A. selbst also erkannte an, das Liegegeld dem Kläger oder doch gültig für Rechnung des Klägers gezahlt zu haben.

Dieser erscheint aber auch berechtigt, die Auszahlung unmittelbar von der Beklagten zu fordern. Beide Parteien standen in vertraglichen Beziehungen. Die Charter verpflichtete die Beklagte, Gelder, die aus der Durchführung des Frachtvertrags in ihre Hände gekommen waren, soweit sie ihr nicht persönlich zukamen, dem Verfrachter auszuliefern. Wenn sich demgegenüber die Beklagte auf ihre Vertragsbeziehungen zu A. beruft, so muß sie in diesem Wettstreite der Interessen die des Klägers bevorzugen. M. M.

o) **Haftung für eine tatsächlich vom Empfänger der Ladung in Obhut genommene Schute.**

*α*) OLG. Hamburg, 6. ZS. Urteil v. 11. Januar 1917.

Die beklagte Werft begründet den Ausschluß ihrer Haftung für die Beschädigung der Schute damit, daß der Kläger die Kohlen „frei Fahrzeug nach der Werft der Beklagten gelegt zu liefern" gehabt und damit bis zur Entlöschung die Aufsicht über seine eigene Schute zu führen gehabt habe. Einer Erörterung der Frage, ob der Kläger frei Fahrzeug nach der Werft der Beklagten zu liefern oder ob die Beklagte am Kai zu empfangen gehabt habe, bedarf es deshalb nicht, weil die Beklagte durch ihre eigenen Leute die mit den Kohlen beladene Schute von dem Bollwerk an der Werft, wohin sie vom Kläger gelegt worden war, an ihre Slipanlage verholt und dort vertäut hat. Beklagte hat sich danach damit zufrieden erklärt, daß der Kläger die Schute nur bis zum Bollwerk gebracht und dort hingelegt hat, und die so bewirkte Vertragserfüllung als solche angenommen. Es mag richtig sein, daß unter normalen Verhältnissen die Fahrzeuge am Löschplatz bis zur Beendigung der Löschung auf Gefahr des Lieferers liegen. Das trifft jedoch nur dann zu, wenn das Fahrzeug bis zur Entlöschung unter der Obhut der Leute des Lieferers verbleibt. Das ist aber gerade hier nicht geschehen. Die Beklagte meint zwar, ihre Leute seien hier als im Dienste des Klägers stehend anzusehen; allein sie hat eine dahin gehende ausdrückliche Vereinbarung der Parteien nicht behauptet. Sie hat sich somit, nachdem die Schute an das Bollwerk der Werft gelegt war, der weiteren Entwicklung der Sache selbst angenommen und die Schute ihres Lieferers der eigenen Obhut unterstellt. Sie ist deshalb bis zur Rückerstattung des Eigentums ihrem Lieferer für das Schicksal dieses fremden Eigentums verantwortlich und bei Eintritt eines Schadens auskunfts- und dafür nachweisungspflichtig, daß sie bei der Obhut über die Schute die verkehrserforderliche Sorgfalt beobachtet hat oder der Schaden auch bei Anwendung dieser Sorgfalt entstanden wäre.... M. M.

β) **Weidevertrag. Haftung des Almbesitzers.**

OLG. München, 2. ZS. Urteil v. 5. Januar 1918.

Im Frühjahr 1916 gab der Kläger auf die Almweide der Beklagten 4 Kalben, die dort gegen eine Entlohnung von je 30 Mark gemeinschaftlich mit dem Vieh der Beklagten vom 25. Mai bis 29. September 1916 gehalten werden sollten. Am 12. September verschwand eines der Viehstücke und konnte nicht gefunden werden. Der Kläger verlangt deshalb Werterſatz. Der Anspruch ist jedoch unbegründet.

Nach dem Beweisergebnisse haben die Beklagten dem Vieh des Klägers alle Sorgfalt, soweit eine solche auf Almenweiden möglich ist, angedeihen lassen und es gleich ihrem Vieh behandelt. Daß es bei dem Weidegang manchen Gefahren ausgesetzt ist, geht schon aus dem Begriffe der Almenweide hervor, wonach das Vieh auf den Bergen der Alpen Tag und Nacht ohne Aufsicht und meist auch ohne Einfriedung der Weide dem Weidegange überlassen ist (Ob. LG. in Str. 9 S. 612; Bl. für RA. 68 S. 347). Mit diesen Gefahren und Verhältnissen mußte der Kläger nach der Verkehrssitte rechnen und hat er eine etwaige Unkenntnis hierüber, als auf Fahrlässigkeit beruhend, zu vertreten. Daß die Beklagten keine Versicherungspflicht trifft, ist nach dem Inhalt des Vertrags, der eine solche nicht enthält, sowie aus dem geringen Entgelt für die Weide ersichtlich; auch ist bei Privatalmen nach Angabe der Sachverständigen eine Versicherung fremden Viehs nicht üblich. Bei dieser Sachlage ist nicht anzunehmen, daß die Beklagten die im Verkehr erforderliche Sorgfalt verletzt haben. W.

p) **Stillschweigender Lotterievertrag. Irrtümliche Wiedergewährung des gekündigten Kredits.**

OLG. Hamburg, 5. ZS. Urteil v. 8. Dezember 1916.

Der Beklagte hat seit 1911 laufend $^2/_8$ des Loses Nr. 247 in der Kollekte des Klägers gespielt und regelmäßig von ihm nach Spanien übersandt erhalten, und zwar nachdem er ihn 1911 beauftragt hatte, gerade die genannte Losnummer zu besorgen. Bezahlt hat Beklagter auf Grund ausdrücklicher Vereinbarung die $^2/_8$ regelmäßig erst kurz vor der Ziehung der 7. Klasse der jeweilig gespielten Lotterie. Weitere $^2/_8$ der Losnummer 247 bot der Kläger durch Schreiben vom 28. Mai 1914 zur ersten Klasse der 346. Lotterie dem Beklagten an. Dieser schickte sie ohne irgend eine Rückäußerung nicht zurück. Daß er als Kaufmann nach § 346 HGB. zur Antwort verpflichtet gewesen wäre, erscheint unzutreffend. Wenn kein Handelsgebrauch besteht, daß Stillschweigen allgemein als Zustimmung gelte, so kann es doch im besonderen Falle als Zustimmung aufgefaßt werden. Das trifft hier zu. Der Beklagte hatte ein besonderes Interesse für die Losnummer 247. Das war dem Kläger bekannt und deswegen bot er ihm die freigewordenen $^2/_8$ an. Zwischen den Parteien bestand seit Jahren eine Geschäftsverbindung. Wenn Beklagter unter diesen Umständen die $^2/_8$ stillschweigend behielt, so nahm er damit das ihm gemachte Kaufangebot an. Daß der Kläger selbst den Kauf als zustande gekommen erachtete, folgt daraus, daß er für die zweite und sodann für die dritte Klasse je $^4/_8$ der Nr. 247 übersandte und den Gegenwert für alle $^4/_8$ dem Beklagten in einer Form in Rechnung stellte, die erkennen läßt, daß er sich zur Lieferung aller $^4/_8$ vertraglich für verpflichtet erachtete. Er hat auch in dem Übersendungsschreiben nicht zum Ausdruck gebracht, daß er bezüglich der neu angebotenen $^2/_8$ noch einer Antwort des Beklagten entgegensehe. Könnte sonach Beklagter auf den auf Nr. 247 in der vierten Klasse der 346. Lotterie gefallenen Gewinn Anspruch erheben, so stände er ihm nicht nur für $^2/_8$, sondern für alle $^4/_8$ zu.

Der Kläger macht aber geltend, das Vertragsverhältnis zwischen den Parteien sei bereits vor Ziehung der dritten Klasse der 346. Lotterie dadurch aufgelöst, daß der Beklagte die briefliche Aufforderung vom Mai 1915, zur Wahrung seiner Anrechte an den Losen dritter Klasse den Kaufpreis für die ersten drei Klassen mit 30 Mark einzusenden, nicht befolgt hätte. Die Frage, ob der Kläger berechtigt war, den bisher dem Beklagten vertragsmäßig eingeräumten Kredit einseitig aufzuheben, ist an sich zu bejahen. . . . Allein er hat nachträglich, ohne auf sein Verlangen der Zahlung zurückzukommen, wieder die Lose der vierten Klasse, auf die der umstrittene Gewinn gefallen ist, dem Beklagten zugesandt und dadurch erklärt, daß er den Vertrag, der früher zwischen den Parteien bestanden hatte, unter den alten Bedingungen, also unter Kreditgewährung bis zur letzten Klasse, aufrechterhalten wollte. Der Kläger behauptet, diese Übersendung sei infolge eines Versehens seiner Angestellten X. geschehen und dem Beklagten sei der Irrtum bald nach der Entdeckung mitgeteilt worden. Allein nach dem Beweisergebnisse leitet die seit 1909 im Geschäfte des Klägers tätige X. das Geschäft während der Kriegsabwesenheit des Klägers völlig selbständig. Sie hat auch die Übersendung der Lose der vierten Klasse selbständig erledigt. Sofern sonach dabei ein anfechtbarer Irrtum in Frage kommen könnte, handelt es sich nicht um eine Willenserklärung, die durch die zur Übermittlung verwendete Person unrichtig übermittelt worden ist (§ 120), sondern um eine Erklärung, die der Vertreter im Willen im Sinne des § 166 abgegeben hat. Soweit danach die rechtlichen Folgen durch Irrtum beeinflußt sein könnten, kommt nur die Person des Vertreters in Betracht. X. hat aber die Lose innerhalb ihres Wirkungskreises übersandt. Sie hat dem Beklagten die Lose übersenden wollen. Sie mag hierbei von der irrigen Vorstellung geleitet worden sein, Beklagter hätte die Lose der vorangegangenen drei ersten Klassen bereits bezahlt, obgleich es auffällig erscheint, daß sie in dem Übersendungsschreiben den Betrag für alle vier Klassen in Rechnung stellte. Ein anfechtbarer Irrtum der X. über den Inhalt ihrer Erklärung liegt sonach nicht vor, sondern günstigenfalls ein unerheblicher Irrtum im Beweggrunde. M. M.

Dazu: OLG. Hamburg, 3. ZS. Urteil v. 21. November 1916.

Die Frau des Klägers hat viele Jahre hindurch das Los Nr. 869 zu 1/8 gespielt. Zur 5. Klasse, in der es mit einem Gewinn gezogen wurde, hat sie es aber weder vom Kollekteur zugestellt erhalten, noch auch von ihm abgeholt, so daß sie es zurzeit der Ziehung nicht besaß. Trotzdem meint der Kläger, daß seine Frau als Spielerin dieses Loses zu gelten habe und den anteilmäßigen Gewinn beanspruchen dürfe. Allerdings ist die Bestimmung des Spielplans, daß die Spieler von Klasse zu Klasse für ihre nicht gezogenen Lose neue einzulösen haben und zwar spätestens am 5. Tage vor dem Beginn der Ziehung der betreffenden Klasse, für das Vertragsverhältnis zwischen einem Kollekteur und seinem Kunden nicht zwingender Natur. Wenn daher die Frau mit dem Beklagten vereinbart hätte, daß das 1/8 Los Nr. 869 fortdauernd oder bis zu einem bestimmten Zeitpunkt als ihr „Eigentum" zu gelten hätte, auch wenn es ihr nicht rechtzeitig zugestellt werden sollte, so könnte der Klaganspruch für berechtigt gehalten werden. Eine solche Vereinbarung ist nicht zustande gekommen. Der Kläger hält vielmehr eine ausdrückliche Abrede gar nicht für erforderlich: „Wenn jemand jahrelang immer dasselbe Los spiele, so werde es gewissermaßen als Eigentum des Spielers betrachtet und der Kollekteur sei daher nicht berechtigt, über das Los anderweitig zu verfügen; besonders träfe das zu, sobald abgemacht sei, daß alle Klassen dem Spieler ins Haus geschickt werden." Allein auf die rechtzeitige Bezahlung des übersandten Loses hat Beklagter offenbar kein großes Gewicht gelegt. Wenn aber auch einmal ein Los nicht rechtzeitig zugestellt oder abgeholt worden ist und die Frau A. trotzdem ihre Spielereigenschaft behalten hat, so kann doch aus dieser Lässigkeit nicht gefolgert werden, daß die Vertragsparteien nunmehr dahin übereingekommen wären, es käme auf die rechtzeitige Zustellung oder Abholung nicht mehr an. Solange kein fester Vertrag über den Erwerb aller Losklassen geschlossen war, hätte die Frau des Klägers ein ihr übersandtes Los zurückweisen dürfen. Daraus ergibt sich ohne weiteres, daß auch Beklagter vertraglich nicht früher gebunden war, als bis es sich entschieden hatte, daß das übersandte Los vom Spieler behalten würde. Hatte die Frau an der Fortsetzung des Spiels ein Interesse, so hätte sie sich um den Erwerb der 5. Klasse bekümmern sollen. Da sie jedoch schon wegen des nicht zugestellten Loses 4. Klasse nichts veranlaßt hatte, konnte Beklagter annehmen, daß sie das Spiel aufgeben wolle.

In dieser Instanz legt der Kläger besonderes Gewicht darauf, daß der Beklagte über das Los gar nicht anderweit verfügt oder etwa als nicht gespieltes Los für sich selbst behalten, sondern daß er das Los für die klägerische Frau bei sich behalten und ihr die Beträge dafür tatsächlich gutgebracht habe. Allein nach dem Beweisergebnisse hatte eine Frau P. aus Bahia — also gleichen Familiennamens wie die des Klägers — für ein von ihr gespieltes $^{1}/_{8}$ Los den Betrag für mehrere Klassen an den Beklagten eingesandt und diese Zahlung hat eine Angestellte, die sich durch den gleichen Namen täuschen ließ, dem Konto der Frau des Klägers gutgebracht, so daß deren Los als bezahlt in den Büchern des Beklagten figurierte. Diese Bucheintragung hat auf die rechtliche Beurteilung der Sache gar keinen Einfluß. Es kann möglich sein, daß der Frau des Klägers, — obgleich sie sich wegen Nichtzusendung des Loses 4. Klasse nicht gerührt hatte — das Los 5. Klasse zugestellt worden wäre, wenn die irrige Buchung nicht stattgehabt hätte, wie Kläger annimmt. Aber auch das beruht nur auf Vermutungen. Man sollte sogar meinen, daß, wenn Beklagter (irrtümlich) Bezahlung des Loses angenommen hätte, er das Los erst recht zugesendet hätte. In jedem Falle ist diese unrichtige Buchung für diesen Prozeß ganz gleichgültig, wenn auch Beklagter erst infolge der Personenverwechselung stutzig geworden und nach einigen Zweifeln darüber, wem der Gewinn zustehe (der Frau P. in Hamburg oder der Frau P. in Bahia) zur Überzeugung gekommen sein mag, daß die Frau des Klägers nach Lage der Sache nichts zu fordern habe. M. M.

q) **Anwendung des § 764 auf wirtschaftlich zweckmäßige Geschäfte. Ausnahmebewilligung des § 1[1] V. v. 7. August 1914.**

OLG. Dresden, 5. ZS. Urteil v. 11. Juni 1917.

Die Klägerin hat zwar ihren Sitz in Newyork und erhebt vermögensrechtliche Ansprüche, die vor 31. Juli 1914 entstanden sind; die Klage ist aber zulässig, da der Reichskanzler für sie am 9. November 1915 eine Ausnahme vom § 1[1] V. v. 7. August 1914 bewilligt hat und diese Bewilligung nicht etwa dadurch hinfällig geworden ist, daß seitdem zwischen dem Deutschen Reiche und den Vereinigten Staaten Krieg ausgebrochen ist. Eine allgemeine Bestimmung, daß Angehörige feindlicher Staaten oder natürliche und juristische Personen, die in feindlichen Staaten ihren Wohnsitz (Sitz) haben, während des Krieges vor deutschen Gerichten nicht klagen dürfen, gibt es nicht.

Das LG. geht mit Recht davon aus, daß das Vertragsverhältnis der Parteien nach deutschem Recht zu beurteilen und daß, weil es sich um

Geschäfte an der Newyorker Börse handelt und § 58 Börsengeš. auf den Terminhandel an ausländischen Börsen keine Anwendung findet, der Differenzeinwand an sich statthaft ist. Die Klägerin macht hiergegen geltend, dem Differenzeinwand unterlägen nur unwirtschaftliche, lediglich der Befriedigung der Spielleidenschaft dienende Geschäfte, nicht aber Verträge, die zweckmäßig seien und deren Vornahme im Interesse eines sachgemäßen Geschäftsbetriebes liege, besonders nicht die Sicherungs- (Deckungs- oder Arbitrage-) Geschäfte der Warenhändler, auch wenn sie nicht durch effektive Erfüllung, sondern durch Zahlung der Differenz ausgeglichen würden. Allein diese im Schrifttum allerdings mehrfach vertretene Ansicht (vgl. Nußbaum Börsengeš. S. 221; Düringer HGB. S. 360, 376; Staub HGB. § 376 Exkurs N. 147; Göppert Börsentermingeschäft in Wertpapieren S. 20 f.) findet im Gesetz keine Stütze und läßt sich namentlich nicht dadurch rechtfertigen, daß § 764 in dem mit „Spiel und Wette" überschriebenen Titel steht. Während dort zunächst § 762 das gewöhnliche Spiel behandelt, dessen Begriff nicht besonders bestimmt, sondern vorausgesetzt wird, regelt § 764 einen Sonderfall, der an sich nicht ohne weiteres unter den allgemeinen Spielbegriff fällt — sonst wäre die Vorschrift nicht nötig gewesen —, aber rechtlich wie Spiel behandelt werden soll. Als Erfordernis wird hierbei nur aufgestellt, daß ein Lieferungsvertrag in der Absicht geschlossen wird, daß der Unterschied zwischen dem vereinbarten Preise und dem Börsen- oder Marktpreise der Lieferungszeit gezahlt werden soll; beim Vorliegen dieser Voraussetzungen ist der Vertrag, gleichviel ob er unter den allgemeinen Spielbegriff fällt oder nicht, als Spiel anzusehen. Darauf, ob er ausschließlich der Befriedigung der Spielsucht dient oder ob ihm wirtschaftlich gerechtfertigte Beweggründe zugrunde liegen, kommt nichts an. —e—

r) *α*) **Wechselbürgschaft. Verpflichtung des Bürgen, wenn die Wechselausstellung unterblieb.**

OLG. Karlsruhe, 1. ZS. Urteil v. 18. Oktober 1916.

R., der Mann der Beklagten, geriet 1911 in Zahlungsschwierigkeiten und suchte mit Hilfe des klagenden Kreditorenvereins sich mit seinen Gläubigern abzufinden. Es kam auch am 2. Mai 1911 mit dem Kläger, dem die Gläubiger des R. ihre Forderungen übertragen hatten, ein Ausgleichsvertrag zustande, wonach R. den Gläubigern in vier Raten 50 % ihres Guthabens zu zahlen und darüber Ausgleichswechsel auf 1. November 1911, 1. Februar 1912, 1. Mai 1912 und 1. Mai 1913 auszustellen hatte. Für die Einhaltung dieser Raten übernahm die Beklagte laut besonderer Urkunde vom 18. März 1911 die selbstschuldnerische Haftbarkeit dergestalt, daß sie die Ausgleichsakzepte mit ihrer Unterschrift als Akzeptantin versieht. Das Ausgleichsakzept auf 1. Mai 1912 wurde jedoch nicht ausgestellt. Der Kläger fordert deshalb die 3. Rate zunächst aus dem Gesichtspunkte, daß die Beklagte aus Übernahme einer gewöhnlichen (zivilrechtlichen) Bürgschaft hafte, neben die (nur verstärkend) eine wechselrechtliche getreten sei. Allein die Urkunden vom 18. März und 2. Mai 1911 besagen deutlich, nicht daß die Beklagte für die Ausgleichsraten die Haftbarkeit übernehme und daneben sich für die Zahlung der Raten auch noch wechselmäßig verpflichte, sondern daß sie die Haftbarkeit durch Unterzeichnung der Ausgleichsakzepte übernehme. Hat der Kläger die Urkunden etwa anders verstanden, als ihr zweifelsfreier Inhalt besagt, so vermag ihm dies nichts zu nutzen.

Der Kläger hat aber fürsorglich, falls bloß Wechselbürgschaft verabredet worden sei, auf Grund dieser mit Recht Zahlung verlangt. Zweifellos war R. verpflichtet, die Ausgleichsakzepte alsbald zu übergeben, und die Beklagte, sie alsbald mit ihrer Unterschrift zu versehen. Der Kläger hat auch den R. aufgefordert, für die einzelnen Raten Wechsel zu akzeptieren und von der Beklagten unterschreiben zu lassen. Dieser Aufforderung, die nach der Natur der Dinge auch (durch Vermittlung des Mannes) an die Beklagte gerichtet war, sind R. und die Beklagte auch bezüglich der beiden ersten Wechsel am 9. Juni 1911 nachgekommen. Auch die spätere (naturgemäß ebenfalls an die Beklagte gerichtete) Aufforderung hat R. der Beklagten übermittelt und am 23. Juni 1911 das mit ihrer Unterschrift versehene Akzept über die 4. Rate eingesandt. Wenn er dabei schrieb, das letzte Akzept (für die 3. Rate) folge in wenigen Tagen, so hat er insoweit schon nach der Natur des ehelichen Verhältnisses gleichfalls mit dem Willen der Beklagten gehandelt. Da der am 1. Februar 1912 verfallene Wechsel nicht eingelöst wurde, so drohte der Kläger den Eheleuten R. die Erhebung der Klage an. Daraufhin bat die Beklagte um Stundung und machte dem Kläger einen Vergleichsvorschlag, bis sie sich schließlich auf den Standpunkt stellte, daß die Bürgschaft rechtlich unwirksam sei. Danach hat der Kläger die Eheleute R. zur Erfüllung ihrer Pflicht, die Ausgleichswechsel auszustellen und anzunehmen, rechtzeitig aufgefordert. Nun hat freilich R. ein Akzept für die hier fr. 3. Rate nicht ausgestellt, so daß die Beklagte ihre Unterschrift nicht abgeben konnte. Dies hat aber nicht etwa die Rechtsfolge gehabt, daß sie von der Tilgung der 3. Rate befreit wurde; sie wurde vielmehr verpflichtet, nunmehr diese Rate bar zu bezahlen.

In dem Ausgleichsvertrage sind die Parteien davon ausgegangen, daß die Ausgleichsakzepte ordnungsmäßig ausgestellt, von der Beklagten unterzeichnet und pünktlich von R. oder von der Beklagten eingelöst werden würden. Der Fall, daß die Angelegenheit anders verliefe, wurde nicht ins Auge gefaßt und demgemäß nicht besonders geregelt. Deshalb ist nach §§ 133, 157, 242 zu prüfen, was der Wille der Parteien hinsichtlich der der Beklagten obliegenden Leistung gewesen wäre, wenn sie mit der bezeichneten Möglichkeit gerechnet hätten. An sich wäre nicht ausgeschlossen gewesen, daß der Kläger den R. auf Ausstellung der Ausgleichsakzepte belangt und das Urteil nach § 888 [1] ZPO. vollstreckt, hierauf, wenn R. seine Akzepte gegeben, die Beklagte auf deren Akzeptierung verklagt und das obsiegende Urteil in gleicher Weise vollstreckt hätte, worauf er aus den Wechseln hätte vorgehen können. Diesen unkaufmännischen, langwierigen Weg können aber die Parteien nicht beabsichtigt haben, zumal die Ausstellung und Unterzeichnung von Akzepten dem Kläger die einfache und rasche Möglichkeit verschaffen sollte, zu seinem Geld zu gelangen. Danach kann, da ein anderer Weg nicht gegeben ist, der Wille der Parteien nur dahin gegangen sein, daß die Beklagte (wie ihr Mann) nach fruchtloser Aufforderung zur Erfüllung ihrer Vertragspflicht verbunden sein sollte, nunmehr an dem Verfalltage der Wechsel Zahlung in bar zu leisten (ähnlich wie dies der Fall ist bei einem Kaufmann, der zur Bezahlung des Kaufpreises einer Warenschuld ein Akzept geben darf, es aber dem Gläubiger nicht übermittelt). Bchr.

β) **Delkrederehaftung für einen Ausfall. Geschäftsaufsicht.**

OLG. Hamburg, 6. ZS. Urteil v. 18. Januar 1917.

Die Beklagte hat dem Kläger gegenüber das Delkredere „in Höhe eines eventuellen Ausfalles" für zwei im August 1914 fällige Wechselansprüche übernommen. Der Hauptanspruch aus den Wechseln ist inzwischen dadurch erledigt, daß der Schuldner X., der unter Geschäftsaufsicht gestellt war, mit dem Kläger unter Zustimmung der Beklagten auf 75 % des Schuldbetrages akkordierte und die Akkordquote entrichtete, während die Beklagte sofort daraufhin die restlichen 25 % Ende 1916 bezahlte. Den nunmehr noch streitigen Zinsanspruch begründet der Kläger nicht etwa damit, daß X. infolge vergeblicher Vorlegung der Wechsel am Verfalltage Zinsen von da ab geschuldet habe und demgemäß die Zinsen zum „Ausfall" des Klägers gehört hätten, sondern lediglich damit, daß die Beklagte sofort bei Fälligkeit der Wechsel zur Zahlung der Wechselbeträge verpflichtet gewesen sei, mithin selbständig Zinsen vom Verfalltage der Wechsel auf Grund der Fälligkeit ihrer Delkredereschuld geschuldet habe (§ 353 HGB.). Es ist daher lediglich zu prüfen, ob die Schuld der Beklagten am Verfalltage der Wechsel selbst fällig wurde. Damit beantwortet sich zugleich die Hauptfrage des Rechtsstreits, ob der Kläger mit der Klagerhebung warten mußte, bis sein „Ausfall" bei X. ziffernmäßig feststand. Diese Frage ist entgegen dem hiesigen 1. ZS. (HansGZ. 1914 S. 131) zugunsten der Beklagten zu entscheiden. M. hatte den Parteien die Schlußnote (Anlage 1) zugestellt, auf der alle Bedingungen des Delkrederevertrags im einzelnen aufgeführt sind. Die Beklagte hat durch Anlage 2 die Übernahme des Delkredere gemäß der Schlußnote Nr. 747 bestätigt und hinzugefügt: „und zwar in Höhe eines eventuellen Ausfalles." Der Kläger hat dieses Schreiben entgegengenommen und begründet seine Ansprüche gleichermaßen auf Anlage 1 und 2. Der Zusatz „in Höhe eines eventuellen Ausfalles" beweist, daß die Beklagte das Delkredere nur mit einer diesem Zusatz entsprechenden Abänderung der Anlage 1 übernommen haben wolle. Nun hat der Begriff „Ausfall" im Rechtsverkehr aber eine technische Bedeutung und bezeichnet denjenigen Schuldbetrag, mit dem nach einem durchgeführten Schuldbeitreibungsverfahren der Gläubiger für seine Forderung unbefriedigt geblieben ist. In diesem Sinne wird von einem Ausfall eines Pfändungsgläubigers bei Versteigerung des Pfandes, eines

Hypothekengläubigers beim Zwangsversteigerungsverfahren, eines Konkursgläubigers bei der Schlußverteilung gesprochen. Diese Beispiele ergeben, daß von einem Ausfall erst gesprochen werden kann, wenn ein Schuldbeitreibungsverfahren voraufgegangen ist, das zur völligen Befriedigung des Gläubigers nicht geführt hat.

Demgemäß hat das RG. (75 S. 186ff., 188) für die Ausfallbürgschaft grundsätzlich angenommen, daß vor Inanspruchnahme des Ausfallbürgen im Falle des Konkurses des Hauptschuldners der Ausgang des Verfahrens abgewartet werden müsse, um den Ausfall festzustellen. Es hat lediglich zugelassen, daß der Gläubiger, der schon vor Beendigung des Verfahrens die Mindesthöhe seines Ausfalles nachweisen könne, diesen Mindestbetrag auch schon vor genauer ziffernmäßiger Feststellung seines Ausfalls gegen den Ausfallbürgen geltend machen könne. Es steht nichts im Wege auch auf den hier vorliegenden Fall der Geschäftsaufsicht die vorstehend entwickelten Grundsätze anzuwenden, mag man den Delkrederevertrag als Bürgschaft, Garantieversprechen oder als Versicherungsvertrag auffassen. Entscheidend ist, daß die Beklagte das Delkredere nicht schlechthin, sondern lediglich in Höhe eines eventuellen Ausfalles übernommen hatte. Das Geschäftsaufsichtsverfahren ist erst Ende 1916 durch die Ausschüttung der Akkordquote von 75 % des klägerischen Anspruches beendigt worden. Mit diesem Zeitpunkt wurde demgemäß die Verpflichtung der Beklagten aus dem Delkrederevertrag zur Zahlung des Ausfalls erst fällig. M. M.

γ) **Auslegung und Wirkung eines Vergleichs über die Bürgschaftsschuld. Sorgfaltspflicht des Gläubigers.**[1]

OLG. Rostock, 1. ZS. Urteil v. 16. März 1917.

Der Kläger hatte sich für die X. e.G.m.b.H., der die beklagte Bank einen Barkredit von 250000 Mark eröffnete, selbstschuldnerisch verbürgt. Daraus auf 20000 Mark verklagt, verglich er sich gerichtlich am 10. Januar 1912 dahin, daß er anerkannte, der Beklagten 10000 Mark zu schulden, von denen er 2000 Mark sofort und den Rest vom 1. Januar 1916 ab in bestimmten Raten zu zahlen hatte. Die Beklagte verpflichtete sich dagegen, ihm für den Fall, daß sie von X., die etwa 60000 Mark schuldete, mehr als 40000 Mark erhalten sollte, den Mehrbetrag herauszugeben. X. geriet in Konkurs. Durch den Vergleich vom 22. Januar 1913 erklärte sich dann die Beklagte gegenüber X. gegen Zahlung von 13000 Mark wegen aller Ansprüche für befriedigt. Der Kläger hält, weil dieser Vergleich ohne seine Zuziehung geschlossen worden, seine Verpflichtung für erloschen und beantragt, die Vollstreckung aus dem Vergleiche vom 10. Januar 1912 für unzulässig zu erklären. Der Anspruch ist jedoch unbegründet. Die Behauptung des Klägers, daß seine Verpflichtungen durch den Vergleich von 1912 nur begrenzt seien, ohne deren rechtlichen Charakter als einer Bürgschaftsschuld für die Verbindlichkeiten der X. gegenüber der Beklagten zu verändern, ist unzutreffend. Wie aus dem Vergleich klar hervorgeht,

[1] Die Revision ist am 25. Sept. 1917 (VII 184) zurückgewiesen.

wurden seine Vertragsbeziehungen zur Beklagten allseitig selbständig auf einer neuen Grundlage geregelt. Gerade um von seinen Verpflichtungen aus dem bestehenden Rechtsverhältnis, das dem gegen ihn angestrengten Prozesse zugrunde lag und die Möglichkeit in sich schloß, seine Haftung mindestens bis zu 250000 Mark zu steigern, frei zu werden, bekannte er sich zum Schuldner der Beklagten in Höhe der festen Summe von 10000 Mark, zahlte er sofort 2000 Mark und versprach, den Rest in Raten zu berichtigen. Die Selbständigkeit dieser Schuld kam dadurch zum Ausdruck, daß sie in keiner Weise als von dem Rechtsbestand einer anderen Verbindlichkeit, besonders derjenigen der X. abhängig bezeichnet wurde. Daß trotzdem ein gewisser Zusammenhang mit der Schuld der X. bestehen blieb, ergibt die Nr. 5 des Vergleichs. Aber die Bedeutung dieses Zusammenhangs ward gerade besonders geregelt, so daß kein Raum für die Annahme bleibt, es sollte darüber hinaus eine Abhängigkeit der Verpflichtungen des Klägers von der Schuld der X. als einer Hauptverbindlichkeit nach Bürgschaftsgrundsätzen Platz greifen. Danach war die Rechtslage fortan nicht mehr die, daß der Kläger für die Erfüllung einer Schuld der X. mit 10000 Mark aufzukommen hatte, sondern er war schlechthin diesen Betrag schuldig und die Beklagte nur verpflichtet, ihm das Ergebnis ihres Vorgehens gegen X., soweit sie mehr als 40000 Mark erzielte, zugute kommen zu lassen.

Demnach ist die Frage, ob die Beklagte verpflichtet war, einen Vergleich mit der Genossenschaft nicht ohne Zustimmung des Klägers abzuschließen, lediglich aus der neuen Vereinbarung zu entscheiden und nach ihrem Wortlaute zu verneinen. Aber auch nach Sinn und Zweck des Vergleichs ist nicht anzunehmen, daß die Beklagte gegen eine darin übernommene besondere Vertragspflicht verstieß, wenn sie durch unsachgemäßes Handeln verschuldete, daß sie von X. nicht mehr als 40000 Mark auf ihre Forderung erhielt und dadurch in Höhe des zum Schaden des Klägers zu wenig Erlangten ihm eine Einrede gegen die Geltendmachung der Vergleichsforderung verschaffte. Dem Interesse der Beklagten widersprach es, sich ihm gegenüber durch Übernahme einer Verantwortung bei ihrem Vorgehen gegen X. zu binden. Sie bewies ihm schon dadurch ein erhebliches Entgegenkommen, daß sie ihn gegen die fest bestimmte Summe von 10000 Mark aus der weit aussehenden, mindestens einer Haftung von 60000 Mark in sich schließenden Bürgschaft entließ. Wenn sie sich nun weiter bereit erklärte, ihm den Erfolg ihres Vorgehens gegen X. schon dann zugute kommen zu lassen, wenn sie mehr als 40000 Mark erzielte, nicht erst dann, wenn das Mehr 50000 Mark überstieg, so wollte sie offenbar innerhalb dieser Grenzen nicht darin gebunden sein, auf die Erreichung eines für den Kläger möglichst günstigen Ergebnisses Rücksicht nehmen zu müssen, wie denn auch in der Fassung der Nr. 5 nichts darauf hindeutet, daß etwas anderes entscheidend für die Ansprüche des Klägers sein sollte als die objektive Tatsache, daß sie von X. mehr als 40000 Mark erlangte. Anderseits durfte der Kläger sich schon durch die Erwägung für genügend gesichert halten, daß es im eigenen

Interesse der Beklagten lag, von X. tunlichst 50000 Mark beizutreiben, da sie erst dann zuzüglich der 10000 Mark des Klägers wegen ihrer derzeitigen Forderungen voll befriedigt war. Das RG. (JW 1905 S. 720[11]) hat allerdings den Gläubiger bei einer fahrlässig herbeigeführten Entwertung der Pfänder dem Bürgen gegenüber für haftbar erklärt; aber dort stand dem Bürgen das Recht zu, den Gläubiger zunächst auf das Pfand zu verweisen, hier dagegen konnte, abgesehen davon, daß keine Bürgschaft vorliegt, die Beklagte vom Kläger gerade nicht darauf verwiesen werden, zunächst die X. zu belangen.

Dagegen hätte nach allgemeinen Grundsätzen die Beklagte sich dem Kläger gegenüber verantwortlich gemacht, wenn sie gegen eine nach Treu und Glauben zu erfordernde Rücksichtnahme auf den Kläger verstieß. Denn für ein solches Handeln hat sie ihm auch dann einzustehen, wenn nur der tatsächliche Erfolg der Erzielung von mehr als 40000 Mark Rechte des Klägers nach dem Vertrage entstehen ließ, wie aus § 162 hervorgeht (vgl. auch Warn. 1 Nr. 370). Der Kläger hat aber nur behauptet, daß sie bei Heranziehung der Haftsumme aller Genossen voll hätte befriedigt werden müssen. Damit ist nur die objektive Tatsache behauptet, daß die Beklagte, wenn sie alle Genossen ausgeklagt hätte, schließlich zu voller Befriedigung gelangt wäre. Es fehlt schon die Behauptung, daß sie die Vermögenslage der Genossen gekannt hatte und die Aussichten der Prozeßführung richtig beurteilte. Wenn sie insoweit es an einer sorgfältigen Prüfung fehlen ließ, so handelte sie dadurch doch noch nicht unredlich gegen den Kläger. Aber auch ihr Interesse an der baldigen Erlangung einer im Bankbetrieb sofort gut zu verwertenden Barsumme konnte rechtfertigen, unter Abstandnahme von der Führung zahlreicher Prozesse, deren Erfolg ihr möglicherweise erst nach Jahren Befriedigung verschaffte, den Vergleich abzuschließen. Sie verstieß aber nicht gegen Treu und Glauben, wenn sie dem ihr bekannten Interesse des Klägers ihr eigenes voranstellte. J. n.

s) **Vergleich. Anfechtung wegen Irrtums.**[1]

α) OLG. Hamburg, 3. ZS. Urteil v. 20. Dezember 1917.

Der Vertrag vom 2. Januar 1917 ist ein Vergleich im Sinne des § 779[1]. Die Frage, wieviel die Beklagte als Erbin ihres Mannes M. dem Kläger schuldete, bildete den wesentlichen Streitpunkt, der zwischen den Parteien erledigt werden sollte. Die Höhe des Guthabens des Klägers in dem zwischen ihm und dem M. betriebenen Geschäftsunternehmen bildete sonach den eigentlichen Streit oder die Ungewißheit der Parteien über ein Rechtsverhältnis im Sinne des § 779, die durch das Abkommen vom Januar 1917 beseitigt werden sollte. Ebenso stritten die Parteien darüber, ob der Kläger die Gesellschaft mit den Erben des M. fortgesetzt hätte. Hat aber die Beklagte über die Höhe der Summe geirrt, die sie dem Kläger schuldete, so

[1] Haben sich die Parteien über die Forderungen der beiden Konsortien gegen den Kläger und den damit zusammenhängenden Wert der klägerischen Anteile an den beiden Beteiligungen verglichen, so bildet die vom Beklagten falsch angegebene Höhe der klägerischen Konsortialschulden den Gegenstand des Streites, nicht aber den als feststehend zugrunde gelegten Sachverhalt (OLG. Hamburg, 3. ZS. Urteil v. 11. Okt. 1917).

kann dieser Umstand die Unwirksamkeit des Vergleichs nicht zur Folge haben, da dann einer der Vertragsteile über einen Punkt irrte, der einen Gegenstand des Vergleichs ausmachte. Unter dem „zugrunde gelegten Sachverhalt" hat das Gesetz gerade andere tatsächliche Voraussetzungen verstanden, auf die sich der Streit oder die Ungewißheit nicht bezieht (RG. 61 S. 321), wenn sich zB. nachträglich herausgestellt haben würde, daß die Beklagte aus irgend einem Grunde nicht Erbin ihres Mannes geworden sei. Solche Umstände sind nicht dargetan. M. M.

β) OLG. Dresden, 1. ZS. Urteil v. 4. Januar 1917.

Der Beklagte war Angestellter der Klägerin und hatte, von ihr fristlos entlassen, auf Weiterzahlung seines Gehaltes geklagt und sich nach umfangreichen Beweiserhebungen auf eine Abfindung von 5000 Mark verglichen. Demnächst will die Klägerin einen neuen Entlassungsgrund erfahren haben: Der Beklagte habe einen Betrag von 73 Mark bei ihrem Kunden X. ohne Ermächtigung eingezogen und für sich behalten. Ihre Klage auf Unwirksamkeit des Prozeßvergleichs und Rückzahlung der Abfindung nebst den Vorprozeßkosten ist unbegründet. Der § 779 greift allerdings auch gegenüber einem Prozeßvergleiche Platz. Ebenso hat in einem Falle, wo wie hier die Ungültigkeit eines Vergleichs nicht aus bloßen Rechtsgründen hergeleitet, sondern auf tatsächliche Behauptungen gegründet wird, deren Beweis ein weiteres in seiner Ausdehnung ungewisses Verfahren voraussetzt, die Durchfechtung der Ungültigkeit des Vergleichs in einem besonderen Prozeß als der einzig richtige Weg zu gelten (RG. 78 S. 286). Allein die Klägerin will gar nicht behaupten, daß gewisse von beiden Parteien als feststehend zugrunde gelegte Umstände nicht der Wirklichkeit entsprochen hätten. Sie behauptet nur, daß sie allein über einen von ihrem Standpunkte wesentlichen Umstand geirrt habe, nämlich darüber, daß alle als wichtige Entlassungsgründe in Betracht kommenden Vorgänge ihr beim Vergleichsabschlusse bekannt gewesen seien. Ein solcher einseitiger Irrtum fällt nicht unter § 779.

Überdies bildete die neu aufgerollte Frage, ob ein wichtiger Entlassungsgrund bestehe, bereits den Streitpunkt des Vorprozesses. Durch den Irrtum über einen solchen Umstand soll aber, selbst wenn beide Teile hierüber irrten, die Gültigkeit des Vergleichs nicht berührt werden. Der Entwurf I § 667[1] sprach dies besonders aus. Die 2. Komm. hat diesen Satz als selbstverständlich gestrichen. Die Annahme des Gegenteiles würde zu dem unhaltbaren Ergebnisse führen, daß die Rechtsbeständigkeit eines jeden Vergleichs gefährdet wäre, solange die Möglichkeit besteht, daß über die Ungewißheit, die durch gegenseitiges Nachgeben erledigt wurde, der Zufall oder weitere Nachforschung später einmal Klarheit an den Tag bringe. Wollte man aber selbst die Ungewißheit oder den Mangel des Beweises darüber, ob der Beklagte sich einer seine sofortige Entlassung rechtfertigenden Verfehlung schuldig gemacht habe, mit unter § 779 begreifen, so müßte man folgerichtig auch sagen, daß bei Vergleichsschluß jene Ungewißheit oder jener Mangel am Beweise für die Parteien der Wirklichkeit entsprach (RG. 61 S. 391). Diese Tatsache könnte nicht dadurch beseitigt werden, daß nach dem Vergleichsabschlusse die frühere Ungewißheit sich in Gewißheit verwandelt hat. ... —e—

t) **Ausübung des Rechts zur Büchereinsicht durch Bevollmächtigte.**
OLG. Breslau, 6. ZS. Urteil v. 20. Januar 1917.

Die Ansicht der Beklagten, es dürfe nur der Magistrat selbst oder eines seiner Mitglieder die Bücher einsehen, ist unberechtigt. Die Vertragsbestimmung, daß der Magistrat der klagenden Stadt jederzeit die Geschäftsbücher der Straßenbahn einsehen darf, besagt nicht, daß es sich wie in den Fällen des § 118 HGB. und § 716 BGB. um ein höchstpersönliches, vom Magistrat nur durch seine eigenen Mitglieder auszuübendes Recht handeln sollte und auch sonst läßt sich aus dem Verhältnis der Vertragsparteien zueinander nichts für eine solche Beschränkung entnehmen. Die Klägerin ist nicht lediglich am Gewinne der Beklagten unter gewissen Voraussetzungen anteilsberechtigt und hat nicht nur die Stellung eines anteilsberechtigten Gesellschafters, sondern sie steht nach dem ganzen Inhalt des Vertrags in ganz anderen Beziehungen zur Beklagten und hat sich in bezug sowohl auf die Herstellung des Bahnkörpers, der Betriebsmittel, der auszuführenden Arbeiten, der Tarife, der Betriebsvorschriften und des Fahrplans, wie auch in betreff der Buch- und Rechnungsführung weitgehende Anordnungs- und Aufsichtsrechte gesichert, die schon ihrer Natur nach mit sich bringen, daß der Magistrat sich bei deren Ausübung gewisser technischer und sonstiger Hilfsorgane bedient und zu bedienen berechtigt sein sollte. Schon für die Fälle des § 118 HGB. und des § 716 BGB. wird das Recht des Gesellschafters, sich der Beihilfe eines Sachverständigen zu bedienen, für den Regelfall anerkannt, da darin weder eine besondere Belästigung noch eine Gefährdung der Gesellschaft zu finden ist (ROHG. 7 S. 75, RG. 25 S. 88). Nur unter besonderen Umständen können die §§ 157, 242 BGB. dazu führen, daß der Verpflichtete die Bücher nur dem Berechtigten persönlich vorzulegen hat. Solche Umstände hat die Beklagte nicht geltend gemacht. ... Ein Mißbrauch der Befugnis wäre höchstens bei der Auswahl des zuzuziehenden Dritten zu besorgen, wenn daraus eine Schädigung der Beklagten herzuleiten wäre, etwa weil er Konkurrent oder vertrauensunwürdig wäre. Hierfür fehlt aber bisher jeder Anhalt. Einem etwaigen Mißbrauch würde im Streitfalle das Vollstreckungsgericht zu steuern haben und die Entscheidung darüber kann und muß ihm vorbehalten bleiben (RG. 25 S. 78; ROHG. 7 S. 75). Wgr.

u) **Rückforderung des über den Höchstpreis gezahlten Kaufpreises.**
OLG. Hamburg, 5. ZS. Urteil v. 13. Juli 1917.

Die Bek. vom 9. September 1916 (RGBl S. 1010) ergreift sowohl inländische wie ausländische Gerstengrütze. Zunächst ist darin im Gegensatz zu anderen Höchstpreisverordnungen nichts von einer solchen Beschränkung gesagt. Daß § 1 von dem Erzeuger spricht, erklärt sich ungezwungen daraus, daß der für ihn festgesetzte Preis der Ausgangspunkt der Bek. sein sollte, während im § 2 die Preise für den Handel mit der bereits hergestellten Ware bestimmt sind. Mag daher im § 1 nur an einen inländischen Erzeuger gedacht sein, so trifft doch der § 2 auch den Handel mit im Ausland erzeugter oder aus dem Ausland eingeführter Gerstengrütze. Die Bek. nimmt ferner auf den § 1 der Bek. vom 22. Mai 1916 (RGBl. 401) Bezug und in dieser wird der Reichskanzler ermächtigt, die im Deutschen Reiche vorhandenen Lebensmittel für die Ernährung des Volkes zu beanspruchen. Sollte also durch die Bek. vom 9. September 1916 die im Deutschen Reiche jeweils vorhandene Gerstengrütze durch Festsetzung eines Höchstpreises für die Ernährung des Volkes zugänglicher gemacht werden, so würde es diesen Zweck der Maßregel verringern, wenn die Bek. nur die im Inland erzeugte Gerstengrütze träfe. Die Folge dieser Auffassung ist, daß das hier abgeschlossene Kaufgeschäft, soweit es den Höchstpreis übersteigt, nichtig ist. Der Kläger ist daher berechtigt, den den Höchstpreis übersteigenden Teil des Kaufpreises auf Grund des § 812 zurückzufordern. Die Frage, ob er sich den ganzen Höchstpreis oder nur den ihm von seiner Abnehmerin gezahlten Betrag absetzen lassen muß, braucht nicht geprüft zu werden, da er keine Berufung eingelegt hat. Die Beklagte bestreitet, eine Bereicherung erfahren zu haben, da ihr der Kaufpreis nicht zugekommen sei und sie ihn jedenfalls bei Klagezustellung nicht mehr besessen habe (§ 818). Der Kläger hat nämlich den Kaufpreis am 6. November 1916 gemäß der Schlußnote vor Lieferung der Ware an die ihm von der Beklagten bestimmte Firma in Königsberg überwiesen. Die Ware hat darauf auf Anweisung der Beklagten deren Verkäufer von Königsberg direkt an den Kläger verladen. Aus der Anweisung zur Verladung folgt, daß die Beklagte den Kaufpreis als an sie gezahlt angesehen hat. Wenn sie den Betrag nicht selbst erhob, sondern ihrem Verkäufer überwies, so gelangte dadurch die Befreiung von der Kaufpreisschuld in ihr Vermögen und um diesen Betrag ist sie noch jetzt bereichert, da sie ihn nicht an ihren Verkäufer zurückvergütet hat.

Die Beklagte wendet ferner ein, daß der Kläger bei der Leistung gewußt habe, zur Zahlung über den Höchstpreis hinaus nicht verpflichtet zu sein (§ 814). Der Kläger will dagegen angenommen haben, daß es beschlagnahme- und höchstpreisfreie Ware gegeben habe und gebe, zumal ihm ausweise Anlage 1 ein Waggon verkehrs- und beschlagnahmefreie Gerstengrütze verkauft sei. Die Beklagte vermag nicht zu beweisen, daß der Kläger diese Ansicht nicht gehabt habe. Denn sie behauptet, daß die Ware als Auslandsware vom Höchstpreis frei gewesen und mit Unrecht beschlagnahmt worden sei. Sie wirft dem Kläger vor, nicht gegen diese unberechtigte Beschlagnahme Rechtsmittel ergriffen zu haben. Offenbar haben die Parteien unter Verkehrs- und Beschlagnahmefreiheit auch das Freisein von Höchstpreispflichten verstanden. Aus diesem grundsätzlichen Standpunkte folgt die Behauptung der Beklagten, daß auch der Kläger davon durchdrungen gewesen sei, daß die Ware, sei es als Auslandsware, sei es durch eine besondere Erlaubnis maßgebender Stellen von den Fesseln der damals noch neuen Verordnung frei sei. Mit diesem Standpunkte der Beklagten ist unvereinbar, wenn sie in anderem Zusammenhange behauptet, daß der Kläger gewußt habe, daß auch für Auslandsware Höchstpreise gelten. Behauptungen einer Partei, die ihrer sonstigen Darstellung widersprechen, können im Prozesse keine Beachtung finden (RG. 78, 345); daher ist der dem Kläger über seine Kenntnis zugeschobene Eid nicht zu normieren. M. M.

v) **Unerlaubte Handlungen:** α) **Verkehrssicherer Zustand der Treppen eines Fremdenheims.**

OLG. Braunschweig, 2. ZS. Urteil v. 11. April 1916.

Der Kläger, der in die von der Beklagten in ihrem Grundstücke betriebene Pension für Sommerfremde am 29. Mai 1914 als Gast eingezogen war, ist am 19. Juni 1914 auf der in den Garten führenden Treppe dadurch gefallen, daß er in ein an der Kante der zweituntersten Stufe befindliches Loch von $3^1/_2$ cm Tiefe und Breite mit dem Hacken hineingehakt ist. Die ganze Treppe ist rund 140 cm hoch und mit Rücksicht auf diese geringe Höhe und ihre bequeme Anlage — breite, nicht sehr hohe Stufen — ohne Geländer. Das bemängelt der Kläger auch nicht, er hält aber die Beklagte für verpflichtet, die Treppe so zu unterhalten, daß Unfälle ausgeschlossen sind. Allein in dieser Allgemeinheit kann das nicht zugegeben werden. Die Pflicht der Beklagten, für den verkehrssicheren Zustand der Treppe zu sorgen, geht nur so weit, daß sie Mängel zu beseitigen hat, durch die nach menschlicher Voraussicht Unfälle von Menschen herbeigeführt werden können. Wenn sie bei Anwendung der verkehrserforderlichen Sorgfalt die Möglichkeit der Verletzung eines Menschen durch den Schaden an der Treppe erkennen konnte und mußte, so hätte sie durch Bestehenlassen des mangelhaften Zustandes fahrlässig gehandelt. Allein hier handelt es sich um eine niedrige, flache, bequeme Treppe, die in den Garten führt und nur der im Hause verkehrenden, mithin einer beschränkten Personenzahl, zur Benutzung frei steht. An eine solche jeder Witterung ausgesetzte Treppe darf man nicht zu große Anforderungen stellen. Kleine Unebenheiten, Erhöhungen oder Scharten, lassen sich nicht völlig vermeiden. Ein so kleines Loch in der Außenkante einer Stufe kann bei ordnungsmäßiger Benutzung der Treppe, wenn man besonders nicht bloß mit dem Hacken, sondern auch mit der Fußsohle die Stufe betritt, zu einem Falle nicht führen. An fernliegende Zufälligkeiten, wie ein besonders ungeschicktes Begehen der Treppe, brauchte Beklagte aber nicht zu denken, vielmehr durfte sie erwarten, daß jeder, der die geländerlose Treppe herabstieg, dabei gehörig zutreten werde. Nur durch einen eigenartigen Fehltritt kann sich aber der Kläger in dem unbedeutenden Loche festgeklemmt haben, das ihn sonst nicht stürzen konnte. Mit seltenen Zufällen brauchte aber Beklagte nicht zu rechnen. Trifft sie hiernach keine Fahrlässigkeit im Sinne des § 823, so geht auch ihre vertragliche Haftung nicht weiter. Nach Treu und Glauben war sie dem Kläger als ihrem Gast gegenüber zu einer Beseitigung des

Loches, das sie nicht für gefährlich hielt und nicht zu halten brauchte, nicht verpflichtet. W. n.

β) **Streupflicht bei Glatteis. Begriff des Glatteises.**

OLG. Darmstadt, 1. ZS. Urteil v. 24. Januar 1917.

Der Kläger, der am 20. November 1916 in einem Landorte S. die abschüssige Ortsstraße hinunterging, ist auf der Fahrbahn vor dem Hause der Beklagten ausgeglitten. Es war damals acht Tage lang Schnee gefallen, der tagsüber etwas taute und nachts fror; die Straße war durch Fuhrwerk verfahren und glatt. Nach der maßgebenden PolizeiVO. muß bei Glatteis sogleich nach dem Entstehen oder, falls dies bei Nacht eingetreten ist, sogleich bei Tagesanbruch auf den Fußsteigen oder, wo solche wie hier nicht vorhanden sind, auf der Mitte der Fahrbahn ein wenigstens ein Meter breiter Pfad mit Asche, Sand u. dgl. bestreut werden. Die Beklagte, die dies unterlassen hatte, bestreitet, daß damals „Glatteis" gewesen sei, bloße Glätte bedinge keine Streupflicht. Nach obigen Feststellungen hatte sich allerdings Glatteis im meteorologischen Sinne, das entsteht, wenn nach längerer Kälte feiner Regen auf den gefrorenen Erdboden fällt oder wenn nach wärmerem Wetter überkalteter Regen auf dem wärmeren Boden rasch gefriert, nicht gebildet. Auch ist zuzugeben, daß das eigentliche Glatteis, weil es den ganzen Boden lückenlos zu bedecken und plötzlich aufzutreten pflegt, die gefährlichste, aber seltenste Form der Glätte darstellt. Faßt man jedoch den Zweck der VO. ins Auge, die im Interesse der öffentlichen Sicherheit und Gesundheit die Reinhaltung und Wegsamkeit der Ortsstraßen gewährleisten will, so muß man annehmen, daß man die auf den Straßen verkehrenden Personen gegen die durch Frost hervorgerufene Glätte der Ortsstraßen in dem gebirgigen Kreise überhaupt, ohne weitere Rücksicht auf die Art der Entstehung, schützen wollte, und daß man der Kürze halber den Ausdruck Glatteis gewählt hat, ohne dabei die Streupflicht an die Bedingung knüpfen zu wollen, daß die Glätte gerade durch Regen entstanden sein müsse....

Das LG. versteht unter „Glatteis" zwar nicht solches im meteorologischen Sinne, sondern nur eine plötzlich eingetretene Glätte. Das folgt jedoch nicht daraus, daß das Streuen *sogleich* nach eingetretener Glätte vorgeschrieben wird. Bei der *wöchentlich* vorzunehmenden Reinigung handelt es sich um die regelmäßige Beseitigung des sich nach und nach ansammelnden Schmutzes, für die bestimmte Tage vorgeschrieben werden können, dagegen muß naturgemäß die nur zeitweise eintretende gefährliche Glätte immer sofort beseitigt werden. Die VO. wollte die Streupflicht für *alle* Fälle den Anliegern auferlegen und hat gewiß nicht daran gedacht, nebenher für minder eilige Fälle das Streuen den ländlichen Gemeinden, die darauf gar nicht eingerichtet sind, zu überlassen.

Ein Irrtum über den Sinn der VO. könnte die Beklagte entschuldigen. Es besteht jedoch kein Anlaß, anzunehmen, daß sie die VO. anders aufgefaßt hat, wie sie die Einwohner von S. allgemein verstehen und selbst wenn man am Unfalltag in S. nicht allgemein gestreut hätte, so bewiese dies angesichts der Bekundungen der Zeugen nur, daß man allgemein der VO. zuwider gehandelt hat.

Die Annahme, daß der Wind den Streustoff doch verweht hätte, ist unbegründet; denn wenn man Asche und Sand verwendet, bleibt auch bei starkem Winde so viel liegen, daß die Glätte viel von ihrer Gefährlichkeit verliert. Die Beklagte hat also gegen ein den Schutz des Straßenverkehrs bezweckendes Gesetz schuldhaft verstoßen. Der Umstand, daß auch die Eigentümer der gegenüberliegenden Hofseite nicht gestreut hatten, ist nicht geeignet, die Haftpflicht der Beklagten zu beseitigen. Da jeder der beiden Anlieger zu streuen verpflichtet war, so haften sie beide als Gesamtschuldner, wenn sie beide zu streuen unterließen. Die persönliche Haftung der beklagten Ehefrau während der Abwesenheit ihres Mannes ergibt sich aus dem Wirkungskreis der Frau.[1] W.r.

Dazu: OLG. Jena, 2. ZS. Urteil v. 26. Oktober 1917.

Nach § 61 der StraßenPO. liegt die Streupflicht den Eigentümern der Gebäude, die an eine Straße angrenzen, auf die Frontlänge der Gebäude und des mit ihnen zusammenhängenden Grundbesitzes ob. Sie traf danach den Beklagten, der seit 1909 ein Wohnhaus am Schulweg (einem öffentlichen Weg) besitzt. Wieweit er zu streuen hatte, ist nach den §§ 58, 59, 61 das. nicht völlig klar. Die §§ 58, 59 lassen sich mit § 61 schwer vereinigen. Dort wird die Streupflicht für Straßen ohne Bürgersteig — wie der Schulweg — auf eine Breite von 1 m, von der Grundstücksgrenze ab gemessen, beschränkt, hier werden die Pflichten der Straßenanlieger schlechthin auf die halbe Breite der Straße (mit Einschluß der Bürgersteige) erstreckt. Da § 61 keinen Unterschied macht, muß man unter diesen Pflichten auch die zum Streuen mit verstehen. Der § 61 soll danach den § 59 nicht einengen, sondern erweitern, also vorschreiben, daß der Anlieger seine Straßenhälfte, mindestens aber 1 m Wegbreite, zu bestreuen hat. Das muß, dem Zweckgedanken des § 61 entsprechend, wenigstens für Straßen gelten, die nur auf der einen Seite bebaut, auf der anderen von einem Wasserlauf (der Rinne) begrenzt sind; sonst würde die Verkehrssicherheit, die der § 61 erstrebt, in diesem Fall nur ungenügend erreicht.

Allerdings haben die städtischen Arbeiter von 1909 bis 1915 die Wegstrecke vor dem Grundstück des Beklagten bei Glatteis gewöhnlich mitbestreut. Daraus folgt aber nicht, daß ihm die Stadtgemeinde durch stillschweigenden Vertrag die Pflicht zum Streuen abgenommen hätte, schon deshalb nicht, weil die Arbeiter ohne Auftrag der Gemeindeorgane handelten. Ebensowenig

[1] Die Revision ist am 3. Mai 1917 (VI 71) zurückgewiesen; denn der an sich beachtliche Gesichtspunkt, daß an die Bewohner einer verkehrsarmen ländlichen Gemeinde nicht die gleichen Anforderungen gestellt werden könnten, wie in Städten, kann nur Platz greifen, wo kein Schutzgesetz Maß und Umfang der von den Bewohnern aufzuwendenden Sorgfalt bestimmt; ist ein solches Schutzgesetz erlassen, so muß es befolgt werden, selbst wenn es ein Zuviel verlangen sollte.

läßt sich ein örtliches Gewohnheitsrecht (Observanz) annehmen, wodurch die Streupflicht auf die Stadtgemeinde abgewälzt worden wäre. Dagegen spricht vor allem, daß die Arbeiter vor seinem Grundstück keineswegs deshalb streuten, weil sie es für rechtlich geboten hielten. Er könnte sich also nur durch den Nachweis entlasten, daß er seine Streupflicht infolge entschuldbaren Rechtsirrtums verkannt habe. Allein der Inhalt der StraßenPO., der die Streupflicht in der allgemein üblichen Weise regelt, war ihm sicherlich nicht unbekannt, jedenfalls hätte er als langjähriger Einwohner und Beteiligter ihn kennen müssen, wurde er doch den Grundbesitzern von Zeit zu Zeit durch öffentliche Bekanntmachungen noch besonders eingeschärft. Vor allem aber lag die Annahme für ihn sehr nahe, daß die Stadtarbeiter das Streuen für ihn nur aus Gefälligkeit, ohne jede Verbindlichkeit für die Zukunft, mit besorgten, wie sie denn in der Tat auch nur aus diesem Beweggrund gehandelt haben. Unter diesen Umständen hätte er sich an maßgebender Stelle, am besten beim Stadtrat, nach der Rechtslage erkundigen müssen. Sein etwaiger Rechtsirrtum ist daher nicht entschuldbar. Dadurch, daß er nichts tat, um sich die nötige Aufklärung zu verschaffen, verletzte er die verkehrserforderliche Sorgfalt (Warn. 5 S. 22). M. l.

γ) **Maß und Umfang der Pflicht ländlicher Besitzer, den Weg über ihr Gehöft gangbar zu erhalten.**

OLG. Breslau, 4. ZS. Urteil v. 29. Juni 1916.

Die Frau des Klägers hat in dem Gehöft des Beklagten, das sie zum Einkaufen betrat, dadurch einen Unfall erlitten, daß sie in der Dunkelheit an die Spitze einer hochgestellten, aus der Scheuer herausragenden Wagendeichsel anstieß. Da es sich um einen kleinen ländlichen Besitzer handelt, ist Maß und Umfang seiner Pflicht, einen Weg gangbar zu erhalten und für dessen Sicherheit zu sorgen, unter Berücksichtigung der örtlichen Verhältnisse und der Lebensgewohnheiten der Personen, für die er bestimmt ist, abzugrenzen (Recht 1905 S. 252; JW. 1906 S. 746[17]). Anderseits darf aber nicht außer acht bleiben, daß es sich um den einzigen Zugang von der Dorfstraße zum Wohnhause des Beklagten handelt und daß der Verkehr zu diesem Hause, das überdies Mieter bewohnen, auch in der Dunkelheit nicht völlig aufhört. Der Beklagte war daher zwar nicht zu einer Beleuchtung des Zugangs verpflichtet, wohl aber durfte er nicht in dessen unmittelbarer Nähe die gefahrdrohende Deichsel stehen lassen. Zwar muß, wer einen ländlichen Hofraum betritt, damit rechnen, daß dort Wirtschaftsgeräte umher liegen können und muß daher vorsichtig gehen. Er braucht aber nicht damit zu rechnen, in Brust- oder Kopfhöhe auf eine herausstehende Wagendeichsel zu treffen. Eine derartige Art der Aufstellung von Wagendeichseln kommt zwar öffentlich vor, wie auch dem Gericht bekannt ist. Sie darf aber nicht wie hier in einer so unmittelbaren Nähe eines Zugangswegs stattfinden. Der Beklagte war mithin verpflichtet, die Deichsel zu entfernen, also entweder den Wagen ganz in der Scheune unterzubringen oder die Deichsel ganz aus der Gabel herauszunehmen. Sollte auch das nicht möglich und eine anderweite Aufstellung des Wagens nicht angängig gewesen sein, so hätte er mindestens dafür sorgen müssen, daß die Spitze der Deichsel und namentlich der $^1/_2$ cm hervorstehende Hufnagel durch Umwicklung mit einem Tuch, Sack oder dgl. gehörig verwahrt wurde, so daß bei einem Anstoßen erhebliche Verletzungen vermieden wurden. Das hat der Beklagte unterlassen.

Dagegen liegt ein mitwirkendes Verschulden der Verletzten insofern vor, als sie den Hof in Eile und ohne die gebotene Vorsicht verlassen hat. Sie hat sich nicht die nötige Zeit genommen, ihr Auge an die Dunkelheit zu gewöhnen und auch nicht in dem gebotenen Maß auf den Weg geachtet. Daher ist der Ersatzanspruch nur zur Hälfte begründet. ... Wgr.

**δ) Schiffsunfall wegen Fehlens von Schiffahrtszeichen.**

OLG. Rostock, 1. ZS. Urteil v. 19. Februar 1917.

Der mit Steinen beladene Kahn des Klägers stieß am 18. März 1914, als er durch einen Dampfer über die Müritz nach Waren geschleppt wurde, auf einen großen, unter dem Wasserspiegel liegenden Stein auf, weil die Fahrstraße nicht mit Schiffahrtszeichen versehen war. Für deren Auslegung hält der Kläger die Landesherrschaft, die für die Schiffahrt Abgaben erhebe, vertraglich, aber auch außervertraglich für verantwortlich; auch der mitbeklagte Fischereipächter R., der dem Fiskus gegenüber die Auslegung der Zeichen übernommen hatte, habe für deren Fehlen einzustehen. Der Schadensersatzanspruch ist jedoch unbegründet. Die Landesherrschaft tritt durch die Erhebung von Schiffahrtsabgaben in kein vertragsmäßiges Verhältnis zu den Schiffern, das sie verpflichtet, für die Sicherheit des Verkehrs zu sorgen. Das Befahren der Müritz ist nicht von der Zahlung solcher Abgaben abhängig. Die Frage aber, ob außervertragsmäßig die Landesherrschaft die Fahrstraße auf der Müritz durch besondere Zeichen kenntlich zu machen oder wenigstens vor gefährlichen Untiefen auf diesem Gewässer durch Merkmale zu warnen hat, kann hier unerörtert bleiben, da die Beklagten keinesfalls eine solche Fürsorgepflicht schuldhaft verletzt haben. Für das Maß der Verkehrssicherung muß in erster Linie der Umfang des Verkehrs ausschlaggebend sein, so daß bei dem geringen Winterverkehr auf der Müritz die Errichtung anderer als der bisher üblich gewesenen Zeichen (Stangen mit Kreuz), die noch niemals zu Unzuträglichkeiten besonderer Art geführt haben, keine ausreichende Veranlassung vorlag. Als zutreffend muß daher auch anerkannt werden, daß eine fortwährende Erneuerung der Winterzeichen, von denen bekannt ist, daß sie in der Regel der Witterung nicht während des ganzen Winters standhalten, nicht verlangt werden kann. Ebensowenig haben die Beklagten versäumt, für rechtzeitige Auslegung der Sommerseezeichen zu sorgen. Wann der Zeitpunkt da ist, in dem die Schiffahrt wieder dauernd offen ist, läßt sich in der Übergangsjahreszeit nicht sicher beurteilen. Auch wenn bereits im Februar die Gewässer eisfrei werden, kann doch noch längere Zeit mit der Möglichkeit des Wiedereintritts von Winterkälte gerechnet werden. Daß sich **nachträglich** diese Erwartung als unrichtig erwiesen und sich ergeben hat, daß die im Februar eingetretene Eisfreiheit dauernd blieb, kann nicht ausschlaggebend sein. Die Auslegung besonderer Sommerzeichen geschieht gerade, weil während der eisfreien Zeit solche Zeichen dem Gewässer anvertraut werden können; daher kann denjenigen, denen die Fürsorge für die Auslegung der Zeichen obliegt, kein Vorwurf daraus gemacht werden, wenn sie die Auslegung so lange aufschieben, bis sich mit einiger Sicherheit übersehen läßt, ob der Winter vorüber ist und sich die Zeichen voraussichtlich auf dem Wasser halten werden. Hinzu kommt, daß seit dem Zeitpunkt, in dem frühestens die Auslegung der Sommerzeichen in Frage kommen konnte, die Witterung nicht so günstig war, daß die Arbeit des Auslegens erfolgen konnte. Es hat sich auch nicht als richtig erwiesen, daß die Flußbauinspektion selbst die Auslegung schon seit längerer Zeit für geboten gehalten und den Mitbeklagten deswegen wiederholt gemahnt hätte. J. n.

ε) **Muß der Erwerber eines Hauses gefahrbringende Einrichtungen sofort abstellen?**

OLG. Hamm, 5. ZS. Urteil v. 23. Dezember 1916.

Am 22. Nov. 1913 ist X. eine Treppe heruntergestürzt, weil die oberste Stufe der Treppe niedriger als gewöhnlich und die andern Stufen war und das Geländer erst auf der 2. Stufe von oben anfing. Die klagende Berufsgenossenschaft, die ihn unterstützt hat, fordert ihre Auslagen von der beklagten Gemeinde, die das Haus in der Zwangsversteigerung am 25. Oktober erworben und die Kaufgelder erst am 29. Nov. 1913 erlegt hatte. Ihren Anspruch kann die Klägerin nur darauf gründen, daß die Beklagte als Hauseigentümerin in Verletzung der ihr daraus entspringenden Verkehrspflichten schuldhaft einen Zustand geduldet hat, der diejenigen gefährdete, die befugt das Haus betraten, sei es als Mieter oder als Besucher der dort wohnenden Mieter. Die Beklagte war, als der Unfall geschah, gerade erst 4 Wochen Eigentümerin des Hauses. Ob sie es gleich auf Grund des Zuschlags auch in Besitz genommen hat, wozu sie der § 93 ZwVG. berechtigte, oder ob sie, einer weit verbreiteten Übung folgend, wegen des § 94 das. dazu erst die Kaufgelderverteilung abwartete, kann unerörtert bleiben. Denn selbst wenn sie sich schon am 25. Oktober in den Besitz des Hauses setzte, so ist die Zeit bis zum Unfalle doch zu kurz, um ihr zuzumuten, in dieser Zeit solche grundlegende Umänderungen vornehmen zu lassen, wie sie die Aufstellung einer neuen Treppe war. Die Treppe war allerdings gefährlich; aber es ist nicht bewiesen, daß dies den Beamten der Beklagten bei der Besichtigung des Hauses aufgefallen ist oder auffallen mußte. Aber selbst wenn sie den Zustand bemerkt haben sollten, dann konnte die Beklagte Grund haben, mit Umänderungen etwas zu zögern. Es war das einmal der Umstand, daß dieses Haus von Anfang an nur als Stall gebaut war und die Treppe zu Lagerräumen und einer Knechtswohnung führen sollte, also nur für Personen bestimmt war, die im Hause aus- und eingingen und den Zustand der Treppe genau kannten. War dieser Zweck des Hauses mit der Zeit auch geändert worden, so zeigte doch das Äußere des Hauses seine ursprüngliche Bestimmung und wies jeden fremden Besucher sofort darauf hin, daß er hier nicht die Bequemlichkeiten erwarten könne, wie in einem gewöhnlichen Wohnhause. Dann war aber auch das Haus nur an italienische Arbeiter vermietet, bei denen man einen größeren Besuchskreis nicht vorauszusetzen nötig hatte, die aber selbst den Zustand des Hauses genau kannten und auf ihn Rücksicht zu nehmen hatten. Endlich kam dazu, daß der gefahrdrohende Zustand schon jahrelang bestanden hatte, ohne daß sich Unfälle ereignet hatten. Wenn auch alle diese Umstände nicht die Pflicht der Beklagten aufhoben, den gefährlichen Zustand der Treppe zu beseitigen, so rechtfertigten sie doch, daß sie nicht sofort an diese Beseitigung herantrat, sich vielmehr erst andern, wichtigeren, ihr obliegenden Arbeiten widmete.[1] G—e.

w) **Umwandlung einer Rentenschuld in eine Hypothek als Handlung aus § 826 BGB.**[2]

OLG. Hamburg, 1. ZS. Urteil v. 28. April 1916.

Bei der Umwandlung der Rente in eine Hypothek hat der Zedent des Beklagten sofort am 22. März 1913 bedungen, daß diese Hypothek nebst Zinsen ohne Kündigung schon am 1. Oktober 1913 zur Rückzahlung fällig sei. Diese eigenartige Abmachung bietet einen zwingenden Anhalt dafür, daß lediglich die Erzielung eines möglichst rasch realisierbaren Gewinns der alleinige Zweck des ganzen Aktes gewesen sein kann. Nimmt man hinzu, daß Beklagter gerade derjenige war, der am meisten bei der Sache gewann, so liegt ein erdrückender Beweis dafür vor, daß er zusammen mit den beiden anderen Beteiligten zusammengewirkt hat, um auf Kosten anderer am Grundstück Interessierter nach einem wohlüberlegten Plan — unter Mißbrauch der gesetzlich bestehenden Möglichkeit einer Umwandlung einer Rentenschuld in eine verzinsliche Hypothek — Gewinn zu erzielen, an denen er selber Anteil

[1] Die Revision ist am 22. März 1917 (VI 39) zurückgewiesen: „durchaus auf die konkreten Umstände des Falles, insbesondere auf die Verkehrsverhältnisse des Hauses gestützt, läßt die Urteilsbegründung einen Rechtsverstoß gegen §§ 276, 823 BGB. nicht erkennen."

[2] Ein Dienstherr, der vorsätzlich einem anderen Dienstherrn auf dessen Frage nach den Eigenschaften eines früheren Angestellten, den der letztere bei sich anzustellen beabsichtigt, verschweigt, daß er den Angestellten wegen einer Unehrlichkeit entlassen hat, oder nur von einer Disziplinlosigkeit spricht, handelt sittenwidrig (OLG. Hamburg, 6. ZS. Urteil v. 9. Febr. 1915). Vgl. hierzu Warn. 9 Nr. 76 u. 10 Nr. 88; desgl. das Gutachten der Handelskammer zu Leipzig v. 19. Febr. 1915: „Eine allgemeine Gepflogenheit, ausdrücklich in den Dienstzeugnissen die Ehrlichkeit des Angestellten zu bescheinigen, besteht nicht, insbesondere nicht hinsichtlich der höheren Angestellten, wie der Vorsteher von Bankfilialen. Die Ehrlichkeit wird vielmehr bei höheren Angestellten als selbstverständlich vorausgesetzt und ihre Bescheinigung im Zeugnis, wenn nicht ein ausdrücklicher Wunsch oder ein besonders triftiger Grund vorliegt, vermieden. Man pflegt zutreffendenfalls solche Zeugnisse so zu fassen, daß man aus ihrem Sinne ohne weiteres auf die Ehrlichkeit des Angestellten schließen kann." „Es besteht im Handelsstande keine allgemeine Gepflogenheit dahingehend, daß vor Übertragung von Vertrauensstellungen über die dafür in Aussicht genommenen Bewerber noch unmittelbar Auskunft von früheren Prinzipalen eingeholt wird."

hatte. Derartige Machenschaften stellen aber einen Verstoß gegen die guten Sitten und also eine unerlaubte Handlung nach § 826 dar, da im redlichen Hypothekengeschäft derartiges nicht gebilligt wird. Allerdings erfordert § 826, daß der Täter einem anderen „vorsätzlich einen Schaden zufügt". Aber dazu genügt das Bewußtsein des Täters, daß seine Handlung nachteilige Folgen haben könne und daß er sie trotzdem begeht. Natürlich muß diese Vorsätzlichkeit auch bei einer nur mittelbaren Schädigung vorliegen; doch ist nicht zu erfordern, daß der Täter im einzelnen weiß, wer gerade der Benachteiligte sein wird; kann er dies nicht von vornherein übersehen, so richtet sich sein Vorsatz eben gegen jeden, der jeweils mittelbar oder unmittelbor betroffen wird (RG. 79 Nr. 12).

Der Beklagte hat seiner eigenen Angabe nach derartige Geschäfte schon mehrfach mit seinem Zedenten, der den Grundeigentümer E. beriet, gemacht und ist offenbar in diesem Geschäftszweig überaus geschäftskundig. Er kennt also fraglos die Gefahr, die bei einer Umwandlung einer Rente in eine Hypothek deshalb, weil es dazu nach §§ 1203, 1198, 1119 der Zustimmung der im Range nachstehenden Berechtigten nicht bedarf, diesen oder ihren Garanten durch eine derartige Machenschaft immer erwächst, wenn ein stark beschwertes Grundstück eines vermögenslosen Eigentümers zum Zwangsverkauf kommt; denn nie oder doch höchst selten werden dabei alle Hypotheken restlos gedeckt. Der Anspruch des Klägers ist also dem Grunde nach berechtigt, wenn er mittelbar oder unmittelbar geschädigt ist. Dies ist aber anzunehmen. Denn für jeden Bieter ist es natürlich von höchster Bedeutung, ob er außer dem Kaufpreis nur eine unkündbare, relativ unerhebliche Rente oder ob er eine weit stärker ihn belastende kündbare Hypothek zu übernehmen hat. Hätte hier nur eine Rente von jährlich 90 Mark bestanden, so wäre aller Wahrscheinlichkeit nach mehr geboten, als 38000 Mark, wozu der Kläger das Grundstück unter Übernahme der Hypothek ersteigert hat. In diesem Fall wäre die mit 1600 Mark ausgefallene letzte Hypothek, an deren volle Deckung der Kläger als Garant beteiligt war, in einem höheren Maße gedeckt, als es jetzt geschehen ist. Wären gar 40000 Mark geboten, so wären sogar auf die nachfolgenden 1000 Mark des Klägers 400 Mark entfallen. M. M.

x) **Umfang der Haftung nach § 836 BGB.**

OLG. München, 3. ZS. Urteil v. 14. Juli 1917.

Die Klage richtet sich gegen den Eigenbesitzer des Hauses, von dem sich am 16. Dezember 1913 die eine Dachpyramide abgelöst und die Gesundheit des Klägers beschädigt hat. Nach dem Beweisergebnisse hatte der Stein der Pyramide entweder schon von Natur aus einen feinen Haarriß, oder erhielt ihn beim Einschlagen des Diebelloches. Hierdurch wurde die Standfuge der Pyramide fast um die Hälfte in ihrer Stärke herabgesetzt, die Einflüsse der Witterung übten mit der Zeit ihre Wirkung aus und so riß schließlich die herumgeschlungene Fahne an der Bruchstelle das Stück weg. Diese mangelhafte Errichtung war also die Ursache des Absturzes und verpflichtete an sich den

Beklagten, den Schaden zu ersetzen, sofern er nicht beweist, daß er zur Abwendung der Gefahr die verkehrserforderliche Sorgfalt beobachtet hat. Dieser Beweispflicht genügt er, wenn er dartut, daß er während seiner Besitzzeit die zur Abwendung der Gefahr erforderlichen Schritte getan hat. Er hat nicht etwa auch zu beweisen, daß der Vorbesitzer sorgfältig verfahren ist; die Ersatzpflicht des § 836 beruht auf einer Schuldvermutung, die durch den Beweis der Schuldlosigkeit beseitigt wird (Seuff. 61 Nr. 6, 59 Nr. 209, 71 Nr. 59). Dabei sind an den Besitzer eines an verkehrsreicher Straße der Großstadt gelegenen Hauses strengere Anforderungen zu stellen (JW. 1904 S. 91[10]), besonders muß er, um Anzeichen von Schäden festzustellen, von Zeit zu Zeit Untersuchungen vornehmen lassen (Recht 1910 Nr. 699; Warn. 9 Nr. 78). Welcher Art diese sein müssen und in welchen Zwischenräumen sie vorzunehmen sind, hängt von den Umständen ab. Immerhin ist das Maß der anzuwendenden Sorgfalt nicht zu überspannen, es ist zu erwägen, ob er die Schadensfolgen bei billiger Rücksichtnahme auf die Sicherheit anderer hätte verhüten können. Daher ist nicht lediglich danach zu fragen, ob möglich gewesen wäre, den Schaden zu verhüten, sondern danach, ob der Pflichtige alles getan hat, was ihm nach den für den Verkehr erforderlichen Grundsätzen billigerweise zugemutet werden kann.

Hier handelt es sich um eine aus Kelheimer, also außerordentlich festem und witterungsbeständigem Kalkstein 1896 hergestellte Haussteinfassade, deren Ausführung einer anerkannt ersten Steinfirma mit verlässigem Arbeitermaterial übertragen war. Das Haus befand sich bisher im Besitz einer verlässigen Persönlichkeit, es hatten sich keine Anzeichen für das Vorhandensein von Schäden gezeigt; daher durfte der Beklagte, der sich vor Abschluß des Kaufes sicherlich über die bauliche Beschaffenheit des Hauses unterrichtet hatte, bei Antritt des Besitzes annehmen, daß er es mit einem in durchaus gutem baulichen Zustand befindlichen Hause zu tun habe und daß Schäden irgendwelcher Art nicht vorhanden seien. Insbesondere hatte er keine Veranlassung, eine bis ins einzelne gehende genaue Untersuchung eines jeden Teiles, besonders eines jeden Steines der ganzen Fassade vorzunehmen, um festzustellen, ob nicht doch allenfalls irgendwo ein Fehler stecke (vgl. Warn. 9 Nr. 223). Er schloß sodann am 4. März 1913 mit der Hausverwaltung A. & Co. einen Vertrag, in welchem diese sich verpflichtete, über den baulichen Zustand des Hauses zu wachen, kleinere Ausbesserungen ohne weiteres selbst vorzunehmen und größere Mängel dem Eigentümer anzuzeigen. Wenn sie auch keine Haftung für Mängel des Hauses übernahm, so bestand doch für den Beklagten, zumal bei der formularmäßigen Art dieser Bestimmung keine Veranlassung, irgendwelche Bedenken in die Zuverlässigkeit dieses als tüchtig geltenden Hausverwalters zu setzen. Allerdings kann sich durch solche Maßnahmen nicht jeder Hausbesitzer ohne weiteres entlasten, allein hier hat bei den erwähnten Tatumständen der Beklagte für seine Besitzzeit alles getan, was ihm billigerweise zugemutet werden kann. Er hatte besonders keinen

Grund, vor dem Unfall das gesamte Steinmaterial der Fassade im einzelnen durch Sachverständige untersuchen zu lassen. Wollte man jedem Besitzer von öffentlichen oder Privatgebäuden mit Hausteinfassaden (zB. von Kirchen, Museen, Bahnhöfen und sonstigen großen staatlichen Bauwerken, von architektonisch und kunsthistorisch wertvollen privaten, das Stadtbild zierenden Häusern) eine derart weitgehende Verpflichtung lediglich deshalb auferlegen, weil wie bei jedem Bau die Möglichkeit besteht, daß einmal irgendwo aus irgend einem Grund ein Stück abfällt, so ließen sich auch dadurch Unfälle nicht vermeiden, den Besitzern aber würde geradezu die Haftung für den Zufall auferlegt. Warum alsdann, wie der Kläger behauptet, die Untersuchung gerade alle 10 Jahre vorzunehmen sein soll, ist ebenfalls nicht einzusehen, kurz man käme zu Folgerungen, die gerade für den Verkehr unerträglich wären. W.

y) **Haftung eines Postbeamten, der einen eingeschriebenen Brief wie einen gewöhnlichen behandelt.**[1]

*α*) OLG. Hamburg, 6. ZS. Urteil v. 21. Dezember 1916.

Die Frau des Klägers hat am 2. März bei dem beklagten Postassistenten einen tatsächlich 195 Mark enthaltenden Einschreibebrief aufgegeben, der nicht angekommen ist. Der Beklagte will dienstlich derart überanstrengt gewesen sein, daß ihm das Versehen in der Behandlung des Briefes nicht als Verschulden angerechnet werden könne. Allerdings hatte er am 1. März bis 10 Uhr abends Dienst und ist am folgenden Morgen schon vor dem Beginn seines Dienstes ($5^{65}$) wieder auf der Amtsstelle erschienen; auch mag der Andrang von Sachen gerade an jenem Monatsanfangsersten besonders stark gewesen sein. Aber das rechtfertigt keineswegs die Tatsache, daß er einen Brief, den er als Einschreibebrief übernommen, über den er einen richtigen Einlieferungszettel ausgestellt und über dessen Inhalt er sich mit der Absenderin längere Zeit unterhalten hat, nicht in der vorgeschriebenen Weise, sondern als einfachen Brief behandelte. Da es sich hierbei um ein einfaches, keine besondere Überlegung erforderndes Verfahren handelte, mußte er es, auch wenn er damals noch so sehr beschäftigt war, richtig handhaben. ... Der Beklagte rügt sodann, daß die Frau des Klägers den Brief nicht mit Wertangabe aufgegeben habe. Es mag sein, daß dieses Verschulden an sich kausal für den Verlust des Briefes sein könnte, insofern für die Behandlung von Wertsendungen besondere Vorschriften bestehen und Beklagter diese jedenfalls beobachtet hätte. Aber ein Verschulden der Frau liegt überhaupt nicht vor. Zunächst hat sie dadurch überhaupt nicht gegen die Postordnung verstoßen; denn diese untersagt nirgends, Wertsachen ohne Wertangabe oder als Einschreibesendungen aufzugeben. Die Aufgabe mit Wertangabe hat lediglich Bedeutung für die Haftung der Post als solcher. An sich steht es jedem Absender frei, Wertsachen mit Wertangabe oder als „Eingeschrieben"

[1] Das preuß. Ges. v. 1. August 1909 ist auch dann anwendbar, wenn eine kollegialisch organisierte Staatsbehörde in Ausübung der ihr anvertrauten öffentlichen Gewalt einem Dritten Schaden zugefügt hat (OberVerwG., 1. ZS. Urteil v. 23. Sept. 1915; Entsch. 70 S. 434).

zu versenden. Fraglich kann nur sein, ob es vom Standpunkte des Absenders fahrlässig ist, einen Geldbetrag in einem Briefe zu versenden, ohne ihm die durch die Wertangabe gebotene Sicherheit der Versendung zu verschaffen. Diese Frage ist hier zu verneinen. Ob das gleiche bei der Versendung eines besonders hohen Betrages der Fall ist, mag dahinstehen. Aber die durch das „Einschreiben" gewährte Sicherheit ist schon eine solche, daß die Versendung eines Betrages von 195 Mark auf diesem Wege an sich keine Außerachtlassung der gebotenen Sorgfalt enthält. Es kommt hinzu, daß hier die Frau sicher darauf rechnen durfte, daß der Beklagte, der den Inhalt des Briefes kannte, den Brief vorschriftsmäßig behandeln werde, und daß sie bestimmte Gründe hatte, ihn nicht unter Wertangabe zu versenden. M. M.

β) **Fahrlässige Ausstellung eines Frachtbriefduplikats.**

OLG. München, 1. ZS. Urteil v. 2. November 1917.

Ende 1914 legte X. auf einer Station der Bayer. Staatsbahn der dort in Vertretung ihres im Felde stehenden Mannes als Bahnagentin amtlich tätigen Frau A. drei angebliche Frachtbriefduplikate zur Abstempelung mit der unrichtigen Behauptung vor, er habe tags vorher 3 Kartoffelladungen an den Kläger aufgegeben, ihr Mann habe jedoch die Abstempelung der Duplikate vergessen. Frau A. ließ sich täuschen und stempelte die Duplikate ab. Mit ihnen reiste X. sofort nach Frankfurt, wies sie dort dem Kläger vor und erhielt von ihm den Kaufpreis von 2100 Mark. Auf diesen Betrag hat X. nur 900 Mark ersetzen können. Den Rest fordert der Kläger mit Recht von der Frau A. Die auf Dienstvertrag angestellten Beamten sind nach außen hin Beamte, nach innen aber privatrechtliche Vertragsgegner des Fiskus (Reindl, BeamtenGes. S. 9/10, 152). Nur nach dieser inneren, den Kläger nicht berührenden Richtung kommt in Betracht, daß die A. damals als Vertreterin ihres Mannes das Amt versehen hat. Die Haftung nach § 839 umfaßt sowohl die Ausübung öffentlicher Gewalt als die Handhabung privatwirtschaftlicher Geschäfte der staatlichen Unternehmungen. Derartige Handlungen der Abfertigungsbeamten im Bahn- und Postdienste sind aber nicht Handlungen in öffentlicher Gewalt, sondern in Ausübung wirtschaftlicher Angelegenheiten des Staates (VerwGH. 24 S. 154), auch soweit es sich dabei um Ausstellung öffentlicher Urkunden handelt. Es haftet also die A. persönlich als Beamtin, sofern sie fahrlässig eine ihr dem Kläger obliegende Amtspflicht verletzt hat. Mit Recht hat das LG. die Fahrlässigkeit bejaht. Es ist selbstverständlich, daß das Frachtbriefduplikat zugleich mit der Urschrift vorzulegen und auf ihr die Duplikatausstellung zu bestätigen ist und daß ein Duplikat überhaupt nicht ausgestellt werden kann, wenn nicht die Absendung des Gutes amtlich feststeht. Gegen diese einfachen Vorschriften hat die A. gefehlt; sie durfte sich nicht durch den bevorstehenden Zugsabgang und die vom Betrüger vorgespiegelte eilige Abreise täuschen lassen; das kann auch von einer einfachen Agentin verlangt werden, zumal die vorgesetzten Beamten ihr durchaus kein schlechtes Zeugnis ausstellen. ...

Die A. hat auch eine ihr gegenüber Dritten obliegende Amtspflicht verletzt. Das Frachtbriefduplikat ist eine dem Bahnverkehr eigentümliche Urkunde; es stammt aus dem internationalen Eisenbahnrecht und beruht auf dem Bedürfnis des neuzeitlichen Waren- und Kreditverkehrs, schon vor Ankunft der vielleicht tagelang rollenden Sendungen über sie wirksam verfügen und Kredit sowie Zahlungen erhalten zu können. Die Bahnverwaltungen haben sich geweigert, ein dem Seekonnossement oder dem Ladeschein gleichkommendes Dispositionspapier zu schaffen; sie sind dem Handelsstand auf einer mittleren Linie entgegengekommen und haben in dem Frachtbriefduplikat sowohl ein Beweispapier für die Aufgabe des Gutes als auch ein Sperrpapier hinsichtlich des Verfügungsrechts des Absenders über die rollende Ware eingeführt (vgl. Düringer HGB. § 455; Ehrenberg Handbuch des HR. 5 II S. 324). Die Denkschrift zum HGB. S. 414 erklärt es für angezeigt, angesichts der praktischen Bedeutung der Einrichtung und des großen Wertes, den der Handelsstand darauf legt, die wesentlichen Vorschriften hierüber in das Gesetz selbst aufzunehmen, nicht bloß in die EVerkO., die nur als Vertragsnorm angesehen wurde und jederzeit im Verwaltungsweg abgeändert werden kann. Als wesentlich ist im HGB. hervorgehoben, daß nach Ausstellung eines Duplikats die Eisenbahn dem Empfänger (also, nicht wie sonst, dem Absender allein) für den Schaden haftet, der aus der Befolgung einer Zwischenverfügung über die rollende Ware ohne Vorzeigung des Duplikats entsteht. Danach ist der Beamte verpflichtet, solche Beweispapiere nur in den gesetzlich zulässigen Fällen und nur der Wahrheit entsprechend auszustellen, die Ausstellung in nicht erlaubten Fällen aber zu unterlassen. Diese Pflicht liegt ihm nicht nur dem Staat gegenüber ob, sondern soll auch in ähnlicher Weise, wie ein Schutzgesetz des § 823² alle Verkehrsinteressenten schützen, die mit dem Duplikat zu tun haben und darauf vertrauen. Denn bloß wegen der Erschwerung der Geschäfte als solcher oder zur Prüfung der Gewissenhaftigkeit der Beamten ist das Duplikat nicht eingeführt. Es tritt auch hier wieder hervor, daß die Tatsache der Beschädigung eines Dritten durch Verletzung einer Dienstvorschrift regelmäßig schon einen Fingerzeig dafür gibt, daß diese Vorschrift zum Schutz eines Dritten dienen soll. Anderenfalls würde der Dienstherr mit Recht wegen Fehlens einer entsprechenden Anweisung nach § 831 in Anspruch genommen werden. In dieser Richtung ist auf die Rechtsprechung hinsichtlich unrichtiger Telegrammübermittlung und fehlerhafter Testamentsbeurkundung zu verweisen (Recht 1912 Nr. 1791).

Aus § 254 ist nichts gegen die Klage zu entnehmen. Allerdings meint Mittelstein (EisE. 13 S. 175), daß das Frachtbriefduplikat nicht unbedenklich „bevorschußt" werden könne, weil es nicht einem Ladeschein gleichstehe. Allein er selbst erwähnt (zu Art. 429 HGB.) wiederum die Vorschußgabe auf das Duplikat als etwas offenbar Übliches; die gleiche Übung ergibt sich auch aus der Rechtsprechung (zB. LZ. 1908 S. 600, 938; 1912 S. 764), wo überall hervorgehoben wird, daß das Duplikat zwar kein Dispositionspapier ist, aber in Verbindung mit § 931 BGB. zur Übertragung des Eigentums der Ware benutzt werden kann. Daß der auf das Duplikat auszahlende Käufer die Gefahr der rollenden Ware trägt, ändert daran nichts; denn geht die Ware tatsächlich verloren, so haftet dafür die Bahn und den Anspruch aus dieser Haftung kann der Käufer aus eigenem Recht oder kraft Abtretung des Verkäufers geltend machen; auf letztere Abtretung hat der Käufer Anspruch. Übrigens ist auch der Besitzer eines Ladescheins nach § 450 HGB. in der gleichen Lage, wie durch Übergabe der Ware selbst, nur, wenn das Gut wirklich aufgegeben worden ist; gefälschte Ladescheine schützen auch den gutgläubigen Erwerber nicht. ... Dem Kläger kann auch nicht etwa ein Vorwurf daraus gemacht werden, daß er vor Auszahlung des Kaufpreises sich nicht telegraphisch oder telephonisch nochmals an die Station (H.) gewandt hat. Derartiges könnte, ganz abgesehen von der Verzögerung im Kriege, auch im Frieden dem Inhaber eines solchen Beweispapiers in öffentlicher Urkunde, wie es das Frachtbriefduplikat einer Staatsbahn ist, nicht zugemutet werden, am allerwenigsten von der auf Schadensersatz verklagten Herstellerin dieser inhaltlich falschen Urkunde selbst. Man müßte dann dazu kommen, auch über die Richtigkeit eines Grundbuchauszuges nochmals Erkundigung beim Grundbuchamt einzuziehen und es würde sich aus einem solchen überspannten Verlangen eine endlose Kette entwickeln müssen; denn wenn ein Beamter derartig fahrlässig handelt, daß er fälschlich die Übergabe eines Frachtgutes bestätigt, dann ist die Möglichkeit gegeben, daß die Kontrollanfrage ebenfalls wieder unrichtig beantwortet wird. Das Urteil vom 25. April 1896 (EisE. 13 S. 160) spricht dem Frachtbriefduplikat jede weitergehende Bedeutung über eine bloße Empfangsbescheinigung hinaus nur deshalb ab, weil es an einer gesetzlichen Regelung fehlte, die gerade inzwischen erfolgt ist; verklagt war dort überhaupt nicht der Beamte, sondern die Staatsbahn. Dagegen haben in dem hier vertretenen Sinne bereits entschieden der Oberste Gerichtshof in Wien und das Bezirksgericht in Brünn (EisE. 20 S. 20; 29 S. 256). ... W.

z) α) **Kapitalabfindung für Unfallsfolgen.**

OLG. Hamburg, 6. ZS. Urteil v. 25. Oktober 1917.

Auch zukünftige ärztliche Kosten können unmittelbar gefordert werden, wenn sie voraussichlich mit einer gewissen Regelmäßigkeit eintreten werden. Das ist hier der Fall, wo der Zahnarzt im Munde des Klägers eine Anlage (Brücke), eingerichtet hat, die einer beständigen Unterhaltung und von Zeit zu Zeit einer Ausbesserung bedarf. Die Beklagte ist mithin zu einer Rentenzahlung zu verurteilen, soweit nicht ein wichtiger Grund eine Kapitalabfindung rechtfertigt. Ein solcher ist aber darin zu finden, daß die an sich voraussichtlich notwendig werdenden Ausbesserungen in größeren Zeitabschnitten zu erfolgen haben werden, deren Dauer sich im voraus nicht bestimmt vorhersehen läßt, so daß möglicherweise der Kläger gezwungen wäre, aus eigenen Mitteln Beträge für diese Ausbesserungen aufzuwenden, falls das Gericht ihm die Entschädigung in Form einer Rente zubilligte. Hierzu ist der Kläger aber nicht verpflichtet. Auch trägt er sich mit der ernstlichen Absicht, nach dem Kriege seinen Beruf im Ausland auszuüben, so daß die jedesmalige Übermittlung der Rente mit Schwierigkeiten verbunden wäre. M. M.

*β*) **Rente einer Witwe aus § 844. Wiederheirat.**

OLG. Hamburg, 5. ZS. Urteil v. 16. Mai 1917.

Die Wiederverheiratung der klagenden Witwe würde die ihr aus § 844 zugesprochene Rente in Wegfall bringen, wenn es sich um eine Unterhaltsrente handelte, da in diesem Falle nunmehr ein anderer, und zwar nicht nur im Falle der Bedürftigkeit der Klägerin zur Gewährung des Unterhalts Verpflichteter erstanden wäre und mehrfache Unterhaltsansprüche nebeneinander begrifflich nicht bestehen können. Es handelt sich jedoch bei der Rente des § 844 um eine Schadensersatzrente (Seuff. 57 Nr. 217; RG. 55 S. 30). Der Anspruch auf diese geht durch die Wiederheirat nicht ohne weiteres verloren; § 843⁴ findet keine Anwendung. Freilich wäre eine Witwenpension auf die Schadensrente anzurechnen, da insoweit ein Schadensausgleich stattfindet, aber die Wiederverheiratung ist ein neuer selbständiger Umstand, der zwar durch den Tod des Mannes ermöglicht, aber nicht, wie die Witwenpension, herbeigeführt wird. Mit Recht hat dagegen das LG. die Wiederverheiratung als einen Umstand berücksichtigt, der den Schaden der Klägerin vermindert hat. Mit Unrecht verlangt der Beklagte weitergehende Berücksichtigung dieses Umstandes. Die Umstände können freilich so liegen, daß durch eine günstige Wiederheirat der Schaden, den eine Frau durch den Tod ihres Mannes und Ernährers erlitten hat, ganz ausgeglichen wird. Dies ist aber dann nicht der Fall, wenn die neue Ehe der Frau nicht dieselben Vermögensvorteile bringt, wie die frühere. Freilich tritt die Frau in den Stand des neuen Mannes ein, und kann von diesem nur denjenigen Unterhalt beanspruchen, den dieser nach seinen Verhältnissen standesmäßig gewähren kann und muß, allein die Frau ist und bleibt geschädigt, wenn dieser neue standesmäßige Unterhalt geringer ist als der frühere. Mit Recht hat daher das LG. von der bis zur Wiederheirat zugesprochenen Rente von 750 Mark nur denjenigen Betrag abgesetzt, den die Klägerin als Anteil des Einkommens ihres jetzigen Mannes von diesem bezieht. Das Gehalt des jetzigen Mannes soll zurzeit 1530 Mark, in nächster Zeit infolge von Beförderung aber nur 1400 Mark betragen; voraussichtlich wird es, da er befördert ist, bald wieder die frühere Höhe erreichen. Alles in allem scheint es angemessen, 500 Mark als Anteil der Klägerin daran zugrunde zu legen und danach ihre Rente auf 375 Mark, nämlich $^3/_4$ von 500 Mark, festzusetzen. Mehr als $^1/_3$ des Einkommens des Mannes als Anteil der Frau anzunehmen, entspricht nicht den Verhältnissen.

Auch die Rente der Tochter ist bis auf einen Punkt zutreffend festgesetzt. Unzutreffend ist lediglich, daß das LG. die Rente, die es auf 360 Mark jährlich festgesetzt hat, derart „verteilt“ hat, daß auf die ersten

6 Lebensjahre des Kindes 300 Mark, auf die weiteren 10 Jahre 396 Mark fallen. Zugesprochen können nur Jahresrenten werden (§ 759), mehr als 360 Mark jährlich konnte daher das LG. nicht zuerkennen, wenn es nicht mehr für angemessen hielt, und dem ist zuzustimmen. Danach muß, da die Klägerin keine Berufung eingelegt hat, hinsichtlich der Zeit vom 6. bis zum 16. Lebensjahre des Kindes die Rente auf 360 Mark herabgesetzt werden, während sie für die ersten 6 Lebensjahre mit 300 Mark unverändert zu bleiben hat. M. M.

γ) **Anspruch aus § 847. Maßgebende Sachlage.**

OLG. Celle, 2. ZS. Urteil v. 11. Oktober 1917.

Der vierjährige Kläger ist im Februar 1914 von einem Fuhrwerk der Beklagten überfahren und schwer verletzt worden. Er kann, da die Beklagte nicht bestreitet, daß sie für die Folgen des Unfalls aus unerlaubter Handlung haftet, gemäß § 847 auch wegen desjenigen Schadens, der nicht Vermögensschaden ist, eine billige Entschädigung in Geld verlangen. Zweifellos hat er einen solchen Schaden (recht erhebliche Schmerzen) erlitten.... Dagegen ist nicht festzustellen, daß er zurzeit an epileptischen Krämpfen leidet. Vielmehr würde es, wie das Gutachten ergibt, seiner längeren ärztlichen Beobachtung in einer Kinderklinik bedürfen. Die Weigerung seines gesetzlichen Vertreters, eine solche Beobachtung zurzeit zu gestatten, ist zwar durchaus gerechtfertigt, da der Sachverständige davon erhebliche Nachteile befürchtet. Diese Weigerung muß aber zur Folge haben, daß die Behauptung des Klägers in dem jetzigen Verfahren wegen mangelnden Beweises nicht berücksichtigt werden kann. Sollte er später in der Lage sein, den Beweis zu führen, daß ein durch den Unfall verursachtes epileptisches Leiden tatsächlich vorliegt, so bleibt es ihm unbenommen, den dadurch entstehenden immateriellen Schaden, soweit er nach Erlaß dieses Urteils entsteht, in besonderem Rechtsstreit geltend zu machen. Ebenso muß die nach den Sachverständigen als weitere Unfallsfolge zu befürchtende Beeinträchtigung der Intelligenz des Klägers in diesem Verfahren schon aus dem Grunde außer Betracht bleiben, weil sich erst in den nächsten Jahren feststellen läßt, ob eine solche Beeinträchtigung eingetreten ist. L. dt.

δ) **Ersatzpflicht des Bayer. Fiskus für Verschulden der Notare.**

OLG. München, 1. ZS. Urteil v. 1. März 1918.

Gemäß Art. 27 des Bayer. NotGes. hat der Notar den wahren Willen der Beteiligten zu ermitteln und im Protokolle „klar, bestimmt und unzweideutig auszudrücken". Daß es gerade eine Amtspflicht des Notars ist, den Willen der Beteiligten in klarer, gültiger Fassung und Form festzulegen und der Urkunde den Inhalt zu geben, der dem Willen der Vertragsteile und dem mit der Errichtung der Urkunde verfolgten Zweck entspricht, ist wiederholt anerkannt (RG. 85 S. 413; JW. 1914 S. 194; LZ. 1916 S. 1026). Diese Verpflichtung hat Notar X. dadurch verletzt, daß er den Willen der Beteiligten, die rückständigen Erwerbspreise für die Abbaurechte seien von der Aktiengesellschaft zu zahlen, in der Gründungsurkunde gar nicht oder jedenfalls nicht genügend deutlich ausgedrückt hat. Daß die Beteiligten jene Bestimmung aufgenommen haben wollten, ist nicht bestritten; die gewählte Fassung: „Die Grundstücke gehen mit allen entgeltlichen und unentgeltlichen Rechten und Gerechtigkeiten auf die Aktiengesellschaft über" läßt aber, wie auch das RG. am 13. Juli 1916 ausgesprochen hat, diesen Willen nicht mit der erforderlichen Bestimmtheit und Klarheit entnehmen. X. hat hierbei fahrlässig gehandelt; bei Anwendung der erforderlichen Sorgfalt hätte er voraussehen müssen, daß er hierdurch seiner Amtspflicht zuwiderhandle. Voraussehbarkeit der hierdurch bewirkten Schädigung erfordert der § 839 nicht (Staudinger § 839 N. 5b$\alpha$); übrigens konnte X., wie nicht zu bezweifeln ist, bei sorgfältiger Überlegung auch voraussehen, daß die Wahl eines so verschwommenen und unklaren Ausdruckes dazu führen könne, daß die Verpflichtung zur Zahlung der rückständigen Erwerbspreise von der Aktiengesellschaft bestritten und dieser Standpunkt von den Gerichten geteilt werde. Allerdings ist bei der Frage der Fahrlässigkeit nicht der Maßstab eines idealen Muster-, sondern der eines pflichtgetreuen Durchschnittsbeamten anzulegen; Fahrlässigkeit ist daher nicht anzunehmen, wenn der Beamte unklare oder lückenhafte Gesetze unrichtig oder entgegen der herrschenden Ansicht auslegt, und dies muß besonders auch bei der Frage gelten, inwieweit Rechtsirrtum als entschuldbar zu erachten ist (RG. 59 S. 388, Recht 1911 Nr. 3184). Allein das Vorgehen des X. beruht nicht auf entschuldbarem Rechtsirrtum. Der § 186² HGB., wonach bei Sacheinlagen auch der Betrag der dafür zu gewährenden Aktien oder Vergütung bei Vermeidung der Nichtigkeit im Gesellschaftsvertrage festgesetzt werden müsse, ist an sich unzweideutig; diese Bestimmung ist auch für das gesamte Aktienrecht so wichtig, daß sie dem Notar bei Beurkundung einer Gründungsurkunde gegenwärtig sein mußte, zumal wie gerichtsbekannt gerade bei diesem Notariat zahlreiche Gesellschaftsgründungen beurkundet werden. Mit Unrecht bezieht sich der Beklagte auf das Urteil (JW. 1901 S. 142) dafür, daß X. einer zurzeit der Errichtung der Urkunde herrschenden Rechtsanschauung gefolgt sei, die das RG. erst am 13. Juli 1916 aufgegeben habe. Auch dieses Urteil erkennt an, daß § 186² HGB. den allgemeinen Auslegungsvorschriften der §§ 133, 157 BGB. unterliegt, und daß mithin zur Auslegung unklarer oder zweideutiger Bestimmungen des Gesellschaftsvertrags die ihm zugrunde liegenden Verhandlungen herangezogen werden dürfen; es weist aber darauf hin, daß dem Zwecke des § 186² entsprechend eine derartige Vereinbarung, um gegenüber der Gesellschaft und den mit ihr in Rechtsbeziehungen tretenden Dritten wirksam zu sein, in der Urkunde einen hinlänglich klaren und deutlichen Ausdruck finden müsse, während die von X. gewählte Fassung die erforderliche Klarheit und Bestimmtheit vermissen und in keiner Weise die Gläubiger die rückständigen Erwerbspreise und deren Höhe ersehen läßt. Ob anderen Personen, besonders den bei der Beurkundung anwesenden Gründern oder Rechtsanwälten Fahrlässigkeit deshalb vorgeworfen werden kann, weil sie die Mangelhaftigkeit der vom Notar vorgeschlagenen Fassung nicht erkannt und sich mit dieser Fassung einverstanden erklärt haben, kommt für die Frage, ob dem Notar Fahrlässigkeit zur Last fällt, nicht in Betracht. Daß der Umfang der Urkunde und der zur Beurkundung erforderliche Zeitaufwand nicht geeignet ist, das Vorhandensein von Fahrlässigkeit des Notars auszuschließen, bedarf keiner Ausführung.

Der ursächliche Zusammenhang zwischen der Amtspflichtverletzung und dem eingetretenen Schaden liegt unzweifelhaft vor. Die Unterlassung genügender Beurkundung hat bewirkt, daß die Aktiengesellschaft ihre Zahlungspflicht — formell mit Recht — bestritt, so daß die ursprünglichen Schuldner die rückständigen Erwerbspreise bezahlen mußten. Verfehlt ist die Behauptung des Beklagten, auch bei einer der Anschauung des Klägers entsprechenden Fassung wäre die gleiche Rechtsfolge eingetreten, weil die Gläubiger und der Betrag der rückständigen Erwerbspreise dem Notar nicht genannt worden seien und jedenfalls wegen dieses Mangels die Vereinbarung nicht rechtswirksam gewesen wäre. Es kann dahingestellt bleiben, ob die Gläubiger und die Erwerbspreise dem Notar schon aus den ihm vorliegenden Urkunden bekannt waren und überdies noch besonders mitgeteilt worden sind. Waren sie ihm bekannt, so hatte er zur Herstellung einer einwandfreien Fassung der Vereinbarung auch diese Punkte in die Urkunde aufzunehmen; im gegenteiligen Falle war es seine Pflicht, die Namen der Gläubiger und die Höhe der Rückstände durch Befragung der Beteiligten festzustellen, was ihm ohne alle Schwierigkeit möglich gewesen wäre. Daß er beides nicht getan, vergrößert nur das Maß seiner Amtspflichtverletzung, unterbricht aber nicht den zwischen dieser und dem Schaden bestehenden ursächlichen Zusammenhang. Auch der Schaden, der dem Kläger durch die Zahlung der in seinem Rechtsstreit gegen die Aktiengesellschaft erwachsenen Kosten entstanden ist, hängt mit der Amtspflichtverletzung des X. ursächlich zusammen. Er ist zwar zunächst und in erster Linie dadurch herbeigeführt worden, daß die Gerichte in dem vom Kläger gegen den Fiskus anhängig gemachten Rechtsstreit angenommen haben, es müsse vorher die Aktiengesellschaft verklagt werden. Daß diese Klage aber in letzter Instanz für unbegründet erklärt wurde, die Verpflichtung zur Tragung sämtlicher Kosten dieses Rechtsstreits daher den Kläger traf, ist die Folge des Umstandes, daß eine bindende Verpflichtung der Aktiengesellschaft zur Zahlung der rückständigen Erwerbspreise infolge der Amtspflichtverletzung des Notars nicht festgesetzt worden ist. W.

## 4. Sachenrecht.

### a) Besitzentziehung. Verbotene Eigenmacht.

OLG. Posen, 5. ZS. Urteil v. 4. Juli 1917.

Der Kläger verlangt gemäß § 861 Wiedereinräumung des Grundstücksbesitzes, den ihm die Beklagte durch verbotene Eigenmacht entzogen haben soll (§ 858). Allerdings hat der Kläger noch im Herbst 1916 das Grundstück besessen, da für ihn damals der Zeuge X. als Besitzdiener das Land bestellt hatte. Der Kläger hat aber nicht dargetan, daß ihm die Beklagte durch verbotene Eigenmacht den Besitz entzogen hat. Durch die Weiterverpachtung an Dritte, einen Rechtsakt, konnte er des Besitzes nicht entsetzt werden; vielmehr war er wie zuvor in der Lage, die tatsächliche Gewalt über das Grundstück auszuüben. Ebensowenig lag verbotene Eigenmacht in der Erwirkung der einstw. Verfügung, da diese im Rechtsweg erging; Widerspruch nach §§ 936, 924 ZPO. ist nicht erhoben. — Darin endlich, daß die neuen Pächter das Grundstück in Besitz nahmen, lag keine verbotene Eigenmacht der Beklagten. Sie hat hierdurch den Kläger nicht aus dem Besitz gesetzt. Die Pächter gingen, als sie das Land bestellten und dadurch für sich in Besitz nahmen, im eignen Interesse vor (vgl. Ebbecke im Recht 13 S. 267); sie handelten hierbei nicht im Auftrage der Beklagten, sondern wollten gemäß § 868 hierdurch für sich den unmittelbaren Besitz erwerben. Für die Beklagte wurde durch jenes Vorgehen der neuen Pächter nichts Neues begründet; insbesondere hatte nach § 868 die Beklagte den unmittelbaren Besitz schon zuvor insofern, als der Kläger ihr Pächter war. Hiernach kann sie nicht als diejenige angesehen werden, die den Kläger im Besitz gestört, ihm den Besitz entzogen hätte (vgl. Staudinger § 862 II 6c). PosMSchr.

b) **Widerspruch: α) wegen des Vermerks gleichen Ranges bei zwei hintereinander eingetragenen Hypotheken.**

Kammergericht, 1. ZS. Beschluß v. 11. Januar 1917.

Für die Eintragung des Widerspruchs kommt nur § 54 GrBO. in Betracht, der neben der Verletzung gesetzlicher Vorschriften voraussetzt, daß das Grundbuch unrichtig geworden ist. Unrichtig ist aber das Grundbuch nicht schon, wenn ein Recht durch Verletzung der §§ 17, 46 GrBO. einen anderen Rang erhielt, als ihm mit Rücksicht auf den Zeitpunkt des Eingangs des Antrags zugekommen wäre, sondern nur dann, wenn der Inhalt des Grundbuchs bezüglich dieses Rechtes der wirklichen, unabhängig vom Grundbuch entstandenen Rechtslage widerspricht. Danach kommt es aber hier nicht darauf an, in welchem Zeitpunkte die beiden Eintragungsanträge eingegangen sind, die das Grundbuchamt als gleichzeitig eingegangen behandelt hat. Da sich die Rangordnung von Hypotheken gemäß § 879 BGB. nach der Reihenfolge ihrer Eintragung, im Falle der Eintragung eines den Rang abweichend bestimmenden Vermerks aber nach diesem richtet, diese Rangeintragung also formell Rechtskraft hat und die §§ 17, 46 GrBO. nur Ordnungsvorschriften sind, so kann keine Rede davon sein, daß die Hypotheken einen anderen Rang erworben hätten, als er durch den Vermerk über den gleichen Rang begründet worden ist. Daß das Grundbuch nicht unrichtig ist, wenn der Rang von Hypotheken allein durch die äußere ziffermäßige Reihenfolge bestimmt wird und diese der Zeitfolge des Eingangs der Anträge widerspricht, hat bereits das RG. (57 S. 277) ausgesprochen. Es unterliegt aber keinem Bedenken, daß die gleichen Grundsätze auch dann anzuwenden sind, wenn das Grundbuchamt nach § 46 Satz 2 GrBO. bei zwei Hypotheken vermerkt hat, daß sie gleichen Rang haben und dieser Vermerk auf einer irrtümlichen Auffassung des Grundbuchrichters über den Zeitpunkt des Antragseingangs beruht. Nicht die Zeitfolge des Antrags, sondern die Eintragung schafft das Rangverhältnis (Güthe § 46[39], Predari § 46[1], § 13[6]). Zn.

β) **wegen unrechtmäßiger Löschung eines Widerspruchs. Bedeutung des § 894 ZPO.**

Kammergericht, 1. ZS. Beschluß v. 3. Juni 1916.

Ende 1912 ist A. verurteilt worden, sein Grundstück an K. und dessen gütergem. Frau Zugumzug gegen Zahlung von 300 Mark aufzulassen. Unter Vorlegung dieses Urteils hat K. bewilligt und beantragt, ihn und seine Frau als Eigentümer einzutragen. Dies geschah am 11. April 1914; zugleich sind auf Antrag des K. ein Ausgedinge für A. (Abt. II Nr. 5) und unter Abt. III Nr. 4 drei Hypotheken für Geschwister A. eingetragen worden. Auf weitere Beschwerde der Frau K. gegen die Eigentumseintragung hat der Senat am 11. Juni 1914 (X. 206) gemäß §§ 71[2] S. 2, 54 S. 1 GrBO. die Eintragung eines Widerspruchs angeordnet, da entgegen §§ 730, 726 ZPO. die Klausel nicht auf Anordnung des Vorsitzenden erteilt war. Nachdem am 10. Juli 1914 gegen die drei Eintragungen Widersprüche zugunsten der Eheleute A. eingetragen waren, wiederholte K. unter Bezugnahme darauf, daß die Ausfertigung des Urteils nunmehr eine ordnungsmäßige Klausel trage, „den früheren Auflassungs- und Eintragungsantrag". Auf die Eröffnung, daß es einer neuen Auflassung nicht bedürfe, beantragte er, den Widerspruch gegen die Eigentumseintragung zu löschen, worauf das Grundbuchamt am 1. Mai 1915 die Widersprüche gegen die Eigentums- und die Altenteilseintragung löschte. Nachdem inzwischen im Juni 1915 unter Nr. 5 und 6 zwei Zwangshypotheken für einen Bruder des K. eingetragen worden waren, focht Frau K. im April 1916 die Löschung des gegen die Eigentumseintragung eingetragenen Widerspruchs durch Beschwerde erfolglos an. Die weitere Beschwerde ist zulässig, aber nicht begründet. Daß das LG. die Löschung des Widerspruchs vom 10. Juli 1914 als eine „Eintragung" im Sinne des § 71[2] S. 1 GrBO. auffaßt, läßt sich nicht beanstanden. Dabei bedarf es in diesem Zusammenhang keiner Erörterung, ob der Widerspruch auch durch eine unrechtmäßige Löschung erlischt. Verneint man dies mit dem LG., so greift die Erwägung Platz, daß sich an die Löschung ein gutgläubiger Erwerb anknüpfen kann, der den Schutz des § 71[2] S. 1 zu beanspruchen hat. Ist es dagegen richtig, daß auch bei unrechtmäßiger Löschung der Widerspruch erlischt, so entsteht auch in diesem Fall durch die Löschung für Dritte eine Rechtsstellung, auf die nach dem Zweck des Gesetzes durch Ausschließung einer Beschwerde mit dem Ziele der Beseitigung der Löschung Rücksicht genommen werden muß (Begr. 110, D. 68). Mit Recht beruft sich die Beschwerde darauf, daß in der Beschwerde gegen eine Eintragung ohne weiteres das Verlangen zu finden ist, gemäß § 71² S. 2 das Grundbuchamt zur Eintragung eines Widerspruchs oder zu einer Löschung anzuweisen, falls ein solches Verfahren dem Interesse des Beschwerdeführers dienen kann und nicht ersichtlich seinem Willen widerspricht, und es kann zweifelhaft sein, ob das LG. sich dieses Grundsatzes bewußt gewesen ist. Indes hätte auch eine Prüfung in dieser Richtung nicht zu einem der Beschwerdeführerin günstigen Ergebnis führen können. Eine Löschung wegen inhaltlicher Unzulässigkeit kommt nicht in Frage (§ 54 S. 2). Auch die Voraussetzungen eines Widerspruchs liegen nicht vor. Nach § 54 S. 1 GrBO. ist er nur statthaft, wenn das Grundbuch unrichtig ist. Der Begriff der Unrichtigkeit ist aus § 894 BGB. zu entnehmen. Die Löschung des Widerspruchs vom 10. Juli 1914 hat das Grundbuch danach nur dann unrichtig gemacht, wenn der Widerspruch trotz dieser Löschung außerhalb des Grundbuchs bestehen geblieben ist und sofern er als ein Recht am Grundstück angesehen werden kann. An beiden Voraussetzungen fehlt es. Der Widerspruch ist kein dingliches Recht, er ist lediglich eine Schutzeintragung für ein dingliches Recht, die verhindern soll, daß dieses Recht durch den gutgläubigen Erwerb des entgegenstehenden eingetragenen Rechts verloren oder beeinträchtigt wird (KGJ. 26 S. 244, 47 S. 177), und dieses Schutzmittel ist des Fortbestandes außerhalb des Grundbuchs nicht fähig; es ist derart an die Eintragung gebunden, daß mit der Löschung auch seine materiellen Rechtswirkungen aufhören. Ob die Löschung rechtmäßig oder unrechtmäßig erfolgte, macht dabei keinen Unterschied. Auch durch die unrechtmäßige Löschung erlischt der Widerspruch (ebenso wie die Vormerkung, KGJ. 43 S. 209). Deshalb kann das Grundbuch durch die Löschung eines Widerspruchs nicht unrichtig werden, also die Eintragung eines Widerspruchs gegen die Löschung eines Widerspruchs nicht in Frage kommen.... Für eine entsprechende Anwendung des § 894 fehlt es jedenfalls hinsichtlich des Widerspruchs ebensosehr an der zwingenden Notwendigkeit wie an der erforderlichen gesetzlichen Grundlage. — Unter diesen Umständen bedarf es keiner Erörterung, ob das Grundbuchamt berechtigt war, die Widersprüche vom 10. Juli 1914 ohne Bewilligung des K. als des eingetragenen Berechtigten zu löschen, und ob anderseits Frau K. nach der neuern Rechtsprechung des Senats einen Widerspruch gegen ihre eigne Eigentumseintragung im Beschwerdeweg verlangen darf (KGJ. 47 S. 182).

Das Grundbuchamt wird nunmehr zu erwägen haben, ob erneut ein Widerspruch gegen die Eigentumseintragung einzutragen ist. Unzutreffend ist seine Ansicht, daß der der Auflassung anhaftende Mangel durch Nachreichung einer ordnungsmäßigen vollstreckbaren Ausfertigung behoben werden konnte. Ist der Schuldner rechtskräftig zur Auflassungserklärung verurteilt, so hat der Gläubiger die Einigung (§ 925 BGB., § 20 GrBO) dadurch zum Abschluß zu bringen, daß er unter Vorlegung des Urteils und unter Nachweis seiner Rechtskraft seinerseits vor dem Grundbuchamt die Einigung erklärt, die dann als von beiden Auflassungsbeteiligten gleichzeitig und in einem Akte vor dem Grundbuchamt erklärt gilt (KGJ. 44 S. 223). Im Falle der Nachreichung des Urteils wird das Erfordernis der Gleichzeitigkeit und Einheitlichkeit nicht gewahrt. Nun ist allerdings K. 1915 nochmals vor dem Grundbuchamt erschienen, und er hat Erklärungen abgegeben, die bei wohlwollender Auslegung als ausreichend angesehen werden können. Trotzdem ist die in dem Beschlusse vom 11. Juni 1914 als unrichtig nachgewiesene Eigentumseintragung dadurch nicht richtig geworden. Dabei kann unerörtert bleiben, ob die Auflassung der Eigentumseintragung überhaupt nachfolgen darf (vgl. Güthe § 20 N. 2, 51). Denn durch den am 26. Sept. 1913 ordnungsmäßig zugestellten Pfändungsbeschluß ist auf Antrag des A. der Auflassungsanspruch des K. aus dem Urteil gepfändet und die Herausgabe des Grundstücks an einen Sequester angeordnet worden (§ 848 ZPO.). Durch die Beschlagnahmewirkung des Pfändungsverbots (§ 829 S. 2, § 846 ZPO.) hat K. die Verfügungsbefugnis über den Urteilsanspruch, besonders also das Recht, unter Vorlegung des Urteils nach Maßgabe der vorhergehenden Ausführungen die Einigung zum Abschluß zu bringen, verloren, und diesen Mangel des Verfügungsrechts darf auch das Grundbuchamt nicht unberücksichtigt lassen (Güthe § 20[45], KGJ. 27 S. 97). Dafür, daß der Pfändungsbeschluß etwa seine Kraft verloren hatte, liegt nichts vor; eine solche entfernte Möglichkeit steht der Eintragung eines Widerspruchs nicht entgegen (KGJ. 47 S. 185). Die unter Verletzung gesetzlicher Vorschriften vorgenommene Eintragung des Eigentums der Eheleute K. ist also auch gegenwärtig als unrichtig anzusehen. Zu einer Erörterung der güterrechtlichen Fragen (vgl. RG. 84 S. 326) liegt hiernach auch gegenwärtig kein Anlaß vor. Auf dieser Grundlage wird auch zu erwägen sein, ob bei dem Altenteil (erneut) und bei den — nicht unter dem Schutz gutgläubigen Erwerbes stehenden — Zwangshypotheken Nr. 5 und 6 (erstmalig) ein Widerspruch einzutragen ist. M.

c) **Übergang des Eigentums:** *α)* **an eingelagerter Ausfuhrware.**

OLG. Hamburg, 6. ZS. Urteil v. 9. Juni 1917.

Gegen die Klage auf Schadensersatz wegen Nichterfüllung wendet die Beklagte ein, daß das dem Kläger zur Ausfuhr von Triest nach Japan verkaufte, für ihn ausgesondert verpackte und bezeichnete Papier mit ihrer Fabrik anläßlich des Krieges zerstört worden sei. Sie erachtet sich deshalb von der Lieferpflicht befreit, weil der Kläger das Eigentum an dem Papier erworben habe, und dieses später ohne ihre Schuld untergegangen sei. Dieser Auffassung kann nicht beigetreten werden. Allerdings kann im einzelnen Falle vereinbart werden, daß die Ablieferung der Ware als beschafft gelten und der Verkäufer in Zukunft die Ware für Rechnung des anderen Teiles in Verwahrung nehmen solle; es wäre dann das Eigentum durch Besitzkonstitut übergegangen. Hier hat aber offenbar keine der Parteien an einen Eigentumsübergang gedacht. Er kann auch nicht etwa als der damaligen Sachlage entsprechend angenommen werden. Da die Ware in Triest zu verschiffen war, wäre das Eigentum im Regelfalle durch Übergabe der Konnossemente übertragen worden. Die Einlagerung (wegen des Krieges) war zunächst nur als eine vorläufige gedacht. Die Lieferung war bis zur demnächstigen Beseitigung des Hindernisses aufgeschoben worden. Dem entsprach die Stundung des Kaufpreises, die Stellung der „Valuta Expedition". Daß sich die Beklagte ohne weiteres des Rechtes auf Einforderung des fälligen Kaufpreises begeben und trotzdem dem Kläger das volle Eigentum an der Ware eingeräumt haben sollte, ist höchst unwahrscheinlich. Eine dahingehende Absicht hätte unzweideutig geäußert werden müssen und kam auch keineswegs schon in der Fakturierung der für den Kläger ausgeschiedenen, verpackten und bezeichneten Ware zum Ausdruck. ... M. M.

*β*) **der vom Geschäftsführer vereinnahmten Biergelder.**

OLG. Augsburg, 1. ZS. Urteil v. 10. Juli 1917.

Der Kläger, Eigentümer einer Wirtschaft, will zu deren Führung für seine Rechnung die Eheleute X. gegen eine Vergütung von 5 Mark für jeden ausgeschänkten hl Bier angestellt haben. Die X. hatten ihre Einnahmen aus dem Bierverkauf pflichtgemäß in einem Kasten gesondert verwahrt, um sie in geeigneten Zeiträumen an ihn abzuführen. Von dem angesammelten Geldbetrag von 1900 Mark sind auf Betreiben des Beklagten 1085 Mark am 15. Mai 1916 gepfändet worden. Das LG. erklärte die Pfändung für unzulässig, weil sich damals der gepfändete Geldbetrag im Eigentume des Klägers befunden habe. Die Berufung ist begründet.

Die X. hatten allerdings laut des Abkommens das ihnen vom Kläger gelieferte Bier für dessen Rechnung zu verkaufen; daß aber das dafür erlöste Geld ohne weiteren Rechtsakt in das Eigentum des Klägers übergehen sollte, ist nicht bestimmt. Das Abkommen hat daher nur obligatorische Bedeutung. Die zum Eigentumserwerb des Klägers nach § 929 erforderliche Vereinbarung liegt somit nicht vor. Sie wäre hier dann nicht erforderlich, wenn die X. als Besitzdiener des Klägers hinsichtlich des vereinnahmten Biergeldes zu erachten wären; denn der Besitzdiener erwirbt das Eigentum einer übergebenen Sache nicht für sich, sondern für seinen Geschäftsherrn. Allein die X., die wohl die tatsächliche Gewalt über das eingenommene Biergeld im Geschäft des Klägers ausübten, waren vermöge des obligatorischen Charakters des Abkommens nicht verpflichtet, die Weisungen des Klägers hinsichtlich des Biergeldes zu befolgen. Sie konnten das Biergeld für sich verwenden oder auch mit ihrem eigenen Geld vermischen. Für sie bestand nur die obligatorische Verpflichtung, mit dem Kläger über das verkaufte Bier abzurechnen und ihm nach Abzug ihrer Vergütung den Kaufpreis hinauszuzahlen. Sie haben aber auch das Biergeld mit ihrem eigenen Gelde vermischt. Da sie die in der Wirtschaft genossenen Speisen, Liköre 2c für eigene Rechnung verkauften, ist ausgeschlossen, daß sie bei der Vereinnahmung der einzelnen Zechen jeweils das Biergeld von den sonstigen Einnahmen absonderten. Frau X. will diese Absonderung erst immer abends oder wenn sie gerade Zeit hatte, vorgenommen haben. Indem sie also das Biergeld bei der Vereinnahmung mit ihrem sonstigen Wirtschaftserlöse vermischte, wurde sie mit ihrem Manne Alleineigentümer des täglichen finanziellen Wirtschaftsergebnisses; dem Kläger stand an diesem auch nicht ein Miteigentum zu (Staudinger § 948 N. 6B, Bl. für RA. 72 S. 633). Das Abkommen hat aber auch keine bloße Stellvertretung begründet. Es beschränkt sich nicht darauf, den Verkauf des Bieres den X. zu übertragen, es berechtigt sie auch zum Gebrauch und zur Nutzung von Gegenständen und Räumen (Fremdenzimmer) gegen bestimmte Gegenleistungen. Es steht hiernach ein einheitlicher Mischvertrag in Frage, auf den die den Zweck und den zu unterstellenden Parteiabsichten jeweils entsprechenderen Sätze, sei es des Miet-, sei es des Pachtrechts anzuwenden sind. Die X. standen sohin teils in einem Stellvertretungs-, teils in einem Miet- und Pachtverhältnisse zum Kläger. Der § 868 räumt allerdings dem Verpächter (Vermieter) einen unmittelbaren Besitz ein, aber dieser bezieht sich nur auf diejenigen Sachen, die der Gegenstand der Pacht (Miete) sind, hier sonach auf die Wirtschaftsräume, die Fremdenzimmer, das Wirtschaftsinventar. Darunter fällt aber nicht das Biergeld.

Beizupflichten ist dem LG., daß die Wirtschaftsgäste das Eigentum des von ihnen für das Bier bezahlten Preises an den Kläger hätten übertragen können und wollen, da ihr Übertragungswille nicht auf eine bestimmte Person gerichtet, ihnen vielmehr die Person des Erwerbers völlig gleichgültig war. Da aber die X. nicht Besitzdiener des Klägers waren, noch ein dinglicher Vertrag im Sinne des § 929 bestand, so erwarben sie den Besitz des Geldes schon wegen der Vermischung mit ihrem eigenen zunächst nur für sich; wollten sie diesen Besitz bei der abendlichen oder gelegentlichen Abrechnung an den Kläger übertragen, so mußte dieser Übertretungswille auch äußerlich in die Erscheinung treten (RG. 73 S. 418). Diesem Erfordernis ist aber nicht genügt.... P. n.

d) **Einigung nach § 929. Errichtungsort eines Testaments. Bedeutung des § 181 BGB.**

OLG. Hamm, 2. ZS. Urteil v. 22. Juni 1917.

Die Eheleute H. haben 1915 ein privates, gemeinschaftliches Testament errichtet. Nach dem Tode des H. holte aus dessen Kolonat der Beklagte, Vater der minderjährigen Witwe, einen Wallach, dessen Eigentum der Kläger als gesetzlicher Erbe des H. für sich beansprucht, weil das Testament ungültig sei. Das LG. hat ihn abgewiesen. Seine Berufung ist begründet.

1. Bei der Entscheidung über die Erteilung des Erbscheins hat bereits das Kammergericht am 18. April 1916 das Testament der Eheleute H. für nichtig erklärt. Dem war beizutreten. Das Testament wurde unstreitig in der (westf.) Stadt Lengerich in der Wohnung des Pfarrers errichtet. Als Errichtungsort ist aber angegeben: „Ringel bei Leng". Diese Bezeichnung (§ 2231 Nr. 2) ist unzutreffend. Ringel ist eine zur Landgemeinde Leng gehörige Bauerschaft, also Teil einer selbständigen, neben der Stadtgemeinde Leng bestehenden und mit dieser zum Amte desselben Namens vereinigten

politischen Gemeinde. Die Bezeichnung „Ringel bei Lenz“ stellt keine übliche Benennung für die Stadt Lenz, den Ort, an dem das Testament tatsächlich errichtet wurde, dar. Ebensowenig läßt sich die unrichtige Bezeichnung aus dem sonstigen Inhalte des Testaments aufklären und richtig stellen. Die Folge des hiernach vorliegenden wesentlichen Formmangels ist die Nichtigkeit des Testaments (RG. 51 S. 166; 64 S. 423). Es kann deshalb dahingestellt bleiben, ob diese Nichtigkeit nicht auch aus dem weiteren Grund anzunehmen ist, weil die Frau H. wegen ihrer Minderjährigkeit gültig nicht in privater Form verfügen konnte (§ 2247) und die somit gegebene Nichtigkeit ihrer Verfügung bei dem Vorliegen eines gemeinschaftlichen und zugleich gegenseitigen Testaments auch die Verfügung des Mannes ergreift (§ 2270[1, 2]). Bei der Nichtigkeit des Testaments fiel das Gut nach dem AnerbenGes. vom 2. Juli 1898 §§ 13 ff. dem Kläger als dem unstreitigen Anerben zu; das Pferd wurde als Gutszubehör Eigentum des Klägers.

2. Beklagter will als gesetzlicher Vertreter seiner Tochter das Pferd an sich selber verkauft haben. Dieses Kaufgeschäft war jedoch nach § 181 nicht geeignet, ihm das Eigentum des Pferdes zu verschaffen. Selbst wenn man dem Geschäft eine durch Genehmigung heilbare Unwirksamkeit beilegt, so konnte es nur durch einen der Frau H. gerichtsseitig zu bestellenden Pfleger (§ 1909) genehmigt werden, und zwar nur so lange, als Beklagter noch das Pferd besaß. Das vom Beklagten behauptete Einverständnis seiner Frau ersetzte nicht die Genehmigung des Pflegers; ein Fall der tatsächlichen Behinderung des Vaters oder des Ruhens der elterlichen Gewalt (§§ 1685, 1677) lag nicht vor. Hat übrigens der Verkauf des Pferdes nur dem Vorteile der Frau H. gedient, so wurde dadurch der § 181 nicht unanwendbar (Warn. 3 S. 431). Deshalb kann der Beklagte nicht vorbringen, er habe gutgläubig seine Tochter für die Eigentümerin des Pferdes gehalten (§ 932). Sein guter Glaube ist bedeutungslos, weil es an einer rechtlich wirksamen Einigung über den Eigentumsübergang fehlt. Nur eine solche, nicht aber eine mangels Genehmigung des Vertretenen für diesen unwirksam gebliebene, bewirkt in Verbindung mit der Übergabe den Eigentumsübergang (RG. 54 S. 47). Demnach bedarf es keiner weiteren Prüfung, ob § 932 nicht auch deshalb unanwendbar ist, weil der Kläger mit dem Eigentume des Pferdes dessen unmittelbaren Besitz erlangte (§§ 1922, 857 BGB.; §§ 13, 18 Anerbenges.) und diesen Besitz gegen seinen Willen durch die Fortschaffung vom Hofe verlor, mithin ihm das Pferd im Sinne des § 935 abhanden gekommen ist.

3. Gegenüber dem in der Klageschrift geltend gemachten Anspruche auf Herausgabe des Pferdes hatte Beklagter wegen seiner Verwendungen ein Zurückbehaltungsrecht, solange er das Tier besaß (§§ 273, 1000). Indem es ihm auf Grund der einstw. Verfügung des LG. genommen und dem Kläger zurückgegeben wurde, endigte jenes Recht und wurde der Herausgabeanspruch gegenstandslos. An dessen Stelle hat der Kläger ohne Klagänderung An-

erkennung seines Eigentums und Belassung des Besitzes begehrt. Diese Leistungen sind wesentlich andere, als die früher verlangte. An ihnen steht dem Beklagten ein Zurückbehaltungsrecht wegen angeblich geschuldeter Gegenleistungen nicht zu, weil Leistung und Gegenleistung nicht zusammenhängen. Für den wieder das Pferd besitzenden Kläger handelt es sich wirtschaftlich in der Hauptsache nur mehr um die Erstattung der Kosten des ursprünglich auf Herausgabe gerichteten Prozesses, für den Beklagten um Ersatz für Futter- und Pflegekosten. Der Schuldner soll aus Billigkeitsgründen nicht genötigt werden, das in seinen Händen befindliche Sicherungsmittel fortzugeben. Diese Gründe bestehen hier nicht mehr, seitdem die einstw. Verfügung vollstreckt ist. Anspruch und Gegenanspruch beruhen nicht auf demselben rechtlichen Verhältnis und ihre Loslösung voneinander widerspricht nicht dem natürlichen wirtschaftlichen Zusammenhange und den Grundsätzen von Treu und Glauben (RG. 68 S. 34, 83 S. 268). Übrigens wäre es praktisch bedeutungslos, wenn Beklagter gemäß § 274 zur Anerkennung des Eigentums nur Zugumzug gegen Zahlung einer ziffermäßig bestimmten Geldsumme verurteilt würde. Eine schriftliche Anerkenntniserklärung wird nicht verlangt, auch nicht geschuldet; inhaltlich erschöpft sich der Antrag mit der — einer Zurückbehaltung nicht zugänglichen — richterlichen Feststellung, daß das Pferd Eigentum des Klägers sei. Betrachtet man aber — hierüber hinausgehend — die vom Kläger begehrte Anerkennung als eine durch Worte oder Handlungen auszudrückende Willenserklärung, mithin als eine an sich zurückhaltbare Leistung, so würde sie als erfolgt gelten mit der Erteilung einer vollstreckbaren Ausfertigung des rechtskräftigen Urteils (§§ 894, 726, 730 ZPO.). Diese Erteilung würde allerdings voraussetzen, daß der Kläger den festgesetzten Geldbetrag gezahlt oder angeboten habe (§§ 756, 765 ZPO.). Der Kläger hat nun aber keinerlei wirtschaftliches Interesse daran, auf diesem umständlichen Wege eine für ihn praktisch wertlose Zwangsvollstreckung zu betreiben.

Der weitere Antrag auf Belassung des Besitzes erstrebt seinem Inhalte nach die Verurteilung des Beklagten zur Unterlassung besitzentziehenden und besitzstörender Handlungen. Diese Unterlassung kann indes jedenfalls begrifflich nicht Gegenstand einer Zurückbehaltung sein; eine Verurteilung des Beklagten dahin, das Pferd in dem Besitze des Klägers Zugumzug gegen Zahlung einer bestimmten Summe zu belassen, hätte keinen Sinn. N. t.

e) **Abtretung des Herausgabeanspruchs in § 931 BGB.**

OLG. Cassel, 2. ZS. Beschluß v. 4. April 1917.

Der Kläger klagte auf Lieferung der der Beklagten abgekauften Häute, die schon seit der Zeit vor Kaufabschluß bei R., dem zurückgetretenen ersten Abkäufer jener Häute, lagerten. Die Hauptsache erledigte sich dadurch, daß R. entgegen seiner bisherigen Weigerung dem Kläger die Häute lieferte. Die Kostenentscheidung hängt davon ab, ob die Beklagte ihre Lieferungsverpflichtung durch Übertragung des Eigentums an den Häuten auf den Kläger gemäß § 931 erfüllt habe. Dies ist zu verneinen. Zwar war zurzeit des Vertragsschlusses die Beklagte Eigentümerin der Häute und R. nur Verwahrer für sie (vgl. § 868). Ebensowenig besteht ferner Zweifel darüber, daß Beklagte diese bei R. lagernden Häute dem Kläger zu Eigentum hat übertragen und der Kläger von der Beklagten die Häute hat erwerben wollen. Allein Eigentumserwerb gemäß § 931 erfordert nicht nur Einigung der Parteien über den Erwerb, sondern auch Abtretung des Herausgabeanspruchs vom Eigentümer an den Erwerber (vgl. RG. Rsp. 8 S. 110, 111). Anzunehmen, daß die Einigung über den Eigentumsübergang regelmäßig die Abtretung des Herausgabeanspruchs einschließe, daß Eigentum durch bloßen Vertrag übergehe, daß die Abtretung „subintelligiert" werden müsse und nur konstruktive Bedeutung habe (vgl. Reichel, dogm. Jahrb. 53 S. 149; Kohler, 12 Studien 342 f.; v. Tuhr, Allgem. Teil 1 S. 266[105]), ist nicht vereinbar mit § 931, der unzweideutig Abtretung des Herausgabeanspruchs außer der Willenseinigung über den Eigentumsübergang verlangt. Richtig ist nur so viel, daß die Anspruchsabtretung im einzelnen Falle ohne weiteres in dem Übereignungsvertrage wird gefunden werden können (vgl. Gierke, Deutsches Privatrecht 2 S. 549[23]), ohne daß dabei auf einer klaren Vorstellung der Parteien davon bestanden werden mußte, daß es zugleich gilt, den Herausgabeanspruch abzutreten (vgl. Planck § 931 N. 3c Abs. II). Ein solcher Fall steht aber nur dann in Frage, wenn Anhalt dafür gegeben ist, daß es der Wille der Parteien war, sogleich mit dem Übereignungsvertrage die Eigentumsübertragung zu verwirklichen. Diesen Anhalt gewährt hier zunächst nicht die Tatsache, daß Beklagte den Kläger und dann dessen Spediteur angewiesen hatte, die Häute von R. abzuholen. Die Anweisung zwingt nicht dazu, anzunehmen, daß die Beklagte sich mit ihr aller ihrer Rechte an den Häuten gegenüber R. habe begeben wollen. Andernfalls hätte die Beklagte nicht noch einige Tage nach der Anweisung an den Kläger schreiben können, dieser solle sich die Häute eventuell holen lassen und die von R. als dessen Unkosten geforderten 28 Mark mit Vorbehalt zahlen, sie werde ein weiteres tun. Überdies hat sich Beklagte in den Schriftsätzen damit: dem Kläger hätten keinerlei Ansprüche gegen R. zugestanden, verteidigt und erst später Eigentumserwerb des Klägers aus § 931 vorgebracht. ... B. S.

f) **Klage gegen die Polizei auf Herausgabe eines ihr abgelieferten Fundes.**

OLG. Hamburg, 1. ZS. Urteil v. 4. April 1917.

Von den verschiedenen Möglichkeiten, wie der Beutel mit Inhalt an die Stelle gekommen ist, wo der Kläger ihn aufgenommen hat, erscheint am nächstliegenden die, daß es sich um einen Fund handelt, daß nämlich die eingeklagten Sachen ohne den Willen des bisherigen Besitzers besitzlos geworden waren. ... Sache des beklagten Staates wäre es unter solchen Umständen gewesen, besondere, gegen einen Fund sprechende Umstände darzutun, was nicht geschehen ist. Insbesondere stellt sich seine Annahme, daß der frühere Besitzer die Sachen zur Abholung zu gelegener Zeit versteckt habe, als eine bloße Vermutung dar, die schon deshalb wenig wahrscheinlich erscheint, weil der Beutel zwar unter einem Strauch, aber doch sonst offen auf dem Boden gelegen hat, zu dem der Zutritt von der Straße aus möglich und keineswegs besonders schwierig war.

Liegt nun ein Fund vor, so ist der Kläger, dessen Rechte durch die Ablieferung an die Polizeibehörde nicht berührt sind, gemäß § 973 Eigentümer der Sachen geworden und kann ihre Herausgabe nach § 976² von dem Staat verlangen. Für diesen Anspruch ist nach hamb. VerhältnisGes. der Rechtsweg zulässig; denn die Beziehungen zwischen dem Finder, der eine Fundsache an die Polizeibehörde abgeliefert hat und dann als Eigentümer Herausgabe verlangt, sind nicht ausschließlich öffentlich-rechtlicher Natur, sondern beruhen in wesentlichen Punkten auf dem bürgerlichen Recht. Die nach dem Fundrecht des BGB. der Polizeibehörde zugewiesenen Obliegenheiten sind öffentlich-rechtlicher Natur nur insoweit die Ermittlung des unbekannten Empfangsberechtigten und der Schutz seiner Rechte in Frage kommt. Sind diese Punkte erledigt, weil gemäß § 973 der Finder das Eigentum an der Fundsache erworben hat und alle sonstigen Rechte daran erloschen sind, so ist für das öffentliche Interesse kein Raum mehr.

Nicht anders liegt im Ergebnis die Sache, wenn ein Fund im Rechtssinne nicht in Frage kommen sollte. Denn jedenfalls hat der Kläger den Besitz durch Erlangung der tatsächlichen Gewalt über die Sachen erworben (§ 854). Indem diese dann zwischen den Parteien als Fundsachen behandelt wurden, besonders der Kläger sie gemäß § 967 der Polizei übergab und diese ihn beschied, verlor der Kläger nicht etwa seinen Besitz, vielmehr wurde zwischen den Parteien ein Verhältnis im Sinne des § 868 begründet. Dieses, vom Kläger abgeleitete unmittelbare Besitzrecht des Beklagten war aber nicht unbegrenzt, erlosch vielmehr, sobald sich herausstellte, daß die Voraussetzungen, unter denen es eingeräumt war, nämlich ein Fund, nicht vorlagen. Der Kläger könnte dann also, auch wenn er nicht Eigentümer der Sachen geworden sein sollte (zB. auch nicht gemäß § 958), kraft seines Besitzrechtes und auf Grund des zwischen ihm und dem Beklagten gemäß § 868 bestehenden Verhältnisses die Herausgabe verlangen. M. M.

g) **Unzulässige Einwirkungen. Auslegung des Klagantrags.**

OLG. Braunschweig, 2. ZS. Urteil v. 16. Mai 1916.

Die beklagte Gewerkschaft, die mit behördlicher Genehmigung ein Kalisalzbergwerk betreibt, führt ihre Endlaugen dem Flusse in einer Röhrenleitung zu. Diese führt in der Nähe eines zu Schulzwecken benutzten Grundstücks der Klägerin vorbei und hat einen Brunnen, der bisher für die Kinder und den Lehrer das erforderliche Trink- und Waschwasser von täglich 60 Liter lieferte, stark chlorhaltig und gesundheitsschädlich gemacht. Die Klägerin hat deshalb beantragt, „ihr auf dem Grundstück der Schule gutes Trinkwasser in einer Menge von 60 Litern täglich zu verschaffen“. Das LG.

sieht im Einklang mit den Parteien die Klage als Schadensersatzklage mit dem Ziele der Herstellung des früheren Zustandes (§ 249) an. Ziel und Fassung des Klagantrags gestatten aber auch die Auffassung der Klage als Abwehrklage, gerichtet auf Beseitigung der Beeinträchtigung (§ 1004). Das entspricht dem Interesse der Klägerin entschieden mehr. Denn die Abwehrklage erfordert kein Verschulden des Störers (RG. 51 S. 411). Der Störer kann sich auch nicht dem Anspruch durch Geldentschädigung entziehen, wenn die Beseitigung für ihn nur mit unverhältnismäßigen Aufwendungen möglich ist. § 251² findet auf die Abwehrklage keine Anwendung. Bei der Ersatzklage gilt in beiden Punkten das Gegenteil. Unmöglich (JW. 1910 S. 754[15]) ist hier die Beseitigung der Beeinträchtigung nicht. Bei enger Auffassung mag es allerdings so scheinen; denn es ist nicht möglich, das Erdreich in der Umgebung des Brunnens von dem ihm zugeführten Chlor, das sich nach dem Gutachten in Chlorkalzium umgesetzt hat, zu befreien und zu entseuchen und auf diesem Wege wieder der Klägerin brauchbares Wasser in der früheren Menge zu verschaffen. Aber darauf kommt es für die Möglichkeit der Beseitigung der Beeinträchtigung auch nicht an, ebensowenig wie für die Möglichkeit der Herstellung des früheren Zustandes. Es treffen im wesentlichen dieselben Erwägungen zu, die das RG. 76 S. 147/8 bezüglich der Ersatzklage anstellt. Es ist der Ton auf das wirtschaftliche Moment zu legen. Eine Beseitigung der Beeinträchtigung ist danach schon dann nicht unmöglich, wenn es möglich ist, dem Grundstücke auf irgend einem anderen Wege, als dem der Entseuchung des Erdreichs, Trinkwasser in der früheren Güte und Menge zu verschaffen. Diese Möglichkeit ist aber vorhanden. . . . Der § 26 GewO. steht nicht entgegen. Der Klagantrag fordert keinerlei Veränderungen in dem Betriebe des Bergwerks oder der Fabrik der Beklagten und ebensowenig in der Anlage oder der Benutzung ihrer Röhrenleitung; er bezielt nur Wiederanschaffung brauchbaren Wassers in irgend einer Weise. W.n.

h) **Briefmarkensammlung als Ganzes. Ersitzung.**

OLG. Dresden, 7. ZS. Urteil v. 13. Juli 1917.

Nach dem Beweisergebnisse war das von dem Beklagten verkaufte Briefmarkenalbum Eigentum des Klägers und ist 1906 an dessen Bruder, den Erblasser der Beklagten, lediglich deshalb gelangt, weil es in dem ihm von seinem Vater geliehenen Schreibtisch sich befand, ohne daß der Vater das Eigentum daran auf den Erblasser übertragen wollte. Demgegenüber kann sich die Beklagte nicht auf § 1006 berufen. Denn da der Kläger sein Eigentum bewiesen und dargetan hat, daß der Erblasser den Besitz nicht in einer das Eigentum begründenden Art erworben hat, so ist die gesetzliche Vermutung widerlegt. Wenn nunmehr Beklagte Eigentumserwerb auf Grund Ersitzung behauptet, so ist sie beweispflichtig, sowohl für den Eigenbesitz (§ 872) als für den Ablauf von zehn Jahren seit dessen Erwerbe (§ 937, Biermann Sachenrecht § 937). Ist schon zweifelhaft, ob der gute Glaube des Erblassers aus der Zeugenaussage gefolgert werden kann, so ist die Beklagte den Beweis für die zehnjährige Frist gänzlich schuldig geblieben. Sie behauptet zwar, der Erblasser habe bereits Ende 1890 den Besitz an dem Briefmarkenalbum erlangt, erklärt aber, einen Beweis dafür nicht antreten zu können. Bis 1905 hatte ein anderer Bruder des Klägers den Schreibtisch zu Hause, dh. im Hause seiner Eltern, in Benutzung. 1906 erhielt ihn der Erblasser. Die zehnjährige Frist war also bei seinem Tode noch nicht abgelaufen. Ob die Frist bei der Klagzustellung (18. September 1916) abgelaufen war, ist ungewiß, weil nicht feststeht, an welchem Tage im Jahre 1906 der Erblasser den Schreibtisch mit der Sammlung erhalten hat.

Der Kläger kann den vollen, durch den Verkauf der Briefmarkensammlung erzielten Erlös verlangen, mag sich auch durch die Brüder des Klägers der Bestand der Sammlung durch Vertauschen und Hinzufügen einzelner Marken im Laufe der Jahre verändert haben. Denn eine Briefmarkensammlung ist als körperliche Gesamtsache ein einheitliches Ganzes, an dem selbständig und unabhängig von dem Wechsel der sie bildenden Einzelsachen Rechte begründet werden können. Die Sachinbegriffe wurden schon nach gemeinem Recht dann als selbständige Sachen angesehen, wenn sie nach der Verkehrsanschauung einen von der Individualität unabhängigen Bestand haben (Regelsberger Pandekten S. 370, 373). Das trifft, wie auf die Herde und die Bibliothek, auch auf eine Münz- oder Briefmarkensammlung zu. Das BGB. hat hieran nichts geändert; es behandelt den Sachinbegriff als etwas Feststehendes und setzt in § 1035 auch voraus, daß dingliche Rechte an ihm bestehen können. Dem Kläger stand also das Eigentum an der Sammlung als solcher, nicht an dem Album und den einzelnen Marken zu und das Wesen dieser Sammlung wurde nicht dadurch verändert, und sein Eigentum daran nicht dadurch beeinträchtigt, daß seine Brüder Marken daraus entnahmen und durch andere ersetzten (Hölder, Allg. Teil S. 206; Gierke, Privatrecht 2 S. 53). Da das die einzelnen Marken enthaltende Album als die Hauptsache anzusehen ist, so erlangte der Kläger an den neu hinzugekommenen Briefmarken auch dann Eigentum, wenn sie etwa seinen Brüdern gehörten (§ 947[2]). —e—

i) **Dienstbarkeit[1]: α) einer Wasserableitung. Ersitzung. Beeinträchtigung.**

[1] Die Verpflichtung des Grundeigentümers, „schädliche, von den ordnungsmäßig betriebenen Bergwerksanlagen des A. ausgehende Einwirkungen, wie Zuführung von Rauch, Ruß, Staub, Entziehung von Wasser u. dgl. auch über die vom Gesetze gezogene Grenze hinaus zu dulden," ist als beschränkte persönliche Dienstbarkeit eintragungsfähig; denn es handelt sich nicht um eine bloße Wiederholung der dinglichen Befugnisse, welche dem Bergwerkseigentümer gegenüber dem Grundeigentümer nach den Grundsätzen des Bergrechts oder sonstigen gesetzlichen Bestimmungen (§§ 903, 906 BGB., § 26 GewO.) zustehen; vielmehr soll unabhängig von den Schranken der bergrechtlichen Vorschriften und über diese hinaus die weitgehendste Befugnis zur Duldung der beschriebenen Einwirkungen begründet werden. Deshalb sind auch nicht die Worte „über die vom Gesetze gezogene Grenze hinaus" zu beanstanden, zumal der Inhalt der gesetzlichen Befugnisse des Bergwerkseigentümers aus dem Gesetze nicht mit einer für alle Fälle zweifelsfreien Klarheit zn entnehmen ist, die beantragte Eintragung aber bezüglich ihrer Tragweite ausreichend bestimmt ist. Dagegen darf neben der selbstän-

OLG. Augsburg, 1. ZS. Urteil v. 29. Dezember 1917.

Die seit Menschengedenken bestehenden Gräben I und II gehen an der Grenze zwischen den Wiesen der Parteien und zuletzt eine Strecke über die Wiese des Beklagten zu einem Mühlbache, wohin das in den Gräben gesammelte Wasser mündete. Der Beklagte hat die Strecke auf seinem Grundbesitze mit Erde gefüllt. Dazu war er nicht berechtigt. Die beiden Gräben sind künstliche Anlagen; sie können sich nicht durch natürlichen Ablauf des Wassers gebildet haben. Sie haben seit ihrer Entstehung zur Ableitung des Wassers gedient, da die jeweiligen Anlieger sie wechselweise je nach Bedarf aufflachen, was nur zu dem Zwecke geschah, dem in den Gräben sich sammelnden Wasser einen ungehinderten Ablauf nach dem Mühlbache zu verschaffen. Da zur Absteckung einer Grenze zwischen Grundstücken wohl Grenzsteine, Pfähle oder auch Raine dienen, nicht aber Gräben mit 40 cm Tiefe, so mußten die streitigen Gräben neben ihrem Zwecke, die Grenze darzustellen, auch bezweckt haben, das Wasser nach dem Mühlbach zu leiten. Daß die Zweckbestimmung der Anlage gerade auf Ableitung des Wassers gerichtet ist, erscheint nicht erforderlich; es genügt, wenn nur dieser Erfolg tatsächlich herbeigeführt wurde (Meisner, Nachbarrecht S. 418).

Nach dem hier maßgebenden gemeinen Rechte ist sowohl die ordentliche wie die außerordentliche Verjährung eines Rechts durch dessen Besitz bedingt. Ein auch noch solange fortdauernder tatsächlicher Zustand, der nicht den Charakter der Herrschaft über die Sache in der dem Inhalt der Dienstbarkeit entsprechenden Richtung, den Charakter der Rechtsausübung an sich trägt, kann nicht als zur Begründung einer Dienstbarkeit geeignet angesehen werden. Allein sofern sich diese Herrschaft durch die Errichtung einer Anlage auf fremdem Boden kundgibt, verliert der Beweis der Unvordenklichkeit alle Bedeutung, da schon das Bestehen dieser Anlage, die, weil eine künstliche, notwendig die Veränderung des früheren Zustandes in sich schließt, während der Dauer der gewöhnlichen Verjährungsfrist durch die hiermit verbundene tatsächliche Ausübung der Herrschaft über die Sache bei dem Vorhandensein der übrigen Verjährungserfordernisse, die auch der unvordenklichen Verjährung eigen sind, den Erwerb des Rechtes nach sich zieht (Ob. LG. a. F. 2 S. 243). Ein solcher Rechtsbesitz durch Errichtung einer Anlage auf fremdem Boden liegt bei beiden Gräben zugunsten des Klägers vor. Da dieser Besitz schon seit 1882 bestand, sohin den zur ordentlichen Ersitzung einer Grunddienstbarkeit erforderlichen Zeitraum von 10 Jahren längst erreicht hat, auch ununterbrochen und fehlerlos war, so ist die Dienstbarkeit einer Wasserableitung ersessen. Denn für den guten Glauben ist nicht mehr er-

bigen Begründung der dinglichen Duldungspflicht nicht zugleich eingetragen werden, daß die Duldung „ohne Entschädigung" zu geschehen hat; denn dies betrifft nicht die dingliche Seite des Rechtsverhältnisses, sondern lediglich die schuldrechtliche und persönliche, die dem Grundbuche nur insoweit zugänglich ist, als ihr das Gesetz Einfluß auf die Gestaltung der dinglichen Rechte gestattet; das liegt hier nicht vor (KG., 1. ZS. Beschluß v. 18. April 1916, KGJ. 49 S. 195 und RJA. 15 S. 232).

forderlich, als daß der Ersitzende oder seine Rechtsvorgänger die redliche Überzeugung gehabt haben, mit den Besitzhandlungen kein materielles Unrecht zu begehen (Ob.LG. 8 S. 1155). Das Bewußtsein von der Rechtsnatur des Ausübungsrechts ist zur Begründung des guten Glaubens nicht erforderlich (Seuff. 47 Nr. 188). Es genügen solche Einwirkungen auf eine fremde Sache, die in der Meinung vorgenommen wurden, als ihr Eigentümer oder sonstwie zur Einwirkung berechtigt zu sein. P.n.

β) **der Aussicht. Teilung des belasteten Grundstücks.**

OLG. Hamburg, 6. ZS. Urteil v. 20. Dezember 1917.

Die Beklagte meint, daß nicht der ganze, im Vertrage vorgesehene Teil ihres Grundstücks von der Gerechtsame betroffen werde, und daß daher der Kläger, der trotzdem jenen ganzen Teil belastet verlange, gegen § 1019 verstoße. Diese Auffassung ist rechtsirrtümlich. Die im Vertrage eingeräumte Dienstbarkeit schreibt vor, daß ein gewisser nach Himmelsrichtungen bezeichneter Teil des Grundstücks der Beklagten nur mit Einzelwohnhäusern, und ferner nur in solcher Höhe bebaut werden dürfe, daß den Wohnplätzen des Klägers freie Aussicht auf die Elbe verbleibe. Beide Belastungen bieten dem Grundstücke des Klägers in vollem Umfange Vorteil. Die Tatsache, daß nach der Sachlage nur ein Teil des Geländes der Beklagten und von diesem Teile wiederum nur ein kleinerer Teil, als im Vertrage vorgesehen, von der Belastung betroffen wird, hat mit § 1019 nichts zu tun. Unter der Voraussetzung, daß im übrigen der in § 1019 aufgestellte Grundsatz beachtet wird, steht durchaus frei, dem gesamten Grundstücke eine Dienstbarkeit aufzuerlegen, welche nur einen Teil desselben betrifft (Staudinger § 1018 I k). Gerade für diesen Fall trifft der § 1026 Vorsorge. Wird das dienende Grundstück geteilt, so werden, wenn die Ausübung der Grunddienstbarkeit auf einen bestimmten Teil des belasteten Grundstücks beschränkt ist, die Teile, die außerhalb des Bereiches der Ausübung liegen, von der Dienstbarkeit frei. Daß, davon abgesehen, hier bei Abtrennung weiterer Teilstücke zweifelhaft werden kann, ob das abgetrennte Stück in den Bereich der Belastung fällt, mag zugegeben werden. Es ist denkbar, daß rein tatsächlich ein vertraglich unter die Belastung fallendes Trennstück nicht in den Aussichtsbereich hineinragt. Allein nicht mindere Zweifel können entstehen, wenn dem Verlangen der Beklagten nachgegeben und für den Aussichtsbereich ein bestimmter Kreisausschnitt festgelegt werden würde. Denn es steht keineswegs fest, daß die in Betracht kommenden Gelände in aller Zukunft unverändert bleiben werden. Abtragungen und Erhöhungen können die Sachlage wesentlich verändern, und es muß daher in jedem Einzelfalle besonderer Prüfung überlassen bleiben, ob die belasteten Geländeteile dem Inhalte der Belastung entsprechend benutzt werden.

Ohne Grund hält ferner die Beklagte den Inhalt der Grunddienstbarkeit, wie er im Vertrage umschrieben steht, für zu unbestimmt und daher nicht für eintragbar. Die Bezeichnung „auf den westlich und südlich belegenen

Terrains der Verkäuferin" ist klar und jedenfalls auf Grund der Sachlage leicht auszulegen. Es lag für die Vertragschließenden auf der Hand, daß die im Norden und Osten des — dem Kläger verkauften — Trennstücks gelegenen Teile des Geländes der Beklagten für die Aussichtsgerechtsame unter keinen Umständen in Betracht kommen konnten. Man nahm sie daher von der Belastung ausdrücklich aus. Die Bezeichnung „westlich und südlich" sollte die Teile decken, die für die Aussicht irgendwie in Betracht kommen konnten, ohne daß man es für nötig hielt, engere Grenzen anzugeben. Will man dieser natürlichen und daher nächstliegenden Auffassung beider Vertragsteile Rechnung tragen, so muß man den vertraglich belasteten Teil in der Weise ermitteln, daß man von dem nördlichsten Punkte des nördlichsten Hausplatzes des Klägers eine Linie nach Westen und von dem östlichsten Punkte des östlichsten Hausplatzes des Klägers eine Linie nach Süden zieht. Hiernach wäre die Grunddienstbarkeit so, wie im Vertrage vorgesehen, eintragbar. Sollten aber Bedenken herrschen, so könnte daraus die Beklagte kein Recht hernehmen, die Bewilligung und Beantragung der Eintragung überhaupt abzulehnen. Sie wäre vielmehr verpflichtet, unter Zugrundelegung der oben gegebenen Auslegung der Vertragsbestimmung eine Zeichnung anfertigen zu lassen und diese ihrem Antrage beim Grundbuchamt beizufügen. Da es sich um ihr Gelände handelt, ist es ihre Sache, die Zeichnung, die ohne jede Schwierigkeit herzustellen ist, zu beschaffen. Daran ändert die Pflicht des Klägers, die halben Kosten zu tragen, nichts. . . . M. M.

$\gamma$) **Fällt eine Autogarage unter die Dienstbarkeit, die die Anlegung eines Stalles verbietet?**

OLG. Hamburg, 5. ZS. Urteil v. 22. Dezember 1916.

Das LG. hat dem Beklagten, der das Grundstück Nr. 13 von dessen Eigentümer, dem Nebenintervenienten, gemietet hat, verboten, das darauf befindliche Gebäude als Autogarage zu benutzen. Auf dem Grundstück ist nämlich eine Grunddienstbarkeit eingetragen, daß darauf kein Stall und keine Mistgrube ohne Genehmigung des Eigners des Grundstücks Nr. 17 angelegt werden darf. Allein dem LG. kann darin, daß im Sinne der Grunddienstbarkeit eine Autogarage als Stall anzusehen sei, nicht beigetreten werden. Es ist richtig, daß die Verhältnisse so liegen können, daß diese Gleichstellung berechtigt ist. Dem — vom RG. am 2. Januar 1915 V 341 bestätigten — Urteile des OLG. Frankfurt (Bauzeitung 1915 S. 107) lag gleichfalls zugrunde, daß ein Grundstück mit der Dienstbarkeit belastet war, daß auf ihm kein Stallgebäude errichtet werden dürfe. Das OLG. hat dahin erkannt, daß wegen dieser 1899 oder später begründeten Dienstbarkeit nach dem Sinne des zugrunde liegenden Vertrags auch keine Autohalle (Garage) darauf erbaut werden dürfe; das Wort „Stallgebäude" sei zwar zunächst auf einen Unterkunftsraum für Tiere zu beziehen, umfasse aber auch doch weiter die gewöhnlich mit einem solchen verbundenen Räume, wie Kutscherwohnung und Räume zur Unterbringung der Wagen; deshalb sei anzunehmen, daß auch die zur Unterbringung eines Kraftwagens bestimmte Garage nach dem Vertrage verboten sein solle; ein Kraftwagen verursache mindestens ebenso erhebliche Belästigungen für die Nachbarschaft, wie ein Pferdestall; mit Rücksicht darauf, daß der ganze Grundstückskomplex nur mit Villen bebaut werden sollte, müsse angenommen werden, daß die Parteien schon bei Eintragung der Grundgerechtigkeit zwar in erster Linie an ein Verbot der Errichtung von Unterkunftsräumen für Pferde gedacht hätten, daß sie aber weiter auch die Errichtung aller solcher Gebäulichkeiten verbieten wollten, die die gleiche Belästigung mit sich bringen.

Zutreffend ist jene Entscheidung auf die Auslegung des Vertragswillens der die Grunddienstbarkeit begründenden Parteien abgestellt und zutreffend hat sie die Umstände und Verhältnisse des besonderen Falles berücksichtigt. Der Wortlaut einer bestellten Dienstbarkeit verträgt in derselben Weise die Auslegung nach dem wirklichen Willen der Beteiligten und Treu und Glauben, wie andere Willenserklärungen. Hier liegt der Fall wesentlich anders: es handelt sich zunächst nicht um ein Gelände, das ausschließlich mit Villen bebaut war oder bebaut werden sollte; vielmehr wurde auf einem Teile der Nr. 13 seit langen Jahren ein Fuhrwerksgeschäft betrieben. So heißt es denn auch im § 3 des diesen Teil betreffenden Vertrags von 1857, daß etwa aufzuführende Gebäude, Mistkisten und Privets 5 Fuß von der Grenze zu bleiben hätten, und daß Geräusch machende und üblen Geruch verbreitende Geschäfte (F u h r m a n n s b e t r i e b a u s g e n o m m e n) nicht darin betrieben, auch keine Fabriken darin angelegt werden dürfen. Sodann aber gibt der Vertrag vom 24. März 1873, durch den die Dienstbarkeit zu Lasten des an der Badstraße belegenen Restes des Grundstücks begründet worden ist, deutlichen Anhalt dafür, daß es sich hier keineswegs um ein Verbot aller solcher Gebäude handelte, die mit einem Stall vergleichbar sind. Denn es sind im § 4 ausdrückliche Bestimmungen getroffen, in welcher Weise eine etwa auf dem Grundstück zu errichtende Remise erbaut werden müsse, die Errichtung einer solchen ist also zweifellos nicht verboten. Eine Remise dient der Aufbewahrung von Kutschwagen, die auch in oder vor der Remise gereinigt zu werden pflegen, und eine Kraftwagenhalle steht einer Remise näher als einem Stall. Auch ist von Bedeutung, daß ein Stall, wobei, wie nach den Umständen selbstverständlich, an einen Pferdestall zu denken ist, besondere Belästigungen, vor allem Mistgeruch und Fliegenplage mit sich bringt, die bei einer Autohalle nicht vorhanden sind. Daß bestimmt ist, es dürfe auch keine Mistgrube auf dem Platz angelegt werden, deutet darauf hin, daß der Verkäufer sich gerade gegen Belästigung dieser Art schützen wollte. Es würde unter diesen Umständen zu weit gehen, wenn man den Willen der Vertragschließenden so frei auslegen wollte, daß sie, wenn sie beim Vertragsschluß 1873, als Kraftwagen noch völlig unbekannt waren, mit der Errichtung einer Autohalle hätten rechnen können, auch diese untersagt hätten und deshalb eine solche auch verboten sei. Anders läge es, wenn die Parteien einen erweiternden Zusatz, wie Stall „oder dergleichen" angewendet hätten. M. M.

δ) **Übertragung einer persönlichen beschränkten Dienstbarkeit. Eintritt des Rechtsnachfolgers (ZPO. § 265).**

OLG. Hamburg, 6. ZS. Urteil v. 1. Juli 1916.

Das LG. hat mit Recht den vom Kläger A. als derzeitigem Eigentümer des Grundstücks Nr. 40 erhobenen Anspruch, der Beklagte B. solle seine an der Hofmauer und an dem Nottreppengebäude jenes Hauses befindlichen Kabel sofort entfernen, für unbegründet erklärt. Die Ausführungen des Klägers, daß er die Führung der Kabel nur der 1900 erloschenen Firma X., und auch dieser nur unter Vorbehalt des jederzeitigen Widerrufs, der am 1. Oktober 1910 dem Beklagten erklärt sei, erlaubt habe, erscheinen widerlegt. Einmal widersprechen sich beide Behauptungen selbst, insofern unverständlich ist, wie der Kläger eine Erlaubnis, die nur der Firma X. erteilt sein soll und mit dieser schon 1900 erloschen wäre, am 1. Oktober 1910 dem Beklagten gegenüber widerrufen konnte. Sodann folgt aus der eigenen Erklärung des Klägers, daß die Befugnis zur Kabelführung an den Haus- und Mauerwänden des klägerischen Grundstücks „der Blockstation für elektrische Beleuchtung Nr. 36", „für die Zeit ihres Bestehens", nicht nur ihrer derzeitigen Inhaberin X. eingeräumt sein sollte. . . .

Auch wenn in der Gestattung der Leitungsanlage, wie nach der eigenen Erklärung des Klägers anzunehmen, eine persönlich beschränkte Dienstbarkeit eingeräumt werden sollte, würde § 1092, der die Übertragbarkeit einer solchen ausschließt, der Befugnis des Beklagten nicht entgegenstehen. Denn die von vornherein getroffene Bestimmung des Berechtigten nach Maßgabe einer gewissen Eigenschaft oder Rechtsbeziehung, die sein Interesse an der Benutzung des Grundstücks begründet, wie hier die Inhaberschaft der Blockstation, ist ohne Frage bei Einräumung einer persönlich beschränkten Dienstbarkeit gesetzlich zulässig, „sofern nur", wie hier, „das durch die Dienstbarkeit zu befriedigende Bedürfnis konkret begrenzt ist und den Charakter der Dauer hat" (vgl. Staudinger § 1092 B 2 b, d). Dies entspricht auch dem Parteiwillen, insofern der Kläger selbst die Dienstbarkeit der Firma X. eingeräumt haben will, dh. dem jeweiligen Inhaber dieser Firma. Der Eintritt einer anderen Person in das also von vornherein zur Voraussetzung der Berechtigung gemachte Rechts- oder Lebensverhältnis stellt aber keine Übertragung dieser Berechtigung im Sinne des § 1092 dar, beruht doch die Berechtigung jedes neuen, die ursprüngliche Voraussetzung erfüllenden Inhabers lediglich auf der ursprünglichen Gestaltung, die von vornherein jeden so Berechtigten in ihren Kreis einbezogen hat.

Dagegen hat jetzt Beklagter die Aktivlegitimation des Klägers deshalb, weil A. sein Grundstück während des Prozesses an St. verkauft und aufgelassen hat, beanstandet und dem Eintritte des St. in den Prozeß widersprochen. Dieser Eintritt ist in der Tat unberechtigt. § 266[1] ist hier nicht anwendbar, weil ihm Vorschriften des bürgerlichen Rechts zugunsten derjenigen, die Rechte von einem Nichtberechtigten herleiten, entgegenstehen. Für diesen Fall schreibt § 266² die Anwendung des § 265³ vor, wonach dem veräußernden Kläger, sofern das Urteil nach § 325 ZPO. gegen den Rechtsnachfolger nicht wirksam wäre, entgegengesetzt werden kann, daß er zur Geltendmachung des Anspruchs nicht mehr befugt sei. Nun wirkt durch § 325¹ das rechtskräftige Urteil allerdings für und gegen die Parteien und diejenigen Personen, die nach Eintritt der Rechtshängigkeit ihre Rechtsnachfolger geworden sind. Allein nach § 325² finden, wie nach § 266², die Vorschriften des bürgerlichen Rechts zugunsten derjenigen, welche Rechte von einem Nichtberechtigten herleiten, auch hier entsprechende Anwendung. Diesen gewiß nicht sehr deutlichen Ausdruck haben Stein (ZPO. § 325 IV 1, § 266 IV), Struckmann-Koch (§ 325²) u. a. nach der Begründung der Novelle von 1898 mit Recht dahin aufgefaßt, daß die entsprechende Anwendung auf den Rechtsnachfolger, der erst wie hier während der Rechtshängigkeit erworben hat, nicht notwendig voraussetzt, daß er von einem Nichtberechtigten erworben habe. Er muß sich nur darauf berufen können, daß der Inhalt des Grundbuches, in welchem das nach Behauptung des Beklagten auf dem Grundstück lastende Recht nicht eingetragen steht, zu seinen Gunsten als richtig gilt, daß also zurzeit seines Erwerbes weder ein Widerspruch gegen die Richtigkeit eingetragen, noch ihm die Unrichtigkeit bekannt war (BGB. § 892).

So aber liegt die Sache hier. Beschränkt persönliche Dienstbarkeiten können in Hamburg auch nach 1. Januar 1910 ohne Eintragung fortbestehen; die Eintragungs- und Anmeldepflicht der §§ 49 ff. AG. zum BGB. bezieht sich auf sie nicht. Doch ist ihre Eintragung zur Erhaltung ihrer Wirksamkeit gegenüber dem öffentlichen Glauben des Grundbuchs erforderlich. Daher greift § 325¹ gegen St. nicht Platz; dh. das gegen den Kläger A. ergehende Urteil auf Abweisung wirkt nicht gegen seinen Rechtsnachfolger St., da sich dieser darauf berufen kann, daß die zwischen dem Kläger A. und dem Beklagten streitige Verpflichtung aus dem Grundbuche nicht ersichtlich ist. Daß dem St. die Verpflichtung bekannt gewesen sei, wird nicht behauptet. M. M.

k) **StundungsVO. vom 8. Juni 1916. Kapital- oder Zinsenforderung?**

OLG. Karlsruhe, 2. ZS. Beschluß v. 30. Januar 1917.

Das Amtsgericht hat auf Antrag des Schuldners N. die Zwangsvollstreckung aus der mit der Klausel vom 12. September 1916 versehenen Vollstreckungsurkunde bezüglich des ganzen darin genannten Betrags von 7775 Mark bis zum 1. November 1917 für unzulässig erklärt. Auf Beschwerde des Gläubigers ist jedoch für den Betrag von 5800 Mark eine Zahlungsfrist von nur 6 Monaten bewilligt. Die weitere Beschwerde des Schuldners ist begründet. Der Schuldtitel, den der Gläubiger am 12. September 1916 erlangt hat, besagt, daß die Bank von der ihr gegen N. zustehenden Darlehensforderung von 311000 Mark an den jetzigen Gläubiger den Teilbetrag von 7775 Mark abgetreten habe, und daß für diesen Teilbetrag die Ausfertigung dem Rechtsnachfolger der Bank zum Zweck der Zwangsvollstreckung erteilt werde. Diese Klausel läßt keinen Zweifel darüber aufkommen, daß der jetzige Gläubiger einen Teilbetrag der Kapitalforderung der Bank erworben hat, und nicht etwa eine Zinsenforderung von 5800 Mark und daneben einen Anteil am Kapital mit 1975 Mark. Auf Grund dieses Titels kann der Gläubiger wegen des Kapitalbetrags von 7775 Mark gegen N. vollstrecken. Ob die Klausel mit Recht oder Unrecht in dieser Form erteilt worden ist, haben die Vollstreckungsorgane nicht nachzuprüfen, da für sie die Klausel, so wie sie erteilt ist, bindend ist, solange sie nicht entsprechend der dem OLG. vorgelegten „Anerkennungs- und Bestätigungsurkunde" vom 11. Juli 1916 abgeändert ist (Rsp. 20 S. 332). Sie sind daher auch nicht befugt, jene Urkunde vom 11. Juli 1916 und die dem LG. vorgelegte Erklärung der Bank vom 22. November 1916 zu dem Zweck heranzuziehen, um die Vollstreckungsklausel dahin auszulegen, daß der darin als abgetreten bezeichnete Teilbetrag von 7775 Mark sich aus 5800 Mark Zinsen und aus 1975 Mark Kapital zusammensetzt; für sie ist vielmehr der ganze Betrag von 7775 Mark ein Teil der Kapitalforderung von 311000 Mark, und zwar ohne Rücksicht darauf, ob die Bank mit dem jetzigen Gläubiger eine „Kapitalisierung" der Zinsen vereinbarte, als dieser als Bürge des Hauptschuldners an die Bank die 7775 Mark bezahlte. B.

1) **Als Sicherheit bestellte Verkehrshypothek: §§ 1113, 1184 BGB.**

OLG. Cassel, 1. ZS. Urteil v. 6. November 1917.

Der Beklagte, der mit der klagenden Bank in Geschäftsverbindung stand, hatte für sie auf seinem Grundstück eine — nicht valutierte — Verkehrshypothek eintragen lassen, die ihr als Sicherheit für das etwaige Passivsaldo des Beklagten aus seiner laufenden Rechnung mit ihr dienen sollte. Dieses im Geschäftsverkehr übliche und rechtlich zulässige Sicherungsgeschäft hat den Inhalt, daß die Hypothek für das innere Verhältnis der Parteien lediglich die Funktion einer Höchstbetragshypothek zu versehen hat: zwischen den Parteien ist als vereinbart anzusehen, daß die Hypothek nach Art einer Höchsthypothek bis zum Höchstbetrage des Kapitals und der Zinsen für Ansprüche der Klägerin gegen den Beklagten aus dem Kontokorrentverkehr haften solle (vgl. RG. 60 S. 245). Hat hiernach die Klägerin die Rechtsstellung des Gläubigers einer Höchsthypothek, so kann sie die Verkehrshypothek so weit in Anspruch nehmen, als — was sie zu beweisen hat — die durch sie zu sichernde Forderung aus dem Kontokorrentverhältnis entstanden ist, mag dieses nun ein eigentliches oder uneigentliches gewesen sein. Eine derartige Verwertung widerspricht weder dem im Bankverkehr Üblichen, noch bringt sie, wie der Beklagte meint, der Klägerin doppelte Zahlung von Zinsen aus der Hypothek und aus der laufenden Rechnung, die nach des Beklagten eigenem Vorbringen die Hypothekenzinsen nicht berücksichtigt hat. Ebensowenig hat die Klägerin auf eine Inanspruchnahme der Hypothek, wie sie jetzt in Frage steht, dadurch verzichtet, daß sie die Hypothekenzinsen früher nicht gefordert und die Hypothekenforderung nicht in die laufende Rechnung aufgenommen hat. Denn beide Unterlassungen entsprechen dem der Hypothek vertragsmäßig eingeräumten Charakter als Höchsthypothek und der Erwägung, daß während bestehenden Kontokorrentverhältnisses sich der Gläubiger aus Sicherheiten nicht befriedigen kann, weil ja solange einzelne Forderungen und vorgetragene Saldi als gestundet gelten (vgl. Staub N. 18, Ritter N. 3 zu § 355 HGB.). Daraus folgt, daß es unerheblich ist, ob die Parteien, wie Beklagter behauptet, bei der Eintragung der Hypothek vereinbart haben, daß die Klägerin Zinsen aus der Hypothek während des Kontokorrentverhältnisses nicht verlangen könne. Für die Zeit nach dessen Aufhebung aber kann eine solche Vereinbarung auch nicht als stillschweigend getroffen angesehen werden, weil sie unverträglich wäre mit dem Sicherungszweck der Hypothekbestellung. Entscheidend ist vielmehr lediglich, ob der Klägerin nach der unstreitigen Rechnungsaufhebung ein Passivsaldo insoweit zusteht, als sie die Hypothek beansprucht. B.s.

m) **Ausstellung einer beglaubigten Verpfändungserklärung.**

OLG. Hamm, 2. ZS. Urteil v. 6. Juli 1917.

Für ein von X. erhaltenes Darlehen gab ihm der Grundeigentümer A. Akzepte, ließ auch eine Grundschuld eintragen und den Brief ihm aushändigen. A. zahlte demnächst das Darlehen zurück, unterließ aber die Rückforderung des Briefes. Später entlieh X. vom Kläger 5000 Mark und verpfändete dafür schriftlich die Grundschuld unter Übergabe des Briefes. Als über den Nachlaß des X. der Konkurs eröffnet wurde, erfuhr der Kläger, daß X. zur Verpfändung der Grundschuld nicht berechtigt gewesen war. Der beklagte Verwalter erkannte das Recht des Klägers auf abgesonderte Befriedigung an, ebenso die Forderung als Ausfallforderung, lehnte aber ab, in öffentlich beglaubigter Form anzuerkennen, daß X. dem Kläger die Grundschuld verpfändet habe. Diese Ablehnung ist nicht gerechtfertigt. Denn X. hat die Grundschuld dem Kläger rechtswirksam verpfändet und ist nach § 1154 S. 2 verpflichtet, die Verpfändungserklärung in öffentlich beglaubigter Form auszustellen. Diese Verpflichtung ist auf den Beklagten übergegangen; er vertritt die Konkursmasse; die Erben des X. waren, solange der Konkurs schwebt, zur Ausstellung der Erklärung nicht berechtigt. Die Verpflichtung hat ihren Rechtsgrund in der Verpfändung als solcher. Die letztere ist auch ohne Beglaubigung der Verpfändungserklärung zwischen Pfandgläubiger und Pfandschuldner vollwirksam; aber die Beglaubigung gibt erst dem Pfandgläubiger seine Legitimation gegenüber dem Grundbuchamt bei Erwirkung der Eintragung seines Pfandrechts (§§ 29, 40 GrBO.), und seine Legitimation gegenüber dem Grundstückseigentümer, wenn dieser wie hier seine Befugnis gebraucht, von dem seine Rechte verfolgenden, nicht eingetragenen Gläubiger die Vorlegung einer beglaubigten Verpfändungserklärung zu fordern. Daraus folgt, daß eine Einrede, die gegen die Verpfändung als solche nicht gegeben ist, gegen den

Anspruch auf die beglaubigte Urkunde nicht zuzulassen ist. Der Beklagte darf mithin nicht geltend machen, es seien nachträglich Umstände eingetreten, die zwar die Wirksamkeit der Verpfändung nicht berührten, aber dem Anspruche auf Ausstellung der Urkunde entgegenständen. Ebensowenig widerspricht es dem Anstandsgefühl aller billig und gerecht Denkenden, wenn der Kläger, der das Pfandrecht einwandfrei erworben hat, ungeachtet seiner nachträglich eingetretenen Kenntnis von der Nichtverfügungsbefugnis des X. seine Rechte ausnutzen will und zu diesem Zweck die Beglaubigung verlangt. Das Recht des Klägers ist kein lediglich formales Recht, dessen Geltendmachung dem Beklagten gegenüber ein materielles Unrecht enthielte. N.t.

n) **Vormerkungen zugunsten der Fideikommißbehörde?**

Kammergericht, 1. ZS. Beschluß v. 24. Mai 1917.

Das Amtsgericht hat die von der Landschaftsdirektion gestellten Eintragungsanträge zurückgewiesen. Die Beschwerde blieb erfolglos, weil die mitbeantragte Vormerkung aus § 1179 zugunsten des OLG. Kiel als Fideikommißaufsichtsbehörde nicht eintragbar sei und deshalb nach § 16² GrBO. auch die übrigen Anträge zu Recht zurückgewiesen seien. Die Landschaftsdirektion hat alsdann die übrigen Anträge ohne den aus § 1179 wiederholt; ihnen ist nunmehr stattgegeben. Darauf hat sie, insoweit ihr die Kosten der abweisenden Beschlüsse auferlegt sind, weitere Beschwerde eingelegt. Diese ist jedoch nicht begründet. Der § 16² GrBO. ist nicht verletzt. Das LG. stellt einwandfrei fest, daß ohne die Vormerkung auch die anderen Eintragungen nicht haben erfolgen sollen. Es geht zutreffend davon aus, daß der § 16² nicht mit ausdrücklichen Worten getroffen zu sein braucht. Daß sie hier aber vorlag, ergibt sich aus dem ganzen Inhalt der die Bewilligung der Vormerkung enthaltenden Urkunde, zumal sämtliche Anträge in einem einheitlichen Schreiben zur Erledigung übersandt worden sind.

Die Zurückweisung der Anträge und der Beschwerde ist demnach zu Recht erfolgt, wenn die Vormerkung nicht eingetragen werden konnte. Auch in dieser Entscheidung ist ein Rechtsirrtum nicht ersichtlich. Es ist nicht zu beanstanden, daß das LG. dahingestellt sein läßt, inwieweit dingliche Rechte für eine Behörde eingetragen werden können, wenn diese lediglich als Vertreterin einer juristischen Person in Frage zu ziehen ist. Das Fideikommiß ist keine juristische Person. Hier ist daher nicht ersichtlich, daß und wen etwa das OLG. Kiel in diesem Sinne vertreten sollte. Es hat ganz offenbar nur als die nach § 49 AG. zum GVG. zur Aufsicht berufene staatliche Fideikommißbehörde mit den Rechten aus § 1179 BGB. ausgestattet werden sollen. Das ist aber nicht angängig. Die Vormerkung des § 1179 ist ein ausschließlich im privaten Interesse geschaffener Rechtsbehelf und kann ihren Träger nur mit privatrechtlichen Befugnissen bekleiden. Zur Wahrnehmung solcher ist aber das OLG. als Fideikommißaufsichtsbehörde nicht berufen. Ob und inwieweit die letztere nach den für Schleswig-Holstein in Betracht kommenden fideikommißrechtlichen Bestimmungen in Ausübung privatrechtlicher

Befugnisse der Fideikommißbeteiligten von ihrer Genehmigung abhängig machen oder sie zu privatrechtlichen Handlungen verpflichten kann, ist hier nicht zu entscheiden; denn hier soll die Behörde selber zur Vormerkungsberechtigten aus § 1179 gemacht werden. Privatrechte können aber nur physischen oder juristischen Personen beigelegt werden. Die Behörde als solche hat keine juristische Persönlichkeit. Auch der Umstand, daß es sich hier um Aufnahme eines Pfandbriefdarlehns für die Landschaft handelt, rechtfertigt die Eintragung nicht, da der Beschwerdeführerin satzungsgemäße Vorschriften dieses Inhalts im Sinne von Art. 1, 167 EG. zum BGB. und Art. 21 Pr. AG. zum BGB. nicht zur Seite stehen. Ebensowenig kann sie sich darauf berufen, daß das Darlehen zur Beschaffung von Kriegsanleihe aufgenommen ist und deshalb der § 2 V. vom 14. September 1916 (GS. S. 121) Platz greife. Wenn dort gesagt ist, die Genehmigung der Aufsichtsbehörde könne unter Bedingungen und Auflagen erteilt werden, und in § 5 die Entscheidung der Aufsichtsbehörde für unanfechtbar erklärt ist, so hat damit weder der Behörde die Befugnis zum Erwerb privater Rechte beigelegt noch eine neue sachenrechtliche Norm geschaffen werden sollen, so daß dahingestellt bleiben kann, ob die VO. etwas Derartiges überhaupt hätte bestimmen können. Die Landschaft beruft sich schließlich noch darauf, daß in landesherrlichen Erlassen über die Genehmigung zur Aufnahme von Pfandbriefdarlehn auf Schleswig-Holsteinschen Fideikommißgütern sich der Satz findet „Der Fideikommißbesitzer hat sich, wenn tunlich, grudbuchmäßig zu verpflichten, die Hypothek nach Tilgung der Anleihe auf Verlangen der Fideikommißbehörde im Grundbuche löschen zu lassen." Auch damit hat indessen keine Grundlage für die Eintragung einer Löschungsvormerkung für die Behörde geschaffen werden sollen, wie sich schon aus der bedingten Fassung der Bestimmung ergibt. Ob und auf welchem sonstigen Wege dem § 1179 ähnliche Wirkungen erzielt werden können, braucht hier nicht erörtert zu werden. B.p.

o) **Hypothek für Teilschuldverschreibungen. Pfandentlassung von Grundstücksteilen durch den Gläubigervertreter.**

Kammergericht, 1. ZS. Beschluß v. 13. April 1916.

Auf mehreren Grundstücken des Beschwerdeführers ist eine Sicherungshypothek von 4500000 Mark für Schuldverschreibungen, die an die Firma S. begeben sind, eingetragen und dabei vermerkt, daß S. zur Vertreterin der jeweiligen Inhaber der Schuldverschreibungen gemäß § 1189 BGB. bestellt und befugt sei, einzelne Grundstücke dann aus der Pfandhaft zu entlassen, wenn dafür ein gleichwertiges anderes Grundstück hypothekarisch belastet oder ein dem Werte des Grundstücks nach dem Gutachten zweier Sachverständiger entsprechender Barbetrag als Sicherheit für die Gläubiger hinterlegt wird, es sei denn, daß es sich um einen geringfügigen Teil der Grundstücke handelt und durch die Freilassung nach dem Ermessen der S. eine Beeinträchtigung der Teilschuldverschreibungen nicht zu befürchten ist. 1915 entließ S. eine

Reihe von Parzellen, deren Wert auf etwa 43000 Mark angegeben ist, aus der Mithaft. Auf den Antrag des Eigentümers, daraufhin die Pfandentlassung einzutragen, verlangte das Grundbuchamt den Nachweis, daß eine der Voraussetzungen vorliege, unter denen S. zur Pfandentlassung befugt sei. Der Eigentümer überreichte darauf ein Schreiben der S., in welchem diese bestätigt, daß der Eigentümer zur Erfüllung der Pflichten, die mit der Freigabe der Parzellen verbunden sind, bei S. 45000 Mark als Sicherheit hinterlegt habe. Das Grundbuchamt verlangte nunmehr weiter den Nachweis, daß die Hinterlegung in bar erfolgt sei und daß nach dem Gutachten von zwei Sachverständigen der Wert der freigegebenen Grundstücke 45000 Mark nicht übersteige. Die Beschwerde hierüber wurde zurückgewiesen. Auch die weitere Beschwerde ist unbegründet.

Zu den hauptsächlichsten Pflichten des Grundbuchamts gegenüber Eintragungsbewilligungen gehört die Prüfung, ob der Bewilligende befugt ist, über das dadurch betroffene Recht zu verfügen. Nun darf es zwar in der Regel, falls eine Eintragungsbewilligung durch einen Vertreter erklärt wird, nicht mit der Nachprüfung des dem Vertretungsverhältnisse zugrunde liegenden Kausalgeschäfts belastet werden. Hiervon ausgehend hat der Beschluß (Rsp. 3 S. 6) für zulässig erklärt, daß es eine Vollmacht zurückweist, die es nötigt, das innere Auftragsverhältnis und dessen Erfüllung zu prüfen. Im Falle einer Bevollmächtigung kann die Vollmachtsurkunde, die einzureichen ist, auch uneingeschränkt erteilt werden, selbst wenn das zugrunde liegende Auftragsverhältnis den Bevollmächtigten an Anweisungen des Geschäftsherrn bindet und ihm Verfügungen nur beim Vorliegen gewisser Voraussetzungen gestattet. Bei der Verfügungsmacht eines gemäß § 1189 bestellten Gläubigervertreters liegt die Sache aber anders. Das Gesetz gestattet ihm nur, „bestimmte Verfügungen über die Hypothek zu treffen". Zur Bestellung des Vertreters ist die Eintragung in das Grundbuchamt erforderlich (§ 1189 Satz 2). Dabei ist nach allgemeiner Ansicht mit einzutragen, welche Verfügungsbefugnisse er haben soll; denn erst deren Angabe gibt der Bestellung ihren Inhalt, so daß ohne Eintragung der Befugnisse die Bestellung wirkungslos ist. Daraus folgt, daß hier eine Beschränkung der Verfügungsbefugnisse des Vertreters, da sie zum Inhalt der Verfügungsbefugnisse gehört, eingetragen werden muß. Wenn sie im Innenverhältnisse bestehen soll, muß sie auch nach außen durch die Eintragung in Erscheinung treten und dadurch zur Kenntnis des Grundbuchrichters kommen, der auf Grund dieser Eintragung die Verfügungsbefugnis des Gläubigervertreters zu prüfen hat. Demnach hat, wenn im Einzelfalle die Verfügungsbefugnis dadurch eingeschränkt worden ist, daß die Verfügung dem Gläubigervertreter nur beim Vorliegen gewisser Voraussetzungen gestattet ist, der Grundbuchrichter das Recht und die Pflicht, den Nachweis zu verlangen, daß diese Voraussetzungen vorliegen. Es läßt sich in solchen Fällen nicht umgehen, daß er insoweit in eine Prüfung der materiellen Voraussetzungen der formellen Eintragungsbewilligung eintritt. Übrigens kommt eine ähnliche Prüfungspflicht des Grundbuchrichters in Ansehung materieller Voraussetzungen auch sonst vor. So hat er unter Umständen auch nachzuprüfen, ob es sich bei der Eintragungsbewilligung eines Vorerben oder eines Testamentsvollstreckers um eine unentgeltliche Verfügung handelt. Bei der Pfandentlassung einzelner Parzellen handelt es sich um eine Verfügung über die Hypothek. Vorliegend ist nach den Eintragungen im Grundbuche S. zu der Pfandentlassung nur beim Vorliegen genau bezeichneter Voraussetzungen befugt. Die Zulässigkeit der diesbezüglichen Einschränkungen läßt sich nicht bezweifeln. Das Grundbuchamt hat hiernach mit Recht den Nachweis verlangt, daß nach diesen Voraussetzungen die Verfügungsbefugnis der S. zur Pfandentlassung gegeben ist.

Nach den eigenen Angaben der Beteiligten kommt weder die Belastung eines anderen gleichwertigen Grundstücks anstelle der freigegebenen Parzellen in Frage, noch wird geltend gemacht, daß es sich um einen geringfügigen Teil der verhafteten Grundstücke handele. Die Gläubigerin ist deshalb zur Pfandentlassung nur dann als befugt anzusehen, wenn nachgewiesen wird, daß ein dem Werte des Grundstücks nach dem Gutachten zweier Sachverständiger entsprechender Barbetrag hinterlegt ist. Zutreffend verlangt das Grundbuchamt zunächst den Nachweis, daß die Hinterlegung in bar erfolgt ist. Es wird ferner aber noch zu prüfen haben, ob die Hinterlegung bei der S. selbst ausreichend ist, was von hier aus nicht beurteilt werden kann, da die bei der Eintragung der Verfügungsbefugnisse in Bezug genommenen Eintragungsbewilligungen nicht vorliegen. Selbstverständlich genügt zum Nachweise der Hinterlegung keinesfalls das Schreiben, und zwar schon deshalb nicht, weil dieses nur eine privatschriftliche Urkunde ist. Das Grundbuchamt wird zu erwägen haben, ob die Hinterlegung des Barbetrags nicht sogar als eine Tatsache anzusehen ist, die zu den anderen Voraussetzungen der Eintragung im Sinne des § 29 Satz 2 GrBO. zu zählen ist und deshalb des Nachweises durch öffentliche Urkunden bedarf. Das Gutachten der Sachverständigen unterliegt nur der Formvorschrift des § 29 Satz 1 GrBO., da es sich dabei um eine zu der Eintragung erforderliche Erklärung handelt. Ob die Erklärenden wirklich Sachverständige sind, wird das Grundbuchamt nachzuprüfen haben, nicht dagegen, ob das erstattete Gutachten zutreffend ist. Hiernach lassen sich die notwendigen Nachweise unschwer erbringen. RJA.

p) **Rentenschuld für mehrere nacheinander Berechtigte.**

Kammergericht, 1. ZS. Beschluß v. 16. März 1916.

Die Beschwerdeführerin bewilligte und beantragte, auf ihrem Grundstücke eine Rentengrundschuld von jährlich 4230 Mark einzutragen „1. für den Rentier A. und 2. nach dessen Tode zahlbar für B.“. In der Urkunde erklärt sie weiter: „Die Rente soll mit dem Tode des B. oder, wenn dieser vor A. versterben sollte, mit dessen Tode erlöschen; der Betrag, durch dessen Zahlung die Rentenschuld abgelöst werden könne, beträgt 94000 Mark; der zu erteilende Rentenschuldbrief ist dem A. auszuhändigen.“ Daß hier eine

Rentengrundschuld im Sinne von § 1199 beabsichtigt ist, kann schon deshalb nicht bezweifelt werden, weil dies ausdrücklich in der Eintragungsbewilligung erklärt ist und auch die Erteilung eines Rentenschuldbriefs beantragt ist. Die Frage, ob der Antrag auch mit der Begründung zurückgewiesen werden kann, daß eine Rentenschuld nicht als zeitlich beschränktes Recht bestellt werden könne, und ob sich die Vorinstanzen für diese ihre Ansicht auch auf den Beschluß (KGJ. 20 S. 212) stützen können, kann hier dahingestellt bleiben. Denn der Antrag ist jedenfalls schon aus einem anderen Grunde abzuweisen gewesen.

Es soll hier ein Recht unter derselben Nummer für mehrere Gläubiger eingetragen werden, die nicht in einem Gemeinschaftsverhältnisse stehen, sondern nacheinander berechtigt sein sollen. Das ist nicht zulässig, weil dadurch unklare Rechtsverhältnisse entstehen würden. Zunächst ist schon nicht ersichtlich, wie es mit der Ablösungssumme zu halten ist, wenn die Rentenschuld — was zwar wenig wahrscheinlich ist, aber doch nicht außer dem Bereiche der Möglichkeit liegt — zurzeit der Berechtigung des ersten Gläubigers A. abgelöst werden sollte. Es ist unklar, ob dann etwa B., wenn er den Tod des A. erlebt, Ansprüche auch auf die Abfindungssumme haben soll. Insbesondere ist aber nicht ersichtlich, in welcher Weise die Rentenschuld von A. auf den ihn überlebenden B. übergehen sollte, da eine Gesamtrechtsnachfolge nicht in Frage kommt. Es kann dahingestellt bleiben, ob ein solcher Übergang vielleicht in der Weise rechtlich denkbar wäre, daß die Rentenschuld nach dem Tode des A. zunächst als eine Eigentümerrentenschuld an die Eigentümerin und von dieser dann in demselben Augenblick an B. fällt; denn das liefe auf eine dingliche Verfügung über eine künftige Eigentümerrentenschuld hinaus und wäre als solche ebenso wie die Verfügung über eine künftige Eigentümergrundschuld nicht eintragungsfähig. Für die Konstruktion eines unmittelbaren Übergangs der Rentenschuld von dem ersten auf den zweiten Gläubiger fehlt es jedenfalls an jeder rechtlich möglichen Grundlage. Die Eintragung würde demnach dem Grundsatze widersprechen, daß das Grundbuch ein klares übersichtliches Bild der dinglichen Rechtsverhältnisse geben soll (Predari § 48[7]). Dieser Auffassung widerspricht auch nicht der Beschluß des OLG. Hamburg (Rsp. 31 S. 296). Dort war der Nießbrauch an einer Hypothek zuerst für X. und für die Zeit nach dessen Tode für Z. bestellt. Das ist nicht unzulässig, da ein Übergang des Nießbrauchs von X. auf Z. dabei nicht in Frage kommt, vielmehr Z. dieses Recht mit dem Tode des X. unmittelbar von dem Nießbrauchbesteller erwirbt. M.

q) **Versteigerung des Pfandscheins, den der Pfandleiher selbst ausgestellt und wieder beliehen hat.**

Kammergericht, 7. ZS. Urteil v. 19. Oktober 1917.

Der Beklagte (gewerbsmäßiger Pfandleiher), der dem Kläger 1913 einen Brillantring mit 800 Mark beliehen und darüber den Pfandschein Nr. 909 ausgestellt hat, belieh gleichzeitig diesen Pfandschein mit 200 Mark und stellte hierüber den Pfandschein Nr. 910 aus. Als dieser Schein nicht eingelöst wurde, ließ er ihn 1914 versteigern, wobei er selbst ihn für 50 Mark erwarb. Mit diesem Pfandschein löste er dann bei sich selbst den Ring ein, den er demnächst veräußerte. Mit Recht fordert der Kläger den Ersatz des ihm dadurch erwachsenen Schadens. Es kann dahingestellt bleiben, ob die Art der Beleihung durch Beleihung des Brillantringes mit 800 Mark und durch sofortige weitere Beleihung des Pfandscheins mit 200 Mark selbst bei Einwilligung des Verpfänders zulässig ist und welche Einwendungen gegen die Beleihung von Pfandscheinen erhoben werden können. Denn hier handelt es sich doch allein darum, ob der Beklagte den Pfandschein über den Ring ohne diesen — vereinzelt — versteigern lassen durfte. Das muß unbedingt verneint werden. Geht man mit RG. 39 S. 352 davon aus, daß zu den Geschäften des Pfandleihers nach dem Ges. vom 17. März 1881 das gewerbsmäßige Ausleihen von Geld gegen Verpfändung von Gebrauchsgegenständen und Wertpapieren gehört und daß dieses Gesetz nur Faustpfänder als Gegenstände des vom Pfandleiher zu betreibenden Verkaufs vorsieht, so könnte der Verkauf von Pfandscheinen durch den Pfandleiher nur dann wirksam sein, wenn Pfandscheine als Wertpapiere anzusehen wären. Das sind sie aber nicht, es sind vielmehr Legitimationspapiere oder auch wohl Beweisurkunden oder Urkunden über ein Rechtsverhältnis (vgl. Henrici Zwangsvollstreckung in Wertpapiere S. 14, 64; Falkmann Zwangsvollstr. S. 741; KGBl. 2 S. 76, 5 S. 5). Hieraus folgt, daß Pfandscheine jedenfalls von dem Pfandleiher, der sie selbst ausgestellt hat, einzeln nicht versteigert werden dürfen; vielmehr darf das allenfalls nur geschehen gemeinschaftlich mit dem Pfand, auf das sich der Pfandschein bezieht. Der Beklagte ist hiervon auch selbst ausgegangen; denn er hat in seinem Briefe dem Kläger auch den Verkauf des Pfandscheins über den Ring und des über diesen Pfandschein ausgestellten Scheins Nr. 910 angedroht. Ließ er den letzteren Schein allein versteigern und ersteigerte er ihn selbst für 50 Mark, so erwarb er hieraus formell das Recht auf die Auslösung des Ringes für eine geringe Summe. Dem Kläger als Verpfänder des Ringes wurde das Einlösungsrecht verschränkt. Durch dieses Vorgehen des Beklagten sind aber die Rechte des Klägers nicht gewahrt worden, der unbedingt verlangen durfte, daß der Ring selbst mit versteigert wurde; denn nur so hätte ein rechtlich wie wirtschaftlich befriedigendes Ergebnis erzielt werden können. Der Kläger ist berechtigt, die Rechtsgültigkeit der Versteigerung zu beanstanden und den Beklagten für ihre Folgen verantwortlich zu machen. L.n.

r) **Verpfändung eines Apothekerprivilegs.**

OLG. Rostock, 2. ZS. Urteil v. 15. Dezember 1916.

Der Rat der Stadt Rostock hat in verfassungsmäßiger Weise 1912 die „Bedingungen für den Verkauf der Berechtigung zur Haltung einer sechsten Apotheke“ beschlossen und veröffentlicht, denen die eigentlichen Konzessionsbedingungen unter A beigefügt sind. Der Apotheker P. hat daraufhin die

Konzession erworben und seit 1914 auf seinem Grundstück die Apotheke betrieben, er hat das Grundstück mit Hypotheken belastet und für die ersten, die verschiedenen Gläubigern, darunter auch dem Beklagten, zustehen, auch seine Apothekenberechtigung verpfändet. Nachdem er 1916 in Konkurs geraten war, klagt der Konkursverwalter auf Feststellung, daß dem Beklagten kein Recht auf abgesonderte Befriedigung zustehe. Der Anspruch ist unbegründet.

Ob die Konzession, die nach § 10 der „Bedingungen" nicht bloß auf Lebenszeit gegeben ist, sondern auch auf die Erben übergehen und „veräußert werden" darf, deswegen als eine vererbliche und veräußerliche Personalkonzession zu bezeichnen ist, oder als eine Realgewerbeberechtigung, kann dahingestellt bleiben, da es auf die Bezeichnung nicht ankommt; nur soll bemerkt werden, daß unter Realberechtigungen bald die an ein bestimmtes Grundstück geknüpften Befugnisse zur Ausübung eines Gewerbes verstanden werden, bald jene Berechtigungen zur Ausübung eines Gewerbes, die, ohne an einem bestimmten Grundstücke zu haften, vererblich und veräußerlich sind und gleich dinglichen Rechten behandelt werden (vgl. Staudinger EG. Art. 74 N. 2B, Landmann GewO. I S. 88). Wenn der Kläger unter Berufung auf Elster (Wörterbuch der Volkswirtschaft[3] 1 S. 118) ausführt, in allen Fällen, in denen nicht ein Realprivilegium vorliege, handle es sich, wenn ein neuer Erwerber die Konzession erhalte, um eine Neukonzessionierung, so fragt sich zunächst, ob dabei das Wort Realprivilegium im ersten oder im zweiten Sinne zu verstehen ist, außerdem ist die Ausführung aber überhaupt unrichtig. Denn die Gesetzgebung kann die Frage beliebig regeln, mithin auch eine Regelung vornehmen, die zwischen Realprivilegien, sei es in dem einen oder andern Sinne und einer reinen, nicht übertragbaren Personalkonzession steht, und dann sind im einzelnen noch nach der einen oder der anderen Richtung abweichende Gestaltungen möglich; besonders kann die Veräußerung zwar im allgemeinen gestattet, aber doch wieder beschränkt sein.

Die Ausführung des LG., die Konzession sei entweder nicht übertragbar, dann gehöre sie nicht zur Konkursmasse und sei die Klage wegen mangelnder Aktivlegitimation abzuweisen, oder sie sei übertragbar, dann sei sie auch verpfändbar, die auf Unverpfändbarkeit gestützte Klage mithin ebenfalls abzuweisen, trifft nicht den Kern des Klagevorbringens. Der Kläger will doch offenbar darauf hinaus, daß das Recht auf Verwertung der Apothekerberechtigung zwar zur Konkursmasse gehöre, aber doch nicht verpfändbar gewesen sei. Grundsätzlich ist es möglich, daß ein Recht pfändbar ist und mithin im Konkursfalle zur Masse gehört, daß aber die freiwillige Veräußerung ausgeschlossen oder beschränkt ist (vgl. zB. § 851[2] ZPO. in betreff Forderungen, die nach § 399 BGB. nicht übertragbar sind), ebenso wie umgekehrt die freiwillige Veräußerung eines Rechts möglich, aber die Pfändbarkeit ausgeschlossen oder beschränkt sein kann, wie die Behandlung des Pflichtteilanspruchs zeigt (vgl. § 231[2] BGB., anderseits § 852[1] ZPO.). Es muß daher an der Hand der „Bedingungen" untersucht werden, welche Regelung hier bei der Erteilung der Berechtigung getroffen ist. Nach § 7 das. ist der Konkursverwalter zur Verwertung des Privilegs zugunsten der Masse berechtigt, seine Aktivlegitimation für den gegenwärtigen Rechtsstreit ist mithin nicht zu beanstanden. Aus § 10 ergibt sich weiter, daß die Konzession veräußert werden darf. Danach ist grundsätzlich auch die Verpfändung möglich, es kann sich nur fragen, ob durch andere Bestimmungen die Veräußerung beschränkt oder gerade die Verpfändung ausgeschlossen oder beschränkt ist.

Ausdrückliche Bestimmungen über eine Verpfändung oder deren Ausschluß sind nicht getroffen. Der § 14: Die Verpachtung oder die sonstige zeitweilige Übertragung der Berechtigung darf nur an einen qualifizierten Apotheker geschehen, hat offenbar nur Fälle im Auge, in denen ein anderer die Berechtigung ausübt und ist daher auf eine gewöhnliche Verpfändung nicht zu beziehen. Der § 10², wonach bei Veräußerungen allemal der neue Erwerber die zur Verwaltung einer Apotheke gesetzlich erforderliche Befähigung besitzen und der Behörde nachweisen muß, kann auf Verpfändungen, wie sie hier in Frage stehen, nicht bezogen werden, er trifft nur Bestimmungen für den neuen Erwerber, der den Betrieb der Apotheke übernimmt. Auch aus § 1274 BGB. ist nicht zu entnehmen, daß jene Vorschrift auf Verpfändungen zu übertragen ist, sie ist nur auf den neuen Erwerber anwendbar, wenn es infolge der zwangsweisen Befriedigung des Pfandgläubigers gemäß § 1277 zu einer Veräußerung der Berechtigung kommt. — Den § 10³: „Sowohl in Vererbungs- als in Veräußerungsfällen hat der neue Erwerber sich allen Bestimmungen dieser Konzession für sich und seine Erben zu unterwerfen und dem Rate gegenüber eine Anerkennungs- und Übertragungsakte zu vollziehen," auf Verpfändungen entsprechend anzuwenden, erscheint gemäß § 1274 BGB. nicht schlechthin ausgeschlossen. Denn auch die Verpfändung von Anteilen an einer GmbH. erfordert die Genehmigung, wenn diese für die Abtretung verlangt wird (Rsp. 3 S. 263), ebenso die Verpfändung vinkulierter Namensaktien (Rsp. 26 S. 206). Es fragt sich daher, ob durch § 10³ das Veräußerungsgeschäft getroffen werden und dadurch eine Beschränkung der Veräußerung, dh. der Verfügung des Veräußerers, durch die er das Recht überträgt, festgesetzt werden soll, oder ob der Erwerber in der Ausübung des ihm übertragenen Rechtes beschränkt werden soll, bis er jener Vorschrift genügt hat. Diese richtet sich ihrem Inhalte nach nur gegen den neuen Erwerber, auch sonst ist ihr nicht zu entnehmen, daß der bisherige Inhaber in der Verfügung über sein Recht dadurch beschränkt werden soll. Diese Auffassung entspricht auch der praktischen Gestaltung, die der § 10³ bei der Greifapotheke bei gleichlautenden Bedingungen in den Veräußerungsfällen 1902 und 1903 gefunden hat. Trifft aber die Vorschrift nur die Rechtsausübung des Erwerbers, so kommt sie für die Verpfändung nicht in Betracht, § 1274 erklärt nur für anwendbar die Bestimmungen, die das Übertragungsgeschäft selbst betreffen. . . . J.n.

s) **Ablösungsrecht bei älteren Hypotheken. Vorrang vor einer weiteren Hypothek des bisherigen Gläubigers trotz Löschungsvormerkung.**

Bayer. Oberstes Landesgericht, 1. ZS. Beschluß v. 21. Januar 1916.

Seit 1895 sind für die Wechselbank zwei Hypotheken eingetragen, und zwar an erster Rangstelle ein Annuitätendarlehen von 42000 Mark, an zweiter Rangstelle ein Darlehen von 8000 Mark. Für den Fall der ganzen oder teilweisen Löschungsreife der ersten Hypothek hat der Eigentümer zugunsten der zweiten Hypothek auf das Recht der Rangeinräumung verzichtet; dieser Verzicht wurde gleichzeitig im Hypothekenbuch vermerkt. An dritter Rangstelle steht seit 1911 eine brieflose Hypothek für 9600 Mark Darlehen des H. Nachdem 1914 auf Betreiben der Bank die Zwangsversteigerung angeordnet war, zahlte H. die am 1. Januar und am 1. Juli 1914 verfallenen Annuitäten, wodurch am Kapital 432 Mark getilgt wurden. Die Bank erklärte darauf notariell, daß an dem erststelligen Bankkapitale zu 42000 Mark durch die von den jedesmaligen Eigentümern gezahlten Annuitäten im ganzen 5459 Mark, und zwar bis zum Inkrafttreten des Grundbuchrechts 2398 Mark, nachher 3061 Mark bezahlt worden seien, quittierte hierüber und bewilligte die Löschung des bezahlten Kapitalsteils, nicht aber mit Rücksicht auf den Rangeinräumungsverzicht, dem die Wirkung einer Vormerkung nach § 1179 zukomme, die sonstige Berichtigung des Grundbuchs. Am Schluß erklärte nach Anführung der von H. durch Zahlung befriedigten Ansprüche die Bank noch, daß sie in die durch diese Zahlung und ihre gesetzlichen Folgen veranlaßte Berichtigung des Grundbuchs willige. Das Grundbuchamt trug hierauf dem Antrag des H. entsprechend ein, daß von der erststelligen Hypothek ein Teilbetrag von 432 Mark im Range nach dem Restkapital auf H. übergegangen ist. Demgegenüber beantragte die Bank, aus § 54 GrBO. einen auf die Unrichtigkeit des eingetragenen Rangverhältnisses hinweisenden Widerspruch einzutragen, da entgegen §§ 268, 1150 BGB. das von H. abgelöste Kapital im Range vor der weiteren Bankhypothek eingetragen worden sei. Die Vorinstanzen haben diesen Antrag mit Recht zurückgewiesen.

Das LG. hat die §§ 268, 1150 BGB. seiner Entscheidung zugrunde gelegt. Die Anwendbarkeit des neuen Rechtes in einem Falle, wie dem vorliegenden, ist nicht unbestritten; mit Planck (EG. Art. 170 N. 12c; Staudinger BGB. § 268[5]; Habicht S. 188 (a. M. Bayer. Ob.LG. 4 S. 114, 9 S. 226) ist indessen anzunehmen, daß § 268 auch dann Anwendung findet, wenn das Schuldverhältnis, um dessen Ablösung es sich handelt, schon vor 1900 entstanden ist, und daß auch Art. 189 EG. nicht entgegensteht. Bei Geltendmachung des Ablösungs- oder Eintrittsrechts handelt es sich um einen an das Schuldverhältnis neu herantretenden Tatbestand, der auf die Umwandlung oder Auflösung des bisherigen Schuldverhältnisses abzielt, und dieser ist unter allen Umständen nach dem jetzigen Rechte zu beurteilen. Nicht der Inhalt des früher entstandenen Schuldverhältnisses kommt in Frage, sondern der Inhalt eines neuen Rechtsgeschäfts, das unter der Herrschaft des jetzigen Rechtes vorzunehmen war und durch das das frühere Schuldverhältnis teilweise beseitigt wurde. Daß § 268 sich im 2. Buch 1. Abschnitt (Inhalt der Schuldverhältnisse) findet, tut nichts zur Sache, denn auch andere Vorgänge, die sich zweifelsohne nach jetzigem Rechte richten, wie zB. Leistung durch einen Dritten, Zurückbehaltungsrecht 2c, sind hier geregelt. Sind aber die §§ 268, 1150 anwendbar, so ist auch im Anschluß an RG. 82 S. 133 und mit der jetzt überwiegenden Ansicht (vgl. bes. Planck, Staudinger, Oertmann, den RGKomm. zu § 268, Emmerich, Pfandrechtskonkurrenzen S. 487, dagegen u. a. Enneccerus, Lehrbuch § 246 II 3) anzunehmen, daß bei Geltendmachung des Ablösungsrechts nur einem etwaigen Restbetrage der bezahlten Forderung der Vorrang vor den auf den ablösenden Dritten übergegangenen Teilbetrag zukommen kann, daß dagegen dasselbe Vorrecht einer weiteren selbständigen Forderung desselben Gläubigers nicht zusteht, denn durch die Ablösung wird die Rechtslage des abgelösten Gläubigers nicht zu seinen Ungunsten verändert; dessen nachstehende Hypothek behält ihre Rangstelle wie bisher; durch den Verzicht oder die Zahlung erlischt das dingliche Recht regelmäßig nicht, es besteht vielmehr, auch wenn der Schuldner selbst zahlt, fort, so daß von einem Aufrücken des nachfolgenden Hypothekgläubigers keine Rede sein kann. Die Berufung auf §§ 772² Satz 2, 774 Satz 2 BGB. geht fehl, denn wenn diese Bestimmungen auch für das Mobiliarpfandrecht die von der Beschwerdeführerin gewollte Wirkung haben mögen, was übrigens für das Gebiet des Bürgschaftsrechts verneint ist (RG. 76 S. 195), so ist sie doch nicht in gleicher Weise für das Liegenschaftsrecht anwendbar, da hier im Falle der Ablösung die Hypothek regelmäßig nicht erlischt.

Das gibt die Beschwerdeführerin auch zu; sie meint aber, ihr sei durch den Rangeinräumungsverzicht des Eigentümers, dem nach Art. 59 des ÜbergG. die Bedeutung einer Vormerkung nach § 1179 BGB. zukomme, die Gewähr gegeben, daß ihre weitere Hypothek nachrücken werde, wenn und insoweit die vorausgehende Hypothek sich mit dem Eigentum in einer Person vereinigt. Ob diese Folgerung zutrifft, kann dahingestellt bleiben (dafür: Zeitlmann, Blätter für RA. 1909 S. 77; Güthe, GrBO. 22²²; vgl. auch JW. 1914 S. 916³). Der Beschwerdeführerin steht auf alle Fälle der Umstand entgegen, daß die hier strittige Frage nicht im Grundbuchverfahren ausgetragen werden kann, sondern dem ordentlichen Streitverfahren vorzubehalten ist. Der § 1179 hat nicht die Bedeutung, daß durch die in Aussicht gestellte Vorrückung ein dingliches Recht des nachfolgenden Gläubigers geschaffen wird. Durch die Vormerkung wird der Übergang der Hypothek auf den Eigentümer, wenn sonst die Voraussetzungen gegeben sind, nicht gehindert; der Eigentümer kann trotz der Vormerkung die auf ihn übergegangene Hypothek auf seinen Namen umschreiben lassen und auf einen Dritten übertragen oder mit einem Pfandrechte belasten. Derjenige, zu dessen Gunsten die Vormerkung eingetragen ist, ist lediglich durch § 883² BGB. geschützt. Der Grundbuchrichter darf aber deshalb die Eintragung der Verfügung nicht ablehnen; denn es ist nicht ausgeschlossen, daß der aus der Vormerkung Berechtigte nachträglich zustimmt und so die Verfügung allgemeine Wirksamkeit erlangt. Die Frage, ob und inwieweit die Verfügung des Inhabers der Eigentümergrundschuld, die keine Löschung ist, rechtswirksam ist, liegt auf dem Gebiete des materiellen Rechtes; der Grundbuchrichter hat darüber nicht zu entscheiden. Nach formellem Grundbuchrechte hat er jede Eintragung vorzunehmen, bei der auch nur die Möglichkeit der materiellen Rechtsgültigkeit besteht. Genehmigt der Vormerkungsgläubiger die vom Eigentümer getroffene Verfügung nicht, so kann er von dem Eigentümer oder von demjenigen, der durch Abtretung oder Belastung ein Recht an der Hypothek erlangt hat, die Zustimmung zur Löschung verlangen (§ 888 BGB.); dieses Recht ist im Bestreitungsfalle, aber nicht im Prozeßwege zu betreiben. Eine unter Verletzung gesetzlicher Vorschriften erfolgte unrichtige Eintragung liegt nicht vor.

Was von der rechtsgeschäftlichen Verfügung des Eigentümers gilt, muß in gleicher Weise auch von der gesetzlichen Nachfolge im Falle der §§ 268, 1150 gelten; denn damit ist der Ablösende in die Rechtsstellung des Eigentümers eingetreten; auch seine Verpflichtung zur Löschung ist nur eine obligatorische, und der Grundbuchrichter ist dadurch nicht gehindert, die Umschreibung der Hypothek auf den Ablösenden zu bewirken. Th.

t) **Verschlechterung des Grundstücks. Einstw. Verfügung.**

OLG. Rostock, 1. ZS. Urteil v. 5. November 1917.

Das LG. hat durch einstw. Verfügung die Entfernung der Kraftanlage verboten, die auf dem Grundstücke des Beklagten dem wirtschaftlichen Zwecke des Warenhauses seit 1905 dient und zu dienen bestimmt ist. Demgegenüber behauptet Beklagter, die Kraftanlage sei veraltet, gefährde durch übermäßige Erschütterungen das Gebäude, arbeite übertrieben kostspielig, da jetzt ein städtisches Elektrizitätswerk die erforderliche Beleuchtung für jährlich 750 Mark liefere, sie sei auch großenteils überflüssig geworden, nachdem zwei Stockwerke, die früher dem Betriebe des Kaufhauses gedient hätten, als Mietswohnungen ausgebaut werden. Allein durch das vom Kläger beigebrachte Gutachten des L. wird die Unwirtschaftlichkeit der beabsichtigten Veränderungen glaubhaft gemacht. Das Gebäude ist als Warenhaus gebaut, in drei Stockwerken mit moderner Schaufenstereinrichtung aus Eisen und Spiegelglas versehen. Damit ist der wirtschaftliche Zweck des Hauses, als Warenhaus zu dienen, in einer so charakteristischen Weise begründet, daß ein Umbau derart, daß die zu Laden- und Geschäftszwecken bestimmten oberen Stockwerke zu Mietswohnungen umgestaltet werden sollen, allerdings den Eindruck erwecken muß, daß der Plan dieser Umgestaltung nicht sowohl auf berechtigte wirtschaftliche Erwägungen, als auf eine augenblickliche Verlegenheit infolge Rückganges des auf dem Grundstück betriebenen kaufmännischen Geschäfts zurückzuführen ist. Auch in der elektrischen Anlage ist dieser Charakter eines modernen Warenhauses ausgeprägt. Die ganze kostspielige bauliche Vorbereitung zur Aufnahme der Kraftanlage, die sich in der besonderen Fundamentierung, den Maschinenräumen, den Senkbrunnen ausspricht, erscheint nutzlos verschwendet, wenn die Anlage selbst außer Tätigkeit gesetzt oder gar entfernt wird. Auch die Darlegung des Beklagten, er könne die elektrische Kraft jetzt vorteilhafter vom städtischen Werke beziehen, erscheint schon deshalb nicht schlüssig, weil er die Kosten des Betriebes der eigenen Anlage nicht nachgewiesen hat; sie übergeht aber völlig den Vorteil, den die Unabhängigkeit vom städtischen Werke für ein Geschäftshaus bedeutet. Jedenfalls bedeutet es im Regelfalle — und das muß in diesem Verfahren, das sich mit Glaubhaftmachungen zu begnügen hat, bis auf weiteres den Ausschlag geben — eine sehr wesentliche Beeinträchtigung des Wertes und somit eine Verschlechterung des Grundstücks im Sinne der §§ 1133, 1135, wenn ein schon in seiner ganze Anlage für alle modernen Einrichtungen bestimmtes Warenhaus eine Stromerzeugungsanlage ohne zwingenden Grund wieder aufgibt. Als solcher Grund kann das Alter der Anlage ohne weiteres nicht gelten, und die behaupteten übermäßigen Erschütterungen des Gebäudes durch den Betrieb der Anlage hält L. unter Hinweis auf die solide Ausführung und gute bauliche Beschaffenheit des Kaufhauses für übertrieben und führt sie außerdem im wesentlichen auf eine dem Eigentümer zur Last fallende mangelhafte Instandhaltung der Anlage zurück. Widerspricht demnach die beabsichtigte Verfügung über das Zubehör den Regeln einer ordnungsmäßigen Wirtschaft, so kann auch nicht bezweifelt werden, daß die hierin liegende Verschlechterung des Grundstücks die Sicherheit der Hypotheken des Klägers gefährdet....

Der Antrag ist auch dadurch nicht gegenstandslos geworden, daß inzwischen durch kriegswirtschaftliche Maßregeln die Veräußerung der elektrischen Anlage und ihrer Teile unmöglich geworden sei. Denn die zuständige Behörde kann nicht nur ausnahmsweise die Veräußerung gestatten, sie kann auch selber die Maschinen kaufen oder enteignen. Ohne eine einstw. Verfügung würde der Beklagte in solchem Falle über das Entgelt frei verfügen, den Wert der Maschinen also dem Zugriffe der Grundstücksgläubiger entziehen können. Wohl aber bedarf diese einstw. Verfügung für den Fall einer Veräußerung an die Behörde, die nicht untersagt werden kann, eines besonderen Zusatzes, der eine Verbringung des Gegenwertes verhindert. Gemäß § 938 ZPO. ist daher der Zusatz beigefügt, daß bei behördlicher Enteignung oder bei Verkauf an die Behörde der Beklagte über die Gegenleistung nicht ohne Zustimmung des Klägers verfügen darf. Dr. Br.

---

## 5. Grundbuchordnung. Freiw. Gerichtsbarkeit.

### a) Löschung eines von Amtswegen eingetragenen Widerspruchs auf Bewilligung des Betroffenen.

Kammergericht, 1. ZS. Beschluß v. 13. April 1916.

Nachdem das Grundbuchamt 1913 von den Grundstücken des A. und des B. je $^5/_{1000}$ an M. und N. aufgelassen und umgeschrieben hatte, hat es 1914 diese Auflassung als nur zur Erzielung eines Eigenjagdbezirks zum

Schein erfolgt angesehen (KGJ. 44 S. 213) und von Amtswegen Widersprüche gegen die Richtigkeit der Eigentumseintragung an diesen je $^5/_{1000}$ zugunsten des A. und des B. eingetragen. Die sämtlichen Eigentümer beantragten unter Überreichung öffentlich beglaubtigter Anträge mit Löschungsbewilligung erfolglos die Löschung dieser Widersprüche. Die weitere Beschwerde ist begründet.

Auf die Frage, ob der Widerspruch zu Recht eingetragen worden ist, kommt es hier gegenüber den Löschungsbewilligungen nicht entscheidend an. Dem LG. kann nämlich darin nicht beigetreten werden, daß der Widerspruch selbst mit Bewilligung der Berechtigten nicht gelöscht werden könne. Freilich wird der Widerspruch aus § 54 nicht ausschließlich im Interesse des nicht eingetragenen Berechtigten eingetragen. Der § 54 verdankt seine Entstehung auch den Rücksichten auf Abwendung eines Schadens von Staat und Grundbuchrichter. Gelöscht wird aber der Widerspruch auch im Falle des § 54 gemäß § 19. Von der Löschung betroffen wird lediglich der als Berechtigter im Widerspruch bezeichnete, also der wirkliche Berechtigte des nicht oder nicht richtig eingetragenen Rechtes. Keineswegs ist die Bewilligung des Staates oder einer sonstigen Person oder Behörde erforderlich (Güthe N. 25ff.; Arnheim N. 16; Predari N. 11 zu § 54). Insbesondere ist den Interessen des Staates und des Grundbuchrichters genügt, wenn der Widerspruch eingetragen worden ist. Läßt ihn derjenige, dessen wahres Recht gegen die Wirkungen des guten Glaubens an die Richtigkeit des Grundbuchs geschützt werden sollte und der demzufolge als Berechtigter des Widerspruchs im Grundbuch eingetragen ist, löschen, so fällt die Möglichkeit eines Schadensanspruchs gegen Staat und Grundbuchrichter, weil dadurch der ursächliche Zusammenhang zwischen der schädigenden Tatsache, nämlich der unrichtigen Eintragung, und dem Schaden unterbrochen wird. Auf die Löschungsbewilligung muß also der Widerspruch gelöscht werden. Es ist aber auch rechtsirrtümlich, wenn das LG. die Löschung mit der aus allgemeinen Gesichtspunkten des Grundbuchrechts entnommenen Erwägung ablehnt, daß der auf Bewilligung gelöschte Widerspruch des § 54 eben mit Rücksicht auf § 54 alsbald von neuem von Amtswegen eingetragen werden müßte. Ist die Eintragung einmal ordnungsmäßig erfolgt, so ist der Pflicht aus § 54 genügt. Eine bewilligungsgemäße Löschung läßt sie nicht von neuem erstehen. Dabei ist auch unerheblich, ob die Unrichtigkeit des Grundbuchs fortdauert oder ob sie im einzelnen Falle durch Erklärungen oder Handlungen der Beteiligten behoben ist. Es bedarf deshalb keiner Untersuchung darüber, ob die Eigentumseintragung inzwischen richtig geworden ist oder ohne erneute Auflassung richtig werden kann (vgl. hierüber zB. Biermann N. 3a zu § 925 BGB.). Allerdings ist im Beschlusse vom 30. Oktober 1913 (1 X 417) ausgeführt, daß der Jagdvorsteher befugt sei, die Eintragung eines Widerspruchs im Falle nichtiger Eigentumseintragungen der vorliegenden Art anzuregen und diese Anregung mit Beschwerde zu verfolgen (vgl. auch KGJ. 47 S. 264). Auch hier scheint der Widerspruch in Verfolg einer solchen Anregung eingetragen zu sein und es läßt sich nicht verkennen, daß auch öffentlich-rechtliche Interessen jagdlicher Art eine grundbuchliche Kennzeichnung der gegen die Eigentumseintragung bestehenden Bedenken wünschenswert erscheinen lassen können. Indessen handelte es sich im Beschluß vom 30. Oktober 1913 um die Frage, ob ein Widerspruch eingetragen werden solle, hier um die Löschung eines solchen. Bei der Löschung können aber diese Rücksichten gegenüber § 19 nicht durchgreifen. Ist die Eigentumsveränderung einmal eingetragen, dann ist das Grundbuchamt auf die Eintragung eines den allgemeinen Grundbuchvorschriften unterliegenden und nach diesen der Löschung auf Bewilligung des Betroffenen zugänglichen Widerspruchs beschränkt. RJA.

b) **Eintragung auf Bewilligung des Vollstreckers für den Nachlaß eines nicht eingetragenen Erben des Eigentümers.**

Kammergericht, 1. ZS. Beschluß v. 22. Juni 1916.

Der Grundstückseigentümer H. ist verstorben und von seiner seither gleichfalls verstorbenen Frau beerbt worden. Der Vollstrecker für den Nachlaß der Frau traf mit den Gläubigern einer auf dem Grundstück eingetragenen Hypothek neue Vereinbarungen und bewilligte und beantragte deren Eintragung. Die Vorinstanzen forderten die vorgängige Eintragung sowohl der Erben der Frau H. als auch des Testamentsvollstreckers, weil durch die Eintragung das Recht der Erben der H. betroffen würde und deshalb nach § 40[1] zunächst ihre Erben als Grundstückseigentümer eingetragen werden müßten. Da es sich nicht um eine Übertragung oder Aufhebung eines Rechts handle und die Eintragung auch nicht auf Grund der Bewilligung eines Vollstreckers für den Nachlaß des eingetragenen Erblassers, sondern seines Erben erfolgen solle, so liege keiner der Ausnahmefälle des § 41 vor; bei einem Vollstrecker nach einem nicht eingetragenen Erben könne vielmehr die Auslegung, die auch den Fall des Erbeserben zu den Ausnahmefällen des § 41 rechneten, nicht Platz greifen.

Für diese ihre Auffassung können sich die Vorinstanzen allerdings auf Methner („Recht" 1904 S. 74) berufen, dem sich Güthe und Oberneck angeschlossen haben. Allein RG. 53 S. 298 hat ausgesprochen, daß unter den in § 41[1] genannten Erben auch der Erbeserbe mitbegriffen sei. Diese von der weitaus herrschenden Meinung gebilligte Auslegung gründet sich auf die Absicht, die der Gesetzgeber mit § 41 verfolgt hat und die dahin geht, daß bei der Übertragung und Löschung eines Rechts des Erblassers nicht durch eine ohnehin sofort wieder verschwindende Eintragung unnötige Schreiberei und Kosten verursacht werden sollen und daß in den übrigen Fällen des § 41 die Lage des Eintragungsberechtigten erleichtert werden soll, wenn aus irgendeinem Grunde die Person des Erben noch nicht feststeht, dieser aber die in § 41 angeführten Eintragungsgrundlagen gegen sich gelten lassen müsse. Das RG. sagt nun zu diesen letzteren Fällen ausdrücklich, es bedürfe keiner Ausführung, daß bei ihnen eine unterschiedliche Behandlung von unmittelbaren Erben und Erbeserben nicht am Platze und geradezu unverständlich wäre. Hätte es dabei den Fall, daß ein vom Erben ernannter Vollstrecker die Erklärungen für den Erbeserben abgebe, ausschließen wollen, so hätte es das bei seiner scharfen Stellungnahme zugunsten der milderen Auslegung des § 41 gewiß gesagt. Es ist aber auch gar kein Grund für die erwähnte Einschränkung ersichtlich. Die gesetzgeberischen Erwägungen treffen auch bei dem für den Erbeserben handelnden Vollstrecker zu, und es ist durch nichts begründet, dem Eintragungsberechtigten die vom Gesetzgeber beabsichtigte Erleichterung in diesem Falle zu versagen, wenn man schon den § 41 auch auf das von der Eintragung betroffene Recht des Erbeserben des eingetragenen Berechtigten bezieht. Der Fall, daß der vom eingetragenen Erblasser berufene Vollstrecker auch zu Erklärungen für den Erbeserben befugt ist, dürfte ohnehin nicht allzu häufig vorkommen. Hiernach bedarf es der Eintragung der Erben der H. ebensowenig wie der des Vollstreckers, wobei zu bemerken ist, daß nach § 53 überhaupt nicht der Name des Vollstreckers, sondern nur die Tatsache der bestehenden Vollstreckung einzutragen gewesen wäre.... M.

c) **Benachrichtigungspflicht des Grundbuchamts nach §§ 55, 39. Genügt Übersendung des Hypothekenbriefs?**

Kammergericht, 1. ZS. Beschluß v. 18. April 1916.

Auf Antrag der Landschaft wurde ein landschaftliches Darlehen sowie der ihm eingeräumte Vorrang eingetragen. Dagegen wurde der weitere Antrag, ihr von der Eintragung gemäß § 55 Nachricht zu geben, zurückgewiesen, weil sich die vorgenommenen Eintragungen in ihrem vollständigen Wortlaut aus dem Hypothekenbrief ergäben. Die weitere Beschwerde ist unbegründet.

Daß die Landschaft eine Behörde ist, erscheint nicht zweifelhaft; auch ist sie hier als Behörde, nicht etwa als vermittelnde Beteiligte aufgetreten. Die einzutragenden Rechte sollten ihr als Gläubigerin zustehen. Sie hat neben dem Eigentümer den Eintragungsantrag gestellt, und die Begründung landschaftlicher Darlehen sowie die Herbeiführung ihrer grundbuchlichen Eintragung gehört zum Geschäftskreise der Landschaft. Ob ihr Eintragungsantrag als ein Ersuchen im Sinne des § 39 angesehen werden könnte (KGJ. 34 S. 319) oder ob nur der Antrag eines Beteiligten darin zu finden ist, kann auf sich beruhen bleiben. In einem wie im anderen Falle hatte sie Anspruch auf Benachrichtigung. Für den Antragsteller ergibt sich dieser Anspruch unmittelbar aus dem Wortlaute des § 55. Für eine ersuchende Behörde ist das zwar nicht ausdrücklich ausgesprochen, weil sich diese Pflicht des Grundbuchamts aus den für den Verkehr zwischen Behörden geltenden Regeln ergibt (Motive zu § 55). Auch die ersuchenden Behörden aber können ohne weiteres den § 55 für sich in Anspruch nehmen, weil ihr Ersuchen regelmäßig den Antrag ersetzt (Güthe § 39[43]).

Hier hat jedoch die Übersendung des Hypothekenbriefs die Benachrichtigungspflicht aus § 55 erfüllt. Der Brief enthält den Wortlaut und die genaue Grundbuchstelle der eingetragenen Vermerke. Das trifft auch für die

Vorrangsvermerke bei den zurücktretenden Posten zu, die entsprechend dem Beschlusse (KGJ. 45 S. 291) im Wortlaut wiedergegeben sind. Auch die Stelle, an der sie im Brief enthalten sind, verstößt nicht gegen gesetzliche Vorschriften. Ob die Stelle unmittelbar hinter dem Eintragungswortlaute der Hypothek zweckmäßig gewählt ist oder nicht, erscheint gleichgültig, da die Bedeutung der Vermerke klar ersichtlich ist. Unter diesen Umständen wäre eine nochmalige abschriftliche Aufnahme in eine besondere Benachrichtigung ein übertriebener Formalismus. Der § 39, auf den sich die Landschaft beruft, bestimmt über die Form der auf Ersuchen zu erteilenden Nachrichten oder Bescheide nichts. Mehrfach ist zwar im Schrifttum ausgesprochen, daß bei Behörden eine besondere Benachrichtigung zu erteilen sei; das wird namentlich mit Rücksicht auf die Ordnung der Akten begründet. Diese Zweckmäßigkeitsrücksichten haben aber, soweit bekannt geworden, zu irgendwelchen gesetzlichen Vorschriften, besonders zu Rechtsverordnungen, auf deren Befolgung die Beteiligten Anspruch hätten (Güthe § 82[15]), nicht geführt; auch die Landschaft kann solche nicht für sich anführen. Mangels derselben aber stand es im Ermessen des Grundbuchamts und des an seine Stelle getretenen Landgerichts, ob der Landschaft noch eine besondere Benachrichtigung zu erteilen war. Daß die Ausübung des Ermessens hier auf irgendeiner Gesetzesverletzung beruhe, ist nicht ersichtlich. M.

d) **Beschwerde des Eigentümers gegen eine mißverständliche Fassung der Bestandsangabe.**[1]

Kammergericht, 1. ZS. Beschluß v. 15. Juni 1916.

Der Eigentümer beantragte die Ergänzung der Bestandsangabe, weil diese durch ihren Wortlaut „die Fischerei in dem Mühlgraben, sowie Ober- und Untergraben" die irrtümliche Auslegung ermöglichte, als ob nur die Fischerei in diesen drei Gräben eingetragen sei, während in Wirklichkeit bezüglich des Mühlgrabens nur die Fischerei, bezüglich des Ober- und Untergrabens aber das Eigentum eingetragen sei. Der Antrag wurde zurückgewiesen. Die weitere Beschwerde ist zulässig. Ob die streitige Bestandsangabe zu den Eintragungen des § 71² Satz 1 gehört — was das LG. verneint —, mag dahingestellt bleiben (Güthe § 2[57]). Zulässig ist die Beschwerde schon deshalb, weil sie sich nicht gegen die Eintragung richtet, deren Richtigkeit vielmehr anerkennt, sondern nur die Fassung als Mißverständnisse fördernd

[1] Ist in Abt. I Spalte 1 „die Wirtsfrau Anna N. geb. A., verwitwet gewesene B., die mit N. N. in Ehe und Gütergemeinschaft lebt", eingetragen, so soll der Vermerk der Spalte 3 „zum Alleineigentum aufgelassen und eingetragen am 25. Juli 1899" offenbar nur bedeuten, daß das aus der ersten Ehe der Frau herrührende Gemeinschaftsverhältnis durch das Ausscheiden ihres bisherigen Gemeinschaftsgenossen aufgehoben ist. Immerhin könnte er in Verbindung mit der Fassung der Spalte 1 den Zweifel veranlassen, ob nicht auch das neue Eigentum ein Alleineigentum ist und trotz der Bezeichnung des gütergem. Verhältnisses in Spalte 1 das Grundstück etwa Vorbehaltsgut der Frau sei. Deshalb haben die Eigentümer ein Interesse an der Beseitigung dieses auch nicht ganz fern liegenden Zweifels (Beschluß desselben ZS. v. 13. Januar 1916, JW. 1917 S. 908).

bemängelt. Gegen die Fassung von Grundbuchvermerken ist aber die Beschwerde zulässig.

Der Beschluß des LG. beruht aber auch auf einer Verletzung des Gesetzes. Im Regelfall ist es zwar lediglich eine Frage tatsächlicher Erwägung und Würdigung, ob eine bestimmte Wortfassung zu einem Irrtum Veranlassung geben kann. Die knappen Erwägungen des LG., die nicht einmal erkennen lassen, ob es die geltend gemachte Zweifelsquelle geprüft und wie es selbst die Eintragung liest, werden ebenso wie die Erwägung des Grundbuchamts von der Auffassung beherrscht, daß der Beschwerdeführer eine Klarstellung auch deshalb nicht verlangen könne, weil zurzeit seiner eigenen Eintragung die Bestandsangabe an der beanstandeten Stelle bereits denselben Wortlaut gehabt habe. Das ist aber offenbar ganz gleichgültig. Die Fassung rechtfertigt eine Klarstellung dann, wenn sie gegenwärtig Anlaß zu einer falschen Lesung geben kann. Es kann zwar nicht bezweifelt werden, daß tatsächlich das Eigentum an Ober- und Untergraben eingetragen ist und eingetragen sein sollte. Das erhellt, ohne daß die Voraktenbände eingefordert werden, klar aus der Fassung des alten, noch in den Grundakten befindlichen Titelblatts, wo die Fischerei nur in Verbindung mit dem Mühlgraben genannt ist. Es kann den Vorinstanzen auch darin beigetreten werden, daß die ursprüngliche Fassung zu Nr. 2 des neuen Titelblatts der jetzigen entsprach. Es muß aber ohne weiteres zugegeben werden, daß die Wortfassung sprachlich die Auslegung nicht völlig ausschließt, als ob sich das „in" auch auf „Ober- und Untergraben" beziehe und daß deshalb bei nicht ganz sorgfältiger Prüfung und anderseits auch bei besonders zu Zweifeln geneigten Lesern die Annahme erweckt werden kann, als ob bezüglich des „Ober- und Untergrabens" nicht das Eigentum, sondern auch nur die Fischerei habe gebucht werden sollen. Das reicht aus, um eine klarere Fassung im Sinne des Antrags des Beschwerdeführers zu rechtfertigen. RJA.

e) **Kein Ersuchen um Übernahme des gesamten Auseinandersetzungsverfahrens.** [1]

OLG. Dresden, FerienZS. A. Beschluß v. 18. August 1917.

Das Bezirksgericht in Prag ersuchte das hiesige Amtsgericht, in der Nachlaßsache eines hier gestorbenen Österreichers, in der es als Nachlaßgericht zuständig war, das nach dem österr. Rechte vorgeschriebene Auseinandersetzungsverfahren zu übernehmen. Das Bezirksgericht will also die Regelung des Nachlasses, die es als seine Obliegenheit anerkennt, in der Weise herbeiführen, daß es diese Regelung in ihrer Gesamtheit durch das Amtsgericht ausführen lassen will. Das geht, wie das Amtsgericht zutreffend betont, über den Rahmen der Rechtshilfe hinaus. Dem Bezirksgericht muß anheim-

[1] Bei der Auseinandersetzung eines Nachlasses kann ein Beteiligter auch vor dem Termine dem Auseinandersetzungsplane zu gerichtlichem Protokoll oder in öffentlich beglaubigter Urkunde wirksam zustimmen. Die Auseinandersetzung ist auch dann zu bestätigen, wenn er im Termine, zu dem sämtliche Beteiligte erschienen sind, seine Zustimmung verweigert (KG., 1. ZS. Beschluß v. 5. Okt. 1916, KGJ. 49 S. 89).

gegeben werden, unter Bezeichnung der geforderten einzelnen Maßnahmen sein Ersuchen lediglich auf die Annahme der Erklärungen und die Vornahme der Ermittelungen zu richten, deren es als Grundlage seiner Entschließung bedarf. Insoweit wird das Amtsgericht nach Maßgabe seiner örtlichen Zuständigkeit kraft seiner Verpflichtung zur Rechtshilfeleistung dem Ersuchen zu entsprechen haben. In der angegebenen Beziehung dürften zunächst die Erklärung des Testamentserben über den Antritt der Erbschaft und den Bestand des Nachlasses sowie sonstige Ermittelungen über diesen, weiter aber je nach der Stellungnahme des für den Pflichtteilerben bestellten Sachwalters Erklärungen des Testamentserben über den etwa erhobenen Pflichtteilsanspruch und Vorschläge über dessen Begleichung in Betracht kommen. Ann.

f) **Bestimmung des für eine Pflegschaft zuständigen Gerichts.**

OLG. Hamburg, 1. ZS. Beschluß v. 20. Oktober 1916.

Das Amtsgericht Bremen hat gegen den die Übernahme der Pflegschaft ablehnenden Beschluß der hiesigen Vormundschaftsbehörde beim OLG. „Beschwerde" eingelegt. Es handelt sich aber nicht um eine eigentliche Beschwerde, sondern um den Antrag auf Bestimmung des zuständigen Gerichts nach § 5 oder § 46. § 46 erfordert, daß die Pflegschaft bei dem Gericht, das sie „abgeben" will, bereits anhängig ist. Dies ist hier, wo die Pflegschaft erst eingerichtet werden soll, und das Amtsgericht Bremen nur auf eine Zuschrift der hamburgischen Vormundschaftsbehörde hin den Mündelvater zu einer kurzen informatorischen Erklärung vernommen hat, nicht der Fall. Das zuständige Gericht nach § 5 ist unter Berücksichtigung von §§ 36, 37 zu bestimmen. Danach ist zuständig das Gericht, in dessen Bezirk die Mündel zu der Zeit, zu der die Anordnung der Vormundschaft erforderlich wird, ihren Wohnsitz haben. Dies ist, da sie einen Wohnsitz selbständig nicht begründen können, der Wohnsitz des Vaters, dh. nach der Aktenlage, Bremen. Somit ist die Zuständigkeit des Amtsgerichts Bremen begründet, während eine Prüfung der Zweckmäßigkeitsfrage nach § 46 erst dann in Betracht kommen würde, wenn nach Einleitung einer Pflegschaft darüber gestritten würde, ob sie aus Zweckmäßigkeitsgründen an ein anderes Gericht abgegeben werden soll. M. M.

g) **Verfahren beim Nichteingang einer in Aussicht gestellten Beschwerdebegründung.**

OLG. Dresden, 6. ZS. Beschluß v. 14. April 1917.

Der Beschwerdeführer begehrt gemäß § 1304² BGB. die vormundschaftsgerichtliche Ersetzung der von seinem Vormunde verweigerten Eheeinwilligung. Das AG. hat abgelehnt. Hiergegen ist sofortige Beschwerde mit dem Bemerken eingelegt, daß eine Begründung nachfolge, daß zu deren Anfertigung einige Vorarbeiten nötig seien und daß deshalb gebeten werde, die Beschwerde nicht eher zu erledigen. Dementgegen hat das LG. das Rechtsmittel alsbald zurückgewiesen. Die weitere Beschwerde ist begründet. In der Sache haben umfängliche Ermittlungen stattgefunden; die Glaubwürdigkeit der abgehörten

Zeugen hat der Beschwerdeführer verschiedentlich bemängelt. Es war daher zu erwarten, daß er sein Rechtsmittel auf neue Tatsachen und Beweise stützen würde. Ein Antragsgegner, der an dem beschleunigten Abschlusse des Verfahrens ein Interesse haben könnte, ist nicht vorhanden, ebensowenig besteht in dieser Beziehung ein öffentliches Interesse, vielmehr ist es allein der Beschwerdeführer selbst, dem an der baldigen Erledigung der für ihn bedeutsamen Angelegenheit gelegen sein muß. Nichtsdestoweniger hat das LG. entschieden, ohne den Eingang der Beschwerdebegründung abzuwarten und ohne dem Beschwerdeführer auch nur eine Frist zur Einreichung der Rechtfertigung zu bestimmen. Die hierin liegende Versagung des rechtlichen Gehörs führt zur Aufhebung des Beschlusses. Ann.

h) $\alpha$) **Wichtige Gründe zur Abgabe einer Vormundschaft.**[1]

Bayer. Oberstes Landesgericht, 2. ZS. Beschluß v. 23. April 1917.

Der 1892 wegen Geisteskrankheit entmündigte L. wird bei dem Amtsgericht in K. bevormundet, hält sich jedoch dort nicht auf, weil er keine Arbeit dort findet. Seit September 1914 wohnt er ununterbrochen in M. Deshalb hat der Vormund angeregt, die Vormundschaft an das Amtsgericht M. abzugeben. Dieses verweigerte die Übernahme, indessen ohne Grund.... Der Mündel hält sich seit mehr als $2^1/_2$ Jahren ununterbrochen in M. auf und hat offenbar hier ihm zusagende Lebens- und Arbeitsverhältnisse gefunden, so daß ein Rückfall in seine frühere unstete Lebensweise nicht zu befürchten, sondern anzunehmen ist, daß er hier dauernd bleiben will. Der Vormund, der das Recht hat, den Aufenthaltsort des Mündels zu bestimmen, ist mit dessen Aufenthalt in M. einverstanden. Ein Versuch des Mündels, den früheren unsteten Lebenswandel wieder aufzunehmen, könnte durch Zwangsmaßregeln verhindert werden. Die von dem Amtsgerichte M. vermißte Gewähr dafür, daß der Mündel in M. verbleiben werde, ist demnach gegeben. Damit ist aber auch die Möglichkeit gegeben, dem Gesuche des in N. wohnenden Vormunds um Enthebung von seinem Amte stattzugeben und einen Vormund in M. aufzustellen. Nur ein in M. lebender Vormund kann, solange der Mündel dahier verbleibt, seiner Aufgabe vollständig gerecht werden. Dem dermaligen Vormund ist dies wegen der großen Entfernung seines Wohnsitzes von M. unmöglich. Zu den Obliegenheiten des Vormunds gehört wegen der Geschäftsunfähigkeit des Mündels außer der Vermögensverwaltung auch dessen Vertretung in allen geschäftlichen Angelegenheiten, also in der Schließung von Dienst-, Miet- und Kaufverträgen, und die Fürsorge für die

[1] Der Umstand, daß der Vormund 2 Mündel bei sich hat, während die übrigen sich außerhalb seines Gerichtsbezirks aufhalten, rechtfertigt für sich allein nicht die Abgabe der Vormundschaft an das Wohnsitzgericht des Vormundes (Beschluß desselben ZS. v. 10. Okt. 1917, Samml. 18 S. 196). Dagegen dient diese Abgabe den Interessen der Mündel, wenn sich dadurch nicht nur der Verkehr des Vormunds mit dem Gerichte zum Vorteil der Mündel verbilligt, sondern sich auch, wiederum zum Besten der Mündel, um so lebhafter gestalten wird, je weniger beschwerlich er vom Vormund empfunden wird (Beschluß v. 15. Sept. 1917, aO. S. 189).

Person des Mündels. Diese letztere Pflicht, die sich auf die ganze Lebensführung des Mündels zu erstrecken hat und nicht bloß die erforderliche Pflege und Heilung desselben, sondern auch, soweit es erforderlich ist, dessen Beaufsichtigung, Sicherung und Verwahrung umfaßt, ist wegen der nach § 832 BGB. damit verbundenen Haftung Dritten gegenüber besonders ernst zu nehmen. Dem Vormund liegt es aber auch ob, sich von Zeit zu Zeit darüber zu vergewissern, ob die Voraussetzungen für die Bevormundung des Mündels noch fortbestehen und gegebenenfalls den Antrag auf Wiederaufhebung der Entmündigung zu stellen. Nach der Sachlage ist es nicht ausgeschlossen, daß die Entmündigung des Mündels wegen Geisteskrankheit teilweise aufgehoben und durch eine solche wegen Geistesschwäche ersetzt werden kann. Würde dies erreicht werden können, so würde sich nach den §§ 114, 112, 133 BGB. die Möglichkeit ergeben, dem Mündel die selbständige Besorgung gewisser Rechtsgeschäfte einzuräumen. Daß, wenn der Mündel und der Vormund sich in M. befinden, die Obliegenheiten des VormGerichts, besonders die Beaufsichtigung der Tätigkeit des Vormunds, am besten vom Amtsgerichte M. erfüllt werden können, versteht sich von selbst. L.

β) **wenn der Vormund weggefallen ist.**

OLG. Dresden, 6. ZS. Beschluß v. 7. Juli 1917.

Nach § 46 ist zur Abgabe der Vormundschaft an ein anderes Gericht nach der Bestellung des Vormunds dessen Zustimmung erforderlich. Das LG. hält im Anschluß an Bay.Ob.LG. 10 S. 306 diese Bestimmung nicht für anwendbar, wenn der bestellte Vormund weggefallen und ein anderer Vormund noch nicht bestellt ist. Dies widerspricht dem Wortlaute des Gesetzes, der lediglich darauf abgestellt ist, daß das eingeleitete Verfahren bis zur Bestellung eines Vormunds vorgeschritten war. Das Gesetz entgegen dem Wortlaut auszulegen, verbietet sich durch den Grund der Bestimmung, der darin gesucht werden muß, daß die Abgabe der Vormundschaft an Bedeutung gewinnt, nachdem das Verfahren einmal über lediglich vorbereitende Maßregeln hinaus gediehen ist und zur Bestellung eines Vormunds geführt hat, diese erhöhte Bedeutung aber im Interesse des Mündels eine Mitwirkung des Vormunds geboten erscheinen läßt (so auch KGJ. 38 S. 76). Ann.

i) **Voraussetzungen für die Löschung eines Gesellschafterbeschlusses.**

OLG. Dresden, 6. ZS. Beschluß v. 9. März 1917.

Das LG. hat auf die Beschwerde eines Gesellschafters dem Registergericht übertragen, dem Antrage des Gesellschafters entsprechend zwei im Register eingetragene Gesellschafterbeschlüsse auf Erhöhung des Stammkapitals zu löschen. Die weitere Beschwerde der Gesellschaft ist nicht begründet. Allerdings verstößt das LG. schon insofern gegen das Gesetz, als es nur die Einleitung des in § 144[2,3] bestimmten Verfahrens, nicht aber die unmittelbare Löschung aufgeben durfte (§ 144[2]). Weiter hat es das Gesetz dadurch verletzt, daß es für die Frage, ob die Beschlüsse zu löschen seien, den § 142[1] und nicht die besonderen Vorschriften des § 144[2] für maßgebend erachtet hat. Nach § 144[2] liegen aber die Voraussetzungen für eine Löschung der beiden Beschlüsse nicht vor. Denn diese gehen schlechthin auf Erhöhung des Stammkapitals der Gesellschaft, verletzen also durch ihren Inhalt keine zwingenden Vorschriften des Gesetzes. Von selbst ausgeschlossen wird hierdurch das Vorhandensein des weiteren Erfordernisses für die Löschung, d. i. eines öffentlichen Interesses an der Beseitigung der Eintragungen, wie denn auch das LG. nur ein Interesse des Antragstellers an der Löschung angenommen hat.

Die Beeinträchtigung, die der landgerichtliche Beschluß für die Beschwerdeführerin an sich enthielt, ist aber dadurch beseitigt, daß das Amtsgericht richtigerweise sich nicht zur sofortigen Löschung der beiden Beschlüsse für befugt erachtet, sondern das vom Gesetz vorgeschriebene Löschungsverfahren eingeleitet und den von der Gesellschaft erhobenen Widerspruch für begründet erklärt hat. Durch den mit dem Beschlusse verbundenen Ausspruch des Amtsgerichts, daß die beabsichtigte Löschung zu unterbleiben habe, fällt für die Gesellschaft der Grund einer Beschwerde fort. Ann.

k) **Löschung eines Vereins wegen unwirksamer Gründung.**

Kammergericht, 1. FerienZS. Beschluß v. 23. August 1917.

Das Amtsgericht hat die Beteiligten davon benachrichtigt, es beabsichtige den Ende 1915 eingetragenen Verein der Sportfreunde von Amtswegen zu löschen. Der Widerspruch des Vorstandes blieb erfolglos. Auch seine sofortige weitere Beschwerde war zurückzuweisen. Das LG. hat tatsächlich festgestellt, daß die Gründer des von dem Oberkommando in den Marken wegen Glücksspiels auf die Dauer des Krieges geschlossenen Vereins von vornherein die Absicht hatten, durch einen in eigenen Vereinsheimen unterhaltenen Glückspielbetrieb, sei es unter den eigenen Mitgliedern, sei es auch unter Heranziehung von Gästen, nennenswerte Einnahmen für sich zu erzielen. Es hat daraus gefolgert, daß der Gesellschaftsvertrag nichtig und deshalb die Eintragung des Vereins wegen Mangels einer wesentlichen Voraussetzung, nämlich einer rechtswirksamen Vereinsgründung, unzulässig gewesen sei. Weder diese Feststellung, noch die rechtliche Schlußfolgerung lassen einen Rechtsirrtum erkennen. Ob die Rüge, das Amtsgericht sei nicht berechtigt gewesen, mehrere Jahre nach der Eintragung aus der Satzung Anhaltspunkte für die Nichtigkeit der Vereinsgründung zu entnehmen, überhaupt einer rechtlichen Prüfung standhält, kann dahingestellt bleiben, denn es steht nicht fest, daß seinerzeit die Satzung unter dem gegenwärtig wichtigen Gesichtspunkte geprüft und gewürdigt ist. Opp.

l) **Wo hat der Schreibzeuge zu unterschreiben?**[1]

OLG. Hamm, 2. ZS. Urteil v. 30. November 1917.

Die Kläger fechten einen notariellen Übertragsvertrag als wegen Formmangels nichtig an; der vom Notar wegen Schreibensunfähigkeit des Übertraggebers L. zugezogene Schreibzeuge H. habe das Protokoll zeitlich und

[1] Fahrlässigkeit bei der Feststellung der Persönlichkeit vgl. RG. 15. Mai 1917 (JW. 931 Nr. 9).

räumlich an erster Stelle unterschrieben, auch sich nicht vergewissert, daß die Beteiligten ihre Unterschrift richtig abgegeben hätten. Allein den Anforderungen der §§ 174, 177 ist genügt. Die — allerdings zwingenden — Formvorschriften der §§ 168 ff. sind (ebenso wie die für die ordentliche Form der Testamentserrichtung geltenden §§ 2239 ff. BGB.) von der Absicht des Gesetzgebers beherrscht, zugunsten des Geschriebenen eine Formungültigkeit öffentlicher Urkunden nach Möglichkeit abzuwenden, wie denn auch bei der Auslegung letztwilliger Verfügungen und anderer öffentlicher Urkunden stets diejenige Auffassung vorzuziehen ist, bei der die beurkundete Erklärung den gewollten Erfolg haben kann (RG. 50 S. 17; KGJ. 27 S. 96). Demgemäß ist auch bei der Anwendung der §§ 174, 177 FrGG. unter mehreren möglichen, mit dem Wortlaut und der Absicht des Gesetzes vereinbaren Auslegungen derjenigen Deutung beizutreten, die der Aufrechterhaltung der Urkunde am günstigsten ist. Das Gesetz gibt keine Vorschriften über eine bestimmte zeitliche oder räumliche Aufeinanderfolge der Unterschriften der Beteiligten und der mitwirkenden Personen. Ist der Schreibzeuge bei der Vorlesung und Genehmigung der Urkunde zugegen gewesen, hat er dann in Erwartung der Unterschrift der Beteiligten zeitlich vor diesen die Urkunde unterzeichnet, und ist er weiterhin während der Unterzeichnung der Urkunde durch die Beteiligten anwesend geblieben, so ist dem Gesetze genügt; es wäre ein nicht zu rechtfertigender Formalismus zu verlangen, daß er bei Vermeidung der Ungültigkeit der Urkunde seine Unterschrift noch einmal, später als die Beteiligten, unter die Urkunde setze. Vollends muß es unerheblich sein, ob der Schreibzeuge seinen Namen über oder unter oder neben die Namen der Beteiligten setzt. So empfehlenswert es auch sein mag, daß der Schreibzeuge zeitlich und räumlich nach den Beteiligten unterzeichne, so ist doch kein zwingender Grund erkennbar, die hier vorliegende Abweichung von dem gebräuchlichen Verfahren als einen die Richtigkeit der beurkundeten Erklärung herbeiführenden Formverstoß zu behandeln (vgl. RG. 68 S. 300; Rsp. 10 S. 312; abweichend: Schlegelberger FrGG. § 177[15]). Hier war der Schreibzeuge H. bei der Vorlesung der Urkunde zugegen. Er ist auch anwesend gewesen, als darauf L. sein Einverständnis mit dem Verlesenen zu erkennen gab und die Beteiligten die Urkunde unterzeichneten. H. selber hat ausgesagt, daß er, nachdem er selbst als erster den Vertrag unterschrieben, wahrgenommen habe, daß der Beklagte zu 1 und dann die Beklagte zu 2 an den Tisch, auf dem die Urkunde lag, herangetreten seien und, über den Tisch gebeugt, mit der Hand die Bewegungen des Schreibens gemacht haben. Daß die Urkunde die von den beiden Beklagten eigenhändig gefertigten Namensunterschriften trägt, haben die Kläger nicht bestritten. Demnach ist nicht zu bezweifeln, daß der Schreibzeuge auch zugegen gewesen ist bei der Unterzeichnung der Urkunde durch die Beteiligten. Die Forderung, der Schreibzeuge habe sich davon überzeugen müssen, daß die Beteiligten mit den von ihm beobachteten Handbewegungen tatsächlich die einzelnen Buchstaben ihrer Namensschrift gefertigt hätten, ist als zu formalistisch abzulehnen. N.t.

m) **Form der Beschwerde. Erfordernis der Unterschrift.**

Kammergericht, ZS. 1a. Beschluß v. 14. Dezember 1917.

Das Amtsgericht hatte den Antrag des Landrats A., den X. der Fürsorgeerziehung zu überweisen, zurückgewiesen. Hiergegen hat der Landrat in einem Schreiben, das nicht seine eigenhändige Unterschrift trägt, sondern am Schlusse den Vermerk enthält: „gez. A. Beglaubigt B. Regierungssupernumerar" die sofortige Beschwerde eingelegt. Das LG. hat sie als unzulässig verworfen, weil die Unterschrift des Beschwerdeführers fehle; insbes. lasse der Schlußvermerk nicht ersehen, was beglaubigt sein solle, die Unterschrift sei es nicht; falls es sich um die Beglaubigung der Abschrift der Beschwerdeschrift handeln solle, stehe entgegen, daß eine solche nicht die Urschrift mit der Wirkung des § 21 FrGG. zu vertreten geeignet sei. Die weitere Beschwerde ist begründet.

Ohne Rechtsirrtum ist das LG. allerdings von der Erwägung ausgegangen, daß eine Beschwerdeschrift vom Beschwerdeführer eigenhändig unterschrieben sein muß. Wie im Zivilprozeß (§ 569[2] ZPO.; RG. 31 S. 375; 46 S. 375; JW. 1914 S. 98[28]), so ist auch in den Angelegenheiten der freiwilligen Gerichtsbarkeit für die Beschwerdeschrift die eigenhändige Unterschrift des Beschwerdeführers ein notwendiges Erfordernis, zumal die Bestimmungen des FrGG. über das Beschwerdeverfahren den entsprechenden Vorschriften der ZPO. nachgebildet sind (Denkschrift zum FrGG. S. 39), und auch in der gedachten Hinsicht der nur rechtsgeschäftliche Erklärungen, nicht auch Verfahrenshandlungen betreffende § 126[1] BGB. zwar nicht unmittelbar, aber doch sinngemäße Anwendung findet (vgl. auch RG. 74 S. 70). Dieser Standpunkt (KGJ. 26 S. 172, 35 S. 3) ist auch bei erneuter Prüfung und unter Berücksichtigung des Gesichtspunktes, daß der Richter der freiwilligen Gerichtsbarkeit viel weniger als der Zivilprozeßrichter auf die äußeren Formen zu achten hat und das Verfahren in ihren Angelegenheiten möglichst einfach und formlos gestaltet ist, sowie gegenüber der im Schrifttum (bes. Schlegelberger FrGG. § 11[22]; § 21[2]) vertretenen Meinung, es müsse genügen, daß das Schriftstück die äußeren Kennzeichen einer abgeschlossenen, von einer bestimmten Person herrührenden Willensäußerung an sich trage, unbedenklich aufrecht zu erhalten. In der Beschwerdeschrift selbst muß der endgültige Wille des Beschwerdeführers, Beschwerde einzulegen, zweifelsfrei ausgedrückt sein, und diese Gewißheit wird nach der allgemeinen Anschauung des Verkehrs durch die Namensunterschrift erbracht. Auf diesem Standpunkte steht offenbar auch die Denkschrift, welche eine Beschwerde, die zum Protokoll des Gerichtsschreibers eines bei der Angelegenheit nicht beteiligten Gerichts erklärt ist, als Beschwerdeschrift gelten läßt, sofern sie der Beschwerdeführer unterschrieben hat (abweichend Schultzenstein, BuschZ. 27 S. 553). Unter dieser Voraussetzung hat ferner das KG. angenommen (KGJ. 43 S. 1), daß ein vom

Richter aufgenommenes Protokoll den Erfordernissen einer Beschwerdeschrift genügt. Die nicht unterschriebene Erklärung stellt sich in der äußeren Form nur als ein Entwurf der Beschwerdeeinlegung dar. Allerdings hat das RG., das einer unvollzogenen Urkunde den Charakter der Schriftlichkeit an sich gleichfalls versagt hat, hinsichtlich des Strafantrags (RGSt. 3 S. 442) bemerkt: Aus der Wesentlichkeit der Unterschrift lasse sich nicht folgern, daß diese nur in dem geschriebenen Namen des Ausstellers bestehen könne. Die Unterschrift sei zwar das gewöhnliche und allgemein anerkannte Zeichen dafür, daß der Unterschriebene sich zum Inhalt des Schriftstückes bekenne. Aber sie bilde nicht den ausschließlichen Beweis dafür, und müsse ihr jedenfalls jedes andere Zeichen gleichgeachtet werden, das, wie die Unterkreuzung, Stempelung, geeignet sei, für sich allein oder in Verbindung mit dem sonstigen Inhalt des Schriftstückes zum Ausdruck zu bringen, daß der Inhalt des Schriftstückes dem wirklichen Willen des Ausstellers entspreche. Ähnlich hat sich das Reichsgericht für den Fall der Revisionseinlegung (RGSt. 17 S. 256) dahin ausgesprochen, daß im Begriffe der schriftlichen Einlegung des Rechtsmittels weder die eigenhändige Anfertigung des Schriftstückes durch den Erklärenden, noch auch nur die persönliche Leistung der Unterschrift durch ihn liege, es vielmehr genüge, wenn aus dem Schriftstück bedenkenfrei die Identität des Beschwerdeführers und dessen Absicht, das Rechtsmittel einzulegen, ersichtlich sei (vgl. auch Olshausen, StrGB. § 61[26]). Allein diese Entscheidungen beschränken sich auf das Gebiet des Strafverfahrens und sind in keiner Weise für Beschwerdeschriften in einer der im § 1 FrGG. bezeichneten Angelegenheiten, also in einer durch Reichsgesetz den Gerichten übertragenen Angelegenheit der freiwilligen Gerichtsbarkeit, ergangen, so daß § 28[2] FrGG. nicht in Frage kommt. Überdies handelt es sich hier um eine Fürsorgeerziehersache, also um eine Angelegenheit, auf deren Verfahren die Vorschriften über die durch Landesgesetz den Gerichten übertragenen Angelegenheiten der freiw. Gerichtsbarkeit Anwendung finden (FürsEG. § 7, Pr. FrG. Art. 3, 6; RG. 67 S. 345). — Ohne entscheidende Bedeutung ist auch der Umstand, daß das Oberverwaltungsgericht (31 S. 428; 47 S. 404) für die schriftliche Androhung eines Zwangsmittels (§ 132 LVG. v. 30. Juli 1883) die Herstellung der Unterschrift des zuständigen Beamten mittels Stempels für ausreichend erachtet. Denn die Gründe beziehen sich lediglich auf den bezeichneten Fall, ohne die Frage zu berühren, welche Formvorschriften die Verwaltungsbehörden bei Einreichung von Beschwerdeschriften in den Angelegenheiten der freiw. Gerichtsbarkeit zu beobachten sind (vgl. RJA. 11 S. 3). Endlich steht nicht entgegen, daß in Unfallversicherungssachen, im Verwaltungsstreitverfahren und in Armenstreitsachen die Unterschrift des Beschwerdeführers als entbehrlich angesehen wird (vgl. Schultzenstein aO. 536; Josef, ZBl. FrG. 5 S. 830), weil diese Ansicht für das Verfahren der freiw. Gerichtsbarkeit, das auf wesentlich anderen rechtlichen Grundlagen beruht, in keiner Weise maßgebend ist.

Die auf diesen grundlegenden Erwägungen beruhenden weiteren Ausführungen des LG. hat der Beschwerdeführer mit der Begründung bekämpft, daß der Beglaubigungsvermerk des Expedienten einen vollwertigen Ersatz der Unterschrift des berufenen Vertreters bilde. Diese Rüge ist berechtigt. Allerdings trifft der Hinweis auf die AVf. vom 15. Juli 1910 über die von der „Immediatkommission" ausgearbeiteten Grundzüge für eine (vereinfachte) Geschäftsordnung der Regierungen (VMBl. S. 251) nicht zu. Zunächst ist die Anwendbarkeit dieser, nur für die Regierungen erlassenen Verfügung auf den Geschäftsbetrieb der Landratsämter nicht ohne weiteres anzunehmen. Sodann bestimmen zwar die Grundzüge zu XI Abs. 4 (aO. S. 263), daß die einfachen, auf Weisung der Dezernenten von den Expedienten sogleich in Reinschrift ausgefertigten Bescheide und Schreiben (vgl. zu VIII 2 Abs. 3) von den Expedienten beglaubigt abgesandt werden können, und diese Bestimmung wird unter E (S. 254) dahin erläutert, daß die beiliegende Nachweisung B (S. 257), ohne erschöpfend sein oder dem Befinden der geschäftsleitenden Stellen vorgreifen zu wollen, einen Anhalt dafür gibt, welche Angelegenheiten für diese Art der Behandlung in Betracht kommen. Allein die gedachte Nachweisung B enthält nicht die Schreiben an Behörden und die Einlegung von Rechtsmitteln, zwei besonders wichtige Fälle, wie auch bei den Gerichtsbehörden die an öffentliche Behörden gerichteten Zuschriften, sofern es sich nicht um die Übersendung von Akten handelt, in der Regel der Richter zu vollziehen hat (vgl. § 13⁴ GeschäftsO. für die AGGerichtsschr., JMBl. 1914 S. 197). Hieraus folgt aber nicht, daß dem Beglaubigungsvermerke des Supernumerars B. jede rechtliche Bedeutung fehlt. Vielmehr ist infolge jenes Vermerks unter der Voraussetzung, daß der Beschwerdeführer die Urschrift des Schreibens unterschriftlich vollzogen hat, die im § 21 FrGG. geforderte Form gewahrt, da der Vermerk alsdann dahin zu verstehen ist, daß der beglaubigende Beamte das Vorhandensein der bezeichneten Unterschrift amtlich bescheinigt hat. Ein solcher Beglaubigungsvermerk entspricht der Form, in der bei den Gerichtsbehörden richterlich angeordnete Schreiben der Gerichtsschreiber auszufertigen hat (vgl. § 13² der angez. GeschäftsO.). Ähnlich verhält es sich im Falle der telegraphischen Einlegung der Beschwerde durch eine Behörde (KGJ. 35 S. 3; RJA. 12 S. 77). Das in Text und Unterschrift mit der Aufgabeurschrift wörtlich übereinstimmende Telegramm stellt eine Urkunde dar, die gewissermaßen der Aufgeber selbst unter Benutzung von Menschen- und Naturkräften als seinen Werkzeugen zum Ausdruck seines Willens anfertigt. In dieser Hinsicht wird aber, um die Gewähr zu erlangen, daß das Telegramm tatsächlich der Aufgeber zum Ersatze der schriftlichen, von ihm selbst vollzogenen Urkunde bestimmt hat, vorausgesetzt, daß die aufgegebene Urschrift des Telegramms seine eigenhändige Namensunterschrift enthält. Dementsprechend muß auch, um in einem Beglaubigungs- oder Ausfertigungsvermerke der vorliegenden Art einen Ersatz für die eigenhändige Unterschrift des Vertreters der beschwerdeführenden Behörde finden zu können, gefordert werden, daß jener Vertreter die Urschrift des die Beschwerdeeinlegung enthaltenden Schreibens unterschriftlich vollzogen hat. Diesen Gesichtspunkten Rechnung zu tragen, hat das LG. unterlassen.... K.m.

n) **Beschwerde gegen prozeßleitende Mitteilungen.**

Kammergericht, 1. ZS. Beschluß v. 6. Januar 1916.

Auf den Antrag des Beschwerdeführers, nunmehr ungesäumt dem Beschwerdeverfahren Fortgang zu geben und den Testamentsvollstrecker abzusetzen, teilte das LG. mit, daß eine Fortsetzung des Verfahrens erst möglich sei, wenn der Vertreter des Vollstreckers die umfangreichen Eingaben des Beschwerdeführers durchgesehen und auf sie erwidert habe. Da eine Vernehmung der in England befindlichen Witwe des Erblassers nicht zu umgehen sein werde, so dürfte eine Beendigung des Verfahrens vor Friedensschluß kaum zu erwarten sein. Hiergegen richtet sich die weitere „Beschwerde", weil der Beschluß, wenn er es auch nicht klar sage, durch den Hinweis auf die notwendige Vernehmung der Witwe die Aussetzung des Verfahrens anordne. Ferner spreche das LG. gegenüber dem Entlassungsantrag aus, daß es in dem in der letzten Eingabe gekennzeichneten Verhalten des Vollstreckers keinen Entlassungsgrund finde. Das Rechtsmittel ist jedoch unzulässig, weil der angefochtene Beschluß keine Entscheidung enthält, gegen die nach § 27 FrGG. allein die weitere Beschwerde gegeben ist. Es kann hier unerörtert bleiben, ob unter solcher Entscheidung nur eine das Beschwerdeverfahren erledigende Endentscheidung zu verstehen ist, wie dies das RG. (RJA. 14 S. 85) ausgesprochen hat, oder ob darunter auch eine sachliche Zwischenverfügung des Beschwerdegerichts fällt. Denn keinesfalls ist die weitere Beschwerde zulässig gegen lediglich einer sachlichen Entscheidung vorangehende Anordnungen oder Mitteilungen des Beschwerdegerichts, die zur Sache selbst noch nicht Stellung nehmen, sondern lediglich dazu bestimmt sind, das Verfahren vorzubereiten oder zu leiten. Der Beschluß des LG. stellt sich aber lediglich als eine prozeßleitende Mitteilung über den Stand des Verfahrens dar. RJA.

o) **Ordnungsstrafverfahren gemäß § 265 Abs. 2, § 259 Abs. 5 und § 14 HG. und § 132 FrGG. während des Krieges.**

OLG. Karlsruhe, FerienZS. Beschluß v. 17. August 1917.

Das Amtsgericht hatte am 12. März 1917 dem Beschwerdeführer A. als einzigem Vorstandsmitgliede der Aktiengesellschaft Z. bei 300 Mark Ordnungsstrafe aufgegeben, bis 15. April 1917: 1. die Bekanntmachung der Bilanz für 1915 nachzuweisen, 2. den Geschäftsbericht mit den Bemerkungen des Aufsichtsrats einzureichen und 3. Abschrift des Generalversammlungsprotokolls vorzulegen. Der Einspruch des A. wurde verworfen. Seine weitere Beschwerde ist begründet.

Die Aufforderung vom 12. März hatte ihre gesetzliche Grundlage in HGB. §§ $265^2$, $259^5$ und konnte daher nur bezwecken, die Erfüllung der dem A. danach obliegenden gesetzlichen Einreichungspflichten innerhalb bestimmter

Frist zu erzwingen. Deshalb mußte diese Frist auch so gewählt werden, daß in der Zeit von ihrer Setzung bis zu ihrem Ablaufe die Nachholung bei Aufwendung der verkehrserforderlichen Sorgfalt an sich wenigstens möglich war. Dazu war zunächst erforderlich, daß A. die auch damals noch fehlende Bilanz nebst Gewinn- und Verlustrechnung zunächst erst einmal aufstellte und mit seinem den Vermögensstand und die Verhältnisse der Gesellschaft entwickelnden Bericht dem Aufsichtsrat, von denen zwei Mitglieder im Felde stehen, unterbreitete. Weitere Voraussetzung war, daß auch der Aufsichtsrat sich schriftlich dazu äußerte und erst danach die Generalversammlung hierüber Beschluß faßte, und daß endlich die genehmigte Bilanz, sowie die Gewinn- und Verlustrechnung auch noch öffentlich bekannt gemacht wurde (§§ 260, 265 HGB.). Nach der Satzung sind aber die Vorlagen des Vorstandes mit dem Prüfungsbericht des Aufsichtsrats mindestens zwei Wochen vor der Generalversammlung zur Einsicht aufzulegen und ist die Generalversammlung so einzuberufen, daß zwischen ihrer Ausschreibung und dem Tag der Frist, binnen deren die Aktionäre ihre Aktien zu hinterlegen haben, 17 Tage liegen. A. hätte also die erforderten Nachweisungen bis 15. April selbst unter Aufbietung der größten Sorgfalt schlechthin nicht zu erbringen vermocht, selbst wenn man dabei nicht die schwierige Lage berücksichtigt, in der er sich seit zwei Jahren infolge seiner eigenen Einberufung zum Heer und der Einziehung auch mehrerer ihm sonst dazu verfügbarer Hilfskräfte befand. Bei richtiger Erfassung der Bedeutung des Aufforderungsverfahrens gemäß §§ 265, 259, 14 HGB. und § 132 FrGG. und sorgfältiger Würdigung der gesamten Verhältnisse, wie sie ihm zufolge § 12 FrGG. schon von Amtswegen oblag, hätte dem Registerrichter daher die Gesetzwidrigkeit seiner Verfügung spätestens bei der Verbescheidung des Einspruchs nicht mehr verborgen bleiben dürfen. Dadurch, daß das LG. unter der ohne näheres Eingehen auf die Besonderheiten des Falles ziemlich allgemein gehaltenen Begründung die Beschwerde zurückwies, hat es in gleicher Weise gegen materiell-rechtliche und verfahrens-rechtliche Grundsätze verstoßen; insbesondere legt schon der Hinweis lediglich auf die gesetzliche Dreimonatsfrist des § 260² HGB. und die wiederholten früheren Auflagen des Registerrichters die Annahme nahe, daß auch das LG. der konkreten Sachlage überhaupt nicht Rechnung getragen und überdies verkannt hat, daß der Registerrichter nach den Vorschriften des HGB. die Erfüllung der den Vorstandsmitgliedern obliegenden Verpflichtungen zu erzwingen, bloß in der Weise in der Lage ist, daß er diesen die vorgeschriebenen Einreichungen gemäß § 14 HGB. und § 132 FrGG. jeweils mittels von ihm der besonderen Sachlage angepaßter Fristsetzung aufgibt, und daß es danach nicht angeht, bei wiederholter Auflage gemäß § 133 FrGG. ohne Rücksicht auf den nunmehrigen — mehr oder minder vorgeschrittenen oder auch noch ganz zurückgebliebenen — Stand der Arbeiten des Vorstandes die neue Frist lediglich im Sinne einer zu der früheren hinzutretenden Nachfrist zu bestimmen. Insbesondere kann der Ordnungsstrafe nicht die Bedeutung einer Sühne für die gegen §§ 260 und 265 HGB. trotz richterlicher Auflagen fortgesetzt begangene Pflichtverletzung beigemessen werden. Bchr.

## 6. Familienrecht.

### a) Relative Unfähigkeit zur Beiwohnung.

OLG. Hamburg, 4. ZS. Urteil v. 9. Mai 1917.

Können auch Zeugungsunfähigkeit des Mannes und Unfruchtbarkeit der Frau bei vorhandener Beiwohnungsfähigkeit keinen Anfechtungsgrund bilden (JW. 1906 S. 389), so ist doch die dauernde Unfähigkeit, geschlechtlichen Verkehr mit dem Ehegatten zu unterhalten, eine Eigenschaft, auf die eine Anfechtung der Ehe nach § 1333 gestützt werden kann (aO. S. 167[11], S. 355[16]; 1910 S. 474[13]), wie solches nach der Rechtsprechung (Warn. 8 Nr. 238, 5 Nr. 32 u. 238) auch bei geschlechtlicher Empfindungslosigkeit, bei beschränkt vorhandenem Zustande von Impotenz und bei Vaginismus und nach dem Urteile (Warn. 9 Nr. 84) selbst dann geschehen kann, wenn eine auf solcher Grundlage beruhende körperliche Unfähigkeit, den Beischlaf in normaler Weise zu vollziehen, nur dem anderen Ehegatten gegenüber besteht. Hier ist die Beklagte für die mit dem Kläger eingegangene Ehe wegen ihrer körperlichen Beschaffenheit nicht tauglich; denn nur die vom Sachverständigen festgestellte Verdickung des Hymens zu einem sehnig, fast knorpelig anzufühlenden Ringe erklärt die Ergebnislosigkeit der länger als ein Vierteljahr fortgesetzten Versuche der Parteien, und jedenfalls des Klägers, zu einer Vollziehung des Beischlafs mit der Beklagten zu gelangen. Wenn der Sachverständige die Möglichkeit einer Überwindung dieser sich aus der körperlichen Beschaffenheit der Beklagten ergebenden Hindernisse angenommen hat, so ist das doch nur unter der Voraussetzung geschehen, daß die körperlichen Verhältnisse beider Parteien dem nicht entgegenstehen, und die Beklagte einem dabei erforderlichen „brutalen" Verhalten des Klägers keinen Widerstand wegen der damit verbundenen heftigen Schmerzen entgegensetzt. In ersterer Hinsicht muß aber nach den Feststellungen des Sachverständigen angenommen werden, daß der Kläger, wie dieser auch glaubwürdig versichert, energische Versuche, die aus der Körperbeschaffenheit der Beklagten sich ergebenden Hindernisse zu überwinden, vergeblich gemacht hat. Diese Sachlage berechtigt den Kläger zur Anfechtung der Ehe nach § 1333. M. M.

### b) Herstellung des ehelichen Lebens. Mißbrauch.

OLG. Braunschweig, 2. ZS. Urteil v. 16. Mai 1916.

Die Parteien, die 1911 miteinander die Ehe schlossen, haben bis Ende 1914 im Hause des Vaters der Beklagten in einer von diesem ermieteten Wohnung gewohnt. Dann hat Kläger diese Wohnung verlassen und eine andere Wohnung gemietet, in die ihm zu folgen die Beklagte sich weigerte. Gegen die Klage auf Herstellung des ehelichen Lebens wendet die Beklagte Mißbrauch des Rechts des Klägers ein. — Ob das der Fall ist, was schon von Amtswegen zu prüfen ist, muß nach der objektiven Beurteilung der

Sachlage vom Richter ermessen werden. Die subjektive Auffassung der Parteien ist nicht maßgebend. Schuldhaftes Verhalten auf seiten des klagenden Ehegatten wird nicht erfordert. Es ist deshalb auch dann die Verweigerung der Eheherstellung berechtigt, wenn der Rechtsmißbrauch von einem geisteskranken oder geistesschwachen Ehegatten ausgeht. Haben sich die Ehegatten nach zeitweiliger Trennung wieder versöhnt oder gar wieder vereinigt und hierauf nochmals getrennt, so kann trotzdem der auf Eheherstellung belangte Teil zur Begründung seiner Behauptung, daß ein Rechtsmißbrauch vorliege, auch auf solche Umstände zurückgreifen, die in der Zeit vor der Versöhnung liegen (Wolf BGB. § 1353[4]). Hier ist der dringende Verdacht begründet, daß der Kläger, der schon zweimal in einer Irrenanstalt untergebracht gewesen ist, jedenfalls bis zur Trennung der Parteien Ende 1914 von Verfolgungs-Wahnvorstellungen befallen gewesen ist. Daraus ist sein Verhalten der Beklagten gegenüber zu erklären. Er hat, wie die Zeugen bekunden, die durchaus grundlose Ansicht gehabt, das Kind der Parteien würde von der Beklagten schlecht behandelt und nicht ordnungsmäßig verpflegt. Das hat ihn dann veranlaßt, die Beklagte wiederholt zu beschimpfen und im Hause ganz erheblichen Skandal zu machen. Trotzdem hat die Beklagte nicht das Recht, sich noch länger fern zu halten. Es ist dabei zu erwägen, daß die Ehe beide Eheleute zum Zusammenhalten in guten und besonders in bösen Tagen verpflichtet. Gerade mit Rücksicht auf die Krankheit ihres Mannes ist die Beklagte in erhöhtem Maße verpflichtet, ihm zur Seite zu stehen. Sie hat denn auch jahrelang das Zusammenleben mit ihrem Manne ertragen, ja sogar einem Zeugen gegenüber geäußert, ihr Mann sei ein guter Mann, er leide nur an Verfolgungswahn und glaube, sie wolle ihn vergiften. Erst als der Kläger die neue Wohnung gemietet hatte, hat sie das Zusammenleben mit ihm verweigert. Auf Grund dieser Erwägungen und in Rücksicht darauf, daß die Trennung der Parteien schon $1^1/_2$ Jahre dauert, kann das Klagebegehren nicht als ein Rechtsmißbrauch angesehen werden. W. n.

c) **Schlüsselgewalt. Zeitweiliges Getrenntleben.**

OLG. Dresden, 6. ZS. Beschluß v. 21. Oktober 1916.

Mit Recht hat das LG. angenommen, daß das augenblickliche Getrenntleben der Ehegatten der Ausschließung der Schlüsselgewalt nach § 1357[2] nicht hinderlich ist; ist doch mit einer Trennung auf Dauer noch nicht zu rechnen, nachdem der Mann zur Erhebung der Scheidungsklage die Familie verlassen hat und rechtskräftig zur Wiederherstellung der häuslichen Gemeinschaft verurteilt worden ist. Wie er sich hierzu stellen wird, ist noch in der Schwebe. Die von ihm ergriffene Maßregel fand also noch den häuslichen Wirkungskreis der Frau als solcher vor, der der Gegenstand der Entziehung sein konnte (RJA. 7 S. 169; RG. in SeuffBl. 73 S. 454). Mindestens bei dieser Sachlage läßt sich nicht sagen, daß die Trennung der Gatten eine solche wäre, daß der häusliche Wirkungskreis und damit die Vertretungsbefugnis der Frau von selbst aufgehoben wären; folgeweise kann dahingestellt bleiben, ob nicht der Mann so lange, als er durch Vertreterhandlungen der Frau gefährdet ist, in der Lage sein muß, der Gefahr vorzubeugen, ohne sich dem Vorwurfe des Mißbrauchs seines Rechtes auszusetzen. Danach ist das Rechtsmittel der Frau unbegründet. Ann.

d) **Herausgabe der zum Haushalt erforderlichen Sachen. Rückgabe bei Aufhebung der einstw. Verfügung?**

OLG. Dresden, 8. ZS. Urteil v. 16. November 1917.

Durch einstw. Verfügung ist aus § 1361 S. 2 dem Beklagten die Herausgabe von Sachen aufgegeben worden, die die Klägerin zur Führung eines abgesonderten Haushalts bedarf. Die Sachen sind, wie sich aus ihrer Art ohne weiteres ergibt, zum angegebenen Zwecke erforderlich. Der Beklagte kann daher die Herausgabe nur verweigern, wenn die Sachen für ihn unentbehrlich sind oder wenn sich solche Sachen in dem der Verfügung der Frau unterliegenden Vermögen befinden. Nach der Fassung des § 1361 hat er die Ausnahmefälle darzutun. Nach der Bescheinigung besitzt die Klägerin zwei Tischtücher sowie zwei brauchbare Bettbezüge nebst Bettüchern. Bei den Bedürfnissen der Kreise, denen die Parteien angehören, genügen diese zur Führung des Haushalts. Die einstw. Verfügung ist deshalb, soweit darin die Herausgabe von Gegenständen dieser Art aufgegeben ist, aufzuheben. Dagegen kann dem weiteren Antrage auf Rückgabe der zur Abwendung der Vollstreckung herausgegebenen Sachen selbst nicht hinsichtlich der Gegenstände entsprochen werden, betreffs deren die Verfügung aufzuheben ist. Zwar ist nach § 945 ZPO. der Antragsteller schadenspflichtig, wenn sich die Anordnung als von Anfang an ungerechtfertigt erweist, und der Ersatzanspruch begreift in sich den Anspruch auf Zurückgabe der auf Grund der Verfügung herausgegebenen Sachen. Allein die Vergleichung der §§ 717² S. 2 und 945 ZPO. läßt erkennen, daß der Ersatzanspruch, also auch das Rückgabeverlangen, nicht in dem summarischen Verfahren der einstw. Verfügung verfolgt werden kann. Das wird auch dadurch klar, daß es sich bei diesem Anspruche nicht mehr um eine vorläufige, sondern um eine endgültige Regelung der Beziehungen der Parteien handelt. —e—

e) **Vollstreckung in eine Hypothek, an der einem Dritten der Zinsgenuß bestellt ist.**

OLG. Hamburg, 6. ZS. Urteil v. 26. April 1917.

Dem Kläger, der von der beklagten Ehefrau N. die Zustimmung zur Übertragung der Hypothek verlangt, steht auf Grund der Abtretung und zweier rechtskräftigen Urteile ein Anspruch auf Erwerb der Resthypothek des mitbeklagten Mannes N. in Höhe von 5000 Mark und außerdem das Recht zu, in diesem Vermögensteil des N. Befriedigung wegen seiner Kaufforderung zu suchen. Der Verwirklichung dieser beiden Rechte steht der im Grundbuch eingetragene Zinsgenuß der Frau N. entgegen, die ihn durch Ausführung des Vertrags vom 26. Juni 1912 erworben hat. Der Erwerb ist aber gemäß

§§ 13, 3, 5 des Güterstandsges. vom 14. Juli 1899 dem Kläger als Gläubiger gegenüber unwirksam, weil er trotz seines Charakters als Vorbehaltsgutsbestellung nicht ins Güterrechtsregister eingetragen worden ist. Da die beklagte N. sich weigert, den Zinsgenuß aufzugeben und die Übertragung der Hypothek an den Kläger zu gestatten, so muß es diesem möglich sein, ihren Widerstand zu brechen. Ob ihm ein Klagerecht auch dann zugestanden hätte, wenn es zu einer Grundbucheintragung nicht gekommen wäre, kann dahingestellt bleiben. Da diese am 6. März 1915 erfolgt ist, hat der Kläger nur dann die Möglichkeit, über die Hypothek zu verfügen, wenn er vorher die Einwilligung der Beklagten erzwungen hat. An der in erster Linie beantragten Feststellung fehlt es am rechtlichen Interesse. Es war vielmehr gemäß dem zweiten, auf Leistung gerichteten Antrage zu erkennen.... M. M.

f) **Gütergemeinschaft: $\alpha$) doppeltes Gesamthandverhältnis der Miterben nach dem Tode eines Ehegatten.**

OLG. Posen, 4. ZS. Beschluß v. 5. Dezember 1917.

Das Grundstück ist im Grundbuch auf den Namen der gütergem. Eheleute G. eingetragen, die beide gestorben sind. S. hat als Rechtsnachfolger eines Miterben der Frau G. die Zwangsversteigerung des Grundstücks zur Aufhebung der Gemeinschaft gemäß § 180 ZwVG. beantragt. Das Amtsgericht hat abgelehnt, da sich Anstände bezüglich der Legitimation einzelner Miterben ergeben hätten. Die sofortige Beschwerde ist zurückgewiesen worden, weil der Nachlaß der Frau G. nicht in dem ganzen Grundstück, sondern in dessen ideeller Hälfte bestehe und die Aufhebung der Gemeinschaft bezüglich des ganzen Grundstücks nur von allen Miterben der Frau G. beantragt werden könne. Dieser auch von Jäckel-Güthe (ZwVG.[5] § 181[6]) und KG. (Rsp. 25 S. 208) vertretenen Ansicht vermag sich der Senat nicht anzuschließen. Nach § 1438 werden das Vermögen des Mannes und das der Frau durch die allgemeine GG. gemeinschaftlich. Der Begriff des Eigentums an einzelnen gütergem. Gegenständen zur ideellen Hälfte ist dem BGB. fremd (vgl. RGKomm. § 1442[1]). Hieran wird auch durch den Tod eines Ehegatten zunächst nichts geändert; bis zu der in § 1471 vorgesehenen Auseinandersetzung bleibt die Gemeinschaft zur gesamten Hand bestehen (RG. in Soergel Rsp. 13 S. 353). Hiernach kann von einer Versteigerung der der Frau G. an dem Grundstück zustehenden ideellen Hälfte keine Rede sein. Beim Vorhandensein mehrerer Erben des verstorbenen Gatten ergibt sich ein doppeltes Gesamthandverhältnis: einerseits die Erbengemeinschaft in Ansehung des Nachlasses des Verstorbenen, anderseits die zwischen dem überlebenden Ehegatten und den Erben des verstorbenen eintretende Gemeinschaft in Ansehung des Gesamtguts. An sich gelten für jede dieser Gemeinschaften besondere Vorschriften. Gemäß § 2042 kann aber jeder Miterbe jederzeit die Auseinandersetzung des Nachlasses verlangen. Hiermit ist ihm auch die Befugnis gegeben, die Auseinandersetzung des Gesamtguts zu beanspruchen (vgl. RGKomm. § 1471[3]). Die Auseinandersetzung über den Nachlaß der Eheleute G. und damit über das Gesamtgut ist in die Wege geleitet. Die Aufhebung der Gesamtguts- und Erbengemeinschaft an einem Grundstück erfolgt nach §§ 2042, 1477, 753 durch Zwangsversteigerung. Hiernach ist der Versteigerungsantrag an sich gerechtfertigt. PosMSch.

β) **Verwaltung des Gesamtguts gemäß § 1472 und Beanspruchung von Unterhaltsgeldern daraus.**

OLG. Hamburg, 1. ZS. Urteil v. 1. Februar 1918.

Zu einer ordnungsmäßigen Verwaltung des § 1472 gehört es auch, daß die an der Scheidung mitschuldige Antragstellerin, wenn und solange sie bedürftig ist, aus dem Gesamtgute, zunächst aus den Erträgen und, soweit dies nicht ausreicht, aus dem Stamme bis zur Durchführung der Auseinandersetzung Mittel zur Bestreitung ihres Unterhaltes erhält, deren Höhe sich nach dem Werte des Gesamtgutes und seiner Aufkünfte sowie nach den gerechtfertigten Bedürfnissen der Klägerin zu richten hat, u. z. ist der Beklagte, da er das Gesamtgut unter sich hat, zur Auszahlung entsprechender Beträge verpflichtet und dazu unter Umständen gemäß § 940 ZPO. anzuhalten. Allein der Klägerin ist eine genügende Glaubhaftmachung der zur Begründung ihres Anspruches geltend gemachten und erforderlichen Tatsachen nur teilweise gelungen. Anderseits lassen die eigenen Angaben des Beklagten seine Behauptung, daß das Gesamtgut überschuldet gewesen sei, wenig wahrscheinlich erscheinen.

1. Beklagter hat zugegeben, daß er schon in den letzten Jahren vor der Scheidung recht erhebliche Einnahmen gehabt und davon auch Ersparnisse gemacht hat, u. a. die 1915 angeblich seiner Tochter geschenkten und für sie ins Grundbuch eingetragenen 50000 Mark. Da diese Ersparnisse gemäß § 1438 zunächst in das Gesamtgut gefallen sind, ist die Schenkung aus dem Gesamtgute gemacht. Dafür, daß diese Schenkung an das minderjährige Kind einer sittlichen Pflicht oder einer auf den Anstand zu nehmenden Rücksicht entspräche (vgl. § 1446²), ist kein Anhalt gegeben. Die Schenkung bedurfte also der Einwilligung der Klägerin (§§ 1446, 1448, 1396), die nicht erteilt ist. Demgemäß sind hier die 50000 Mark wieder zum Gesamtgut hinzuzurechnen (§ 1456).

2. Beklagter gibt zu, daß das von ihm für sein Haus vor der Scheidung angeschaffte Privatmobiliar einen recht großen Wert (150000 Mark) habe. Er hat diesen Hausstand zur dauernden Benutzung für seine Privatzwecke angeschafft und will ihn nunmehr in seine neue Ehe einbringen. Wenn auch seine Angabe, der Hausstand habe niemals zum ehelichen Gesamtgut der Parteien, vielmehr zurzeit der Ehescheidung „einem Dritten" gehört, nicht widerlegt ist, so ist es doch wenig glaubhaft, daß dieser Dritte das angeblich ihm gehörige Mobiliar dem Beklagten zum völlig freien Gebrauch überlassen hat, ohne dafür durch entsprechende Gegenwerte des Antragsgegners, die normalerweise nur aus dem Gesamtgut entnommen werden konnten, gedeckt zu sein. Das ganze Verhältnis, wie der Antragsgegner es

hinsichtlich des Privatmobiliars darstellt, legt die Vermutung einer gewissen zur Verschleierung des wahren Wertes des Gesamtgutes vorgenommenen Schiebung nahe und läßt es glaubhaft erscheinen, daß außer den oben erwähnten 50000 Mark und den in der Aufstellung angegebenen Aktivposten noch erhebliche Werte zu der hier maßgeblichen Zeit im Gesamtgut vorhanden gewesen sind.

3. Die Klägerin gibt den Wert der Kontoreinrichtung auf 15000 Mark an. Die vom Beklagten selbst hinsichtlich seines Geschäftes und seiner Einnahmen sowie seiner Lebenshaltung gemachten Angaben lassen glaubhaft erscheinen, daß er tatsächlich eine Kontoreinrichtung im angegebenen Werte zur maßgeblichen Zeit gehabt hat. Allerdings haftete sie zurzeit der Ehescheidung für die damals etwa rückständige und für die im § 559 BGB. erwähnte künftige Miete 2c. Das ändert aber nichts daran, daß die Sachen zum Gesamtgut gehören und hier mit ihrem vollen Wert einzusetzen sind, zumal nach der damaligen wirtschaftlichen Lage des Beklagten, wie er sie selbst darstellt, eine Geltendmachung des Vermieterpfandrechts nicht zu erwarten war.

4. Der Lebensversicherungsschein gehört zum Gesamtgute, selbst wenn Beklagter ihn vor der Scheidung seiner Tochter (ohne Einwilligung und Genehmigung der Antragstellerin) geschenkt haben sollte. Er gibt den Rückkaufswert zu der maßgeblichen Zeit auf 20000 Mark an und will hiervon ein angeblich darauf aufgenommenes Darlehen von 6000 Mark abziehen. Danach würde der Schein immerhin mit 14000 Mark zum Gesamtgute zu rechnen sein. . . . M. M.

γ) **Vertrag eines an einer fortgesetzten GG. Beteiligten über die Auflassung eines Grundstücks.**[1]

OLG. Hamburg, 3. ZS. Urteil v. 12. April 1917.

Die Klägerin verlangt Feststellung der Ungültigkeit des Vertrags der Parteien von 1910 sowie der Unwirksamkeit (Nichtigkeit) der Auflassung des zum Gesamtgut der fortgesetzten GG. gehörigen Hofes an den Beklagten. Die Ungültigkeit des Vertrags folgert sie daraus, daß sie nicht wirksam über ihren Anteil am Gesamtgut habe verfügen können und daß ihr im Vertrage ausgesprochener Verzicht auf diesen Anteil wegen Formmangels nichtig sei. Der Vertrag mag, soweit er diesen Erfolg bezweckte, ungültig sein. Es bedarf aber keiner Erörterung, ob die Klägerin demgemäß eine Feststellung verlangen könnte, daß die fortgesetzte GG. zwischen ihr, ihren Geschwistern und ihrer Mutter fortbestehe, ob sie diese Feststellung gegen den Beklagten allein verlangen könnte und ob ein rechtliches Interesse daran anzuerkennen

[1] Das Pr. AusfG. Art. 66 bezweckt, für die nach den bisherigen Gesetzen (zB. dem jütischen Low) bestehende fortgesetzte GG. die Erwirkung des Zeugnisses nach § 1507 BGB. zu ermöglichen; nichts spricht dafür, daß es nur auf diejenige fortgesetzte GG., die nach beendeter allgemeiner GG. eintritt, anwendbar sein sollte. Ebensowenig setzt es eine fortgesetzte GG. voraus, die schon bei Beginn des Jahres 1900 bestand; denn der Wortlaut erfordert lediglich eine solche, für die die bisherigen Gesetze maßgebend bleiben (OLG. Kiel, 2. ZS. Beschluß v. 11. Juli 1916, SchlHA. 1918 S. 57).

wäre. Denn mit der Klage fordert sie etwas anderes, nämlich die Feststellung, daß der Vertrag schlechthin ungültig sei; dieses Begehren ist aber nicht berechtigt. Denn daraus, daß sie über ihren Anteil am Gesamtgut wirksam nicht verfügen und mangels Einhaltung der gesetzlich vorgeschriebenen Form auf ihren Anteil nicht verzichten konnte, kann noch nicht gefolgert werden, daß der Vertrag schlechthin ungültig ist. Es muß vielmehr gefragt werden, welchen Vertragswillen die Parteien zum Ausdruck gebracht haben. Dieser Wille ging aber dahin, daß die Klägerin als die materiell Mitberechtigte gegen Entgelt der Auflassung des Hofes an den Beklagten zustimmen sollte. Warum ein solcher Vertrag ungültig sein sollte, ist nicht erfindlich. Er hätte wirksam auch mündlich geschlossen werden können. Die sämtlichen Berechtigten haben im wesentlichen gleichlautende Verträge mit dem Beklagten abgeschlossen; sie wollten also gegen entsprechendes Entgelt der Auflassung des Hofes an den Beklagten zustimmen. Sie haben diese Zustimmung demgemäß erteilt und der Hof ist ihm darauf aufgelassen worden. Daß die Beteiligten mit der von ihnen gewählten Form der besonderen Rechtslage in Ansehung der fortgesetzten GG. nicht gerecht geworden sind, ist gleichgültig, weil dieser Umstand, das obige von den Parteien gewollte Rechtsgeschäft gar nicht berührt und daher die Verträge der Klägerin und ihrer Geschwister mit dem Beklagten nicht schlechthin ungültig macht....

Die Auflassung ist durch den von der Klägerin und ihren Geschwistern bevollmächtigten K. erklärt worden. Die Klägerin erachtet die Auflassung auch um deswillen für unwirksam, weil die von ihr behauptete Ungültigkeit der Verträge, in denen die Vollmacht erteilt worden ist, auch die Ungültigkeit der Vollmacht nach sich ziehe. ... Allein die Frage, ob die Klägerin über ihren Anteil am Gesamtgut verfügen und in dieser Form nicht auf ihn verzichten konnte, berührt nicht die ganz andere und zu bejahende Frage, ob sie gegen Entgelt der Auflassung an den Beklagten zustimmen konnte. Nur auf dieses gültige Rechtsgeschäft bezieht sich aber die gleichzeitig erklärte Vollmachtserteilung. Wenn bei dieser Sachlage der § 139 auf den vorliegenden Fall überhaupt angewendet werden kann, was nicht unzweifelhaft erscheint, so ist das Gericht nach diesen Umständen des Falles jedenfalls überzeugt, daß derjenige Teil des Vertrags, in welchem jenes gültige Rechtsgeschäft geschlossen und die Vollmacht erteilt worden ist, in jedem Falle geschlossen worden wäre. M. M.

g) **Anfechtung der Ehelichkeit. Zuständiges Gericht.**

OLG. Augsburg, 1. ZS. Beschluß v. 29. Januar 1918.

Das LG. hat das Armenrechtsgesuch des Klägers wegen Unzuständigkeit abgewiesen, da das Kind nie am Wonsitz des Vaters, sondern immer bei seiner anderswo lebenden Mutter gewesen sei. Allein das Kind gilt bis zur Rechtskraft des auf die Anfechtungsklage ergehenden, die Unehelichkeit aussprechenden Urteils als eheliches und teilt als solches den Wohnsitz des Vaters; dieser Wohnsitz liegt aber im Bezirke der Vorinstanz. P.n.

h) α) **Kein Ersatzanspruch des Kommunalverbandes wegen Kriegsunterstützung gegen den Unterhaltspflichtigen.**

OLG. Kiel, 3. ZS. Urteil v. 4. April 1917.

Die minderjährige Hilde D. hat von dem Kläger (Hamburger Staat), nachdem ihr Vater als Reservist nach der Mobilmachung in den Dienst eingetreten war, auf Grund des Ges. vom 28. Februar 1888/4. August 1914 Unterstützung beansprucht und erhalten. Kläger verlangt Ersatz von dem Beklagten, als dem nach § 1601 unterhaltungspflichtigen Großvater des Kindes. Allein er kann sich, da er in Erfüllung der ihm durch Gesetz auferlegten öffentlich-rechtlichen Unterstützungspflicht die Beträge bezahlte, nicht darauf berufen, daß er mit der Gewährung der Unterstützung die Geschäfte des Beklagten geführt habe, oder daß dieser bereichert worden sei. Gewährt der nach dem Gesetz unterstützungspflichtige Kommunalverband die Unterstützung, so erfüllt er damit eine ihm selbst auferlegte, eigene Verpflichtung. Die Aufwendungen hat demnach auch nur er — vorbehaltlich der durch § 12 gegebenen Entschädigung aus Reichsfonds, — allein zu tragen; Ersatzansprüche gegen die nach bürgerlichem Rechte Unterhaltungspflichtigen kennt das Gesetz nicht. Wie die Motive ausdrücklich hervorheben, handelt es sich bei dieser Kriegsunterstützung um keine Armenunterstützung. Vielmehr wird, da der Staat durch den Heeresdienst den Familien der Dienstpflichtigen den Ernährer entzieht, die Fürsorge für die Familie den Lieferungsverbänden übertragen, denen damit eine im Interesse des Vaterlandes gebotene Pflicht auferlegt wird. Schon nach dieser durch die Wesensart gegebenen Verschiedenheit der Kriegs- und Armenunterstützung ist nicht zulässig, die für die Armenunterstützung gegebenen Erstattungsansprüche des Armenverbandes hier ohne weiteres anzuwenden. Das Gesetz selbst enthält keine Bestimmungen über einen den Lieferungsverbänden durch die Unterhaltsverpflichteten zu gewährenden Ersatz, und hat, da es, wenn es Ersatzansprüche hätte zulassen wollen, durchaus nahe gelegen hätte, diese entsprechend der Bestimmung des Unterstützungswohnsitzes zu regeln, damit jeden weiteren Ersatzanspruch, als den im § 12 gegebenen, ausgeschlossen.

Der Kläger kann sich auch nicht darauf berufen, daß die Kriegsunterstützung nach § 1 des Ges. die Bedürftigkeit des zu Unterstützenden voraussetze, die Hilde aber nicht bedürftig gewesen sei, da der Beklagte sie zu unterhalten gehabt habe. Es steht vielmehr fest, daß der Familie durch die Einberufung des Vaters der Ernährer entzogen worden ist, und daß dadurch beim Fehlen anderer Mittel die Hilde unterstützungsbedürftig geworden ist. Diese Bedürftigkeit wurde nicht dadurch beseitigt, daß der Beklagte nach seinen Einkommensverhältnissen zur Gewährung des Unterhaltes für seine Enkelin imstande war. Solange der Beklagte die Gewährung des Unterhaltes weigerte, bestand vielmehr die Bedürftigkeit des Kindes, und war damit die Unterstützungspflicht des Klägers gegeben. SchlHA.

β) **Höhe der Unterhaltsgelder für die Kinder und die geschiedene Frau.**

OLG. Hamburg, 2. ZS. Urteil v. 9. Oktober 1917.

Es handelt sich nur um den Unterhalt der Kläger für 1917, nicht um die endgültige Regelung der Unterhaltsbezüge auch für die spätere Zeit. Es sind also hier nur die Verhältnisse des Jahres 1917 zu berücksichtigen. Nach §§ 1578/9 und §§ 1601/3 hat Beklagter den standesmäßigen Unterhalt zu gewähren, dh. den sich nach der Lebensstellung der Kläger bestimmenden (§ 1610). Diese Lebensstellung richtet sich wiederum nach den Vermögensverhältnissen des Beklagten, jedoch nicht in der Weise, daß jede Schwankung seine und seiner Familie Lebensstellung veränderte. Zu berücksichtigen bleibt vor allem die Tatsache, daß die Mutter des Beklagten das elterliche Gesamtgut im Werte von 3½ Millionen Mark unter sich hat, und daß der Beklagte davon mindestens 400000 Mark erhalten wird, sofern nicht wesentliche Veränderungen eintreten, wofür nichts vorliegt. Die Lebensstellung der Klägerin bestimmt sich zeitlich nach dem Zeitpunkt der Ehescheidung (RG. 75 S. 126); seitdem hat sich die Lebensstellung des Beklagten nicht verändert. Die geschiedene Frau ist so zu stellen, als ob die Ehe noch bestände. Danach sind die Unterhaltsverhältnisse gemäß §§ 1579¹, 1603² grundsätzlich so zu regeln, daß alle verfügbaren Mittel nach Billigkeit für die Eltern und Kinder gleichmäßig zu verwenden sind.

Die Grundlagen für eine Aufstellung über das Vermögen des Beklagten sind unsicher. Wieviel die (für 266000 Mark erworbenen) englischen Shares zurzeit wert sind, entzieht sich der Beurteilung; ebensowenig kann die Beteiligung an dem Kaliwerk, das keine Ausbeute gibt, mangels näherer Angaben geschätzt werden. Auch die Forderung an die Lebensversicherungsgesellschaft ist als Kapital auch nicht annähernd zu bewerten, da die genauen Unterlagen fehlen. Diesen Werten steht eine Hypothekenschuld von 232000 Mark gegenüber, deren Gläubiger das elterliche Gesamtgut ist. Doch handelt es sich hierbei offenbar um eine Art der vorweggenommenen Erbfolge; dieser Posten soll dem Beklagten dermaleinst bei der Erbteilung belastet werden. Die Verzinsung dieser Hypothek wird dem Beklagten seit Jahren erlassen. Als jetziges Vermögensstück kommt die künftige Erbschaft des Beklagten nicht in Betracht. Doch ist immerhin dieser Umstand bei der Beurteilung der Lebensstellung des Beklagten nicht außer Betracht zu lassen, wie bereits bemerkt ist.

Greifbarer sind die Einkommensverhältnisse des Beklagten. Er bezieht von der Lebensversicherungsgesellschaft monatlich 600 Mark. Fernere 600 Mark monatlich, die die Gesellschaft seinem Bruder zahlt, überläßt dieser ihm vorschußweise, so daß diese 7200 Mark als „verfügbare Mittel (Einkünfte)" (§§ 1603, 1579) mitzuzählen sind. Es kann nicht zweifelhaft sein, daß der Bruder des Beklagten diesem diese Einkünfte überläßt, aus dem Grunde und zu dem Zwecke, um ihm dabei behilflich zu sein, seine gewohnten Ausgaben nicht allzusehr einschränken zu müssen; es würde nicht der Billigkeit entsprechen, wenn der Beklagte diese Mittel nur für die Bedürfnisse seiner eigenen Person verwenden wollte. Auch ist er verpflichtet, in vernünftigen Grenzen auch zugunsten der Kläger seinen Kredit zu benutzen (JW. 1907 S. 674[11]) und es kommt nicht darauf an, ob ein fernstehender Geldgeber, etwa ein Bankhaus, Kredit gewähren würde, sondern darauf, ob der Beklagte tatsächlich Kredit genießt, und das ist bei seinem Bruder der Fall. Nimmt man das Offiziersgehalt des Beklagten von jährlich 3360 Mark hinzu, so ergeben sich an Einkünften 3360 + 14400 = 17760 Mark für das Jahr. Es ist aber unbedenklich festzustellen, daß die verfügbaren Einkünfte des Beklagten erheblich höher sind und mehr als 20000 Mark jährlich betragen, daß besonders die Mutter des Beklagten als Verwalterin des Gesamtgutes ihm erhebliche Zuwendungen macht. Daß der Beklagte nach wie vor auf großem Fuße lebt, wird dadurch bewiesen, daß er für seine Person bis vor kurzem hier eine Wohnung für 4400 Mark Miete hatte, und daß er für seine älteste Tochter jährlich lediglich an Pensions- und Unterrichtskosten 5000 Mark ausgegeben hat.

Berücksichtigt man dies, so ist zunächst nicht zweifelhaft, daß die von der Klägerin zu 1 geforderten 4800 Mark sowohl standesgemäß als ihrer Lebensstellung entspricht, als auch von dem Beklagten aus seinen verfügbaren Mitteln entrichtet werden kann und muß.... Zweifelhafter ist, ob für die Kinder nicht je 2400 Mark jährlich zu hoch bemessen ist. Das älteste der klagenden Kinder ist 15 Jahre alt; für diese Tochter ist der Betrag, besonders unter den jetzigen Teuerungsverhältnissen, nicht zu viel gerechnet. Aber auch für die beiden Söhne im Alter von 10 und 8 Jahren erscheint er nicht unbillig, zumal Beklagter für seine älteste Tochter, für die nicht mitgeklagt wird, allein an Pensionskosten 5000 Mark im Jahr ausgegeben hat. Die Geschwister haben ein Recht darauf, gleichmäßig behandelt zu werden. Man könnte daran denken, ob nicht die Mutter des Beklagten, als Großmutter der Kinder, gleichfalls unterhaltspflichtig wäre (§ 1603[2] S. 2). Allein sie kommt erst dann in Frage, wenn der Vater leistungsunfähig ist (§ 1606[2]). Da dem Beklagten jährlich mehr als 20000 Mark zur Verfügung stehen, so bleiben ihm, wenn für die vier Kinder je 2400 Mark gerechnet werden, mindestens 6000 Mark zur Verfügung. Dies mag für seine Ansprüche gering erscheinen, indessen wird sein standesgemäßer Unterhalt dabei nicht „gefährdet", zumal er sich im Heeresdienst befindet, also keine erheblichen Ausgaben hat. M. M.

Dazu: OLG. Hamburg, 3. ZS. Urteil v. 16. Januar 1917.

... Das LG. hat die dem Beklagten für die Kinder auferlegte jährliche Unterhaltsverpflichtung ohne eine zeitliche Begrenzung gelassen. Allein daß die Kinder niemals dazu kommen sollten, sich selbst erhalten zu können, ist nach dem normalen Verlauf der menschlichen Dinge geradezu ausgeschlossen. Es ist sogar sehr wohl möglich, daß sie oder einzelne von ihnen sich schon früher ihren Lebensunterhalt erwerben können. In solchem Falle wird Beklagter gemäß § 323 ZPO. eine Abänderung des Urteils beantragen können, gleichwie die Kläger eine Abänderung werden beantragen können, wenn Verhältnisse eintreten, die eine längere Unterstützungsbedürftigkeit eines Kindes zur Folge haben, wie zB. Krankheit, Wahl eines gelehrten Berufs 2c. Dem Antrage des Beklagten, seine Unterhaltspflicht auf den Zeitraum bis zum vollendeten 21. Lebensjahre und, wenn die Tochter früher heiratet, bis zur Eheschließung zu begrenzen, mußte demnach entsprochen werden. M. M.

γ) **Einstw. Verfügung auf Unterhaltsgewährung an erwachsene Kinder durch Rentenzahlung.**

OLG. Karlsruhe, 1. ZS. Urteil v. 6. Dezember 1916.

Die Klägerin, die weder aus ihrem Vermögen noch aus dem Ertrag ihrer Arbeit ihre Lebensbedürfnisse bestreiten kann, behauptet zwar selbst, daß ihr gegen ihre beklagte Mutter der Anspruch auf Herausgabe ihres väterlichen Vermögens (11000 Mark) zustehe. Es ist ihr aber bis jetzt nicht gelungen, ihrem Anspruch Geltung zu verschaffen, obwohl sie ihn schon im März 1915 eingeklagt hat. Sie kann sich auch durch Abtretung oder sonstige Verwertung der bestrittenen Forderung Mittel nicht verschaffen; eine ganz unwirtschaftliche Verwertung ihres väterlichen Vermögens ist ihr nicht zuzumuten. Nach den ärztlichen Zeugnissen ist sie seit Juli 1915 völlig außerstande, beruflich tätig zu sein und selbst für ihren Unterhalt zu sorgen. Sie ist also nach § 1602 unterhaltsberechtigt. Auf Grund des § 1612² S. 1 hat die Beklagte die Klägerin am 17. Juni 1916 ausdrücklich aufgefordert, zu ihr zurückzukehren und den Unterhalt von ihr entgegenzunehmen. Die Klägerin hat zwar beim VormGericht beantragt, diese Bestimmung, die unbillig sei und eine ernste Gefährdung ihrer Gesundheit zur Folge hätte, dahin zu ändern, daß die Mutter ihr den Unterhalt in der Form einer Geldrente zu gewähren habe. Als aber das Amtsgericht das Bedenken äußerte, daß die Voraussetzungen der §§ 1602¹, 1612² deshalb nicht gegeben seien, weil das väterliche Vermögen zur Bestreitung ihres Unterhalts ausreiche, hat die Klägerin gebeten, die Sache bis auf weiteres beruhen zu lassen, und schließlich, nachdem das angefochtene Urteil ausgesprochen hatte, daß die Bestimmung der Beklagten unausführbar sei, den Antrag zurückgenommen. Diese Annahme des LG. läßt aber die erforderliche Begründung vermissen. (Wird näher ausgeführt.) Danach scheint es lediglich vom Willen der Klägerin abzuhängen, ob sie zu ihrer Mutter zurückkehrt. Die Unausführbarkeit dieser Rückkehr ist daher nicht glaubhaft gemacht. Die bei Staudinger (N. 2b zu § 1612) angeführten Entscheidungen, auf die das LG. verweist, betreffen anders gelagerte Fälle. Da sich das Kind der Bestimmung seiner Eltern zu fügen hat, solange sie nicht vom VormGericht geändert oder ihre Unausführbarkeit dargetan ist, steht die Bestimmung der Beklagten ihrer Verurteilung zur Zahlung einer Geldrente im Hauptprozeß entgegen. Hieraus folgt aber nicht, daß auch die beantragte einstw. Verfügung nicht erlassen werden durfte, sofern diese Regelung zur Abwendung wesentlicher Nachteile nötig erscheint. Diese Voraussetzung liegt vor. Die Beklagte hat im Herbst 1914 die Klägerin wiederholt gröblich beschimpft und in Gegenwart Dritter geschlagen, sie auch aufgefordert, ihr Haus zu verlassen. Durch die hartnäckige Weigerung, die Klägerin weiterhin mit Geld zu unterstützen, durch die Art, wie sie den Anspruch der Klägerin auf ihr väterliches Vermögen bekämpft und seit Juli 1916 die Vollstreckung der einstw. Verfügung vereitelt hat, wurde das Verhältnis der Streitteile noch erheblich verschlechtert. Als der Gerichtsvollzieher im Auftrag der Klägerin wegen des Betrags von 204 Mark ein Klavier pfändete, erklärte ihm die Beklagte, daß das Klavier, sowie alle anderen in ihrem Gewahrsam befindlichen Sachen laut Vertrag vom 15. Juni 1916 Eigentum ihres im Felde stehenden Sohnes seien, und gegen die Pfändung hat dieser dann auch Widerspruchsklage erhoben mit der Behauptung, das Klavier sei ihm Ende 1914 von der Beklagten schenkungsweise übertragen worden. Im Hinblick auf das ganze Verhalten ist aber auch die Besorgnis gerechtfertigt, daß Beklagte im Falle der Rückkehr der Klägerin in unzulässiger Weise auf diese einwirken würde, um sie zum Verzicht auf ihr väterliches Vermögen zu bestimmen. Endlich ist glaubhaft gemacht, daß die Klägerin im Hause der Beklagten Beschimpfungen des Dienstmädchens ausgesetzt wäre. Einer solchen Gefährdung ihrer Person und ihres Vermögens braucht sie sich um so weniger auszusetzen, als sie leidend ist und der Schonung bedarf. Die Weigerung der Beklagten, die Klägerin mit Geld zu unterstützen, steht unter diesen Verhältnissen im Erfolg einer Verweigerung der Unterhaltsgewährung überhaupt gleich. Ohne die Anordnung der einstw. Verfügung wäre die mittellose und nicht erwerbsfähige Klägerin somit der größten Not ausgesetzt oder auf die Mildtätigkeit Fremder oder öffentliche Armenunterstützung angewiesen. Damit ist aber auch glaubhaft gemacht, daß die Voraussetzungen vorliegen, unter denen das VormGericht nach § 1612² Satz 2 die Bestimmung der Beklagten zu ändern hat. Bchr.

### i) Eheliche Kinder[1]: α) Vergütung für häusliche Dienste.

OLG. Breslau, 4. ZS. Urteil v. 7. März 1918.

Die Entscheidung über die Entgeltlichkeit oder Unentgeltlichkeit einer Dienstleistung hat nicht von vornherein unter vorzugsweiser Berücksichtigung eines Verwandtschaftsverhältnisses zu erfolgen, vielmehr sind auch andere Umstände zu berücksichtigen, die für die Beurteilung des Rechtsverhältnisses erheblich sein können. Auch wenn daher hier die Voraussetzungen des § 1617

[1] Von der Kgl. VO. v. 30. Okt. 1816 an bestand jedenfalls der Rechtszustand, daß niemand einen anderen als den ihm zukommenden Familiennamen führen durfte; dies gilt auch dann, wenn bereits sein Vater oder ein weiterer Vorfahr den Namen widerrechtlich geändert hatte und seitdem innerhalb der Familie dieser fremde oder erdichtete Name längere Zeit hindurch tatsächlich geführt worden ist. Ebensowenig bewirkt die Eintragung des unrichtigen Namens in die Standesregister, daß nunmehr dieser Name der dem Träger zukommende Familienname ist. Auch bei einem in den Kirchenbüchern eingetragenen Geburtsfalle sowie gegen die auf Anordnung der staatlichen Aufsichtsbehörde eingetragenen Berichtigungen ist der Nachweis gestattet, daß der richtige Familienname ein anderer sei (OberVerwG., 1. S. Urteil v. 18. März 1915; Entsch. 70 S. 320).

sonst vorliegen, ist doch nicht ausgeschlossen, daß unter den Beteiligten die Entgeltlichkeit der Dienstleistung gewollt war (RG. 74 S. 140). Die Kläger haben zwar die Entgeltlichkeit der Dienstleistungen ihres Erblassers darauf gestützt, daß die Beklagte die Überlassung des Grundstücks als Entgelt für die Dienste in Aussicht gestellt habe. Allein ein Abkommen dieses Inhalts wäre beim Mangel der in § 313 vorgeschriebenen Form ungültig. Es bestand demnach zwischen dem Erblasser der Kläger und der Beklagten kein rechtsgültiger Dienstvertrag im Sinne des § 611 und also auch für Beklagte keine Verpflichtung zur Gewährung einer vereinbarten Vergütung. Von der stillschweigenden Vereinbarung einer Vergütung (§ 612[1]) kann nicht die Rede sein, weil bei den Voraussetzungen des § 1617 eine Vergütung nicht zu erwarten war. Der Anspruch auf eine angemessene Vergütung (§ 612[2] BGB.) hat wiederum einen Dienstvertrag zur Voraussetzung, bei dem nur die Höhe der Vergütung nicht bestimmt ist. Ein gültiger Vertrag liegt indes nicht vor. Der Anspruch der Kläger auf Vergütung der Dienstleistungen ihres Erblassers ist hiernach nicht begründet.

Den Anspruch aus der ungerechtfertigten Bereicherung hat die Beklagte mit Recht als Klagänderung bezeichnet. Die Behauptung der Klageschrift, die Beklagte sei durch den Erblasser der Kläger in die Lage versetzt worden, ihre Vermögensverhältnisse erheblich zu verbessern, enthält nicht die Begründung einer Bereicherungsklage aus § 812 BGB. und die übrigen tatsächlichen Anführungen in der Klageschrift betreffen nur den Dienstvertragsanspruch. Soweit daher jetzt Bereicherung geltend gemacht wird, ist die auf den Vertragsanspruch gestützte Frage geändert. Wgr.

### β) Aussteuer und standesmäßiger Unterhalt.

OLG. Hamburg, 5. ZS. Urteil v. 25. April 1917.

Der Beklagte hat für Frau und 3 Kinder zu sorgen und bezieht ein dienstliches Einkommen von 6000 Mark. Er ist zwar Eigentümer eines Hauses mit 400 Mark jährlicher Mieteinnahme. Das Haus ist jedoch hoch beschwert, so daß diese Einnahme nur eine Verringerung der sonst für seine Verhältnisse zu hohen Wohnungskosten bedeutet. Demgegenüber stehen beträchtliche laufende Verbindlichkeiten an Hypothekenzinsen und Versicherungsprämien. Hinzu kommen besondere Ausgaben für die Kinder, die der Beklagte vernünftiger- und berechtigterweise gut ausbilden läßt. Die Summe, die ihm zur Bestreitung des Haushalts und der übrigen Unterhaltskosten für seine Familie bleibt, ist zumal angesichts der herrschenden Teuerung sehr knapp bemessen. Da er kein Vermögen besitzt, hat er sogar, um überhaupt nur durchzukommen, ein für seine Verhältnisse nicht unbeträchtliches Darlehen aufnehmen müssen. Bei dieser Sachlage ist er bei Berücksichtigung seiner sonstigen Verpflichtungen ohne Gefährdung seines standesmäßigen Unterhalts nicht in der Lage, der Klägerin eine Aussteuer zu gewähren. Daß er früher schon für sie beträchtliche Aufwendungen gemacht hat (sie zur Lehrerin hat ausbilden lassen), kann dabei ganz außer Betracht bleiben. Allerdings ist ihm grundsätzlich zuzumuten, sogar seinen Kredit zur Befriedigung des Aussteueranspruchs auszunutzen. Aber auch diese Pflicht findet ihrer Grenze an der Leistungsfähigkeit des Beklagten, dem die Möglichkeit einer ordnungs- und standesmäßigen Wirschaftsführung nicht entzogen werden darf. Insbesondere kann von ihm, wie die Dinge liegen, nicht verlangt werden, daß er durch Beleihung eines Lebensversicherungsscheins sich die Mittel zur Aussteuer verschafft. Denn er muß mit der Möglichkeit rechnen, daß ihm durch den Unterhalt und die Ausbildung seiner übrigen Kinder noch erhebliche Ausgaben erwachsen, und auch abgesehen hiervon kann von einem Beamten, der über ein festbegrenztes Einkommen, nicht aber über ein Vermögen verfügt, besonders in jetziger Zeit nicht verlangt werden, daß er sich der letzten Möglichkeit entäußert, Geldmittel zu beschaffen. M. M.

k) **Elterliche Gewalt:** *α*) **Bedeutung des § 1635 Satz 2 BGB.**[1]

OLG. Dresden, 6. ZS. Beschluß v. 12. Mai 1917.

Frau A. ist geschieden; der zurzeit im Heeresdienste stehende Mann ist für allein schuldig erklärt. Das Amtsgericht hat unter Billigung des LG. der Frau die ihr an sich zustehende Sorge für die Person der aus der Ehe stammenden zwei Kinder gemäß § 1635 Satz 2 entzogen und zugleich nach § 1665 die Bestellung eines Pflegers zur Ausübung dieser Sorge sowie zur Vertretung der Kinder in den die Sorge für ihre Person betreffenden Angelegenheiten angeordnet. Allein der § 1635 bestimmt lediglich darüber, welchem der beiden Ehegatten im Verhältnis zueinander die Personensorge gebührt. Auf Grund des Abs. 1 Satz 2 das. kann deshalb das Sorgerecht demjenigen Ehegatten, dem es nach Satz 1 an sich zusteht, nur in der Weise entzogen werden, daß es dem anderen Ehegatten übertragen wird. Ist dieser, gleichviel ob aus rechtlichen oder tatsächlichen Gründen, außerstande, die Sorge auszuüben, müßte ihm vielmehr zu diesem Zwecke ein Pfleger bestellt werden, so ist für eine Anordnung nach Satz 2 kein Raum, sondern ein Einschreiten des VormGerichts im Interesse der Kinder nur auf Grund des § 1666 gestattet (vgl. RJA. 11 S. 257; 12 S. 6). Sollte bei der anderweiten Entscheidung das Amtsgericht zu dem Ergebnisse gelangen, daß dem geschiedenen Manne der Beschwerdeführerin wegen seiner Abwesenheit die Personensorge nicht übertragen werden kann, so wird es zu erwägen haben, ob nicht ein Einschreiten nach § 1666 geboten ist. Ann.

*β*) **Gefährdung des Kindes durch Überschreitung des Züchtigungsrechts und Heranziehung zu Dienstbotenarbeiten. Zuständiges Beschwerdegericht bei Abgabe der Vormundschaft.**

Bayer. Oberstes Landesgericht, FerienZS. Beschluß v. 28. Juli 1917.

Auf Antrag des Vormunds entzog das Amtsgericht Mainz, bei dem

[1] Ebenso Bay. Ob. LG., 1. ZS. Beschluß v. 24. Mai 1917 (Samml. 18 S. 86). Bei der Verkehrsregelung nach § 1636 ist die Gestattung eines mehr oder minder lange, zB. während der Schulferien, dauernden Aufenthalts des Kindes bei dem an der Scheidung schuldig erklärten Elternteile selbst nicht zur Wahrung der ihm gewählten Verkehrsbefugnis erforderlich (Beschluß v. 13. Sept. 1917, aO. 187).

damals die Vormundschaft geführt wurde, der Mutter — ihr geschiedener Mann ist verschollen — das Recht der Sorge für die Person ihres Sohnes. Das LG. N. hat, nachdem inzwischen die Vormundschaft an das Amtsgericht N. abgegeben worden war, die Beschwerde zurückgewiesen. Unbegründet ist der Vorwurf, daß das LG. zu Unrecht als Beschwerdegericht tätig geworden ist. Da die Vormundschaft zurzeit der Entscheidung des Beschwerdegerichts an das Amtsgericht N. bereits abgegeben war, hat das LG. als das dem neuen VormGerichte vorgesetzte Gericht mit Recht seine Zuständigkeit angenommen. Überdies hat das Amtsgericht N. durch seine Erklärung, daß es der Beschwerde nicht abhelfe, sich den Beschluß des Amtsgerichts Mainz zu eigen gemacht, weshalb auch aus diesem Grunde die Zuständigkeit des LG. gegeben war. Der § 551 Nr. 4 ZPO. ist daher nicht verletzt.

Die Entscheidung verstößt auch nicht gegen § 1666 BGB. Wie tatsächlich festgestellt ist, hat die Beschwerdeführerin ihren Sohn wiederholt geschlagen und mit der Begehung eines Verbrechens bedroht; ferner hat sie ihn über das nach § 1617 statthafte Maß hinaus zu Diensten in ihrem Hauswesen verwendet, denn sie hat ihn täglich mit einem großen Teile der Verrichtungen eines häuslichen Dienstboten beschäftigt und dadurch seine Fortschritte in der Realschule gehemmt. Die Ansicht, daß weder eine Überschreitung des Züchtigungsrechts noch eine Ausbeutung der Arbeitskraft des Knaben noch ein Verschulden dargetan sei, ist irrig. Die Entscheidung enthält zwar keinen ausdrücklichen Ausspruch darüber, die Mißhandlungen des Sohnes erfolgten nach der Annahme des LG. überhaupt nicht zu erzieherischen Zwecken, sondern aus Laune, geschahen also nicht in Ausübung des elterlichen Züchtigungsrechts, sondern stellen vorsätzliche Körperverletzungen dar. Daß die Verantwortung der Mutter dafür aus einem besonderen Grund ausgeschlossen ist, wird in den beiden Beschwerdeschriften nicht behauptet. Die Verwendung des Mündels anstelle des im Haushalt fehlenden Dienstmädchens überstieg nach Maß und Art die gesetzliche Verpflichtung des Kindes zu Diensten im Hauswesen der Mutter. Kein Zweifel besteht darüber, daß diese sich der schädlichen Einwirkung der Beschäftigung ihres Sohnes mit häuslicher Arbeit auf seinen Fortschritt in der Schule bewußt war oder wenigstens sich bewußt sein mußte, denn sie hat selbst hervorgehoben, daß der Knabe ein schwacher Schüler war, deshalb von der Oberrealschule zurückgewiesen wurde und nur mit Mühe und Not in einer Realschule Aufnahme fand. Die Behauptung der Beschwerdeführerin, daß der Knabe jetzt von seinen Großeltern in der gleichen Weise wie bei ihr im Hauswesen beschäftigt war, rechtfertigt ihr Verhalten nicht, wird aber dem Vormunde wie dem Gerichte Anlaß geben, darüber zu wachen, daß der Mündel nicht durch übertriebene häusliche Dienstleistungen von der Besorgung seiner Schularbeiten abgehalten und in seinem Bildungsgange gestört wird. Nicht zu beanstanden ist, daß das VormGericht zur Wahrung der Interessen des Sohnes die Entziehung der Sorge für seine Person für geboten erachtet hat. Nach dem ganzen Verhalten der Mutter, die sich bisher sehr wenig um ihren Sohn gekümmert hat, haben die Vorinstanzen eine wiederholte Gefährdung des Wohles des Kindes besorgt, wenn der Mutter die Sorge für die Person des Kindes anvertraut bleibt. Gegen diese Annahme bestehen keine rechtlichen Bedenken. Samml.

γ) **Gilt § 1666 für uneheliche Mütter?**[1]

Kammergericht, 1. FerienZS. Beschluß v. 20. Juli 1916.

Der § 1666 ist auf die Mutter eines unehelichen Kindes entsprechend anwendbar; das VormGericht ist also befugt, dem Gewalthaber die Sorge für die Person des Kindes zu entziehen, wenn er das geistige oder das leibliche Wohl des Kindes dadurch gefährdet, daß er das Kind vernachlässigt. Für das Verfahren ist nicht der § 286 ZPO. anwendbar, weil diese im Buch 2 Abschnitt 1 unter „Verfahren" stehende Vorschrift nicht zu den nach § 15 FrGG. für die freiwillige Gerichtsbarkeit geltenden Bestimmungen der ZPO. gehört, sondern der § 12 FrGG. Zn.

δ) **Zur Anwendung des § 1 Nr. 1 FürsorgeEG.**[2]

Kammergericht, ZS. 1a. Beschluß v. 7. Dezember 1917.

Nach § 1 Nr. 1 FEG. soll, wie der Beschluß vom 12. November 1915 (KGJ. 48 S. 24) ausführt, in allen Fällen, in denen sich eine anderweitige Unterbringung gefährdeter Kinder als erforderlich erweist, aber ohne Inanspruchnahme öffentlicher Mittel nicht bewirkt werden kann, ohne weiteres die Fürsorgeerziehung Platz greifen, ohne daß erst die Armenbehörde in Anspruch zu nehmen ist. Auch der Hinweis des Beschwerdeführers, daß auf diese Weise die Ortsarmenverbände ihrer Sorgepflicht enthoben und Kosten, die in Wirklichkeit nur Armenpflegekosten seien, von dem Provinzialverband und der Staatskasse getragen würden, kann zu keiner anderen Beurteilung führen. Zn.

l) **Ersatzanspruch für die Unterhaltung eines vor 1900 geborenen außerehelichen Kindes gegen die Erben des Erzeugers. Verjährung. Bedeutung des § 366 BGB.**

OLG. Braunschweig, 2. ZS. Urteil v. 24. Oktober 1916.

Die Tochter des Klägers hat 1896 hier außerehelich ein Kind geboren, das der Kläger bis 1901 ausschließlich aus eigenen Mitteln unterhalten haben will. Die Aufwendungen von 50 Mark jährlich verlangt er von der Beklagten als Miterbin des Erzeugers S. ersetzt. Das LG. hat abgewiesen.

---

[1] Im Falle des Übertritts der unehelichen Mutter zum Judentum gilt nicht der § 642 II 2 ALR. Hat der jüdische Schwängerer die Mutter geheiratet, so gelten für das religiöse Bestimmungsrecht die §§ 1627, 1631 BGB. Ein das Wohl der Kinder gefährdender Mißbrauch kann, falls der Vater die bisher katholisch erzogenen Kinder in der jüdischen Religion erziehen läßt, dann angenommen werden, wenn durch den Übertritt der Kinder deren geistige Entwicklung nicht nur vorübergehende Störungen, sondern dauernde Nachteile erleidet (KG. ZS. 1a. Beschluß v. 24. Nov. 1916; KGJ. 49 S. 30).

[2] Die Polizeibehörde, die die vorläufige Unterbringung des Minderjährigen ausführt, hat, wenn sie nicht nach § 4[1] FEG. antragsberechtigt ist, kein Beschwerderecht (KG., ZS. 1a. Beschluß v. 17. März 1916; KGJ. 49 S. 38).

Die Berufung ist teilweise begründet. Nach Art. 208 EG. gilt für die Unterhaltspflicht des Vaters bei unehelichen Kindern, die vor 1900 geboren sind, das frühere Recht. Von jener Pflicht handelt aber nicht nur der § 1708, sondern auch der § 1709 BGB. Auf diesen kann sich also die bestrittene Aktivlegitimation des Klägers nicht gründen. Sie ergibt sich aber aus dem gemeinen Rechte, nach welchem, wie nach § 267 BGB., eine Verbindlichkeit auch ein Dritter erfüllen konnte. In jedem Falle hatte der Dritte nunmehr gegen den pflichtigen Erzeuger die Aktio negotiorum auf Erstattung, wobei übereinstimmend angenommen wurde, daß, abgesehen von einem hier nicht vorliegenden Falle, die Absicht des Ersatzanspruchs zu vermuten sei (Wolf in Seuff. 11 S. 240, RG. 10 S. 117). Die Aktivlegitimation ist deshalb nicht zu bezweifeln, da der Erzeuger S. (abgesehen von 75 Mark) nichts für das Kind gezahlt hat und dieses von seinem Großvater unterhalten worden ist.

Auch die Passivlegitimation ist gegeben, da der Unterhaltsanspruch nicht nur gegen den Erzeuger, sondern auch gegen dessen Erben ging (Seuff. 11 S. 42, 19 S. 72). Aber um einen eigentlichen Unterhaltsanspruch handelt es sich hier nicht einmal, sondern um einen Ersatzanspruch wegen gewährten Unterhalts. Die Passivlegitimation der verklagten Witwe S., die unstreitig die Erbschaft ihres Sohnes nicht ausgeschlagen, also angenommen hat (§ 1943 BGB.), wird auch nicht dadurch in Frage gestellt, daß außer ihr noch ein anderer Miterbe mitverklagt ist, daß aber gegen diesen als Kriegsteilnehmer das Verfahren unterbrochen ist. Denn da der Erzeuger erst 1904 verstorben ist, hafteten die Erben nach § 2058 BGB. gesamtschuldnerisch und können deshalb nicht nur einzeln belangt, sondern auch verurteilt werden (RG. 71 S. 370, Rsp. 21 S. 322).

Auch die Verjährungseinrede ist unbegründet. Nach dem Landesgesetze vom 3. Juli 1853 Nr. 35 § 3 verjährten allerdings die Unterhaltsbeiträge ebenso, wie jetzt nach § 197 BGB., bereits in 4 Jahren. Aber um solche handelt es sich hier nicht, sondern um eine Aktio negotiorum, die auch dann, wenn sie auf Ersatz von Alimenten ging, der gewöhnlichen Verjährungsfrist von 10 Jahren unterlag (Braunschw. Z. 15 S. 140). Diese Frist war aber rücksichtlich des seit 1897 vom Kläger unterhaltenen Kindes 1900 noch nicht abgelaufen und deshalb von da an gemäß Art. 169 EG., § 195 BGB. in eine dreißigjährige verlängert. Aber wenn man auch von 1900 ab auf den Ersatzanspruch ausschließlich das BGB. anwenden wollte (JW. 1907 S. 677, 1910 S. 145), wären die entsprechenden Ansprüche gleichfalls nicht verjährt. Handelte es sich um die Klage aus § 1709 BGB., so wäre darauf allerdings die vierjährige Frist des § 197 BGB. anwendbar (RG. 72 S. 340; Josef Gruchot 50 S. 215; Staudinger BGB. § 196[6]). Dasselbe ist auch behauptet, wenn der Anspruch aus auftragloser Geschäftsführung auf Ersatz von Unterhalt geltend gemacht wird (Staudinger, Josef aO.). Allein die herrschende Meinung gewährt hier die gewöhnliche 30jährige Verjährungsfrist (Staudinger Vorb. 6 zum § 677, Oertmann § 638[3], RG.Komm. § 196, Fischer

JW. 1913 S. 1160, vgl. RG. 69 S. 429). Übrigens ist hier bereits 1904 geklagt, so daß auch bei Anwendung der kurzen Verjährungsfrist die seit 1900 erwachsenen Ersatzansprüche nicht verjährt wären.

Weiter ist aber zu berücksichtigen, daß der Erzeuger insgesamt 75 Mark bezahlt hat, die der Kläger auf die Taufe und Wochenbettskosten „verrechnen" will. Die Beklagte hat dem widersprochen und den Abzug der Summe von der Klageforderung verlangt. Nun ist auf diese Zahlung keineswegs der § 366 BGB. oder die ihm entsprechenden Vorschriften des gemeinen Rechts anwendbar. Denn dabei wird vorausgesetzt, daß es sich um mehrere Forderungen eines einzigen Gläubigers handelt. Hier aber ist Gläubiger der Tauf- und Wochenbettkosten die Kindesmutter und Gläubiger der Alimente das durch seinen Vormund vertretene Kind, soweit nicht an dessen Stelle wegen Mangels der Zahlung der Kläger vermöge seiner Aufwendungen getreten ist. Danach fragt sich, an wen und wofür die 75 Mark gezahlt worden sind. Nach den Vormundschaftsakten hat aber die Mündelmutter 1901 beantragt, daß der Erzeuger wegen der rückständigen Alimente zum Offenbarungseide geladen, und daß sein Lohn beschlagnahmt werde. Dabei hat sie ausdrücklich erklärt, daß er im ganzen 75 Mark bezahlt habe. Nach diesem Zusammenhange kann die Zahlung nur für die Alimente erfolgt sein. Mit den Tauf- und Wochenbettkosten und den darauf erfolgten Zahlungen hatte auch das VormGericht gar nichts zu tun. Muß man hiernach annehmen, daß der außereheliche Erzeuger die 75 Mark auf die schuldigen Alimente gezahlt hat, so kann der Kläger nicht nachträglich eine andere Verrechnung vornehmen, selbst wenn er die Kosten für Taufe und Wochenbett der Tochter bezahlt haben sollte. Nach § 1990 BGB. war dagegen der Beklagten die Beschränkung der Haftung auf den Nachlaß vorzubehalten, ohne daß sich diese Beschränkung auf die Kostenpflicht bezöge (Jena Seuff. 66 S. 139, Stein ZPO. vor § 91 IV[2]). W. n.

m) **Mehrere Vormünder. Teilung der Wirkungskreise ohne Erwähnung in der Bestallung und im Erbschein. Haftung aus § 1833.**
OLG. Dresden, 8. ZS. Urteil v. 3. Oktober 1916.

Der Beklagte war der Vormund des Klägers; Mitvormund war der Bankier A., Mitinhaber der Firma N. & Co., die 1902 ihre Zahlungen einstellte. Damals betrug das Guthaben des Klägers bei der Firma 270000 Mark. Der Kläger hat durch ihren Zusammenbruch einen erheblichen Schaden erlitten, für den ihm der Beklagte zu haften habe. Der Anspruch ist unbegründet.

Zwischen Vormund und Mündel besteht ein familienrechtliches Schutz- und Verpflichtungsverhältnis. Der Vormund haftet für die volle, im Verkehr erforderliche Sorgfalt. Verletzt er diese schuldhaft, so ist er zum Schadensersatz verpflichtet. Das Verschulden wird regelmäßig nicht dadurch ausgeschlossen, daß der Vormund zu dem vollzogenen Rechtsgeschäfte die Genehmigung des VormRichters erlangt hatte; denn sie ist nur eine Sicherungsmaßregel im Interesse des Mündels; sie dient nicht zur Deckung des Vormunds. Maßgebend für die Sorgfaltspflicht ist die Sachlage zurzeit der Vornahme des Rechtsgeschäfts; daß später aus nicht vorhersehbaren Ereignissen ein Nachteil entstanden ist, begründet die Haftung nicht.

Mitvormünder (§ 1797 Satz 1) haben die Vertretung wie die Verwaltung mit gesamter Hand auszuüben. Erfordert die Sachlage eine Teilung der Geschäfte, so können sie sie untereinander vornehmen; mit voller Rechtswirkung kann sie aber nur durch eine (nicht an Schriftform gebundene) Verfügung des VormGerichts angeordnet werden. Dabei darf jedem Mitvormund ein bestimmter Wirkungskreis zugeteilt werden. Innerhalb dieses führt er die Vormundschaft selbständig, also mit alleiniger Verantwortung, auch dem Mündel gegenüber, es sei denn, daß ein Vormund dem anderen gegenüber zugleich mit der Aufsicht betraut wurde; in diesem Falle ist die Gesamthaftung der Vormünder nach außen dem § 1833[2] Satz 2 zu entnehmen.

Die Haftung des Beklagten wird zunächst darauf gestützt, daß er der Mutter des Klägers die Überweisung von Geldern an N. & Co. geraten habe. Allein er kam damals nur als Erbteilungspfleger in Betracht, ohne als solcher in Tätigkeit getreten zu sein, da der Witwe nach dem Testament ihres Mannes die Verwaltung am gesamten Nachlasse zustand und es ihre Sache war, eingehende Gelder beim Bankhause niederzulegen und alsbald mündelsicher anzulegen. Der Beklagte hatte sich also bei Lebzeiten der Witwe nicht um die Anlegung der Gelder zu kümmern, und hatte — selbst wenn er der Witwe einen hierauf bezüglichen Rat gegeben hätte — keinen maßgebenden Einfluß auf deren Entschließung.

Weiter wird dem Beklagten zur Last gelegt, daß er selbst nach dem Tode der Witwe Mündelgeld bei N. & Co. eingelegt, ferner daß er unterlassen habe, die dort schon verwahrten Gelder herauszuziehen und mündelmäßig anzulegen. Diese Maßnahmen waren jedoch lediglich Sache des Mitvormundes. Wie nämlich der VormRichter bekundet, hat er die vom Beklagten beantragte ganz genaue Abgrenzung der Wirkungskreise der beiden Vormünder genehmigt und dies ihnen eröffnet. Der Beklagte hatte danach, was das Vermögen anlangt, lediglich die Abrechnung der Bauten, die Abschätzung der Grundstücke, ihre Verwertung, die Einziehung der Außenstände, die Ablieferung der eingezogenen Gelder an N. & Co. zu besorgen; der Mitvormund dagegen hatte die Verwaltung der eingegangenen Gelder und ihre zinsbare Anlegung zu besorgen. Jeder der beiden Vormünder war in seinem Wirkungskreise vollkommen selbständig. Allerdings ist diese Teilung der Vormundschaft nicht aktenkundig gemacht worden. Diese Verlautbarung war jedoch gesetzlich nicht notwendig, wenngleich sie dem Interesse aller Beteiligter entsprochen hätte. Ebensowenig kann der Kläger geltend machen, daß die Teilung im Erbschein nicht erwähnt ist; denn der Erbschein diente überhaupt seinem eigentlichen Zwecke nach, die Erben zu legitimieren, nicht dazu, den Umfang der Befugnisse der Vertreter klarzulegen. Eher könnte auffallen, daß die Teilung in den Bestallungen der Vormünder nicht erwähnt ist. Aber dies erklärt sich daraus, daß die Bestallungen vor der richterlichen Teilungsverfügung hinausgegeben worden sind und ein der Verfügung entsprechender nachträglicher Vermerk auf den Bestallungen offenbar für entbehrlich erachtet oder seine Anbringung übersehen worden ist. Ersteres ist um so eher anzunehmen, als die Bestallung keine Vollmacht oder Legitimationsurkunde, sondern nur ein Zeugnis über die erfolgte Bestellung ist, auch nicht die Bedeutung hat, daß der gutgläubige Dritte sich unbedingt auf die Richtigkeit der Angaben der Bestallung verlassen kann, und keineswegs die Möglichkeit ausschließt, daß inzwischen Änderungen der Vertretungsmacht, die sich aus der Bestallung nicht ergeben, eingetreten sind (Motive 4 S. 1079). —e—

n) **Wichtiger Grund zur Entlassung des Vormunds.**[1]

α) Bayer. Oberstes Landesgericht, 1. ZS. Beschluß v. 19. Oktober 1917.

Nachdem das Amtsgericht gegen A. wegen Geisteskrankheit auf Antrag seiner Ehefrau das Entmündigungsverfahren eingeleitet hat, hat es die vorläufige Vormundschaft angeordnet und als Vormund die Frau bestellt. Der Antrag des A., einen anderen Vormund zu bestellen, wurde zurückgewiesen. Seine weitere Beschwerde ist begründet.

Das Amtsgericht nimmt an, es komme auf die Frage, wie der Beschwerdeführer die Bestellung seiner Frau auffaßt, deshalb nicht an, weil diese Frage für das Entmündigungsverfahren, in dem es sich lediglich um die Feststellung der Geisteskrankheit handle, bedeutungslos sei. Für dieses Verfahren ist allerdings jene Frage bedeutungslos, allein sie ist im Rahmen der anhängigen Vormundschaft zu prüfen. Hier aber entscheidet ausschließlich das Interesse des Mündels, und der VormRichter darf deshalb das ärztliche Gutachten nicht aus dem Grunde unbeachtet lassen, weil es sich für ihn nicht darum handle, eine Geisteskrankheit zu verhüten oder zu heilen, sondern lediglich darum, festzustellen, ob eine solche Krankheit vorhanden ist.

Aber auch das LG. verkennt die Bedeutung des § 1886, der lediglich eine mit einer gewissen Wahrscheinlichkeit zu erwartende Schädigung der Interessen des Mündels voraussetzt. Das läßt das LG. offenbar außer acht, wenn es über die Ansicht des Sachverständigen, das Verbleiben der derzeitigen Vormünderin im Amte sei geradezu schädlich für den Gesundheitszustand des Beschwerdeführers, mit dem Satze hinweggeht, die Wahnideen des A. würden auch nach Entlassung der Vormünderin nicht geheilt oder

[1] Die Entlassung der zur Erhebung der Pension ihres Mannes als Pflegerin bestellten Frau ist berechtigt, wenn sie das Ruhegehalt für den eigenen und der Kinder Unterhalt verwendet, obwohl sie nach §§ 1360, 1603 nur fordern können, daß der Mann und Vater seine Einkünfte mit ihnen teile, selbst wenn das Einkommen für den notdürftigen Unterhalt der Familie nicht völlig ausreicht (Beschluß desselben ZS. v. 16. Juni 1916, Samml. 17 S. 151). — Dagegen werden, wenn der Mutter die Sorge für die Person ihres minderjährigen Kindes zusteht, die Tätigkeit des Vormunds sich also vorwiegend auf die Vermögensverwaltung zu erstrecken hat, die Interessen des Mündels nicht durch ein Zerwürfnis zwischen Vormund und Mutter gefährdet (Beschluß v. 13. Sept. 1917, aO. 18 S. 183).

gebessert werden. Hätte es hinreichend berücksichtigt, daß § 1886 nur eine Gefährdung voraussetzt, dann hätte es sich die Frage vorlegen müssen, ob nicht die Sache so zweifelhaft ist, daß unter allen Umständen wenigstens mit der Möglichkeit oder Wahrscheinlichkeit einer Schädigung gerechnet werden muß. Denn wenn ein auf dem Gebiete der geistigen Erkrankungen erfahrener Arzt sich dahin ausspricht, daß die Frau zur Führung der Vormundschaft vom ärztlichen Standpunkt aus durchaus ungeeignet, ja geradezu schädlich für den Gesundheitszustand des Mündels ist, so hat diese Anschauung, der ja kein anderweitiges Gutachten entgegensteht, doch mindestens so viel Anspruch auf Beachtung, daß der Richter mit der Möglichkeit ihrer Richtigkeit und folglich mit der immerhin naheliegenden Wahrscheinlichkeit einer Schädigung rechnen muß. Daß das LG. diese Frage überhaupt nicht erörtert, beweist, daß es von einer irrtümlichen, zu engen Auffassung des Begriffes der Gefährdung ausgeht. Abgesehen davon aber handelt es sich bei den Gründen des LG. überhaupt nicht um Feststellungen tatsächlicher Natur, sondern lediglich um Vermutungen darüber, in welcher Weise die Entlassung der Vormünderin auf den Geisteszustand des Beschwerdeführers in Zukunft wirken würde, also um Schlußfolgerungen auf Grund der damaligen tatsächlichen Verhältnisse, deren Richtigkeit hier nachzuprüfen ist.

Diese Nachprüfung ergibt, daß die Entscheidung des LG. nicht aufrecht erhalten werden kann. Das Gutachten geht dahin: „A. leide an krankhaftem Mißtrauen, an Beeinträchtigungs- und Eifersuchtsideen; er fasse deshalb alle von der Vormünderin getroffenen oder noch zu treffenden Maßregeln, wenn sie auch noch so sehr in seinem Interesse gelegen seien, als feindlich und gegen ihn gerichtet auf. Er würde also in seinem Wahn bestärkt und seine Gereiztheit gegen seine Frau würde noch gesteigert werden. Für eine Wiederannäherung der Ehegatten, die zurzeit noch nicht aussichtslos sei, würde die Fortführung der Vormundschaft durch die Frau das größte Hindernis bilden." Angesichts dieses, übrigens auch den Erfahrungen des täglichen Lebens entsprechenden Gutachtens muß entgegen der Annahme des LG. als sicher angenommen werden, daß die Belassung der Frau als Vormünderin eine schwere Gefährdung der Gesundheit des Mündels insofern mit sich bringen würde, als sie eine weitere Verschlimmerung seines Geisteszustands zur Folge hätte.

Es kann aber auch angenommen werden, daß sie das sicherste Mittel wäre, um die an sich nicht ausgeschlossene Wiederherstellung der geistigen Gesundheit des Mündels zu verhindern. Bei den Wahnideen, von denen das geistige Leben des Mündels gegenwärtig beherrscht wird, wäre eine Wiederannäherung an seine Frau, gegen die diese Wahnideen vorwiegend gerichtet sind, ein sicheres Zeichen einer beginnenden Gesundung und ein Mittel, zu einer vollständigen Wiederherstellung zu gelangen. Es ist also auch klar, daß es das Interesse des Mündels dringend erfordert, jedes einer Wiederannäherung an seine Frau entgegenstehende Hindernis hinwegzuräumen, und daß demnach Frau A., deren Tätigkeit als Vormund nach dem Gutachten ein Haupthindernis für eine solche bildet, entlassen werden muß, obwohl ihr eine Pflichtwidrigkeit nicht zur Last fällt. M.

Dazu: Kammergericht, ZS. 1a. Beschluß v. 29. Oktober 1915.

Die vom Amtsgericht beaufsichtigte W.sche Familienstiftung bezweckt, würdige und bedürftige Studierende der Familie W. zu unterstützen, und wird von einem durch einen Familienschluß gewählten Familienvorsteher verwaltet. Der hierzu Ende 1914 erwählte Beschwerdeführer ist durch Beschluß vom 13. März 1915 unter Billigung des LG. entlassen. Die Vorinstanzen gehen davon aus, daß er nach § 3 der Satzung vom Gericht unter denselben Voraussetzungen wie ein Vormund, also unter den Voraussetzungen des § 1886 BGB. wegen Gefährdung des Stiftungsvermögens zufolge pflichtwidrigen Verhaltens entlassen werden könne. Er habe sich aber, um sich die Wahl zu sichern, in notariellem Vertrage denjenigen Personen, die ihn wählten, verpflichtet, in allen die Verwaltung betreffenden Angelegenheiten nur mit ihrer Zustimmung zu verfügen. Hierin liege ein Verstoß gegen § 3 der Satzung und gegen den Willen des Stifters, daß die Verwaltung ausschließlich dem Familienvorsteher obliegen solle und dieser in seiner Tätigkeit nicht beschränkt werden dürfe. Der Beschwerdeführer wäre aber, wenn er in seinem Amte verbliebe, infolge seiner vertraglichen Bindung nicht in der Lage, die Zinsen nach seinem objektiven Ermessen an den würdigsten und bedürftigsten Studierenden der Familie W. zu verteilen.

Diese Begründung verletzt nicht das Gesetz. Bedenken kann höchstens die Annahme erregen, daß als Entlassungsgründe solche aus § 1886 BGB. in Frage kommen, während die Satzung 1898 errichtet ist und daher, wie anzunehmen, die damals geltenden Vorschriften im Auge gehabt hat. Hiernach käme die preuß. VormO. § 63[1] in Betracht. Diese Vorschrift stimmt aber im wesentlichen mit § 1886 BGB. überein, so daß, wenn nur sonst eine Pflichtwidrigkeit festgestellt ist, auch bei Anwendung des § 63[1] die Entscheidung der Vorinstanzen nicht anders ausgefallen wäre.... Wenn ferner der Beschwerdeführer geltend macht, daß ihn der notarielle Vertrag, wenn dieser der Satzung widerspreche und somit unwirksam sei, bei der Führung der Geschäfte nicht binde, so kann dahingestellt bleiben, ob und inwieweit er durch den Vertrag gebunden ist oder nicht, jedenfalls durften es ihm die Vorinstanzen ohne Gesetzesverletzung schon als Pflichtwidrigkeit zurechnen, daß er überhaupt den Vertrag geschlossen und damit von vornherein Bedenken gegen die Sachlichkeit seiner Geschäftsführung hervorgerufen hat. Diese Bedenken werden nicht ohne weiteres dadurch beseitigt, daß er nachher erklärt, er sei oder halte sich an den Vertrag nicht gebunden. Das Amtsgericht hat hiernach ohne erkennbare Gesetzesverletzung auf Grund der ihm in der Satzung erteilten Ermächtigung (KGJ. 46 S. 101) den Beschwerdeführer aus einem der in der Satzung vorgesehenen Gründe entlassen. F. N.

### β) Interessengegensatz in einzelner Angelegenheit.

Bayer. Oberstes Landesgericht, 1. ZS. Beschluß v. 2. Juni 1917.

Der Beschwerdeführer P., der die Vaterschaft zu dem unehelichen Kinde der verst. M. anerkannt hat, strebt dessen Ehelichkeitserklärung an. Nach seiner Versicherung haben er und seine Frau bereits die erforderlichen Erklärungen notariell beurkunden lassen und bei dem Amtsgericht N. eingereicht. Da der Vormund, ein Bruder der Kindesmutter, die Einwilligung verweigert (§ 1728[2]), hat er, jedoch erfolglos, beantragt, einen anderen Vormund aufzustellen. Seine weitere Beschwerde ist nach § 57 Nr. 9 FrGG. zulässig, denn die Vorinstanz hat über eine die Sorge für die Person des Mündels betreffende Angelegenheit entschieden und der Beschwerdeführer hat als unehelicher Vater ein berechtigtes Interesse, die von ihm betriebene Angelegenheit wahrzunehmen. Er will dem Kinde den Makel der unehelichen Geburt nehmen, ihm die rechtliche Stellung eines ehelichen Kindes verschaffen und eine bessere Erziehung geben, als der Vormund vermag, bei dem das Kind untergebracht ist. Demnach nimmt er sich des persönlichen Wohles des Kindes an und fordert im Interesse des Mündels die Entlassung des Vormunds. Dagegen besteht zur Entlassung des Vormunds deshalb kein Grund, weil nur sein Verhalten in der Frage der Ehelichkeitserklärung angefochten ist und dem Interesse des Beschwerdeführers ohne Entlassung des Vormunds Rechnung getragen werden kann. Bisher ist nicht erörtert, ob ein Anlaß besteht, dem Vormunde die Vertretung seines Mündels für die zur Entscheidung stehende Frage nach § 1796 zu entziehen und nach § 1909[1] einen Pfleger für den Mündel zu bestellen. Diese Frage ist schon jetzt spruchreif. Die Akten ergeben, daß ein erheblicher Gegensatz zwischen dem Interesse des Mündels und dem Interesse des Vormunds besteht. Der Vormund will den Mündel, den er lieb gewonnen hat, bei sich behalten. Den entgegengesetzten Antrag verfolgt der Antrag des Beschwerdeführers. Setzt P. die Ehelichkeitserklärung durch, so erlangt er ein gesetzliches Erbrecht an dem Vermögen des Mündels, das im Falle des Todes des Mündels ohne letztwillige Verfügung an die Familie M. fällt, wenn die Ehelichkeitserklärung unterbleibt. Soweit ersichtlich bringt diese dem Mündel verschiedene Vorteile: die Wegnahme des Makels der unehelichen Geburt, Anspruch auf erhöhten Unterhalt, die Möglichkeit einer besseren Ausbildung, die Verschaffung des Erbrechts gegenüber dem unehelichen Vater. Sie erscheint hiernach im Interesse des Mündels gelegen. Der Widerstreit der Interessen hätte nach § 1796 zur Aufstellung eines Pflegers für den Mündel führen sollen. Das Amtsgericht wird bei der Auswahl des Pflegers zu erwägen haben, daß die Familienangehörigen des Mündels als unparteilich und unbefangen nicht erachtet werden können. Das geht aus den Akten hervor, das Amtsgericht hat selbst schon darauf hingewiesen, daß ein anderer Verwandter des Mündels, wenn er als Vormund oder nach § 1796 für die einzelne Angelegenheit aufgestellt würde, dieselbe Stellung wie der Vormund einnehmen würde. M.

### o) Überwachung der Anlegung des Mündelvermögens.

OLG. Kiel, 3. ZS. Urteil v. 30. Juni 1917.

Der Vormund hat das Sparguthaben seines Mündels mit Erlaubnis des VormGerichts abgehoben und dafür 8 Pfandbriefe angeschafft, die er am 16. Februar 1914 dem Richter vorlegte und zur Hinterlegung bei der Reichsbank zurückerhielt. Der am 18. Februar überreichte Hinterlegungsschein wurde ihm mit dem Bemerken zurückgeschickt, daß aus dem Scheine nicht hervorgehe, daß die Papiere nur mit Genehmigung des VormGerichts nach § 1814 herausgegeben werden dürfen; der Vormund wolle das Erforderliche bei der Reichsbank veranlassen und dann den Schein wieder vorlegen; zugleich verfügte der Amtsrichter eine Wiedervorlagefrist von einem Monat. Der — stark verschuldete — Vormund hat aber bereits am 26. Februar die Papiere für einen ihm gewährten und noch zu gewährenden Kredit verpfändet. Der Mündel beansprucht vom Justizfiskus auf Grund schuldhaften Verhaltens des VormRichters Lieferung 8 anderer Stücke. Das LG. betrachtet es schon als eine Schaden stiftende Nachlässigkeit, daß der Vorm.-Richter unterlassen hat, die ihm am 18. Februar vorgelegten Papiere festzuhalten und unmittelbar der Reichsbank zur Vornahme einer ordnungsmäßigen Hinterlegung zu übersenden. Diese Auffassung verkennt die dem VormGericht gegenüber dem Vormund gesetzlich zugewiesene Stellung. Eine verwaltende Tätigkeit hat von besonderen, hier nicht gegebenen Ausnahmefällen abgesehen, nur der Vormund; seine Aufgabe ist namentlich, das Mündelvermögen anzulegen und in der vorgeschriebenen Weise zu sichern. Ihm allein steht es auch zu, eine etwa unzureichende Sicherungsmaßregel zu vervollständigen und zu berichtigen. Es wäre eine ebenso auffallende und den bisher ehrlich befundenen Vormund verletzende, wie unzulässige Einmischung in seinen Geschäftsbereich, wenn ihm das Gericht die vorgezeigten Papiere aus der Hand nähme und über seinen Kopf hinweg dasjenige damit vornähme, was ihm obliegt und zusteht. Ob das VormGericht mit Sicherungsmaßregeln dann einzugreifen hat, wenn begründeter Anlaß zu dem Verdacht besteht, der Vormund werde die wieder ausgelieferten Papiere veruntreuen, braucht hier nicht entschieden zu werden; denn ein derartiger Verdacht war im Februar 1914 jedenfalls nicht gegeben.[1]

Dagegen ist es, wenn auch die vom Kläger gestellte Anforderung einer Betreibung und Klärung der Angelegenheit innerhalb 5—7 Tagen als übertrieben streng erscheint, nicht zu viel von der Straffheit des VormRichters verlangt, ihm zuzumuten, binnen 4 Wochen, also bis 19. März 1914, durch kurz befristete und rasch auszuführende Gebote, durch Androhung und Vollstreckung von Ordnungsstrafen, endlich auch durch im Rahmen des § 12 FrGG. zu-

[1] Diese Begründung dürfte kaum der Sachlage gerecht werden. Hier hatte der Vormund die Pfandbriefe bereits hinterlegt, aber versäumt, dem Hinterlegungsschein den gesetzlich gebotenen Inhalt zu geben. Diese Tatsache mußte, auf welchem Grunde sie auch beruhte, den VormRichter veranlassen, sofort bei der Reichsbank die Richtigstellung des Scheins herbeizuführen und die Säumnis des Vormunds für den Mündel unschädlich zu machen. D. H.

lässige Erkundigungen die wirkliche Sachlage zu klären, so zur Entdeckung der Veruntreuung zu gelangen und weiteren Schaden durch geeignete Maßnahmen von der Art der im Juni getroffenen zu verhüten. Statt dessen hat der Richter schon die erste Wiedervorlagefrist auf 1 Monat bemessen und erst nach ihrem Ablauf den Vormund wiederholt erinnert. Dieses spätere, bis in den Juni sich hinziehende, allerdings dann durch Androhung und Festsetzung von Ordnungsstrafen unterstützte Verfahren entspricht nicht den richtig ausgelegten §§ 1814, 1837 und enthält eine fahrlässige Verletzung der dem Richter obliegenden Pflichten. Dieser hätte bei einiger Überlegung die richtige Bedeutung der Vorschrift erkennen und die zu ihrer Erfüllung offenstehenden Wege ersehen können. ... Auch dasjenige, was er aus den Akten ersehen konnte und was er von dem Sekretär seiner Abteilung über den Vormund erfuhr, entlastet ihn nicht. Allerdings kann eine Erkundigung bei einem ortskundigen Gerichtsschreiber, namentlich einem bei der VormAbteilung beschäftigten, als Ermittlung im Sinne des § 12 FrGG. gelten, auch ist es ohne erhebliche Bedeutung, ob die erhaltene Auskunft aktenkundig gemacht worden ist oder nicht. Allein die Auskunft war keineswegs dazu angetan, ein besonderes Vertrauen zum Vormund zu erwecken oder einen berechtigten Anlaß zu bieten, die gesetzlich gebotenen Vorsichtsmaßregeln zu unterlassen oder hinauszuschieben. Dahin gehört die Mitteilung, der Vormund sei viel auf Reisen und nach seiner persönlichen Kenntnis nur nachlässig. Nachlässigkeit und nicht Schlimmeres ergaben freilich auch die Akten für frühere Fälle. Das ist nun auch ohne Bedeutung; hätte der Vormund sich früher noch anderer Unregelmäßigkeiten schuldig gemacht, so wäre er wohl sicherlich seines Amtes entsetzt worden. Dieser verneinende Sachverhalt trifft also regelmäßig auf jeden im Amte befindlichen Vormund zu und bietet daher nichts Besonderes. Eine gewisse Säumigkeit berechtigt freilich noch nicht zur Annahme auch der Neigung zu Veruntreuungen, gibt aber ebensowenig, sogar noch weniger, einen Anhaltspunkt für das Fehlen jener Neigung und am wenigsten begründeten Anlaß zur Annahme, es werde sich auch jetzt nur um Nachlässigkeit handeln, einer Annahme, auf die es überdies nicht ankommen kann.

Ohne Erfolg beruft sich endlich der Beklagte darauf, daß das hier eingeschlagene Verfahren in Kiel gebräuchlich sei, auch den Kieler Verhältnissen entspreche. Dies alles mag tatsächlich richtig sein, obwohl es kaum abzusehen ist, inwiefern die Kieler Vormünder in ihrem Durchschnitt andere Gewohnheiten haben sollten als die Vormünder an anderen Orten und weshalb der Vormundschaftsrichter sie auf besondere Art behandeln soll. Jedenfalls entlastet es den Amtsrichter nicht.

Zunächst ist es wohl begreiflich, wie es geschehen mag, daß bei der Säumigkeit zahlreicher Vormünder in der Erledigung ihrer ihnen häufig aufgezwungenen und lästigen Pflichten bei gleichzeitiger starker Empfindlichkeit gegen energisches Vorgehen der Vormundschaftsrichter, und bei dem dem Richter häufig innewohnenden, nicht unberechtigten Bestreben, Unlust und Unzufriedenheit in den Kreisen der Vormünder tunlichst zu vermeiden, die Schärfe eifriger VormRichter sich allmählich etwas abstumpft. Indessen darf eine den gegebenen Verhältnissen und menschlichen Eigenschaften mit Takt Rechnung tragende Nachsicht niemals zur Lässigkeit ausarten. Besonders ist auch in diesen Fragen der hier besonders schädliche Schematismus zu vermeiden, also jeder Fall nach seiner Besonderheit zu erforschen und zu behandeln. Zu den streng zu betrachtenden Angelegenheiten aber gehört regelmäßig die Sicherung von Inhaberpapieren gemäß § 1814. Auch der mit Arbeit stark belastete Richter darf diese Sachen nicht liegen lassen oder auf die lange Bank ziehen und wird zu rascher Bearbeitung in der Lage sein. Sollte sich etwa in Kiel und anderwärts ein entgegengesetzter Brauch gebildet haben, so wäre er als Mißbrauch nicht beachtlich und auch nicht zur Entschuldigung geeignet. (Folgt die Ausführung, daß sich bei Eingreifen des VormRichters am 19. März der Schaden auf 3 Pfandbriefe beschränkt hätte.) SchlHA.

p) **Pflegschaft**[1]: *α*) **zur Unterhaltsklage, wenn sowohl der Schwängerer wie der Vormund im Felde stehen.**

Kammergericht, ZS. 1a. Beschluß v. 12. Mai 1916.

K., der Vormund des unehelichen Kindes, ist ebenso wie der Erzeuger R. zum Heeresdienst eingezogen. Der Antrag der Mutter, zur alsbaldigen Durchführung der Klage gegen R. wegen der Unterhaltspflicht einen anderen Vertreter zu bestellen, wurde zurückgewiesen. Die weitere Beschwerde ist begründet.

Ob die Voraussetzungen des § 1846 gegeben sind und insbesondere ein dringender Fall vorliegt, hat das VormGericht nach seinem freien, pflichtmäßigen Ermessen zu entscheiden (RG. 71 S. 168). Die Frage, ob der Vormund durch seine Einberufung zum Heeresdienst an der Erfüllung seiner Pflichten tatsächlich verhindert sei (KGJ. 47 S. 66; Rsp. 30 S. 357, 32 S. 15), haben die Vorinstanzen bejaht. Verneint haben sie dagegen, daß ein dringender Fall vorliegt. Diese Annahme begegnet rechtlichen Bedenken. Das LG. scheint allerdings davon auszugehen, daß die dem Pfleger zu übertragende Angelegenheit im Interesse des Mündels geboten erscheint. Dieser Auffassung ist beizutreten. Das Interesse des Mündels erfordert es schon an sich dringend, daß die Feststellung der Person seines Vaters und der Unterhaltspflicht des letzteren mit tunlichster Beschleunigung getroffen wird. Dies gilt in einem besonderen Grade, wenn die als Erzeuger bezeichnete Person im Felde steht, zumal in solchen Fällen auch die Erlangung der Kriegsunterstützung für den Mündel in Betracht zu ziehen ist. Dazu kommt, daß der Mündel bereits zwei Jahre alt ist, ohne daß gerichtliche Schritte gegen den angeblichen Erzeuger unternommen sind.

Sodann halten die Vorinstanzen die gerichtliche Inanspruchnahme des

[1] Hat das Amtsgericht die Pflegschaft auf Grund des § 1915 aufgehoben, so endet mit der Zustellung dieses Beschlusses an den Pfleger dessen Amt (§ 16 FrGG.), selbst wenn auf Beschwerde jener Beschluß wieder aufgehoben wird; es bedarf vielmehr einer erneuten Verpflichtung des Pflegers; es genügt nicht, daß das Amtsgericht diesem eröffnet, daß die Pflegschaft und sein Pflegeramt noch bestehe (KG., ZS. 1a. Beschluß v. 2. Juni 1916; RJA. 15 S. 101).

Erzeugers zurzeit für aussichtslos: die Bestellung eines Kriegsvertreters für R. in dem Unterhaltsprozesse sei abzulehnen, weil die Durchführung der Klage für ihn, da er im Felde stehe, eine offenbare Unbilligkeit bedeuten würde. Sie haben also ein Eingreifen abgelehnt, weil sie in einem solchen eine Unbilligkeit dem Erzeuger gegenüber erblicken. Dabei haben sie außer acht gelassen, daß im gegenwärtigen Verfahren lediglich das Interesse des Mündels entscheidend ist. Trotz des gegenwärtigen Krieges und der Einberufung des R. ist aber die Erhebung der Klage gegen ihn, die übrigens die Voraussetzung für die nach § 2 Ges. vom 4. August 1914 angeordnete Unterbrechung des Verfahrens bildet, zulässig und wirksam (Pr. JMBl. 1914 S. 746e). Auch kann die Klage gemäß §§ 172, 201, 202 ZPO. zugestellt werden (aO. S. 701). Ob ein Kriegsvertreter für R. (Bek. vom 14. Januar 1915, RGBl. S. 17) zu bestellen ist, hat lediglich nach Erhebung der Klage das Prozeßgericht zu entscheiden. Im gegenwärtigen Verfahren ist für die Beantwortung dieser Frage kein Raum. RJA.

β) **Rechenschaftspflicht des Pflegers. Umfang.**

OLG. Kiel, 1. ZS. Urteil v. 20. Dezember 1917.

Der Beklagte war Pfleger für denjenigen, der Erbe wird, und hatte auf Grund der Bestallung das Nachlaßvermögen in vollem Umfang, wenn auch innerhalb der Grenzen seiner besonderen Aufgaben, zu verwalten. Nach Eröffnung des Konkurses untersteht dieses ganze Vermögen, diesmal mit der im Konkurs gegebenen Begrenzung, jetzt der Verwaltung des Klägers. Dazu gehört auch ein Anspruch auf Rechenschaftserteilung, auf die der Konkursverwalter seine Tätigkeit zunächst aufbauen muß. Dieser Anspruch unterliegt der Zwangsvollstreckung und ist also auch insofern nicht von der Zugehörigkeit zur Konkursmasse ausgeschlossen.

Gemäß §§ 1890, 1915 hatte der Beklagte nach der Beendigung seines Amtes als Pfleger dem Kläger nach näherer Bestimmung des § 259 Rechenschaft zu legen. Dieser Pflicht hat er aber durch die auch zu den Pflegschaftsakten gebrachte Rechnung nicht entsprochen. Zunächst entspricht die Rechnung, mag sie auch vom VormGericht gebilligt sein, so wenig der Anforderung der Klarheit und Verständlichkeit, daß sie schon deshalb als Rechnung überhaupt nicht gelten kann, also auch einer bloßen Ergänzung nicht fähig ist, vielmehr neu aufgestellt werden muß; der § 1890 Satz 2 betrifft nur die dem VormGericht gelegten regelmäßigen Jahresrechnungen, an die dann also der Schlußrechnung legende Pfleger anknüpfen darf; derartiges kommt hier nicht in Frage. Die gelegte Rechnung ist auch überaus unvollständig; sie beschäftigt sich lediglich mit dem Eingang und der Verwendung einer Lebensversicherungssumme, enthält aber nichts über 2 größere, vom Erblasser geführte Geschäfte und nichts über ein ihm gehöriges Grundstück. Die Pflegschaft betraf den ganzen Nachlaß. Es war freilich dem pflichtgemäßen Ermessen des Pflegers überlassen, ob und in welchem Umfang er den in den Geschäften Angestellten die mehr oder minder selbständige Weiterführung der Geschäfte überlassen wollte. Überließ er ihnen alles, so entbindet ihn dieses Verhalten doch nicht von der eignen Verantwortung für die Geschäftsführung; diese Geschäftsführung bleibt dennoch die seinige und er hat darüber Rechnung zu legen und auch Auskunft zu erteilen. Eine Auskunft kann auch verlangt werden über das Schicksal der übrigen Vermögensstücke des Erblassers. Die Rechnung ist mit Belegen zu versehen. Die Auskunftserteilung und die Lieferung von Belegen wird, was die Geschäfte angeht, nicht durch die Übergabe der Geschäftsbücher an den Kläger ersetzt. Die Bücher bilden nur einen Teil der Belege und sind, soweit sie ordnungsmäßig und übersichtlich geführt sind, dazu geeignet, die zu erteilende Auskunft zu ergänzen. Gemäß §§ 260, 1802 hat der Pfleger auch das verlangte Bestandsverzeichnis vorzulegen. Auch dies erstreckt sich auf das etwa dem Erblasser gehörige Geschäftsvermögen, bei dessen Verzeichnis eine weitgehende Verweisung auf etwa vorhandene Inventuren 2c wird eintreten können. SchlHA.

q) **Eheschließung einer österr. Katholikin mit einem kath. Deutschen, dessen frühere Ehe rechtskräftig geschieden ist.**[1]

Bayer. Oberstes Landesgericht, 1. ZS. Beschluß v. 18. Januar 1918.

Der kath. Geschäftsreisende A. in München, ein bayerischer Staatsangehöriger, beabsichtigt, sich mit der kath. Köchin M., einer österr. Staatsangehörigen, zu verehelichen, und hat zu diesem Zweck bei dem hiesigen Standesamt das Aufgebot beantragt. Das Standesamt hat abgelehnt, da die erste Ehe des A. mit der jetzt noch lebenden Marie A. rechtskräftig geschieden worden ist, so daß seiner Verehelichung mit M. das für diese nach österr. Recht bestehende Ehehindernis des Katholizismus und des bestehenden Ehebandes entgegenstehe. Das Amtsgericht hat jedoch die Erlassung des Aufgebots angeordnet. Dieser Beschluß wurde auf Beschwerde der Aufsichtsbehörde des Standesamts aufgehoben. Die weitere Beschwerde des A. ist begründet.

Da Österreich nicht der Haager Konvention vom 12. Juni 1902 beigetreten ist, ist, wie das LG. mit Recht annimmt, ausschließlich der Art. 13 EG. maßgebend. Da hiernach die Eingehung der Ehe, sofern auch nur einer der Verlobten ein Deutscher ist, in Ansehung eines jeden der Verlobten nach den Gesetzen des Staates zu beurteilen ist, dem er angehört, würde an sich die Fähigkeit der M. zur Eingehung der Ehe mit dem Beschwerdeführer nach österr. Rechte zu beurteilen sein. Nach diesem aber ist, wie das LG. im Ergebnis zutreffend annimmt, die Verehelichung der M. mit A. unzulässig, da dieser bereits einmal verheiratet war und von seiner jetzt noch lebenden ersten Frau rechtskräftig geschieden ist. Das LG. nimmt auf die Hofdekrete vom 26. August 1814 und 17. Juli 1835, nach denen eine katholische Person einen getrennten nichtkatholischen Ehegatten nicht heiraten kann, solange der andere getrennte Ehegatte lebe, Bezug und meint, was hier für die Verheiratung mit einem getrennten nichtkatholischen Ehegatten bestimmt sei, gelte

[1] Italiener können gemäß Art. 1 des Haager Abk. hier nicht geschieden werden, da ihrem Rechte die Ehescheidung fremd ist (OLG. München, 2. ZS. Beschluß v. 9. April 1918).

erst recht für die Verheiratung mit einem getrennten kath. Ehegatten. Diese Begründung geht fehl; die Unzulässigkeit der Verheiratung eines kath. Österreichers mit einem „getrennten" kath. Ehegatten bei Lebzeiten des anderen getrennten Gatten ergibt sich nicht aus jenen Hofdekreten, sondern unmittelbar aus §§ 62, 111 Allg. BGB. Nach § 111 kann das Band einer gültigen Ehe zwischen Katholiken nur durch den Tod des einen Ehegatten, also nicht durch Scheidung getrennt werden und nach § 62 darf ein Mann nur mit einem Weib und ein Weib nur mit einem Mann zu gleicher Zeit vermählt sein. Nach österr. Recht ist also eine Scheidung einer Ehe zwischen Katholiken — um solche handelt es sich hier — ausgeschlossen, es erkennt auch die im Ausland erfolgte Scheidung einer solchen Ehe nicht als rechtsgültig an und erachtet eine solche Ehe trotz der Scheidung als fortbestehend (vgl. Schey, Allg. BGB. § 111). Hieraus ergibt sich, daß die Verheiratung eines Österreichers mit einem im Ausland geschiedenen kath. Ehegatten — in Österreich ist ja eine solche Scheidung überhaupt unmöglich — unzulässig ist, da sie gegen § 62 aO. verstoßen würde. Die erwähnten Hofdekrete sind zu § 119 Allg. BGB. erlassen, der die Wiederverehelichung geschiedener nicht-katholischer Ehegatten für zulässig erklärt. In dem ersten ist bestimmt, daß solche nichtkatholische Geschiedene sich zwar wieder verehelichen können, aber nur mit nichtkatholischen Personen, und in dem zweiten, daß eine kath. Person mit einer geschiedenen nichtkatholischen und eine bei Eingehung der Ehe nichtkatholische, dann aber zur kath. Kirche übergetretene, von ihrem nichtkatholischen „Gegenteil" geschiedene Person bei Lebzeiten des geschiedenen nichtkatholischen Eheteils keine gültige Ehe eingehen kann. Die Hofdekrete führen also das Ehehindernis des „Katholizismus" nicht etwa erst ein, wie das LG. annimmt, sie ziehen vielmehr nur aus dem in § 111 aufgestellten Grundsatz der Unlöslichkeit der kath. Ehe gewisse ausdehnende Folgerungen auf Ehen, an denen Nichtkatholiken beteiligt sind und kommen daher hier, wo es sich ausschließlich um Katholiken handelt, überhaupt nicht in Betracht.

Sofern also die Fähigkeit der M., die Ehe mit dem Beschwerdeführer einzugehen, der Regel des Art. 13 EG. entsprechend, nach österr. Rechte zu beurteilen ist, ist sie nicht gegeben und demnach entsteht die Frage, ob tatsächlich dieses Recht anzuwenden ist. Das Amtsgericht erachtet diese Anwendung nach Art. 30 EG. für ausgeschlossen; denn das österr. Recht gehe von dem kath. Begriff der Unlöslichkeit des Ehebandes aus, dieser Standpunkt sei von der deutschen Gesetzgebung längst verlassen, hier gelte der Grundsatz der Löslichkeit jeder Ehe ohne Rücksicht auf die Religionszugehörigkeit und der Grundsatz der Gleichheit der Angehörigen aller Religionsgesellschaften, die österr. Auffassung greife also die Grundlagen des deutschen staatlichen Lebens an und könne nach Art. 30 EG. in Deutschland nicht zur Anwendung kommen. Nun wird allerdings die deutsche Gesetzgebung — vgl. das Ges. vom 3. Juli 1869 über die Gleichberechtigung der Konfessionen — von dem Grundsatze, daß die Verschiedenheit des religiösen Bekenntnisses ohne Einfluß sein soll auf die bürgerlichen Rechte, beherrscht und hat besonders mit der kath. Auffassung der Ehe vollständig gebrochen und die bürgerliche Ehe als bürgerlich-rechtlichen Vertrag unter Ausschluß aller auf dem religiösen Bekenntnis beruhenden Unterschiede festgelegt. Von diesem Gesichtspunkt aus könnte wohl erwogen werden, ob nicht (vgl. RG. 60 S. 297) der Unterschied zwischen den staatspolitischen und sozialen Anschauungen des österr. und des deutschen Rechts in diesem Punkte so erheblich ist, daß die Anwendung des österr. Rechts direkt die Grundlagen des deutschen staatlichen Lebens angreifen würde. Diese Folge hat das OLG. Hamburg in einem Fall, in dem es sich um die Klage eines österr. Israeliten auf Nichtigkeitserklärung seiner in Deutschland mit einer deutschen Protestantin geschlossenen Ehe handelte, gezogen und hier die Bestimmung des österr. Rechts, nach der Ehen zwischen Christen und Nichtchristen unzulässig sind, als gegen den Zweck des Ges. vom 3. Juli 1869 verstoßend und darum in Deutschland unanwendbar erklärt (Niemeyers Z. 18 S. 541; vgl. auch RG. 57 S. 255, Rsp. 24 S. 19). Allein dieser Auffassung stehen doch im gegebenen Fall gewichtige Bedenken entgegen, die sich aus dem Haager Abkommen vom 12. Juni 1902 herleiten lassen, das zwar hier nicht anzuwenden ist, aus dem sich aber Anhaltspunkte ergeben für die Auffassung, die der deutsche Gesetzgeber über das hier in Frage stehende Ehehindernis hat.

Nach Art. 2 III daselbst ist kein Vertragsstaat verpflichtet, eine Ehe schließen zu lassen, die mit Rücksicht auf eine vormalige Ehe oder auf ein Hindernis religiöser Natur gegen seine Gesetze verstoßen würde. Anderseits kann nach Art. 3 jeder Vertragsstaat die Eheschließung von Ausländern gestatten, trotz eines nach dem Heimatsrecht des Ausländers entgegenstehenden Verbots, wenn ein solches Verbot ausschließlich auf Gründen religiöser Natur beruht. Zu den Eheverboten letzterer Art wird, wie sich aus der Gegenüberstellung von Art. 2 III und Art. 3 ergibt, das Hindernis der vormaligen Ehe nicht zu rechnen sein; ein Angehöriger eines Vertragsstaats, dessen Heimatgesetz die Scheidung oder Wiederverheiratung eines geschiedenen Ehegatten verbietet, kann daher, wenn diese Auffassung zutrifft, in keinem Vertragsstaat zur Eheschließung zugelassen werden. Diesen Standpunkt vertritt die dem Reichstag über das Haager Abkommen vorgelegte Denkschrift, ferner Sauer (Ehegesetzgebung S. 292) und Kahn (Niemeyers Z. 12 S. 252). Hiernach wäre, wenn Österreich der Haager Konvention beigetreten wäre, die Frage dahin entschieden, daß M., da es sich um ein auf einer vormaligen Ehe beruhendes Verbot handelt, in Deutschland nicht zur Eheschließung zugelassen werden kann. Es würde nun die Frage entstehen, ob das, was im Verhältnis zu einem Vertragsstaat verbrieften Rechtens ist, im Verhältnis zu einem anderen Staat gegen den Zweck eines deutschen Gesetzes verstößt, ob also anzunehmen ist, daß der deutsche Gesetzgeber sich vertragsmäßig zu etwas verpflichtet, was an sich gegen den Zweck eines deutschen Gesetzes verstößt. Diese Frage kann aber dahingestellt bleiben, da sich die Anwendbarkeit des österr. Rechts aus § 4 Allg. BGB. ergibt und demnach auf Art. 30 EG. überhaupt nicht zurückgegriffen zu werden braucht. Nach § 4 aO. sind die österr. Staatsbürger an die bürgerlichen österr. Gesetze auch in Handlungen und Geschäften, die sie außer dem Staatsgebiete vornehmen, gebunden, insoweit als ihre persönliche Fähigkeit, sie zu unternehmen, dadurch eingeschränkt wird und als die Handlungen und Geschäfte zugleich in Österreich rechtliche Folgen hervorbringen sollen. Diese Bestimmung ist, wie auch von der österr. Literatur und Rechtsprechung (vgl. Bayer. Zeitschr. 1914 S. 314) angenommen wird, für den Fall der Eheschließung eines Österreichers im Ausland dahin auszulegen, daß dieser an die österr. Gesetzgebung nur dann gebunden ist, wenn die Ehe nach seiner Absicht zugleich in Österreich rechtliche Folgen hervorbringen soll (s. auch RG. 78 S. 234). Das LG. erkennt an, daß hiernach die Fähigkeit der M., die Ehe mit dem Beschwerdeführer zu schließen, vom österr. Standpunkt aus dann nicht zu beanstanden wäre, wenn die Eheschließung in Österreich keine rechtlichen Folgen hervorbringen sollte. Es verneint aber diese Voraussetzung, da es gerade der Zweck des Art. 13 EG. sei, der Ehe zwischen den Angehörigen verschiedener Staaten in den Heimatstaaten beider Verlobter rechtliche Anerkennung zu sichern, also rechtliche Folgen dort hervorzubringen.

Dem kann jedoch nicht beigetreten werden. Allerdings bezweckt der Art. 13 EG., der Eheschließung der Angehörigen verschiedener Staaten in den beiden in Betracht kommenden Heimatsstaaten rechtliche Anerkennung zu verschaffen, allein diese rechtliche Anerkennung ist nicht gleichbedeutend mit den rechtlichen Folgen im Sinne des § 4 Allg. BGB., wie sich aus dieser Gesetzesstelle selbst ergibt. Nach § 4 ist für den Fall, daß die Eheschließung in Österreich rechtliche Folgen nicht hervorbringen soll, die Ehefähigkeit des österr. Verlobten nicht nach österr. Recht, sondern nach der lex loci zu beurteilen (vgl. hierzu RG. 78 S. 234). Der österr. Gesetzgeber erkennt also eine im Ausland geschlossene Ehe eines Österreichers als zu Recht bestehend an trotz eines Verstoßes gegen die österr. Ehegesetzgebung, sofern nur die Eheschließung in Österreich keine rechtlichen Folgen haben soll. Der Zweck des Art. 13 EG. wird also solchenfalls gerade dann erreicht, wenn die Eheschließung in Österreich keine rechtlichen Folgen haben soll, und demnach ist nicht richtig, daß aus dem Zweck des Art. 13, der Eheschließung in beiden Heimatstaaten rechtliche Anerkennung zu verschaffen, notwendig hervorgehen müsse, daß die Eheschließung in dem betr. Heimatsstaat rechtliche Folgen hervorbringen soll. Es ist vielmehr, wie auch in dem von RG. 78 S. 234 behandelten Fall die Instanzgerichte annehmen, in jedem Falle zu prüfen, ob die Eheschließung tatsächlich in Österreich rechtliche Wirkungen irgendwelcher Art hervorbringen soll.

Diese Frage ist hier zu verneinen, ohne daß es einer Zurückverweisung der Sache an die Vorinstanz bedurft hätte, da die zu ihrer Beurteilung erforderlichen Tatsachen sämtlich feststehen. Diese Tatsachen sind: M. ist zwar österr. Staatsangehörige, sie wohnt aber seit Jahren in M. und unterhält mit dem Beschwerdeführer ein Verhältnis, dem bereits mehrere Kinder entsprossen sind, die durch die beabsichtigte Eheschließung legitimiert werden sollen. Sie hat ihre Beziehungen zu ihrem Heimatsstaat offenbar tatsächlich längst gelöst und würde sie durch die Schließung der Ehe, durch die sie die bayer. Staatsangehörigkeit erwerben würde, auch rechtlich vollständig lösen. Unter diesen Umständen ist nicht ersichtlich, welche rechtlichen Folgen die Eheschließung nach der Absicht der M. in Österreich nach sich ziehen sollte, die gegebenen Tatsachen zwingen vielmehr zu dem Schluß, daß sie alle Beziehungen zu ihrem Heimatsstaat, dessen Gesetzgebung ihr die Eheschließung und die Legitimation ihrer Kinder unmöglich macht, abbrechen und folglich auch auf jede rechtliche Folge ihrer Eheschließung diesem Staat gegenüber verzichten will. Der Beschluß des LG. war daher aufzuheben und die Beschwerde des Stadtmagistrats gegen den amtsgerichtlichen Beschluß zurückzuweisen. Um jegliche Zweifel hinsichtlich der Bedeutung und Tragweite dieses Beschlusses abzuschneiden, war ferner das Standesamt anzuweisen, von dem gegen die Erlassung des Aufgebots erhobenen Bedenken abzusehen. Kn.

## 7. Erbrecht.

### a) α) Sofortige Wirksamkeit der vor dem ersuchten Richter erklärten Erbschaftsausschlagung.[1]

Bayer. Oberstes Landesgericht, 1. ZS. Beschluß v. 1. Juni 1917.

Die Vorinstanzen haben den Beschwerdeführer als gesetzlichen Erben der X. erklärt, weil er spätestens am 7. Juli den Anfall der Erbschaft und den Grund seiner Berufung erfahren, das Protokoll des ersuchten Gerichts über seine Ausschlagungserklärung erst am 21. August in den Einlauf des Nachlaßgerichts gelangt sei. Die weitere Beschwerde ist begründet. Die Entgegennahme der Ausschlagungserklärung nach § 1945 gehört unbestritten zu den Verrichtungen, die gemäß § 72 FrGG. dem Amtsgericht als Nachlaßgericht zustehen. Deshalb und da ein anderes nicht bestimmt ist, erstrecken sich die Vorschriften über die Rechtshilfe nach § 2 FrGG. auch auf diese Verrichtung. Das Amtsgericht K. war demnach befugt, an das örtlich zuständige Amtsgericht A. das Ersuchen um „sachgemäße Einvernahme" und besonders um Entgegennahme einer etwaigen Ausschlagungserklärung der in A. wohnenden A. zu richten und anderseits das Amtsgericht dort im Hinblick auf die §§ 158, 159 GVG. nicht berechtigt, das Ersuchen abzulehnen. Dieses hat somit die Entgegennahme der Ausschlagungserklärung des A. gesetzlich einwandfrei und so, wie sie dem Nachlaßgericht oblag, auf das Amtsgericht A. übertragen. Allerdings handelte dieses Gericht, indem es dem Ersuchen entsprach, nicht

[1] Englische Staatsangehörige, deren inländisches Vermögen in Zwangsverwaltung auf Grund der VO. v. 22. Dez. 1914 und 10. Febr. 1916 genommen ist, sind gleichwohl befugt, eine ihnen angefallene Erbschaft auszuschlagen; die Verwaltung bezweckt nicht, sie im Wege der Verwaltung zu hindern, Vorteil oder Nutzen aus ihrem inländischen Vermögen zu ziehen (KG., 1. ZS. Beschluß v. 28. Juni 1917; JW. S. 862 Nr. 4).

in Vertretung oder im Auftrage des Nachlaßgerichts, sondern kraft seiner eigenen und lediglich durch den Umfang des gestellten Ersuchens begrenzten Amtsgewalt (vgl. Hellwig System des ZPR. I. § 60; Schlegelberger GBG. § 157, Hauck GBG. § 157², RG. 71 S. 307). Da ihm aber die Verrichtung ohne Vorbehalt oder Einschränkung übertragen war, so mußte deren Vollzug für und gegen A. die gleiche Wirkung haben, wie wenn die Ausschlagungserklärung im Wege der gerichtlichen Vernehmung von dem ersuchenden Gerichte selbst entgegengenommen wäre. Dieser Auffassung steht der Wortlaut des § 1945¹ nicht entgegen. Denn hier ist nur der Grundsatz ausgesprochen, daß die Ausschlagung gegenüber dem Nachlaßgerichte zu erklären habe. In welcher Weise diese Erklärung zu erfolgen hat, ist aber nicht näher bestimmt. Die Befugnis des Nachlaßgerichts, diese Erklärung auch auf dem Wege des uneingeschränkten Ersuchens um Rechtshilfe mit denselben Wirkungen herbeizuführen, wie wenn das Nachlaßgericht selbst die Vernehmung hierüber vorgenommen hätte, ist also hierdurch nicht beseitigt oder irgendwie behindert. Der § 130 kann hier überhaupt keine Anwendung finden, weil das ersuchte Gericht anstelle des ersuchenden die übertragene Verrichtung vorgenommen hat und daher von Abgabe einer Willenserklärung in Abwesenheit des anderen im Sinne des § 130 nicht gesprochen werden kann. Die im § 1945 Halbsatz 2 vorgeschriebene öffentliche Beglaubigung der Ausschlagungserklärung wurde aber gemäß § 129³ durch die Beurkundung der Erklärung durch das ersuchte Gericht ersetzt.

β) **Wann beginnt die Ausschlagungsfrist?**

Bayer. Oberstes Landesgericht, 1. ZS. Beschluß v. 28. März 1918.

Die Beschwerdeführer können nicht bestreiten, daß sie Ende September 1917 von dem am 9. dieses Monats erfolgten Ableben ihres Sohnes durch die Militärbehörde Kenntnis erlangt haben, und daß ihnen nähere kraft Gesetzes zur Erbschaft Berufene nicht vorgehen; sie glauben aber, die Ausschlagungsfrist deshalb nicht versäumt zu haben, weil sie bis heute nicht wußten, ob nicht ihr Sohn ein Testament hinterlassen habe, so daß ihnen der Grund der Berufung nicht bekannt und die Ausschlagungsfrist überhaupt noch nicht in Lauf gekommen sei. Allerdings setzt § 1944 voraus, daß der Erbe den Grund seiner Berufung kennt, daß er also weiß, ob er kraft Gesetzes oder auf Grund einer Verfügung von Todeswegen zur Erbschaft berufen ist. Diese Bestimmung ist aber selbstverständlich nicht dahin zu verstehen, daß schon die wenn auch noch so entfernte Möglichkeit, daß der Erblasser von Todeswegen verfügt hat, hinreicht, um den Beginn der Ausschlagungsfrist für den gesetzlichen Erben zu hemmen. In diesem Falle könnte die Ausschlagungsfrist nahezu niemals zu laufen beginnen, denn die Möglichkeit, daß der Erblasser eine letztwillige Verfügung getroffen hat, von der niemand etwas weiß, ist schließlich, wenn es sich um eine testierfähige Person handelt, niemals ausgeschlossen. Kenntnis von dem Grunde seiner Berufung hat der gesetzliche Erbe vielmehr schon dann, wenn er nichts davon weiß und auch keine begründete Vermutung hat, daß eine Verfügung von Todeswegen vorliegt (vgl. Staudinger BGB. 1944[4]). **Kn.**

b) **Umfang der Vergütung des Nachlaßverwalters.**

Bayer. Oberstes Landesgericht, 1. ZS. Beschluß v. 23. März 1917.

Das Amtsgericht hat bei der Bemessung der Vergütung des für den Nachlaß des gefallenen RA. X. in A. bestellten Nachlaßverwalters (Anwalts) den Wert der Masse sowie die Schwierigkeiten und den Umfang der Geschäftsführung eingehend gewürdigt und besonders dargelegt, warum trotz der verhältnismäßig nicht bedeutenden Nachlaßmasse dennoch eine Vergütung von 800 Mark angemessen sei.... Das LG. hat sie dagegen auf 550 Mark herabgesetzt, weil die Akten eines beim Amtsgerichte zugelassenen Anwalts in der Mehrzahl „von kleinem und kleinstem Umfange" seien und der Nachlaßverwalter als ein selbst beim Amtsgerichte zugelassener Anwalt in der Behandlung derartiger Akten eine besondere, die Prüfung erleichternde Gewandtheit besitze. Allein aus dem Aktenumfang und der Größe des Streitgegenstandes allein läßt sich kein sicherer Schluß auf die Schwierigkeit der Sache ziehen. Auch ist nicht abzusehen, warum gerade ein beim Amtsgerichte zugelassener Anwalt besonders gewandt in der Behandlung und Prüfung amtsgerichtlicher Akten sein soll. Überdies käme man zu dem bedenklichen Ergebnisse, daß die besondere Gewandtheit des Nachlaßverwalters seine Vergütung vermindern, ihr Mangel aber diese erhöhen müßte. Wenn weiter das LG. Gewicht darauf legt, daß die Zahl der zu befriedigenden Gläubiger nicht groß war, so hat es übersehen, daß aus der Zahl der Gläubiger keineswegs immer auf den Umfang der zu ihrer Befriedigung erforderlichen Arbeit ein zuverlässiger Rückschluß möglich ist und daß gerade hier das Maß der vom Nachlaßverwalter geleisteten Arbeit bei der Bereinigung der Akten es war, das eine höhere Vergütung ganz besonders angezeigt erscheinen ließ.... Daß dem Nachlaßverwalter mit Rücksicht auf seine Arbeit auch ein verhältnismäßig hoher Prozentsatz des Rohnachlasses zugebilligt werden kann, ist nach Wortlaut und Sinn des § 1987 BGB. und des § 85 NachlO. nicht zu bezweifeln. Die Höhe ist unter billiger Berücksichtigung und Abwägung aller danach in Betracht kommenden Umstände des einzelnen Falles festzusetzen. Da die Sache zur Entscheidung reif und besonders die Bemessung der Vergütung an sich als eine Ermessensfrage hier nicht nachzuprüfen ist, war die Beschwerde der Erben gegen den Beschluß des Amtsgerichts zurückzuweisen. **M.**

c) **Hat der Vorbehaltserbe sein eigenes Vermögen offenzulegen?**[1]

OLG. Rostock, 1. ZS. Urteil v. 28. Februar 1918.

Der Beklagte wendet zunächst ein, daß die Klage aus §§ 785, 717 ZPO. ohne eine konkrete Zwangsvollstreckung nicht erhoben werden könne und daß der Erbe dann nachzuweisen habe, daß der einzelne gepfändete Gegenstand nicht zum Nachlasse gehöre. Allein die Vollstreckungsgegenklage erfordert

[1] Vgl. Rsp. 11 S. 108, 19 S. 4.

nichts weiter, als daß ein vollstreckbarer Titel vorliegt, aus dem der Schuldner die Vollstreckung zu befürchten hat. Wo sich, wie hier, die Einwendung darauf gründet, daß nur die Vollstreckung in das eigene Vermögen des Schuldners nicht zulässig sei, ist ein Titel erforderlich, aus dem der Schuldner die Vollstreckung in das eigene Vermögen zu befürchten hat. Ein solcher Titel liegt hier vor, da auch bei der Vollstreckung auf Grund eines Vorbehaltsurteils die Beschränkung der Haftung nach § 781 ZPO. so lange unberücksichtigt bleibt, bis der Erbe sie einwendet. Im übrigen hat auch die Vollstreckung gegen das gesamte Vermögen der Klägerin durch die am 2. April versuchte Pfändung bereits begonnen, und der Beklagte stützt gerade sein Recht auf Ableistung des Offenbarungseides darauf, daß er, wie nach dem Ergebnisse dieses Versuches glaubhaft sei, durch Pfändung nichts erlangen werde. Unzutreffend ist aber auch die Annahme in Rsp. 11 S. 108, 19 S. 4, daß der ZPO. ein auf den Nachlaß beschränkter Offenbarungseid unbekannt sei. Sobald die Beschränkung der Haftung gemäß § 1990 BGB. eingetreten ist, kann der Erbe die Befriedigung eines Nachlaßgläubigers insoweit verweigern, als der Nachlaß nicht ausreicht, also auch nicht gezwungen werden, sein eigenes Vermögen offenzulegen; er hat dies nur hinsichtlich des allein haftenden Nachlasses nötig. Stein (§ 781 II ZPO.) spricht nichts weiter aus, als daß der Schuldner, bis er Einwendungen erhebt, auch den Offenbarungseid über sein gesamtes Vermögen leisten müsse; wie es aber von dem Augenblick an, wo die Erhebung der Einwendung zur Berücksichtigung der Haftungsbeschränkung nötigt, zu halten ist, wird nicht ausdrücklich gesagt.

Der Beklagte kann sich endlich nicht darauf berufen, daß die Klägerin die Beschränkung der Haftung noch nicht geltend machen könne, da sie nicht nach § 1990 den Nachlaß zur Befriedigung des Gläubigers herausgegeben habe. Der § 1990 will lediglich besagen, daß der Erbe die Vollstreckung in den Nachlaß zu dulden hat, ohne ihn zu einem aktiven Vorgehen zu nötigen (vgl. Riesenfeld, Erbenhaftung S. 236). Der Beklagte, der die Klägerin zur Offenbarung ihres eigenen Vermögens nötigen will, weil nach ihrer eigenen Angabe der Erblasser ihr zu Lebzeiten sein Vermögen bis auf einige Kleinigkeiten übertragen habe, kann nur auf den Weg des § 419 BGB. verwiesen werden; es bedarf also einer zuvorigen Verurteilung der Klägerin auf Grund der Schuldübernahme. Dr. B.

### d) Bedeutung des § 2033. Übertragung des Anerbenrechts.

OLG. Braunschweig, FerienZS. Beschluß v. 5. September 1916.

Die Antragstellerin A. und ihre volljährige Tochter Elfriede haben das Anbauerwesen Nr. 3 durch notariellen Vertrag vom 28. Juli 1914 an die X. Hütte verkauft, aber die Anberaumung eines Auflassungstermins erfolglos beantragt. Ihre weitere Beschwerde ist unbegründet. Der 1897 verstorbene Eigentümer des Anbauerwesens hatte testamentarisch angeordnet, daß sein Sohn Heinrich Anerbe werden und den Hof mit Vollendung des 25. Lebensjahres erhalten solle. Außer seiner Frau, der Antragstellerin, ferner seiner

Tochter Elfriede und seinem Sohne Heinrich hat der Erblasser keine Erben hinterlassen. Eine Erbauseinandersetzung über den Hof hat noch nicht stattgefunden. Jedoch hat Heinrich in einer „Bern, den 2. Februar 1912" datierten und notariell beglaubigten Privaturkunde erklärt, seiner Mutter „die sämtlichen, ihm nach Vollendung seines 25. Lebensjahres laut Testament seines Vaters zustehenden Rechte an dem Grundstücke Nr. 3" abzutreten. Die Vorinstanzen halten diese Abtretung im wesentlichen aus formellen Gründen für ungenügend. Das Grundbuchamt meint, daß auf die beabsichtigte Übertragung der § 2033 BGB. anzuwenden gewesen sei. Das LG. nimmt dagegen an, daß die Form des § 873 BGB. erforderlich gewesen wäre. Allein der § 2033 ist hier deshalb unanwendbar, weil der Erbfall unter altem Recht steht (Art. 213 EB., RG. 73 S. 291), und weil die Vorschrift für das Anerbenrecht überhaupt nicht gilt, überdies eine Verfügung über den ganzen Erbteil voraussetzt. Auch kann man nicht mit dem LG. von einem Anspruch auf Umschreibung sprechen, wie ihn § 14 des Braunschw. AG. zur GrBO. im Auge hat. Diese Vorschrift betrifft nämlich lediglich den Fall, daß die Gesamtheit der Miterben eines Bauernhofes diesen auf den Anerben übertragen will. Hier aber handelt es sich darum, daß ein einzelner Miterbe und zwar der Anerbe selbst sein Recht an einen anderen Miterben abgetreten hat. Das Recht jedes in gemeinsamer Were befindlichen Miterben am Bauerngute ist ein Volleigentum, beschränkt durch das Recht der anderen Miterben. Schon daraus ergibt sich, daß von der Übertragung des Eigentums durch einen Miterben auf den anderen begrifflich nicht die Rede sein kann. Die Abtretung der Rechte eines Miterben am Hofe auf einen anderen Miterben hätte vielmehr nur den Wegfall jener Beschränkung zur Folge, wenn die Abtretung überhaupt zulässig wäre. Unter dieser Voraussetzung könnte man nach § 877 dem LG. zugeben, daß die Abtretung unter Beobachtung der Formvorschrift des § 873 erfolgen müßte.

Die Abtretung ist jedoch unzulässig. Wenn § 22² des westf. Anerbengesetzes vom 2. Juli 1898 die Übertragung des Anerbenrechts durch Erbschaftskauf zuläßt, so beruht das auf einer völlig anderen Gestaltung des Anerbenrechts. Nach jenem, wie nach dem hann. Anerbengesetze (vgl. § 13 bzw. § 11) fällt nämlich mit dem Augenblicke des Todes des Erblassers das Eigentum am Hofe ausschließlich dem Anerben zu, während den Miterben nur ein Anspruch auf Abfindungen zusteht (vgl. Linckelmann, Höfegesetz S. 12 N. 13). Nach braunschw. Anerbenrechte wird dagegen der Hof beim Vorhandensein mehrerer Erben Gesamteigentum aller. Bis zur Auseinandersetzung besteht das Recht des Anerben auf das spätere Alleineigentum am Hofe lediglich in einer Anwartschaft. Ob eine derartige Anwartschaft nach dem BGB. abgetreten werden kann, bedarf keiner Erörterung. Denn nach partikularem Bauernrecht ist jedenfalls das Anerbenrecht bis zur Erbauseinandersetzung unübertragbar (Braunschw. Z. 50 S. 76; 51 S. 35). Hier konnte deshalb der Anerbe weder seine jetzigen noch seine künftigen

Rechte am Hofe an seine Mutter wirksam übertragen. Höchstens hätte er, nachdem für die Erbschaftsausschlagung keine Möglichkeit mehr bestand, auf sein Anerbenrecht vor der Erbauseinandersetzung verzichten können. Aber auch wenn dies die Absicht der Abtretung war, so wäre sie ohne die gewünschte Wirkung geblieben. Es kann dabei dahingestellt bleiben, ob ein solcher Verzicht zugunsten der Mutter überhaupt möglich gewesen wäre, indem diese zwar zu den „Miterben" gehört, anderseits ein Anerbenrecht „nur für die Nachkommen des Erblassers" besteht. Denn wenn man die Frage auch bejahen wollte, hätte der Verzicht doch in jedem Falle nach § 17 Höfeges. einer gerichtlichen oder notariellen Verlautbarung bedurft. Überdies wäre Heinrich durch einen solchen formgültigen Verzicht zwar aus seiner Anerbenstellung, nicht aber aus seiner Miterbenstellung geschieden (§ $17^2$ Satz 1 das.). Die Antragstellerin und ihre Tochter wären deshalb trotz eines solchen Verzichtes ohne den Miterben Heinrich zur Auflassung des Hofes an einen dritten Käufer nicht berechtigt. Denn daß in der Abtretung nicht zugleich oder ausschließlich eine Vollmacht der Antragstellerin liegt, im Namen ihres Sohnes zu verfügen, ergibt sich aus der Urkunde ohne weiteres. W. n.

e) **Wer ist im Falle des § 2069 Ersatznacherbe?**

Kammergericht, 1. ZS. Urteil v. 10. Januar 1918.

Der 1916 verstorbene A. hatte zu Erben: 1. seine Frau, 2. seine 4 Kinder Erich, Elisabeth, Charlotte und Ernst, 3. die Kinder, die ihm noch geboren würden, eingesetzt und bestimmt, daß seine Frau, solange sie sich nicht wieder verheirate, befreite Vorerbin sei; was nach ihrem Tode übrig bleibe, sollten die Kinder nach der gesetzlichen Erbfolge teilen; im Falle der Wiederverheiratung der Witwe aber solle deren Verwaltungsrecht erlöschen und sie mit den anderen Erben nach gesetzlicher Erbfolge teilen. Dem Erblasser sind weitere Kinder nicht geboren. Der Sohn Ernst ist kinderlos vor ihm verstorben. Die Tochter Charlotte, Frau des Beschwerdeführers M., hat die Erbschaft rechtzeitig ausgeschlagen; sie hatte beim Tode des Erblassers 2 Kinder B. und C. Auf Antrag der Witwe A. ist ihr ein Erbschein dahin erteilt: befreite Vorerbin sei sie; die Vorerbschaft ende a) mit ihrem Tode, b) mit ihrer Wiederverheiratung; im Falle des Todes seien Nacherben Erich und Elisabeth und die Kinder der Charlotte, nämlich B. und C., sowie die „etwa noch aus dieser Ehe hervorgehenden". Im Falle der Wiederverheiratung trete Erbteilung zwischen der Witwe und den genannten Kindern und Enkeln ein. M. hat, weil anstelle seiner Frau nur deren beim Erbfalle vorhandenen Kinder als Ersatzerben eingetreten seien, Einziehung des Erbscheins erfolglos beantragt. Die weitere Beschwerde ist begründet.

Die Vorinstanzen gehen zutreffend davon aus, daß die Witwe als befreite Vorerbin anzusehen ist und zwar ist eine doppelte Nacherbschaft angeordnet: für den Fall ihres Todes hinsichtlich des ganzen Nachlasses; für den Fall ihrer Wiederverheiratung hinsichtlich $^3/_4$ des Nachlasses, während das letzte Viertel der Witwe dauernd verbleibt. Wie das LG. weiter richtig ausführt, verbleibt, wenn für die Charlotte Ersatznacherben berufen sind, deren Teil nicht der Vorerbin, sondern fällt den Ersatznacherben zu, und es ist nach § 2069 hier anzunehmen, daß Ersatznacherben eingesetzt sind. Rechtsirrig sind dagegen seine Ausführungen darüber, wer als Ersatznacherben in Betracht kommen. Das LG. beruft sich hier auf § 2108[1] und spricht aus, die dort gebotene nur entsprechende Anwendung des § 1923 ergebe, daß Nacherbe nur sein könne, wer zurzeit des Nacherbfalls lebe oder erzeugt sei. Das ist richtig (Warn. 2 Nr. 30); unrichtig dagegen die Folgerung, daß als Ersatznacherben die bis dahin erzeugten Nachkommen der Charlotte in Betracht kämen. § 2108[1] besagt nur, wer Nacherbe sein kann, nicht wer für einen bestimmten Fall als dazu eingesetzt zu gelten hat. Wer im Falle einer nach § 2069[1] anzunehmenden Ersatzberufung Ersatznacherbe ist, das ergibt sich vielmehr aus § 2069 selbst: es sind nach §§ 1953[2], 1924[3] diejenigen Abkömmlinge, die zurzeit des Erbfalls bereits lebten oder erzeugt waren (KGJ. 31 S. 124).

Indessen ist die Auslegungsvorschrift des § 2069 nur anzuwenden, soweit sich nicht ein abweichender Wille des Erblassers ergibt. Einen solchen Willen hat das LG. festgestellt: der Erblasser habe genügend ausgedrückt, daß der Nachlaß nach Stämmen an diejenigen Personen fallen solle, die zurzeit des Eintritts der Nacherbfolge diesen Stamm darstellten. Aus dieser Ausdrucksweise könnte man entnehmen, das LG. betrachte als unmittelbar zu Nacherben eingesetzt die beim Eintritte des Nacherbfalls vorhandenen Abkömmlinge des Erblassers nach Stämmen; nach dem Zusammenhange geht aber die Meinung des LG. dahin, daß als Ersatznacherben für die unmittelbar zu Nacherben berufenen Kinder deren zurzeit des Nacherbfalls lebende Abkömmlinge eingesetzt seien. Im § 1 des Testaments hat der Wille des Erblassers, alle Abkömmlinge seiner Kinder schlechthin nach Stämmen zu Ersatznacherben der Kinder zu berufen, einen zwar nur mittelbaren, aber doch hinreichend deutlichen Ausdruck gefunden. Es wäre auch ungewöhnlich, wenn der Erblasser nur bestimmte Abkömmlinge seiner weggefallenen Kinder hätte bedenken wollen, dieser Grund führt jedoch über die Auslegung des LG. hinaus dahin, alle Abkömmlinge der Kinder nach Stämmen als Ersatznacherben anzusehen, ohne Rücksicht darauf, ob sie bei Eintritt des — einen oder anderen — Nacherbfalls bereits erzeugt sind. Dieser Wille des Erblassers läßt sich freilich nach § 2108[1] nicht unmittelbar verwirklichen, weil Abkömmlinge, die bei Eintritt des Nacherbfalls noch nicht erzeugt sind, nicht unmittelbar Nacherben werden können, wohl aber kann und muß er nach dem hier entsprechend anzuwendenden § 2101 dadurch verwirklicht werden, daß man die später erzeugten Geschwister von Nacherben als deren weitere Nacherben zu einem Stammesanteil ansieht (Beschluß vom 12. Januar 1905 1 Y 1306/04; Warn. aO.).

Dennoch kann aus diesem Grunde nicht gemäß § 27 FrGG., § 563 ZPO. die Beschwerdeentscheidung aufrecht erhalten werden; denn der Erbschein ist insofern unrichtig, als er außer den mit Namen genannten 2 Kindern der Charlotte nicht deren weitere Abkömmlinge nach Stämmen, sondern nur die weiteren Kinder aufführt und auch von den Kindern nur die weiter „aus dieser Ehe hervorgehenden". Es kommen nicht nur die weiteren Abkömmlinge der Charlotte aus einer bestimmten Ehe, sondern schlechthin alle ihre weiteren Abkömmlinge in Betracht. Wird ein vorstehenden Ausführungen entsprechender Antrag auf Erteilung eines neuen Erbscheins gestellt, so wird dieser lauten können: Befreite Vorerbin ist die Witwe. Die Nacherbfolge tritt ein: a) nur hinsichtlich $^3/_4$ des Nachlasses, wenn die Witwe sich wieder verheiratet, b) hinsichtlich des ganzen Nachlasses, wenn sie verstirbt. Nacherben sind Erich, Elisabeth und die bis zum Eintritt der Nacherbfolge erzeugten Kinder der Charlotte oder anstelle dieser Kinder deren Abkömmlinge; soweit solche Kinder oder Abkömmlinge erst nach dem bezeichneten Falle der Nacherbfolge erzeugt werden, sind sie Nacherben nach ihren Geschwistern in Höhe ihres Stammesanteils. L. r.

f) **Bedeutung altrechtlicher Auslegungen für letztwillige Verfügungen.**[1]
Bayer. Oberstes Landesgericht, 1. ZS. Beschluß v. 10. November 1917.

Eine Frage, die sich auf die Errichtung einer Verfügung von Todeswegen (EG. Art. 214) bezieht, ist auch die, ob bei der Errichtung beabsichtigt war, einen Erbvertrag zu schließen oder ein ein- oder ein wechselseitiges Testament zu errichten. Inwieweit hierbei Auslegungsvorschriften des früheren Rechts noch jetzt zu beachten sind, ist bestritten. Die Motive sagen zwar (S. 311): „Von selbst versteht es sich, daß, soviel die Auslegung einer vor dem Inkrafttreten des BGB. errichteten letztwilligen Verfügung anlangt, die zurzeit der Errichtung geltenden Auslegungsvorschriften maßgebend sein müssen." Dieser Satz wird aber besonders von Habicht[3] S. 744 als zu weitgehend bezeichnet; die früheren Auslegungsvorschriften könnten jetzt nicht mehr die Bedeutung von positiven Rechtssätzen für die Auslegung älterer Verfügungen beanspruchen, behielten vielmehr nur Bedeutung, soweit sie den natürlichen Denkregeln entsprechen und sofern wegen der gesetzlichen Herrschaft, die sie früher ausgeübt haben, anzunehmen ist, daß sie die Ausdrucks- und Denkweise des Erblassers beeinflußt haben. Es bedarf keiner Untersuchung, ob diese Ansicht zutrifft; denn auch wenn man sie anerkennen will, muß man

[1] Bei der Frage, ob der Erblasser Erbeinsetzung seiner Brüder mit Nießbrauchsvermächtnis für seine Frau oder aber Erbeinsetzung der Frau mit Nacherbschaft der Brüder gewollt hat, ist die Möglichkeit, daß der Inhalt eines früheren Testaments oder Entwurfs für die Auslegung des vorliegenden Testaments von Bedeutung sein könne, nicht auszuschließen; es ist wohl denkbar, daß aus Art und Maß der im späteren Testamente vorgenommenen Änderungen ein neuer Einblick in die wahre Willensmeinung des Erblassers eröffnet und für die Auslegung wertvolle Aufschlüsse gewonnen werden; zu solcher weiteren Aufklärung ist daher das Nachlaßgericht nach § 2358 BGB. und § 12 FrGG. verpflichtet (Bay. Ob. LG. 6. August 1917, Samml. 18 S. 168). Dagegen entscheidet über den Umfang der Ermittelungen und Beweiserhebungen nur das der Nachprüfung nach § 27 FrGG. entzogene freie richterliche Ermessen (Beschluß v. 10. Sept. 1917, aO. S. 180).

dazu kommen, hier die Auslegungsregel des bayer. Landrechts anzuwenden. Denn es entspricht zweifellos der natürlichen Denkweise, daß ein Rechtsakt, der sich selbst als „Ehe- und Erbvertrag" bezeichnet, nach dem Willen der Beteiligten Vertrags- und nicht Testamentsnatur haben sollte und außerdem war unter dem bayer. Landrecht die Abschließung von Ehe- und Erbverträgen ein derart allgemeiner Brauch, daß anzunehmen ist, daß auch die an der Errichtung der Urkunde von 1890 Beteiligten die Bedeutung, besonders die bindende Bedeutung eines solchen Vertrags gekannt haben und daß sie demnach, wenn sie die Urkunde als Ehe- und Erbvertrag bezeichnet haben, beabsichtigt haben, nicht ein Testament zu errichten, sondern einen Vertrag mit allen rechtlichen Wirkungen eines solchen zu schließen. Da dieser Vertrag nichtig ist und auch als Testament nicht aufrecht erhalten werden kann, ist die gesetzliche Erbfolge eingetreten und die Witwe nicht alleinige Erbin geworden. Ihr Antrag auf Erteilung eines ihr ausschließliches Erbrecht bezeugenden Erbscheins wurde demnach mit Recht abgewiesen. Kn.

g) **Datierung und Unterschrift des eigenhändigen Testaments.**[1]

Kammergericht, 3. ZS. Urteil v. 7. November 1917.

Der Vater des Beklagten hat ein eigenhändiges Testament vom 15. April 1915 hinterlassen, in welchem er seine Frau zur Alleinerbin eingesetzt hat mit der Verpflichtung, dem Beklagten, seinem Sohne, 60000 Mark in Wertpapieren zu zahlen. Außerdem ist im Nachlaß ein verschlossener Briefumschlag gefunden worden, der die Aufschrift: „Nach meinem Tode zu öffnen. An meinen Sohn Theo" trägt und zwei nicht miteinander verbundene, auf allen vier Seiten beschriebene Briefbogen enthält. Auf ihnen finden sich drei Schreiben in Briefform; das erste füllt den ganzen ersten und einen Teil des zweiten Bogens aus, ist am Anfang mit „Berlin, 30. April 1912" datiert, mit „Mein lieber Sohn" überschrieben und schließt: „Dies mein letzter Wunsch. Dein dich liebender Vater". Hierauf folgt in anderer Tinte eine weitere Niederschrift, die mit „22. 11. 14" überschrieben ist, aber weder eine Anrede, noch eine Unterschrift hat und Ratschläge, namentlich bezüglich der Papiere, enthält. Endlich folgt auf der dritten Seite des zweiten Bogens, wieder mit anderer Tinte geschrieben, ein mit „22. 6. 16" überschriebenes Schriftstück; der Verstorbene gibt dem Beklagten nochmals Ratschläge, bittet ihn, von der ihm anfallenden Erbschaft 6000 Mark an den Kläger zu zahlen und schließt: „Lebe wohl. Dein Vater." Der Kläger hält dieses Schreiben für ein eigenhändiges Testament und verlangt deshalb die Auszahlung des Vermächtnisses von 6000 Mark. Das Schriftstück verstößt jedoch nach zwei Richtungen gegen § 2231 Nr. 2. Es fehlt an der Angabe des Ortes, da

[1] Beginnt das notarielle Testament mit den Worten: Verhandelt zu B. am ... Juni 1907, so ist die in dem Fehlen der Tageszahl liegende Unklarheit der Tagesangabe mit dem von RG. (81 S. 95, 84 S. 163) gewiesenen Weg aufklärbar und diese Aufklärung dann gegeben, wenn der Umschlag die Aufschrift „Einliegend Testament des A. vom 7. Juni 1907" trägt und mit einer am 7. Juni 1907 entwerteten Stempelmarke versehen ist (KG., 1. ZS. Beschluß v. 15. Febr. 1917; RJA. 15 S. 199).

das Schreiben lediglich die Zeitangabe „22. 6. 16" enthält. Allerdings trägt die erste Niederschrift am Eingange die Ortsbezeichnung „Berlin" und es könnte sich fragen, ob in den späteren Niederschriften die frühere Ortsbezeichnung ohne weiteres auch für die späteren Erklärungen gilt. Dem würde der Umstand, daß das frühere eine Ortsangabe enthaltende Datum auf einem andern Bogen enthalten ist, nicht im Wege stehen, da die Zusammengehörigkeit der beiden, in der gleichen Briefhülle befindlich gewesenen Bogen feststeht (vgl. RGKomm. § 2231[4]); Voraussetzung müßte aber immer sein, daß die spätere, wenn auch auf einem andern Bogen enthaltene Erklärung zusammen mit der ersten Niederschrift eine in sich geschlossene Einheit bildet und auf einem einheitlich gefaßten Willensentschluß des Erblassers beruht, dergestalt, daß die späteren Niederschriften nur als Fortsetzung der ersten Erklärung und als spätere Teile der schon am ersten Tage inhaltlich feststehenden, aber an diesem nicht zur Vollendung gebrachten Gesamtverfügung anzusehen sind. Darum handelt es sich hier aber nicht; vielmehr liegen die drei Anordnungen des Erblassers zeitlich mehrere Jahre auseinander, sie sind unter gänzlich verschiedenen Verhältnissen geschrieben, namentlich soweit die Vermögensverhältnisse des Erblassers in Frage kommen; insbesondere ist die Anordnung des Vermächtnisses nur in der letzten Niederschrift enthalten. Diese stellt also eine selbständige Verfügung dar und hatte als solche ohne Rücksicht auf den äußeren Zusammenhang mit einer eine Ortsbezeichnung tragenden früheren Verfügung die Formerfordernisse des § 223 Nr. 2 selbständig zu erfüllen, mußte mithin eine Ortsangabe enthalten.

Dem Schriftstück fehlt es auch an der Unterschrift des Erblassers. Wenn auch § 2231 Nr. 2 nur eine „vom Erblasser unterschriebene" Erklärung und nicht wie § 126 „Namensunterschrift" erfordert, so ist doch nicht anzunehmen, daß gerade für die Unterschrift, also für den Teil der Urkunde, der die Person des Ausstellers kennzeichnet, bei privatschriftlichen Verfügungen von Todeswegen geringere Anforderungen als bei privatrechtlichen Rechtsgeschäften unter Lebenden gestellt werden sollten. Unter dem Namen einer Person ist gemeinhin der Familienname zu verstehen; deshalb wird das eigenhändige Testament regelmäßig mit dem Familiennamen des Erblassers unterzeichnet werden müssen. Eine Ausnahme wird in der neueren Rechtsprechung bezüglich der in Familienbriefen enthaltenen letztwilligen Anordnungen insofern zugelassen, als bei diesen stets oder doch unter gewissen Umständen die Unterzeichnung mit dem Vornamen ausreichen soll (vgl. RG. 87 S. 109, wo der Vorname als ausreichend erachtet wurde, weil sich aus dem Inhalt der Anordnung der volle Name des Erblassers ergab; KGJ. 48 S. 85). Wenn hiernach unter besonderen Umständen der Vorname als „Name" soll angesehen werden können, so stellt doch jedenfalls eine bloße Eigenschaft, besonders eine Familienbezeichnung wie „Euer Vater", „Dein Bruder" unter keinen Umständen einen Namen dar. Der Name soll seinen Träger von anderen Personen unterscheiden und ihm neben und vor den andern eine selbständige Stellung verleihen; dazu ist unter besonderen Umständen vielleicht der Vorname imstande, niemals aber eine bloße Eigenschaft, auch nicht eine Familienbezeichnung. Mit Recht wird in KGJ. 48 S. 85 ausgeführt, daß die Unterschrift „Euer Vater" im Widerspruch zum Urkundengebrauch stehen und zu einer der Bedeutung des Testaments nicht entsprechenden Abschwächung der Formvorschriften führen würde (so auch Planck § 2231 II 3, Strohal Erbrecht § 21a II 8, und vor allem Endemann in D. JZ. 1916 S. 33). Für die gegenteilige Auffassung (Dernburg Bürgerl. R. 5 § 29[8], Glaser D. JZ. 1906 S. 646, Braunschweig Rsp. 16 S. 270; Dresden in SächsZ. 14 S. 348) wird gewöhnlich angeführt, der § 2231 erheische seinem Wortlaut und Sinn nach im Gegensatz zu § 126 keine Namensunterschrift und es müsse bei Prüfung der Formgültigkeit des Testaments sein Inhalt herangezogen werden; beides ist jedoch nicht haltbar. Das Verhältnis von § 126 zu § 2231 ist bereits dargelegt; in der zweiten Frage schließt sich der Senat der Entscheidung (KGJ. 48 S. 85) an, nach welcher die Formgültigkeit einer Urkunde nie nach ihrem Inhalt, sondern nur nach ihrer äußeren Gestalt beurteilt werden kann. Das häufig wohlbegründete Bestreben, letztwillige Verfügungen, die ersichtlich von einem bestimmten Erblasser herrühren, nach Möglichkeit aufrecht zu erhalten, und ihre Wirksamkeit nicht wegen unbedeutender formaler Verstöße in Zweifel zu ziehen, darf nicht dazu führen, Formerfordernisse, welche der Gesetzgeber unzweifelhaft und mit gutem Grunde für so wichtige Urkunden, wie es die letztwilligen Verfügungen sind, hat aufstellen wollen, so zB. für das Erfordernis der eigenhändigen Namensunterschrift beiseite zu schieben. R. ch.

h) **Erbvertrag zwischen Ehegatten. Voll- oder Vorerbe? Verfügungsrecht des überlebenden Ehegatten.**

Kammergericht, 1. ZS. Beschluß v. 7. Juli 1916.

Die Eheleute P. setzten sich in notariellem Erbvertrage gegenseitig zu unbeschränkten Alleinerben ein und bestimmten ferner, daß nach dem Tode des Längstlebenden Max, der minderjährige Sohn des Beschwerdeführers, ihr Alleinerbe sein solle. Nach dem Tode des Mannes schlossen dessen Witwe und der Beschwerdeführer im Namen seines Sohnes 1915 mit der Begründung, daß der Inhalt des Erbvertrags teilweise den Absichten der Erblasser nicht entspreche, zur besseren Erfüllung des wirklichen Willens der Erblasser und zur Vermeidung von Familienstreitigkeiten einen notariellen Vertrag. Die Vorinstanzen erachteten diesen Vertrag, weil er eine unzulässige Änderung des Erbvertrags enthalte, für schlechthin unwirksam. Der Vertrag besagt allerdings: „Den Erbvertrag heben wir so weit auf, als Max als alleiniger Erbe eingesetzt ist", und das Amtsgericht findet hierin eine (nach § 2290[1]) unzulässige Aufhebung des Erbvertrags in Ansehung der Erbeinsetzung, da im Erbvertrage der Minderjährige als alleiniger Nacherbe des zunächst als Vorerben eingesetzten längstlebenden Ehegatten bestimmt worden sei. Diese Auffassung wird jedoch weder dem Inhalte des Erbvertrags, noch der Bedeutung und dem Zusammenhange des Vertrags von 1915 gerecht. Zunächst wird die Annahme, daß der Überlebende zum Vorerben eingesetzt sei, durch den Wortlaut nicht bestätigt. Der Erbvertrag bestimmt: „Wir setzen uns gegenseitig zu unbeschränkten Alleinerben ein. Nach dem Tode des Längstlebenden von uns soll unser Erbe sein der Enkel Max, der besonders demnächst den uns gehörigen Ackerhof ungeteilt antreten und bewirtschaften soll.“ Die Fassung dieser Erbeinsetzung entspricht derart dem § 2280 mit § 2269, daß, da auch der sonstige Inhalt des Erbvertrags für keine andere Auslegung Raum läßt, im Sinne der Erblasser der Überlebende Vollerbe des verstorbenen Ehegatten sein soll, während der Minderjährige für den gesamten Nachlaß als Erbe des Letztversterbenden eingesetzt ist. Dann ist aber die Rechtslage die, daß — abgesehen etwa von fraudulosen Schenkungen im Sinne des § 2287 — der Überlebende zur freien Verfügung über das beiderseitige Vermögen unter Lebenden berechtigt ist (RG. 58 S. 64), während der Dritte nur eine Anwartschaft wie jeder künftige Erbe hat (Rsp. 21 S. 362). Der Überlebende ist hiernach insbesondere rechtlich nicht verhindert, auch durch einen mit dem Dritten geschlossenen Vertrag über das beiderseitige Vermögen zu verfügen, ohne daß notwendig darin eine Aufhebung des Erbvertrags enthalten zu sein braucht. Der Vertrag von 1915 bezweckt nun, den wahren Willen der Erblasser mehr, als durch den Erbvertrag erreicht worden ist, rechtsgeschäftlich zu verwirklichen. Zu diesem Zwecke wird schon jetzt dem Max der gesamte Grundbesitz und eine ausstehende Forderung sowie (bis auf einige Ausnahmen) das gesamte Mobiliar übereignet, während für die Witwe P. der lebenslängliche Nießbrauch an den übereigneten Vermögensstücken bestellt wird. Im übrigen soll es im wesentlichen, besonders wegen der Abfindung von 9000 Mark an die Geschwister des Minderjährigen und wegen der Entrichtung der Vermächtnisse bei der Bestimmung des Erbvertrags verbleiben, nur hinsichtlich des einen Vermächtnisses wird an die Stelle eines weggefallenen Vermächtnisnehmers ein anderer gesetzt. Im Anschluß hieran heißt es: „Max ist hiermit von dem Nachlasse der Eheleute P. abgefunden.“ Diese Bestimmungen können in ihrem Zusammenhange nur dahin verstanden werden, daß der Minderjährige als Entgelt für die sofortige Übereignung der im Vertrage bezeichneten Vermögensstücke unter Übernahme der festgesetzten Verpflichtungen auf sein Erbrecht aus dem Erbvertrage verzichten soll. Die Zulässigkeit eines solchen Erbverzichtsvertrags folgt aus § 2352 und wird dadurch nicht ausgeschlossen, daß der eine der Erbvertragschließenden bereits gestorben ist, denn nachdem der Überlebende die Erbschaft aus dem Erbvertrage angenommen hat, kommt gemäß §§ 2269, 2280 hinsichtlich des gesamten Nachlasses dem Dritten gegenüber nur noch der Überlebende als Erblasser in Betracht. Die Wirkung des Erbverzichts ist dann aber, daß die Erbanwartschaft des Dritten beseitigt ist (Leonhard, Erbrecht IV A zu § 2346), hier also der Minderjährige nicht mehr als Erbe der Witwe P. gilt, und es ist nur eine schiefe Ausdrucksweise, wenn dies der Vertrag von

1915 dahin ausdrückt, daß „der Erbvertrag so weit aufgehoben werde, als Max als alleiniger Erbe eingesetzt“ sei. Gemeint ist damit, daß der abgefundene Minderjährige überhaupt nicht mehr als Erbe in Betracht komme, sondern der Witwe P. die Möglichkeit eröffnet werden solle, über das gesamte Vermögen, soweit es nicht schon durch den Vertrag von 1915 geschehen ist, frei zu verfügen.

Der Zulässigkeit des Abschlusses eines solchen Erbverzichtsvertrags steht der § 2290¹ nicht entgegen. Man könnte vielleicht meinen, daß der Erbverzichtsvertrag in seiner wirtschaftlichen Bedeutung sich als Aufhebung des Erbvertrags darstelle und sein Abschluß daher die Verwirklichung der vertragsmäßigen Verfügung des erstverstorbenen Ehegatten zu vereiteln geeignet sein könnte. Wenn nun auch die dem Dritten vertragsmäßig gemachte Zuwendung durch den Erbverzichtsvertrag beseitigt, hierdurch also eine Wirkung erzielt wird, zu deren Herbeiführung der an den Erbvertrag gebundene überlebende Ehegatte durch Aufhebung des Erbvertrags nicht in der Lage wäre, so wird doch dadurch der überlebende Ehegatte nicht auch an der Mitwirkung beim Abschluß eines Erbverzichtsvertrags verhindert. Die §§ 2290 und 2352 stehen selbständig nebeneinander; sie enthalten zwei selbständige Wege, die dem Dritten vertragsmäßig versprochene Zuwendung zu beseitigen. Im ersteren Falle geschieht es dadurch, daß der Erbvertrag durch Vereinbarung derjenigen Personen, die den Erbvertrag geschlossen haben, aufgehoben wird (§ 2290), im zweiten Falle dadurch, daß der Erblasser mit dem Bedachten den Erbverzichtsvertrag nach § 2352 schließt. Indem der Gesetzgeber durch ausdrückliche Vorschrift (§ 2352 Satz 2) den Erbverzicht auch bei Erbverträgen für anwendbar erklärte, brachte er deutlich zum Ausdruck, daß er den Abschluß eines Erbverzichtsvertrags auch mit dem durch Erbvertrag gebundenen Erblasser für zulässig hielt, und da er die Zulässigkeit des Erbverzichtsvertrags ohne Einschränkung für statthaft erklärte, so kann auch nicht zwischen ein- und zweiseitigen Erbverträgen in dieser Hinsicht unterschieden werden. Die Richtigkeit dieser Ansicht wird auch durch die Entstehungsgeschichte (Motive 5 S. 483, 339) bestätigt....

Bei der Entscheidung (KGJ. 42 S. 125) lag ein Nachtragstestament vor, das einseitig die in einem gemeinschaftlichen korrespektiven Testament getroffene Verfügung sachlich und im wirtschaftlichen Ergebnis änderte. Diese Abänderung wurde damals auf Grund des § 2271 für unwirksam erklärt. Daraus kann aber nichts dafür gefolgert werden, daß auch ein Erbverzichtsvertrag, weil er wirtschaftlich die Zuwendung an den Bedachten beseitige, eine Aufhebung des Erbvertrags oder eines gemeinschaftlichen Testaments bedeute. Denn der Verzicht auf eine testamentarische oder vertragsmäßige Zuwendung läßt die zuwendende Verfügung bestehen, hebt sie also nicht auf, sondern er verhindert nur den künftigen Anfall des Zugewendeten. Hat aber das Gesetz zwei Wege gegeben, um ein wirtschaftliches Ergebnis zu erzielen, den Erbvertragsaufhebungsvertrag (bzw. den Widerruf) und den Erbverzichtsvertrag, so ist unzulässig, aus dem Umstande, daß der eine Weg wegen Todes des einen Vertragsteils nicht mehr beschritten werden kann, auf ein Verbot, den anderen Weg zu beschreiten, zu schließen.

Ebensowenig wird die Befugnis des überlebenden Ehegatten, bei dem Abschlusse des Erbverzichtsvertrags mitzuwirken, durch § 2289 Satz 2 ausgeschlossen. Wenn hiernach nach Abschluß eines Erbvertrags eine spätere Verfügung von Todeswegen, soweit er das Recht des vertragsmäßig Bedachten beeinträchtigen würde, für unwirksam erklärt wird, so trifft dies auf den Fall des Abschlusses eines Erbverzichtsvertrags nicht zu, denn der Erbverzichtsvertrag ist keine Verfügung von Todeswegen, und ebensowenig kann man von einer „Beeinträchtigung" des Rechts des Bedachten sprechen, wenn der Bedachte selbst ausdrücklich auf das ihm Zugedachte verzichtet. RJA.

i) **Pflichtteil:** *α*) **Berücksichtigung uneinbringlicher Forderungen gegen Erbanwärter.**[1]

OLG. Dresden, 4. ZS. Urteil v. 13. November 1917.

Der 1913 verstorbene A. wäre nach dem Gesetze von der Beklagten (seine Witwe), vom Kläger (das einzige Kind seines 1907 verstorbenen Sohnes Alex) und von neun Kindern, darunter von Kurt und Helene, beerbt worden; er hat jedoch die Beklagte als alleinige Erbin eingesetzt. Der Kläger fordert 3021 Mark Pflichtteilsrest, weil sein Pflichtteil 8915 Mark betrage und davon 2930 Mark sowie 2963 Mark zu kürzen seien; den ersten Betrag habe sein Vater vom Erblasser als Darlehen erhalten und sich nach dessen Testament auf den Pflichtteil anrechnen zu lassen, den zweiten Betrag habe ihm die Beklagte gezahlt. Diese berechnet den Pflichtteil auf nur 6524 Mark, die teils durch Aufrechnung (2930 Mark und 631 Mark), teils durch Zahlung (2963 Mark) getilgt seien. Das LG. hat verurteilt. Die Berufung ist teilweise begründet.

Der Berechnung des Pflichtteils ist der Bestand und der Wert des Nachlasses zurzeit des Todes des Erblassers zugrunde zu legen (§§ 2311, 1922), jedoch hat — vorbehaltlich späterer Ausgleichung — die Darlehnsforderung gegen Kurt, die zum Nachlaß gehört, als unsicher außer Ansatz zu bleiben (§ 2313). Denn der Schuldner ist 1913 erfolglos gepfändet worden. Nun wäre er zwar als Sohn des Erblassers bei gesetzlicher Erbfolge Miterbe, indessen wird dadurch allein nichts daran geändert, daß die Forderung unangesetzt zu bleiben hat. Denn selbst wenn sich Miterben das, was sie dem Erblasser schuldig geblieben sind, bei der Auseinandersetzung (§ 2042) auf ihre Erbteile anrechnen zu lassen haben (RG. 78 S. 273) und durch eine derartige Anrechnung auch eine an sich wertlose Forderung Wert erlangen kann, so darf doch hier nicht übersehen werden, daß der Schuldner

[1] Der als Erbe berufene Pflichtteilsberechtigte, dem mehr als der gesetzliche Erbteil hinterlassen ist, muß, wenn er durch die Einsetzung eines Nacherben beschränkt ist, diese Beschränkung, selbst wenn sie sich nicht in den Schranken des § 2338 hält, hinnehmen, es sei denn, daß er sein Pflichtteilsrecht geltend macht und zu diesem Zwecke gemäß § 2306 S. 2 den Erbteil ausschlägt (KG., 1. ZS. Beschluß v. 21. Sept. 1917; KGJ. 49 S. 68).

überhaupt nicht Erbe geworden ist; denn im Testament ist als alleinige Erbin die Beklagte eingesetzt und sie hat die Erbschaft angenommen. Bei dieser Sachlage könnte die Forderung zurzeit für die Berechnung des Pflichtteils nur dann in Betracht kommen, wenn der Schuldner nach dem Tode des Erblassers Vermögen, aus dem er die Schuld tilgen könnte, erworben oder wenn die Beklagte gegen die ihr obliegende Verpflichtung (§ 2313² S. 2) unterlassen hätte, die Forderung, soweit es einer ordnungsmäßigen Verwaltung entspricht, zu verfolgen (zB. gegen eine Forderung, die dem Schuldner gegen die Beklagte zugestanden hätte, aufzurechnen) und dann die Ausgleichung gegenüber dem Kläger (§ 2313 S. 3) zu bewirken. Aus dem Vorbringen des Klägers ergibt sich jedoch nicht, daß der eine oder der andere dieser Fälle gegeben sei. Die Nacherbschaft und das Vermächtnis, mit denen der Erblasser den Schuldner bedacht hat, sind diesem noch nicht angefallen und er kann sie daher noch nicht geltend machen. Die Nacherbschaft fällt erst mit dem Tode der Beklagten an, das Vermächtnis aber erst mit dem Eintritt der Bedingung (§ 2177), unter der der Erblasser es angeordnet hat. Ebensowenig hat der Schuldner — sowie der Kläger — die Nacherbschaft und das Vermächtnis ausgeschlagen (§§ 2142¹, 2180²) und dafür den Pflichtteil gefordert (§ 2306).

Da der Kläger nicht der einzige Abkömmling des Erblassers ist und die Tochter Helene vom Erblasser 4600 Mark Ausstattung erhalten hat, so wären im Falle der gesetzlichen Erbfolge diese 4600 Mark zur Ausgleichung zu bringen (§ 2050¹). Daher bestimmt sich der Pflichtteil des Klägers nach demjenigen, was auf seinen Erbteil unter Beobachtung der Ausgleichungspflicht bei der Teilung entfallen würde. Von dem 177367 Mark betragenden Werte des Nachlasses würden bei gesetzlicher Erbfolge 44350 Mark auf die Beklagte und 133026 Mark auf die Abkömmlinge kommen. Zu dem zweiten Betrag wären die 4600 Mark hinzuzurechnen (§ 2055 S. 2) und von den sich danach ergebenden 137626 Mark erhielte der Kläger 13762,6 Mark. Mithin beträgt sein Pflichtteil 6881,3 Mark, so daß er nur noch 988,3 Mark zu fordern hat. —e—

### β) Beschränkung des Pflichtteils. BGB. § 2338, ZPO. § 863.

OLG. Hamburg, 6. ZS. Beschluß v. 19. Februar 1918.

Die in § 2338 zugelassene Beschränkung des Pflichtteils eines Abkömmlings und demgemäß die Unpfändbarkeit der von diesem gezogenen Nutzungen gemäß § 863 ZPO. setzt voraus, daß der Abkömmling entweder in solchem Maße der Verschwendung ergeben oder in solchem Maße überschuldet ist, daß sein späterer Erwerb erheblich gefährdet wird. Nach § 2338² mit § 2336² muß der Grund der Beschränkung in der Verfügung angegeben werden; sonst ist die Anordnung ungültig (vgl. Rsp. 21 S. 341, 24 S. 99). Diesen Erfordernissen ist hier aber genügt. Das Testament besagt in § 1, daß sich das Vermögen des Erblassers laut Inventar vom 1. Januar 1904 auf 500000 Mark belaufen und sich durch spätere Verluste, die der Erblasser durch seinen Sohn Christian — den Schuldner — erlitten habe, auf 350000 Mark verringert habe. Im § 2 verfügt sodann der Erblasser, daß der dem Schuldner zugewendete Erbteil auf 30000 Mark festgesetzt werde und daß dieses Kapital für die Lebenszeit des Sohnes unter der Verwaltung des Testamentsvollstreckers verbleiben und dem Sohne nur der jährliche Reinertrag ausbezahlt werden solle, ferner, daß diese Verfügung getroffen werde, „um dies Vermächtnis vor den Zugriffen früherer Gläubiger zu schützen gemäß § 2338 BGB." Nach dem Tode des Christian soll das Vermächtnis an die gesetzlichen Erben des Christian als Nachvermächtnisnehmer fallen. Damit ist der Grund der getroffenen Verfügung nach § 2336[2] genügend bezeichnet. Er besteht in der Überschuldung des Christian. Diese Überschuldung hebt der Erblasser durch den im § 2 des Testamentes enthaltenen Hinweis auf frühere Gläubiger seines Sohnes, gegen deren Zugriff der Sohn durch die gemäß § 2338 getroffene Anordnung geschützt werden soll, deutlich hervor. Damit ist zugleich ausreichend deutlich die Befürchtung ausgedrückt, daß der spätere Erwerb des Schuldners erheblich gefährdet werde.

Es ist ferner glaubhaft gemacht, daß der Schuldner die Erträgnisse aus seinem väterlichen Nachlaß zur Erfüllung der ihm gesetzlich obliegenden Unterhaltspflicht gegenüber seiner Frau und zum eigenen standesgemäßen Unterhalt bedarf (§ 863 ZPO.). Danach sind die Bezüge des Schuldners aus seinem väterlichen Nachlaß der Pfändung nicht unterworfen. M. M.

k) **Unzulänglichkeitseinrede nach § 1990 BGB.**

OLG. München, 1. ZS. Urteil v. 28. März 1918.

Die Beklagte, als Alleinerbin des A. zur Zahlung von 3600 Mark verurteilt, beschwert sich mit Recht darüber, daß ihre Haftung nicht auf den Nachlaß des A. beschränkt worden ist. Die Voraussetzungen nach § 1975 sind allerdings nicht gegeben, da weder eine Nachlaßpflegschaft zur Befriedigung der Nachlaßgläubiger angeordnet noch der Nachlaßkonkurs eröffnet worden und die Errichtung und Einreichung des Inventars nicht geeignet ist, die Haftung der Beklagten zu beschränken. Dagegen ist die an keine Frist gebundene Unzulänglichkeitseinrede nach § 1990 begründet. Diese dient dazu, das Recht des Erben, seine Haftung auf den Nachlaß zu beschränken, im Fall der Dürftigkeit des Nachlasses zu verwirklichen und setzt voraus, daß die Anordnung der Nachlaßverwaltung oder die Eröffnung des Nachlaßkonkurses wegen Mangels einer den Kosten entsprechenden Masse nicht tunlich ist oder aus diesem Grunde die Nachlaßverwaltung aufgehoben oder das Konkursverfahren eingestellt worden ist und der Nachlaß nicht ausreicht. Hier hat das Konkursgericht am 7. September 1917 das Konkursverfahren wegen mangelnder Masse eingestellt. Nach dem nicht beanstandeten Inventar vom 1. Mai 1915 sind die Nachlaßgegenstände 1181 Mark wert und betragen die Nachlaßverbindlichkeiten 3111 Mark. Die zugunsten der Beklagten geschlossene Lebensversicherung bildet keinen Bestandteil des Nachlasses. Die Unzulänglichkeitseinrede gewährt der Beklagten das Recht, die Befriedigung des Klägers so weit zu verweigern, als der Nachlaß nicht ausreicht. Die Pflicht der Beklagten zur Herausgabe der vorhandenen Nachlaßgegenstände zur Befriedigung im Zwangswege kommt hier nicht in Frage, weil der Kläger keinen hierauf bezüglichen Antrag gestellt und nicht behauptet hat, daß die Herausgabe verweigert werde. W.

l) **„Offenbare Unbilligkeit" im Falle des § 2048.**

OLG. Rostock, 1. ZS. Urteil v. 15. April 1918.

Der Erblasser ist berechtigt, hinsichtlich der Auseinandersetzung der Erben untereinander Bestimmungen zu treffen. Er hat dies hier in der Weise getan, daß er seinem Sohne Fritz die Übernahme des Fischereizubehörs zu einem durch Sachverständige zu ermittelnden Werte gestattet hat. Diese Anordnung enthält die — nach § 2048 zulässige — Bestimmung, daß die Auseinandersetzung hinsichtlich des Fischereizubehörs nach dem billigen Ermessen der Sachverständigen erfolgen solle. Diese, gemäß der Vorschrift des Erblassers bestellt, haben ihre Schätzung abgegeben. Der Kläger, der den danach auf seinen Erbteil entfallenden Wert erhalten hat, ficht aber die Schätzung als „offenbar unbillig" an. Die Rechtsprechung, die sich besonders in der Anwendung des entsprechenden § 319 ausgebildet hat, versteht darunter nicht schon eine tatsächlich unrichtige Bestimmung, sondern nur eine solche, die nicht als Ausfluß einer von sachlichen Gründen geleiteten Erwägung anzusehen ist, wenngleich keineswegs erfordert wird, daß bewußte Unbilligkeit vorliegen muß. Aber sie muß „offenbar" sein; dazu gehört, daß die Sachwidrigkeit des Ermessens, in diesem Sinne des Inwiderspruchstehens mit klaren tatsächlichen Grundlagen, wenn auch nicht ohne weiteres für jedermann, so doch für jeden, dem auf dem betreffenden Gebiete Sachkunde innewohnt, erkennbar zutage liegt. Das LG. hat in Anwendung dieser Grundsätze das Klagevorbringen hierfür schon an sich für ungeeignet gehalten. Der Senat glaubte dem Kläger den Beweis nicht von vornherein abschneiden zu dürfen. ... Dr. Br.

## 8. Zwangsversteigerung von Grundstücken.

a) **Zahlungsfrist und Einstellung des Verfahrens auf Grund der V. v. 8. Juni 1916 § 10.**

OLG. München, FerienZS. Beschluß v. 14. September 1917.

Auf den Antrag der Bank, für die auf dem Grundstück des A. ein $4^1/_2\%$ iges Annuitätendarlehn von noch 400000 Mark an erster Stelle haftet, hat das Amtsgericht die Zwangsverwaltung und die Zwangsversteigerung wegen der Raten vom 1. Mai 1915 bis dahin 1917 angeordnet. Darauf beantragte A., ihm eine Zahlungsfrist von sechs Monaten zu bewilligen und die Zwangsversteigerung für diese Zeit einzustellen. Das Amtsgericht wies den Antrag zurück, nachdem sich das gemeindliche Einigungsamt zu einer gutachtlichen Äußerung wegen der Kürze der Zeit außerstande erklärt hatte. Auf Beschwerde stellte das LG. die Zwangsvollstreckung einstweilen ein und wies das Amtsgericht an, nach Erholung der Äußerung des Einigungsamts anderweitig zu entscheiden. Das Amtsgericht leitete nunmehr die Akten an jenes Amt, dessen Gutachten dahin geht, daß der Antrag des Schuldners nicht begründet ist.

Inzwischen hatte die Bank gegen den Beschluß des LG. rechtzeitig sofortige Beschwerde eingelegt. Diese ist zulässig. Denn das LG. hat nicht bloß eine einstweilige Anordnung gemäß § 572[3] ZPO., § 4[4] V. vom 8. Juni 1916, die unanfechtbar ist, sondern durch die dem Amtsgericht zu anderweitiger Entscheidung erteilte Anweisung auch eine definitive, der Beschwerde zugängliche Entscheidung (§§ 793, 568[2] ZPO., § 95 ZVG.) erlassen, die die Gläubigerin sachlich beschwert, weil darin eine vom Amtsgericht abweichende Auffassung über den Begriff des „gutachtlichen Gehörs" zum Ausdruck kommt. Der Gläubigerin war auch nicht zuzumuten, die Beschwerde zu unterlassen und zunächst die neuerliche Entscheidung der Vorinstanzen abzuwarten, da sie ein Interesse an Beschleunigung des Verfahrens hat. Auch der Schuldner kann sich dadurch nicht beschwert fühlen, daß das OLG. schon jetzt als dritte Instanz und nicht erst auf neuerliche Beschwerde entscheidet.

Die sachliche Prüfung, bei der unbedenklich die Verhandlung der Parteien vor dem Einigungsamt und dessen Gutachten verwertet werden können, hat die Begründetheit der Beschwerde ergeben. Zunächst ist der Einstellungsantrag gemäß § 10[2] Satz 2 VO. zur Abweisung reif. Rechtslehre und Rechtsprechung gehen im Anschluß an die Begründung davon aus, daß bezüglich der wiederkehrenden Leistungen, zu denen außer den Zinsen auch die Tilgungsbeiträge gehören, die Versteigerung zum Schutze des Gläubigers unter allen Umständen eintreten muß, wenn dessen Ansprüche zurzeit der Entscheidung in einer Höhe ungetilgt sind, die dem Gesamtbetrage zweijähriger Hebungen gleichkommt, so daß nicht erforderlich ist, daß die Beträge gerade für die **letzten** zwei Jahre rückständig sind. Hier betragen aber die Zinsrückstände für die Zeit vom 1. November 1913 bis 10. August 1917 47000 Mark, übersteigen also erheblich die für zwei Jahre geschuldeten Zinsen und Tilgungsbeträge. Für den Fristantrag fehlt allerdings in der VO. eine dem § 10[2] Satz 2 entsprechende Bestimmung und es erscheint deshalb bedenklich, die für den Sonderfall des § 10 normierte Einschränkung als allgemeine gesetzliche Einschränkung der Zahlungsfristbestimmung anzusehen (JW. 1916 S. 993). Der Antrag ist aber unter allen Umständen sachlich nicht gerechtfertigt. Die schlechte Vermögenslage des Schuldners ist nicht auf den Krieg zurückzuführen, wenn auch die durch ihn bedingten Mietnachlässe die Lage des Anwesens noch verschlechtert haben. Der Schuldner war schon vor Ausbruch des Krieges zahlungsunfähig; daß er in irgendwie absehbarer Zeit aus den Erträgnissen des Anwesens die Zinsrückstände bezahlen könnte, ist völlig ausgeschlossen. Anderseits würde die Zahlungsfristbewilligung der Gläubigerin einen unverhältnismäßigen Nachteil bringen.... W.

Dazu: **Kein Antragsrecht der Nachhypothekare.**

OLG. München, 2. ZS. Beschluß vom 28. März 1918.

Der Beschluß des Vollstreckungsgerichts, das das Notariat anweist, einen zu bestimmenden neuen Versteigerungstermin wieder abzusetzen und weiteren Termin erst auf die Zeit nach 1. Oktober 1918 anzusetzen, wenn an den Zinsrückständen der Bank mindestens 3000 Mark bezahlt werden, ist nach Inhalt und Begründung auf Grund § 10 der V. vom 8. Juni 1916 erlassen. Er bedeutet die Anordnung der von der angegebenen Bedingung abhängig gemachten Einstellung der Zwangsversteigerung im Sinne des § 10 das. Daran ändert nichts, daß das Amtsgericht nicht ausdrücklich für die Dauer von sechs Monaten bedingt eingestellt, sondern die bedingte Einstellung dadurch ausgedrückt hat, daß es die bedingte Wiederabsetzung des zu bestimmenden neuen Versteigerungstermins und Ansetzung des weiteren Termins auf die Zeit nach 1. Oktober 1918 verfügt hat. Bei der Hinausschiebung auf die Zeit nach 1. Oktober 1918 ist die sechswöchige Frist des § 43[1] ZwVG. mitberücksichtigt, die für den neu zu bestimmenden Termin eingehalten werden mußte. Durch den Inhalt der Bedingung wurde dem § 10[2] Satz 2 Rechnung getragen.

Für die Einstellung nach § 10 gilt hinsichtlich der Zulässigkeit der Beschwerde dasselbe, wie für die im ZwVG. geregelten Fälle der Einstellung. Nach § 95 ZwVG., § 703 ZPO. war deshalb die erste sofortige Beschwerde der Bank zulässig. Sie ist aber als unzulässig verworfen worden, doch besteht kein Anlaß, die Sache zur sachlichen Entscheidung an das LG. zurückzuverweisen. Die V. vom 8. Juni 1916 regelt für die in § 1 bezeichneten Ansprüche die Bewilligung von Zahlungsfristen, die Beseitigung der Rechtsfolgen der Nichtzahlung, die Einstellung der Zwangsversteigerung und die Versagung des Zuschlags abschließend und erschöpfend. Dem Schutz des Nachhypothekars dienen unmittelbar nur § 12 (Versagung des Zuschlags) und § 10[3] Satz 2 (Aufhebung der Einstellung); beide Vorschriften sind hier nicht anwendbar. Die Einstellung nach § 10 dient dem Schutz des Nachhypothekars mittelbar. Ein Antragsrecht ist ihm aber in § 10 nicht gegeben. Das Amtsgericht hat demnach, indem es auf Antrag des Zweithypothekgläubigers die Zwangsversteigerung bedingt einstellte, den § 10 unrichtig angewendet. Weil der Antragsteller zum Antrag nicht legitimiert war, ist der Verstoß des Amtsgerichts gegen § 13 V. (Nichthörung des Einigungsamts) belanglos. Die erste Beschwerde ist demnach begründet. W.

b) **Höhe der Sicherheit nach ZwVG. § 68 Abs. 1, 2.**

Kammergericht, 11. ZS. Beschluß v. 9. November 1917.

Auf dem zur Versteigerung gestellten Grundstücke haften in Abt. III an erster Stelle 102000 Mark für A., an zweiter Stelle 20000 Mark für B. und an dritter Stelle 21500 Mark für C. Nachdem das geringste Gebot unter Berücksichtigung der von B. gezahlten 120 Mark Grundsteuer auf 1400 Mark berechnet worden war, hat im Versteigerungstermin nur R., der nicht Hypothekengläubiger ist, ein Bargebot von 103500 Mark abgegeben.

Auf das Verlangen des B. gemäß § 68[1] hinterlegte R. bei dem Vollstreckungsgericht eine Sicherheit lediglich in Höhe von 1400 Mark, worauf B. der Zulassung des Gebots wegen ungenügender Sicherheit widersprach und Versagung des Zuschlags beantragte. Der gleichwohl erteilte Zuschlag wurde auf Beschwerde des B. aufgehoben und das Verfahren eingestellt. Die weitere Beschwerde des A. vertritt den Standpunkt, daß der Verpflichtung zur Sicherheit genügt sei, wenn die zum Sicherheitsverlangen berechtigende Forderung durch die gestellte Sicherheit voll gedeckt wird. Dieser Standpunkt findet aber im Gesetz keine Stütze. Das ZwVG. unterscheidet und trennt bewußt und scharf: a) die Voraussetzungen, unter denen Sicherheit überhaupt verlangt werden darf (§ 67), und b) die Höhe der zu leistenden Sicherheit (§ 68). Nur bei der Voraussetzung zu a) legt es Gewicht auf die Tatsache, daß das Recht eines Beteiligten durch Nichterfüllung des Gebotes beeinträchtigt werden würde und erhebt diese Tatsache zur notwendigen Bedingung für das Recht, Sicherheit zu verlangen; eine Bedingung, die es natürlich mit sich bringt, daß durch bisweilen nicht einfache Berechnungen erst festgestellt werden muß, ob im gegebenen Falle das Recht eines Beteiligten durch die Nichterfüllung des Gebots beeinträchtigt werden würde.

Einen ganz anderen Standpunkt nimmt aber das Gesetz hinsichtlich der Höhe der Sicherheit ein. Hier scheidet es die Tatsache, von welchen der Beteiligten die Sicherheit gefordert worden ist, gänzlich aus und stellt als alleinige objektive Norm den Satz auf, daß die Sicherheit $1/_{10}$ des Bargebots zu betragen habe. Damit ist bezweckt zu verhüten, daß von Persönlichkeiten, die nicht die Mittel haben, das Gebot auch wirklich zu erfüllen, geboten wird, da durch die Nichterfüllung oder die nicht rechtzeitige Erfüllung des Gebotes die erstrebte Befriedigung der Hypothekare erheblich verzögert wird, die Zinsenlast wesentlich anschwillt und die Gefahr einer Wiederversteigerung unter Aufwendung hoher aus dem Kaufgelde zu entnehmenden Kosten drohen würde. Um diese Nachteile im Interesse aller Beteiligten zu vermeiden, hat das Gesetz die Höhe der Sicherheit nach einem ein für allemal feststehenden, allein aus der Höhe des Gebotes entnommenen Maßstabe bestimmt und von diesem Grundsatz nur die im § 68[2, 3] normierten Ausnahmen zugelassen, die aber bezeichnenderweise nur eine Erhöhung der Sicherheit über $1/_{10}$ des Bargebotes vorsehen. Auch die Motive begründen die vorgeschlagene Höhe der Sicherheit, nämlich $1/_{10}$ des Bargebots dahin: „im Versteigerungstermine selbst kommt es darauf an, die Beteiligten gegen Gebote zu schützen, deren Verwirklichung allenfalls unsicher sein würde; die hiernach als Regel bestimmte Höhe der Sicherheit wird geeignet sein, die Beteiligten vor Schaden zu bewahren, ohne doch den Kreis der Bieter über Gebühr einzuschränken". Es liegt in der Natur der Sache, daß der von einem Beteiligten erhobene Widerspruch zugleich allen durch Nichterfüllung des Gebotes benachteiligten Gläubigern nützt. Demnach kann der Umstand, daß hier gerade ein einzelner der beteiligten Hypothekare, der überhaupt nur mit einem ganz geringen Teil seiner Forderung auf Befriedigung aus dem abgegebenen Gebote rechnen konnte, in Höhe dieses geringen Betrages durch die von dem Bieter hinterlegte, im Verhältnis zu § 68¹ zu geringe Sicherheit zufällig gedeckt war, nicht dazu führen, die Anwendung des § 67¹ außer Kraft zu setzen, für dessen Anwendung es ganz gleichgültig ist, von welchem Sicherheitsberechtigten zufällig die Sicherheit gefordert worden ist. Gf.

c) **Eintragungsanträge gegen den noch nicht eingetragenen Ersteher.**

Bayer. Oberstes Landesgericht, 1. ZS. Beschluß v. 8. Februar 1918.

... Der Erwägung des Grundbuchamts, daß der Eintragungsantrag wegen des Hindernisses nach § 40 GrBO. zurückzuweisen, und daß ihm auch nicht im Wege der einstweiligen Entgegennahme behufs Rangwahrung beim späteren Vollzug stattzugeben sei, steht entscheidend der gesetzgeberische Gedanke entgegen, der den — neben den Vorschriften der GrBO. zu beachtenden — §§ 90, 130³ ZwVG. zugrunde liegt. Dieser Gedanke geht (vgl. RG. 62 S. 140) dahin, daß einerseits der Ersteher schon zwischen dem Zuschlag, durch den er bereits Eigentümer wird (§ 90) und der Grundbuchberichtigung befugt sein soll, Hypotheken an dem ihm zugeschlagenen Grundstücke zu bestellen, daß aber anderseits die Beteiligten, die nach dem Ergebnis des Verteilungsverfahrens ein Recht auf Eintragung erlangt haben, in diesem Rechte durch die vom Ersteher vorher bewilligten Eintragungen nicht beeinträchtigt werden sollen. Die Absicht des Gesetzes, dem Ersteher schon in jener Zwischenzeit die vorerörterten wirtschaftlichen Verfügungen zu ermöglichen, kann nur dann verwirklicht werden, wenn der Grundbuchrichter verpflichtet ist, den Eintragungsantrag entgegenzunehmen und bei den Akten zu behalten; nur so kann der vom Ersteher bewilligten Hypothek nach §§ 13, 17, 46 GrBO. der Rang vor späteren Eintragungen gesichert werden, wovon regelmäßig die Bewilligung des Kredits für den Ersteher abhängen wird. Der Ersteher muß also berechtigt sein, schon vor der Grundbuchberichtigung Eintragungsanträge dem Grundbuchamt einzureichen, damit dieses sie durch Eintragung erledige, sobald es gesetzlich zulässig sein wird (§ 130³ ZwVG.), und die noch nicht erfolgte Berichtigung des Grundbuchs (§ 40 GrBO.) darf nicht als ein der Eintragung entgegenstehendes Hindernis im Sinne des § 18 GrBO. angesehen werden (vgl. Jäckel, Gruchot 50 S. 189). Es tritt vielmehr dann der Fall ein, daß der Eintragungsantrag vom Grundbuchamt wegen der §§ 40 GrBO., 130³ ZwVG. noch nicht vollzogen werden kann, gleichwohl aber weder eine Zurückweisung des Antrags noch eine Fristbestimmung gemäß § 18 GrBO. angängig ist; das Grundbuchamt muß daher solche Anträge mit der Wirkung der Rangwahrung gegenüber späteren Anträgen entgegennehmen und dafür sorgen, daß ihm die Anträge für den Zeitpunkt des späteren Vollzugs nicht außer acht kommen (vgl. Henle-Schmitt, Grundbuchwesen in Bayern § 18 N. 4h, Güthe GrBO. § 39⁵ und D.JZ. 1904 S. 1178).

Die gleichen Grundsätze, wie für den Eintragungsantrag des Erstehers müssen, da für eine abweichende Beurteilung keine durchschlagenden Gründe aufzufinden sind, auch für den Eintragungsantrag eines Dritten gegen den Ersteher gelten (vgl. Kretschmar ZBl.FrG. 7 S. 648; Jäckel ZwVG. Anm. 15 § 130, 131). Kn.

d) **Beschwerde gegen Verfügungen des Amtsgerichts, die den hinterlegten Erlös betreffen.**[1]

OLG. München, 3. ZS. Beschluß v. 28. September 1915.

Das Amtsgericht hatte in dem zur Aufhebung einer Gemeinschaft nach § 180 durchgeführten Verfahren im Verteilungstermin vom 3. Juni 1913 beschlossen, daß der Überschuß des Erlöses mangels einer Einigung der Beteiligten für diese bei der K. Filialbank zu hinterlegen sei. Als 1915 A. beantragte, an ihn den Überschuß hinauszuzahlen, wies ihn das Amtsgericht durch Beschluß ab, „da die Voraussetzungen dafür (§§ 29, 30 HinterlO. vom 18. Dezember 1899) nicht vorliegen". Die Beschwerde hierüber wurde als unbegründet zurückgewiesen. Die weitere Beschwerde kann den angestrebten Erfolg nicht haben.

Nachdem das Amtsgericht als Vollstreckungsgericht gemäß §§ 180, 117[2] den Überschuß für die Beteiligten hinterlegt hatte, war es als solches zur Entscheidung über Anträge bezüglich des hinterlegten Betrags nicht mehr zuständig (Fischer-Schäfer, Jäckel-Güthe zu § 180). In richtiger Beurteilung dieser Sachlage hat es den Antrag des Beschwerdeführers als „Hinterlegungssache" bezeichnet und ihn als Antrag auf Erteilung der Herausgabeweisung als Amtsgericht, für dessen Bezirk die K. Bank Hinterlegungsstelle ist, gerichtet erachtet und behandelt (§ 49 HinterlO.). Als solches hat es, nachdem seine Bemühungen, die Zustimmung aller Beteiligten herbeizuführen, nicht gelungen waren, den Antrag zurückgewiesen. Daß seine Verfügung als Beschluß bezeichnet und dem Beschwerdeführer zugestellt worden ist, ändert nichts an ihrer rechtlichen Eigenschaft als Herausgabeablehnungsbescheid nach § 28 aO. Dieser erfordert keinen förmlichen Beschluß, verbietet ihn aber nicht, wie hiernach auch die Art des Inkenntnissetzens des Antragstellers von der Abweisung seines Antrags dem Ermessen des Amtsgerichts überlassen ist. Ausschlaggebend für die Beurteilung der Eigenschaft des vom Amtsgerichte durchgeführten Verfahrens und des angefochtenen Beschlusses ist einerseits, daß die Verbescheidung des Antrags nicht mehr dem Vollstreckungsgerichte zusteht, auch nicht Gegenstand der freiwilligen Gerichtsbarkeit ist, sondern ausschließlich eine Angelegenheit der Justizverwaltung bildet und lediglich nach der HinterlO. §§ 23ff., 49, 50 zu erledigen ist, anderseits, daß das Amtsgericht durch Anführung des § 50 aO., in welchem der § 28 aufgeführt ist, ausdrücklich seinen Bescheid als solchen nach § 28 des nach § 49 zuständigen Amtsgerichts gekennzeichnet hat, so daß für die Annahme, daß es hierbei rechtsirrtümlich als Vollstreckungsgericht sich habe

[1] Die Zurückweisung des Antrags, die Versteigerung bis nach Kriegsende oder jedenfalls auf 10 Monate zu verschieben, unterliegt nach § 95 ZwVG. keiner Beschwerde (OLG. München, 4. ZS. Beschluß v. 10. Okt. 1917).

betätigen wollen, ein begründeter Anlaß fehlt. Deshalb war zur Entscheidung über die Beschwerde gemäß §§ 55², 10 HinterlO. das Präsidium des Landgerichts allein zuständig und das LG. hätte das Rechtsmittel als unzulässig verwerfen müssen. W.

## 9. Handelsrecht.

### a) Begriff des Kaufmanns.[1] Stillschweigende Erteilung der Handlungsvollmacht.

*α*) OLG. München, 1. ZS. Urteil v. 28. März 1918.

Der Beklagte betreibt einen schwunghaften Handel mit landwirtschaftlichen und gärtnerischen Erzeugnissen, besonders Sämereien. Er hat seinem Geschäft die Bezeichnung „A. S., Thüringer landwirtschaftliche Zentralsaatenstelle Gr." beigelegt, die auch auf den im Geschäft benützten Stempeln wiederkehrt. Da er selbst kaufmännisch nicht gebildet ist, der umfangreiche Geschäftsbetrieb aber eine kaufmännische Leitung unbedingt erfordert, hält er neben vielen anderen Bediensteten eine kaufmännische Kraft M., die er selbst als Geschäftsführer bezeichnet. Es unterliegt keinem Zweifel, daß Beklagter die Waren, die er absetzt, mindestens zum größeren Teil selbst wieder zum Weiterverkauf in seinem Geschäft anschafft und daß er nur zu einem Teil sie selbst erzeugt. Er ist deshalb Kaufmann im Sinne des § 1 Nr. 1. Aber selbst wenn dies nicht zuträfe und er auch gemäß §§ 2, 3² mangels Eintrags in das Handelsregister nicht Kaufmann wäre, so müßte er doch infolge kaufmännischen Auftretens im Rechtsverkehr als Kaufmann gelten und als solcher mit der Folge behandelt werden, daß er im Geschäftsverkehr die für den Vollkaufmann geltenden Bestimmungen gegen sich gelten lassen muß. Es sind deshalb auch unter allen Umständen die Bestimmungen des HGB. über die Handlungsvollmacht anzuwenden.

Ausweislich der eigenen Erklärungen hat Beklagter zu seiner Vertretung im Geschäft den M. jedenfalls stillschweigend und durch schlüssige Handlungen in einem Umfange ermächtigt, der der Handlungsvollmacht des § 54 durchaus entspricht. M. hatte danach tatsächlich die gesamte kaufmännische Führung des Geschäfts in der Hand; „Beklagter ließ ihm freie Hand", da er ihm „großes Vertrauen entgegenbrachte". M. konnte tatsächlich „fast unbeschränkt nach eigenen Entschließungen verfügen". Er hat besonders Jahre hindurch tatsächlich Reklameaufträge, die in außerordentlichem Umfange in Betracht kommen, an die verschiedensten Zeitungen vergeben. Unter diesen Umständen muß aber der Beklagte, was M. ihm im einzelnen getan hat, mit dem Willen, seinen Dienstherrn zu verpflichten, gegen sich gelten lassen und er kann nicht geltend machen, daß er im Rechtsverkehr nicht nach außen erkenntlich seinem Angestellten in der einen oder anderen

[1] Mit der herrschenden Meinung ist davon auszugehen, daß ein Kleingewerbe nur dann vorliegt, wenn ein Betrieb wegen seiner Art und wegen seines Umfangs kaufmännische Einrichtungen erfordert; maßgebend ist dabei der Zeitpunkt, zu welchem die Anmeldung gefordert wird (Bay. Ob. LG., 1. ZS. Beschluß v. 2. Febr. 1917; Samml. 18 S. 20).

Richtung eine Beschränkung seiner im allgemeinen gegebenen und zugelassenen Vertretungsmacht auferlegt hat. . . . Er hätte deshalb darzutun, daß der für die Zeitung handelnde A. bei Entgegennahme der Bestellung des M. die behauptete Beschränkung der Vollmacht des M. kannte oder doch, daß Beklagter alles getan habe, was im Verkehr als erforderlich erachtet wird, um ein Kennenmüssen der Beschränkung herbeizuführen. Nach dem Vertragsschlusse wurden allerdings vorübergehend Kartoffeln und anderes Saatgut beschlagnahmt. Dieser Umstand berechtigt jedoch den Beklagten nicht zum Rücktritt. Es ist zu beachten, daß die Anzeige nicht schlechthin auf eine Reklame für Kartoffeln abgestellt war und Beklagter, wenn er kein Interesse an einer Reklame für Kartoffeln hatte, seine anderen Waren anpreisen konnte; ferner, daß der Vertrag auf die Dauer von 2 bis 3 Jahren ab 24. April 1915 geschlossen ist, eine vorübergehende Beschlagnahme einzelner Warengattungen daher nicht von durchschlagender Bedeutung sein kann. W.

β) **Nebengeschäfte eines Lehrers als Gewerbe?**

OLG. Dresden, 1. ZS. Urteil v. 18. Januar 1917.

Der Kläger hat den vom Beklagten gekauften Benzwagen am 24. März in Empfang genommen, das Fehlen zugesicherter Eigenschaften aber erst am 16. Mai 1914 gerügt. War der Kauf für beide Parteien ein Handelsgeschäft, so hätte diese Rüge als verspätet zu gelten. Der Beklagte hat deshalb zu beweisen, daß beim Kaufsabschlusse beide Teile Kaufleute waren. Da der Kläger öffentlich angestellter Lehrer ist, könnte er die Eigenschaft eines Kaufmanns nur dadurch erlangt haben, daß er als Nebenbeschäftigung ein Handelsgewerbe des § 1 betrieb. Von den dortigen Grundhandelsgeschäften kann nur Nr. 1, nicht auch Nr. 7 in Betracht kommen; denn selbst dann, wenn der Kläger übernommen hat, einem befreundeten Brauer den Verkauf eines Daimler-Lastwagens und dem Ortspfarrer den Verkauf einer Cyklonette und den Ankauf eines Phänomobils zu vermitteln, so würde ihn eine derartige geschäftliche Betätigung auch beim Hinzukommen weiterer Vermittlungen gegen Entgelt nicht zum Kaufmanne machen, weil nicht jede gewerbsmäßige Vermittlung von Kaufsgeschäften Handelsgeschäft ist, sondern nur diejenige, die den festen Begriff des Handlungsagenten oder Handelsmäklers (§§ 84—104) erfüllt, und das trifft auf einen bloßen Vermittler von Geschäften für jedermann nicht zu.

Auf einen gewerbsmäßigen Handel mit gebrauchten Kraftfahrzeugen schließt der Beklagte daraus, daß der Kläger — alles im März und April 1914 — den gebrauchten NAC-Wagen, den er dem Beklagten in Tausch gegeben hat, kurz vorher für sich gekauft, den Benzwagen sofort mit Gewinn weiterverkauft, ihm einen gebrauchten Lastwagen für 5600 Mark, ein Motorrad für 680 Mark, einen Gapp-Lastwagen für 3800 Mark zum Kaufe angeboten, sowie Nachfrage nach einem Geschwindigkeitsmesser, nach einer Cyklonette oder einem Phänomobil, nach einem Dreisitzer, sowie nach drei Schläuchen gehalten, endlich im „Automobilmarkt" wiederholt Kauf und

Verkauf von Kraftwagen angezeigt habe. Allein zur Gewerbsmäßigkeit gehört, daß die Absicht des Handelnden nicht auf die einzelnen vorgekommenen Geschäfte, sondern von vornherein einheitlich auf die ganze Reihe der im Willen verbundenen Geschäfte als ein Ganzes, das ihm als eine dauernde und berufsmäßig fließende Einnahmequelle dienen soll, gerichtet ist, sowie daß dieser Wille jedermann erkennbar nach außen an den Tag gelegt wird (JW. 1894 S. 19, RG. 66 S. 51). Es mag sein, daß der Kläger bei der Veräußerung des NAC- und des Benzwagens einen Gewinn erzielt hat, und daß er, wenn es ihm gelang, den Lastwagen des Brauers zu verkaufen und dem Ortspfarrer zu einem anderen Kraftfahrzeuge zu verhelfen, dabei auf die Erlangung eines eigenen Gewinnes ausgegangen ist. Trotz der Häufigkeit der Geschäftsabschlüsse wird damit noch nicht die Möglichkeit ausgeschlossen, daß es sich um einen Erwerb für den eigenen Gebrauch, wie es der Kläger bezüglich des NAC- und des Benzwagens behauptet, oder um Gelegenheitsgeschäfte gehandelt habe. Glaubt der Beklagte aus der Gewerbsmäßigkeit der Kaufs- und Tauschgeschäfte des Klägers Rechte für sich ableiten zu können, so hat er die entgegenstehenden Behauptungen des Klägers zu widerlegen und die Merkmale der Gewerbsmäßigkeit darzutun. Die Behauptung, daß der Kläger den NAC-Wagen erst kurz vorher gekauft habe, schließt nicht aus, daß er ihn für den eigenen Gebrauch erworben gehabt und nur wieder veräußert habe, weil er keinen Gefallen mehr daran gefunden habe. Im übrigen ist die Grenze, auf der einzelne Gelegenheitsgeschäfte in eine auf die Dauer geplante Handelstätigkeit übergehen, so schwankend, daß das vom Beklagten vorgebrachte Beweismaterial nicht ausreicht. Hierbei ist die Erfahrungstatsache zu beachten, daß es in nicht kaufmännischen Kreisen nur zu häufig Personen gibt, die infolge einer Liebhaberei für gewisse Dinge, wie Kunstgegenstände, Altertümer, Pferde, Kraftwagen überall, wo sich Gelegenheit dazu bietet, ihre Lust am Erwerbe und der Wiederveräußerung solcher Sachen und sei es auch nur in Geschäftsführung für Dritte zu betätigen suchen, ohne daß sie dabei von dem Willen geleitet werden, sich eine dauernde Erwerbsquelle aus der Vornahme von Kaufsgeschäften zu erschließen. Es liegt nicht fern, daß auch der Kläger einer solchen Neigung nachhängt. Ist aber hiermit zu rechnen, so läßt sich auch aus seinen Anfragen nach anderen Kraftfahrzeugen und aus seinen Angeboten von solchen in seinen Briefen kein Beweis für eine Gewerbsmäßigkeit seines Tuns erbringen. Ebenso bedeutungslos wird dann der Umstand, daß er Bezieher des „Automobilmarktes" ist und wiederholt in dieser Zeitschrift angezeigt hat. Endlich spricht gegen die Annahme eines auf einen Gewerbebetrieb gerichteten Willens des Klägers der Umstand, daß er ein Beamter ist, dem die Eröffnung eines Handelsbetriebs untersagt ist. —e—

b) **Haftung des früheren Inhabers für die Bestellungen des neuen. Wirkung der Eintragung.**[1]

[1] Darin allein, daß die Witwe, die das Schankgewerbe ihres Mannes fortführt, den

OLG. Hamburg, 5. ZS. Urteil v. 1. November 1916.

Dem LG. ist darin beizustimmen, daß der Beklagte nach außen hin als der Inhaber des im Hause Nr. 6/8 betriebenen Konfektionsgeschäfts aufgetreten ist; er hat die Waren im eigenen Namen bestellt und diese sind ihm mit auf seinen Namen lautenden Fakturen geliefert worden, und zwar für das Geschäft, dessen Inhaber er nach außen dadurch erschien, daß sein Name auf dem Firmenschild des Ladens angebracht war. Allein als er dieses Geschäft 1912 nach außen hin übernahm, ist der Klägerin durch die Schreiben der Firma Julius vom 11. und 21. Mai mitgeteilt worden, daß die Käufe des Beklagten „für ihre Rechnung" gemacht seien, daß also nur die Firma Julius als Vertragsgegnerin für alle Geschäfte gelten wollte, die der Beklagte unter der Firma Max P. abschloß.

Die Klägerin leitet aus dem weiteren Inhalt des Schreibens vom 21. Mai: Julius wolle für die Bestellungen des Beklagten nur haften, wenn sie sie ausdrücklich bestätigt oder die Kommissionskopien unterschrieben habe, her, daß für die hier streitigen, nicht bestätigten Bestellungen aus 1914 der Beklagte als Vertragsgegner zu gelten habe. Allein während der zwischen der Klägerin und Julius bestehenden Geschäftsverbindung ist niemals die Einhaltung der erwähnten Formalitäten verlangt worden; sie sind auch stets unterblieben. Trotzdem hat Julius regelmäßig für die Bestellungen des Beklagten Zahlung geleistet. Auf die Erfüllung jener Förmlichkeiten haben sonach beide Vertragsteile stillschweigend verzichtet. Die Klägerin kann daher jetzt aus ihrer Nichteinhaltung keine Rechte herleiten und muß die 1915 in Konkurs geratene Firma Julius auch für die hier streitigen Bestellungen als ihren alleinigen Vertragsgegner ansehen. Die Berufung der Klägerin ist daher unbegründet.

Dagegen war die Berufung des Beklagten begründet. Die zwischen Julius und der Klägerin getroffene Vereinbarung, daß die Aufträge des Beklagten als von Julius erteilt gelten sollten, wurde durch die am 1. Mai 1914 ins Handelsregister erfolgte Eintragung des Beklagten als Inhaber der Firma Max P. nicht berührt. Hierdurch gab zwar der Beklagte Dritten gegenüber kund, daß nunmehr er der Inhaber des Geschäfts wäre. Unrichtig ist aber die Folgerung des LG., daß, wenn Beklagter nach seiner Eintragung weiter im eigenen Namen bei der Klägerin bestellte, er sich nunmehr zum mindesten als ihren weiteren Vertragsgegner behandeln lassen mußte, weil er sich hätte sagen müssen, daß der Lieferer in erster Linie immer den Geschäftsinhaber als Vertragsgegner betrachte. Diese Folgerung wäre zutreffend, wenn nicht hier eine besondere vertragliche Regelung stattgefunden hätte, die gerade bezweckte, die Haftung des nach außen hin als Inhaber des Geschäfts auftretenden Beklagten auszuschließen. Das LG. übersieht, daß der Beklagte

am Wirtshaus angebrachten Namen des Mannes nicht entfernt, liegt nicht ohne weiteres ein unzulässiger Firmengebrauch, wenn nicht festgestellt werden kann, daß sie sich jenes Namens auch in ihrem Betriebe bedient hätte (KG., ZS. 1 a. Beschluß v. 9. Juni 1916; KGJ. 49 S. 102).

bereits 1912, als sein Name auf dem Firmenschild angebracht wurde, nach außen hin als Geschäftsinhaber gelten wollte und sich daher als Vertragsgegner seiner Lieferer behandeln lassen mußte, wenn er im eigenen Namen bestellte. M. M.

c) **Anwendung des § 25 auf den Erwerber des Handelsgeschäfts des Gemeinschuldners?**

Kammergericht, 7. ZS. Urteil v. 7. Juli 1916.

Der Mann der Beklagten, der unter der Firma E. K. ein Wäschegeschäft betrieb, ist 1912 in Konkurs geraten. Die Beklagte hat das Geschäft mit den Warenvorräten vom Konkursverwalter erworben und seit 1913 betrieben, sich dabei auch der Firma E. K. bedient. Die vom Kläger, einem der Konkursgläubiger, geforderte Haftung der Beklagten kann nicht auf § 25 gestützt werden. Denn das von ihr betriebene Geschäft war als solches ganz neu, nicht aber das frühere von ihrem Mann betriebene, da sie es nicht als Ganzes übernommen; vielmehr beschränkte sich die Übernahme im wesentlichen auf die zur Konkursmasse gehörigen Warenbestände (RG. 58 S. 166). L. n.

d) *α*) **Rechte des Handlungsgehilfen an geschäftlichen Notizen.**

OLG. Hamburg, 6. ZS. Urteil v. 30. November 1916.

Der Kläger hat die Vorarbeiten für die Zusammenstellung des Katalogs in seiner Eigenschaft als Handlungsgehilfe der Beklagten und für diese gemacht. Die herauszugebenden Blätter sind die auseinandergetrennten Katalogblätter des Katalogs der Firma X., die mit Vermerken des Klägers versehen sind. Sie bilden das Erzeugnis der im Interesse und im Auftrage der Beklagten vom Kläger aufgewandten Angestelltentätigkeit und gebühren daher der Beklagten als der damaligen Geschäftsherrin des Klägers, in deren Dienst er die Arbeiten gemacht hat. Der Kläger hat nicht vorgetragen, daß wegen des Eigentums an dem vom Kläger beschafften Katalog der Firma X. die Parteien irgend etwas vereinbart hätten. Ansprüche auf Ersatz des Wertes des der Beklagten damals zur Verfügung gestellten Katalogs sind nicht geltend gemacht.

Auch zur Herausgabe des Notizbuches ist Kläger verpflichtet. Es handelt sich um ein mit Mitteln der Beklagten angeschafftes Buch, das der Kläger zur Eintragung der von ihm vermittelten Geschäfte der Beklagten verwenden sollte. Ob diese Eintragung im Interesse des Klägers und zur Feststellung seiner Provisionsansprüche dienen sollte, ist gleichgültig und ändert nichts an den Eigentumsverhältnissen des Notizbuches. Im Streitfalle würde der Kläger die Vorlage dieses Buches von der Beklagten zur Feststellung seiner Provisionsansprüche jedenfalls fordern können. Die ihm erteilte Erlaubnis zur Anfertigung von Abschriften aus dem Notizbuche genügt seinen Interessen vollauf. Weitere Ansprüche stehen ihm nicht zu. Die Benutzung des Buches zu privaten Notizen war unter den obwaltenden Umständen jedenfalls unzulässig. M. M.

*β*) **Schadensersatz oder Anspruch aus § 61?**

OLG. Hamburg, 3. ZS. Urteil v. 21. Februar 1918.

Zu prüfen ist, ob der Beklagte zur Zahlung der 600 Mark verpflichtet ist, weil er dem Kläger Waren und Gelder entwendet und ihn bei der Rücklieferung von Säcken wiederholt arglistig getäuscht hat oder weil dem Kläger wegen Verletzung des § 60 HGB. ein Schadensersatzanspruch zusteht. Diesen hat das LG. zu Unrecht aus § 61 für begründet erklärt. Der Schadensersatz, zu dem der Beklagte danach verpflichtet sein könnte, besteht zwar in dem erwachsenen Schaden und dem entgangenen Gewinne. Darunter ist aber nicht der Gewinn zu verstehen, den der Gehilfe aus dem verbotenen Geschäft gezogen hat. Die Wirkung, diesen Gewinn für sich zu beanspruchen, kann nur durch das Eintrittsrecht herbeigeführt werden, das dem Prinzipal statt des Schadensanspruchs zusteht. Dies Recht hat aber der Kläger nicht ausgeübt. Ihm stand allerdings frei, seinen Ersatzanspruch damit zu begründen, daß er die vom Beklagten auf eigene Rechnung abgeschlossenen Geschäft selbst gemacht hätte. Er hätte sonach darlegen müssen, daß ihm durch das vertragswidrige Verhalten des Beklagten ein Gewinn in gleicher Höhe entgangen sei. Auf diese Weise hätte er unter Umständen im Endergebnisse dasselbe erreichen können, was er durch Ausübung des Eintrittsrechts hätte beanspruchen können. Er hat es aber an jeder tatsächlichen Begründung seines Ersatzanspruchs fehlen lassen und sich darauf beschränkt zu verlangen, daß Beklagter die für eigene Rechnung abgeschlossenen Geschäfte im einzelnen darlege. Beklagter hat aber unwiderlegt behauptet, er habe von Reisenden solche Waren, die in den Filialen des Klägers nicht geführt würden, angekauft, und sie dann für eigene Rechnung verkauft. Trifft dies zu, so ist dem Kläger durch die Geschäfte des Beklagten kein Gewinn entgangen; denn es ist nicht einmal wahrscheinlich, daß er die sonst in seinen Filialen nicht geführten Waren angekauft und weiter hätte verkaufen lassen, selbst wenn er gewußt hätte, daß die Waren mit Gewinn abzusetzen waren. Es kann sich daher nur darum fragen, ob Beklagter während seines Anstellungsverhältnisses Unregelmäßigkeiten begangen hat, die ihn zum Schadensersatz verpflichten könnten. . . . M. M.

γ) **Wettbewerbsverbot. Rückwirkende Kraft der Novelle vom 10. Juni 1914.**

OLG. Hamburg, 6. ZS. Zwischenurteil v. 1. Dezember 1917.

Der Kläger hat das 1912 vereinbarte Wettbewerbsverbot durch Antritt einer Anstellung bei den Sprengstoffwerken verletzt, woraus die Beklagte ihren Anspruch auf die Vertragsstrafe von 15000 Mark herleitet. Auf dieses Verbot findet das Ges. vom 10. Juni 1914 nach Art. 3² grundsätzlich Anwendung. Der Kläger hält es für nicht verbindlich, weil es örtlich unbeschränkt sei und daher eine unbillige Erschwerung seines Fortkommens enthalten habe. In dieser Beziehung stimmt aber § 74a wesentlich mit dem früheren § 74 HGB. überein, besonders darin, daß ein örtlich unbeschränktes Wettbewerbsverbot nicht absolut unverbindlich, sondern nur, soweit es unbillig ist. Innerhalb der Grenzen der Billigkeit ist es wirksam. Der Kläger ist aber bei einem Konkurrenzunternehmen der Beklagten eingetreten, das sich in unmittelbarer Nähe der Beklagten befindet. Ebensowenig kann der Kläger damit gehört werden, daß die Beklagte kein berechtigtes Interesse an der Aufrechterhaltung des Verbots besitze, da es im Kriege irgendwelche zu schützenden Geheimnisse in der Munitionsindustrie nicht gebe, es vielmehr im vaterländischen Interesse liege, seine Kenntnisse auf diesem Gebiete möglichst allgemein zu verwerten. Ein solcher Widerstreit zwischen den berechtigten Interessen der Industrie und dem Interesse der Allgemeinheit besteht nicht. Wenn sich auch naturgemäß während des Krieges die Herstellung von Munition ganz außerordentlich vermehrt und die Allgemeinheit ein lebhaftes Interesse hieran hat, so kommen dabei doch die Interessen der Industrie auf Wahrung ihrer besonderen geschäftlichen Geheimnisse sehr wohl in Betracht. Diese beziehen sich nicht allein auf die Art und Weise der Herstellung der industriellen Produkte, die nach der Behauptung des Klägers jetzt mehr oder weniger nach Anweisung der Heeresverwaltung sich vollzieht, sondern insbesondere auch auf die Beschaffung der Rohwaren, die Arbeitslöhne, die Preise usw.

Auch die Berufung auf § 74a Abs. 2 schlägt nicht durch. Der Kläger hat sich nicht unter Ehrenwort verpflichtet, nicht in ein Konkurrenzunternehmen einzutreten, sondern er hat lediglich ehrenwörtlich versprochen, alle Einrichtungen und das Fabrikationsverfahren sowie den jeweiligen Geschäftsstand, überhaupt die Interessen der Gesellschaft geheim zu halten. Ein unmittelbarer Zusammenhang zwischen dem Ehrenwort und dem Wettbewerbsverbot besteht also nicht. Der Kläger will ihn aber daraus herleiten, daß die Vertragsstrafe einheitlich für den Verstoß gegen alle Verpflichtungen des Vertrags festgesetzt worden ist. Nun leuchtet ohne weiteres ein, daß trotz solcher einheitlichen Festsetzung der Strafe ein unmittelbarer Zusammenhang zwischen den verschiedenen im Vertrage festgesetzten Verpflichtungen nicht besteht, besonders nicht zwischen der unter Ehrenwort übernommenen Verpflichtung und dem Wettbewerbsverbot und daß die Nichtigkeit der ersteren die Nichtigkeit der letzteren nicht von selbst nach sich zieht. Es liegt gar nichts dafür vor, daß die Parteien alle Bestimmungen des Vertrags als einheitliches Ganzes aufgefaßt haben und daß sie besonders den Vertrag mit dem Wettbewerbsverbot und der Vertragsstrafe nicht abgeschlossen hätten, wenn sie sich über die unter Ehrenwort verstellte Klausel nicht hätten einigen können oder gewußt hätten, daß diese Klausel nichtig sei. — Endlich liegt der Fall des § 75b Satz 2 hier nicht vor, da dem Kläger vertragsmäßige Leistungen von mehr als 8000 Mark jährlich zustanden. Für die Bemessung dieser Leistungen ist nicht der Zeitpunkt des Vertragsschlusses, sondern der des Inkrafttretens des Ges. vom 10. Juni 1914 maßgebend. Sind wie hier steigende Bezüge vertraglich zugesichert, so kommt es darauf an, wie hoch die Bezüge des Angestellten sich beliefen, als das Gesetz in Kraft trat (1. Januar

1915). Das ergibt sich aus Art. 3. Dieser geht davon aus, daß solche Wettbewerbsverbote, die, aus früherer Zeit stammend, unverbindlich werden, weil sie den neuen Vorschriften widersprechen, dadurch in Kraft erhalten werden können, daß der Prinzipal sich erbietet, seine Leistungen in Übereinstimmung mit jenen Vorschriften zu bringen. Daraus folgt, daß ein Wettbewerbsverbot dann sicherlich in Kraft bleiben muß, wenn der Anstellungsvertrag schon aus sich selbst heraus beim Inkrafttreten des Gesetzes mit dessen Bestimmungen übereinstimmt, daß besonders der § 75b Satz 2 dann Anwendung findet, wenn am 1. Januar 1915 die Bezüge 8000 Mark überstiegen haben. Das ist aber hier der Fall gewesen. Das Gehalt betrug damals 6000 Mark. Der dem Kläger für 1914 zukommende Gewinnanteil von 1650 Mark konnte zwar erst im März 1915 berechnet werden; an sich war aber dieser Anspruch am Schlusse des Geschäftsjahres fällig und ist bei der Berechnung der am 1. Januar 1915 zukommenden Bezüge mit in Rechnung zu setzen. Endlich ist der Wert der dem Kläger gewährten Freiwohnung in Höhe von 400 Mark jährlich zuzurechnen. Es kann nicht ausschlaggebend sein, daß diese Leistung nicht im Anstellungsvertrag enthalten, sondern erst später hinzugetreten ist. Auch ist bedeutungslos, daß es wesentlich im Interesse der Beklagten lag, daß der Kläger auf dem Geschäftsgrundstücke wohnte, und daß er auch noch eine Wohnung in Hamburg besaß. Der Kläger meint, daß hier der § 74b Abs. 3 zutreffe, daß es sich um Bezüge zum Ersatze besonderer Auslagen handle, da der Kläger, falls er keine Wohnung besessen hätte, im Gasthause hätte wohnen und die Beklagte ihm diese Auslagen hätte ersetzen müssen. Es kann dahinstehen, ob sie zu solchem Ersatz verpflichtet gewesen wäre. Denn hier handelt es sich gerade nicht um den Ersatz besonderer Auslagen, sondern um die dauernde Einräumung einer Wohnung, die der Kläger fortdauernd benutzt hat. In dieser Beziehung ist auf die Dienstwohnungen hinzuweisen, die ebenfalls zum großen Teile im Interesse des Staates eingeräumt werden, um die Angestellten dauernd in der Nähe ihrer Dienststellen zur Verfügung zu haben, und für die den Angestellten ein entsprechender Betrag auf das Gehalt angerechnet zu werden pflegt. Wenn, wie der Kläger hervorhebt, die Beklagte verlangt hat, daß er auf dem Fabrikgelände wohne und ihm dafür eine Wohnung eingerichtet hat, so entstand jedenfalls durch die fortdauernde Benutzung der Wohnung eine Erweiterung des Anstellungsvertrags, die der Beklagten nicht das Recht gewährte, solange sie das Wohnen des Klägers auf dem Fabrikgelände verlangte, ihm die Wohnung ohne eine entsprechende Schadloshaltung zu entziehen. Insofern stand dem Kläger also ein rechtlicher Anspruch auf den Besitz der Wohnung zu. M. M.

δ) **Anfechtungsgrund als Unterstützung für Kündigung.**

OLG. Hamburg, 6. ZS. Urteil v. 30. November 1916.

Die Beklagte hat bereits im November 1914 von der falschen Schlußnotenausstellung des Klägers im Falle R. Kenntnis erhalten und auch schon zu dieser Zeit alle sich daraus entwickelnden Folgen überblicken können. Auf diese zurückliegende Verfehlung konnte sie daher nicht die im Mai 1915 ausgesprochene Entlassung stützen, zumal sie sich bei der zweiten, zeitlich später folgenden Verfehlung des Klägers bezüglich der Verletzung des Konkurrenzverbotes in Sachen Z. ihre Entscheidung über die sofortige Entlassung vorbehalten hat. Durch diesen Ausspruch hat sie offenbar bekundet, daß sie eine ihr eventuell aus der ersten Verfehlung zustehende Entlassungsbefugnis nicht ausüben wolle, dagegen den Vertrauensbruch durch Beteiligung des Klägers an Kakaogeschäften des Z. als Entlassungsgrund ansehe, sich aber die Entscheidung noch vorbehalten wolle. Selbst wenn man zugunsten des Klägers diesen Vorbehalt als bedingt versteht, indem die Beklagte die Entlassung auf das weitere Verhalten des Klägers habe abstellen wollen, konnte die Kündigung vom 4. Mai 1915 nicht für ungerechtfertigt erachtet werden. Die Beklagte behauptet: der Kläger habe ihr die Unwahrheit gesagt, als die Beteiligung an den Kaufabschlüssen des Z. zur Sprache gekommen wäre; er habe nur die Beteiligung an einem einzigen Geschäfte zugegeben und diese Beteiligung auch auf den durch seine Geschicklichkeit erzielten Überpreis beschränkt; dagegen habe sie nachträglich erfahren, daß er an allen Geschäften des Z. und am gesamten Reingewinne zur Hälfte beteiligt gewesen wäre. Es ist zuzugeben, daß dieser angeblich erst nachträglich festgestellte Umfang der Geschäftsbeteiligung einen gerechtfertigten Entlassungsgrund bieten würde. Da aber der Kläger behauptete, sein damaliges Eingeständnis sei umfassend gewesen, konnte auf diesen noch unaufgeklärten Tatbestand hin nicht entschieden werden. Wohl aber erschien die Tatsache, daß der Kläger wegen Unehrlichkeit in einer früheren Stellung mit 10 Monaten Gefängnis bestraft worden war, mit Rücksicht auf die gesamte Sachlage als geeigneter sofortiger Entlassungsgrund; denn wenn auch solche vor der Anstellung liegende Ereignisse Eigenschaften des Handlungsgehilfen bilden, die regelmäßig nur zu einer Anfechtung des Dienstvertrages berechtigen können, so ist doch durch die wiederholten Vertrauensbrüche im Falle R. und Z. eine Lage geschaffen, bei der auch in der Vergangenheit liegende Unehrlichkeiten des Gehilfen den Geschäftsherrn berechtigen können, bei Bekanntwerden solcher Umstände die sofortige Entlassung auszusprechen. Es kann der Beklagten, die bereits die Befugnis zur Entlassung besaß und sich jede weitere Entschließung vorbehalten hat, nicht zugemutet werden, den Kläger noch länger in ihren Diensten zu lassen, wenn sie nach Verübung ähnlicher Unregelmäßigkeiten des Klägers während seiner jetzigen Anstellung nunmehr erfährt, der Kläger habe auch schon anderweit einen groben Vertrauensbruch begangen. M. M.

ε) **Lehrvertrag Minderjähriger. Eigene Ansprüche des gesetzlichen Vertreters?**

OLG. Dresden, 2. ZS. Beschluß v. 26. Mai 1916.

Ebenso wie bei Erteilung eines anderen Zeugnisses handelt es sich bei den Schäden um Ansprüche des Sohnes, die der Vater nicht im eigenen

Namen zu verfolgen berechtigt ist. Die allgemeine Rechtsmeinung hat sich dahin befestigt, daß der Lehrling ähnlich wie der erwachsene Arbeiter oder Gehilfe grundsätzlich in einem Dienstverhältnisse steht (vgl. Ann. 22 S. 364; Staub HGB. § 76[6]). Gewiß kann ferner der gesetzliche Vertreter vertragsmäßig auch für sich selber Rechte und Pflichten gegenüber dem Lehrherrn haben, wie solche in gewissem Umfange schon nach allgemeinem Rechte (Staub N. 14 aO.) und nach gesetzlichen Sonderbestimmungen, wie dem § 127 g Abs. 2 GewO. bestehen. Daß es sich indessen beim Lehrvertrage vorwiegend um eigene Rechte und Pflichten des Lehrlings handelt, läßt die neuere Gesetzgebung in den einschlägigen §§ 126 ff. GewO. und §§ 76 ff. HGB. deutlich erkennen. . . . Das abweichende Urteil des GewG. Berlin (Gewerbegericht 4. S. 61) erledigt die Frage nach allzu äußerlichen Gesichtspunkten, wenn es Gewicht darauf legt, ob der Minderjährige beim Vertragschlusse zugegen war oder nicht (s. dagegen Recht 1907 S. 905 Nr. 2204 c); dies sogar dann, wenn nicht der Gewalthaber, sondern ein Vormund handelt. Auch wenn man den Vater im einzelnen Falle als Mitkontrahenten ansehen könnte, würde es sich doch fragen, ob seine Vertragsbeteiligung nicht etwa nur auf seine Haftung für die Vertragstreue des Sohnes zu beziehen wäre (vgl. Staub aO., Landmann GewO. § 126 b Nr. 4). Hier ist aber kein Anlaß gegeben, den Antragsteller als Vertragsgenossen anzusehen; insbesondere tritt ein Anhalt dafür nicht in dem Briefe des Lehrherrn zutage, worin er die vom Antragsteller vorgeschlagene Aufsetzung eines schriftlichen Lehrvertrags als unnötig ablehnte. . . . Daher ist das Kaufmannsgericht zuständig. Das LG. hat also mit Recht das Armenrecht abgelehnt. —e—

e) **Handlungsagent**[1]: α) **Provision nur vom Nettobetrage des Kaufpreises.**

OLG. Hamburg, 6. ZS. Urteil v. 16. Oktober 1917.

Der Handlungsagent kann grundsätzlich die Provision nur vom Reinerlöse des Geschäfts, also vom Nettobetrage des Kaufpreises fordern, so daß nicht nur Dekorte und Skonti, sondern auch die vom Geschäftsherrn bezahlten Beträge an Fracht und Zöllen abzuziehen sind, weil sie den Kaufpreis mindern. Hierbei kann es nicht wohl einen Unterschied machen, ob in der Faktura der waggonfrei und verzollt verkauften Ware nur der — jene Unkosten des Verkäufers einschließende — Gesamtpreis erscheint, zu welchem verkauft worden ist, oder ob nach Maßgabe des geschlossenen Kaufes

[1] a) Behält der Agent beim Abschluß die Genehmigung des Geschäftsherrn vor, so ist im Zweifel nur die dem Dritten gegenüber erklärte Genehmigung bindend; denn ein Kaufmann, der sich nur unter solchem Vorbehalt vertreten läßt, will regelmäßig die entscheidende Erklärung unmittelbar dem Vertragsgegner abgeben, um die Zweifel zu vermeiden, die durch Erklärungen von Vermittlern, namentlich solchen, die durch Provisionen beteiligt sind, zu vermeiden (OLG. Colmar, 3. ZS. Urteil v. 26. Febr. 1917).

b) Die Verpflichtung zur Erteilung eines Buchauszugs an den Handlungsagenten besteht auch dann, wenn tatsächlich der zur Buchführung verpflichtete Geschäftsherr Bücher nicht geführt hat (OLG. Rostock, 1. ZS. Urteil v. 21. März 1918).

diese Unkosten dem Käufer neben dem eigentlichen Preise belastet werden. Im ersteren Falle erhält man den Nettobetrag der Faktura, wenn man vom Gesamtpreise außer dem Skonto auch die Fracht und die Zölle abzieht. Daß weitere Unkosten des Verkäufers, die nur wirtschaftlich, nicht rechtlich eine Minderung des Kaufpreises darstellen, wie Lager-, Roll-, Trinkgelder, allgemeine Handlungsunkosten 2c nicht abgezogen werden dürfen, bedarf keiner Ausführung. Der Kläger hält für bedenklich, dem Agenten, der die Höhe der Auslagen nicht wissen könne, das Recht zu geben, Einsicht in die Bücher des Geschäftsherrn zu verlangen und die angeblichen Unkosten nachzuprüfen. Allein der Agent ist auch hinsichtlich der Höhe des zwischen dem Verkäufer und dem Käufer vereinbarten Kaufpreises in der Regel auf die Angaben des Geschäftsherrn angewiesen; seine Tätigkeit beruht ganz vorwiegend auf gegenseitigem Vertrauen. Daß hier die Auslagen der Beklagten die von ihr angegebene Höhe erreicht haben, ist außer Streit.

Der Kläger hat vorgetragen, die Verkehrssitte kenne keinen Abzug von Auslagen des Geschäftsherrn, die in den Kaufpreis eingeschlossen seien, sondern gewähre dem Agenten die Provision von dem ganzen Betrage der Faktura abzüglich der in ihr ausdrücklich aufgeführten Auslagen und Skonti. Dem Gericht genügt jedoch die Sachkunde der mit Kaufleuten besetzten Vorinstanz, um festzustellen, daß eine solche Verkehrssitte (Übung) nicht besteht. M. M.

β) **Provision für eigene Warenbezüge.**

OLG. Hamburg, 5. ZS. Urteil v. 11. Oktober 1916.

Die Grundlage des Verhältnisses zwischen den Parteien ist der Vertrag von 1910, der schon von eigenen Warenbezügen des Beklagten spricht, ohne zu bestimmen, er solle für diese die ihm „für alle direkten und indirekten Orders" zugesagte Provision nicht erhalten. Es hätte nahe gelegen, wenn die eigenen Bezüge ausgenommen sein sollten, dies ausdrücklich zu erklären. Jedoch ist dieser Schluß nicht zwingend. Da die Parteien über diesen Punkt keine deutliche Abmachung getroffen haben, so kommt es darauf an, was in dieser Hinsicht Rechtens ist, wenn die Beteiligten nichts vereinbart haben. Die verneinende Ansicht Staubs (§ 88[3]) entspricht wohl den Grundsätzen des bürgerlichen Rechts, wird aber dem kaufmännischen Standpunkt nicht gerecht. Das LG. sagt zutreffend, die Provision ruht auf der Ware. Bei der Festsetzung des Verkaufspreises rechnet der Verkäufer schon mit der Provision, es kann ihm gleich sein, ob ein Dritter oder der Agent selbst sein Abnehmer ist. Staub steht auch mit seiner Ansicht allein; die anderen Schriftsteller (Düringer, Ritter, Jacusiel, Albrecht-Tentler) vertreten die entgegengesetzte Meinung mit der zutreffenden Einschränkung, daß dem Agenten für eigene Bezüge Provision dann nicht zusteht, wenn ihm Vorzugspreise oder sonstige Vergütungen gewährt werden; so auch die zahlreichen Handelskammergutachten, die freilich nur für einzelne Handelszweige erstattet sind, aber doch die Ansicht der Handelskreise auch allgemein zur Erscheinung bringen.

Die Klägerin behauptet denn auch, dem Beklagten seien bei seinen Bezügen Vergünstigungen gewährt. Aber sie begründet dies nur dahin, er habe „durchgängig", „fast nur", „in der Hauptsache" Ausschuß oder Partieware bezogen, und dabei seien ihm besonders billige Preise berechnet. Dies reicht nicht aus; vielmehr ist erforderlich, daß dem Agenten allgemein, dh. bei seinen sämtlichen Eigenbezügen, eine Vergünstigung gewährt wird, und zwar eben deswegen, weil er Agent ist. Ausschußwaren werden schon an sich zu billigen Preisen verkauft. Dem Beklagten hätte daher aus den Erklärungen oder dem Verhalten der Klägerin ersichtlich sein müssen, daß er die angebliche Preisvergünstigung anstelle der Provision erhalte; dafür ist nichts vorgebracht. Auch die Einräumung eines Kredits von 10000 Mark — übrigens gegen Bürgschaft des zahlungsfähigen Vaters des Beklagten — kann mit dem LG. als solche Vergünstigung nicht angesehen werden, um so weniger, als der Kredit nicht einmals zinslos gewährt wurde. M. M.

γ) **für neu eingeführte Kriegserzeugnisse.**

OLG. Breslau, 8. ZS. Urteil v. 23. Februar 1917.

Die Beklagte, eine Maschinenfabrik in G., hatte den Kläger für die Zeit vom 1. Januar 1914 bis 31. Dezember 1915 als Leiter ihres technischen Bureaus in Ch. angestellt und ihm neben festem Gehalt und der Erstattung von Unkosten Provision zugesagt. In dem Vertrage vom 2. Januar 1914 (§ 6) heißt es dazu: „Außer Ihrem Gehalt erhalten Sie eine Verkaufsprovision von 2 % des Nettobetrags der Lieferungsgegenstände ab Werk für alle Geschäfte auf unsere Erzeugnisse mit Ausnahme der Rohölmotoren, welche wir innerhalb des Arbeitsgebiets des technischen Bureaus Ch. abschließen." Nach Beginn des Krieges hat die Beklagte ihren Betrieb umgestaltet und ohne Mitwirkung des Klägers für die Artilleriewerkstatt in Dr. Granaten und Geschosse geliefert und bezahlt erhalten. Der Kläger verlangt von diesen Geschäften Provision, da Dr. unstreitig geographisch in den ihm zugewiesenen Geschäftskreis fällt. Das LG. hat abgewiesen. Die Berufung ist begründet.

Der Kläger ist als Handlungsgehilfe der Beklagten zu betrachten und hat nach Lage der Sache auch für die in seinem Bezirk ohne seine Mitwirkung durch die Beklagte abgeschlossenen Geschäfte an sich Anspruch auf Provision (wird weiter ausgeführt). Der Standpunkt der Beklagten, daß mit § 6 nur Erzeugnisse der Fabrik gemeint seien, die daselbst zurzeit des Abschlusses des Vertrags hergestellt wurden, ist in jedem Falle verfehlt. Ein geschäftliches Unternehmen muß sich den jeweiligen Verhältnissen, den Anforderungen der Kundschaft und den Absatzverhältnissen jeder Zeit anzupassen wissen; schon um gegenüber der Konkurrenz bestehen zu können, wird eine Fabrik die Herstellung neuer Warengattungen aufzunehmen gezwungen sein, sobald sich das Bedürfnis dazu herausgestellt hat. Tatsächlich hat denn auch die Beklagte in Abweichung von ihrem ursprünglichen, ausschließlich auf den Bau von Maschinen eingeschränkt gewesenen Arbeitsfelde im Jahre 1909/10

Bewegungseinrichtungen für Schleusentore gebaut und in den letzten Jahren Zentrifugalpumpen angefertigt. Auch in diesem Falle handelt es sich um „Erzeugnisse" der Beklagten, deren Provisionspflichtigkeit an sich sie ernstlich wohl nicht in Abrede stellen will. Nun hat sie, da sie seit dem Ausbruch des Krieges mit ihrem bisherigen Fabrikationsbetriebe von Maschinen wohl nicht mehr ihre Rechnung fand, sich dem Bedarf entsprechend auf die Herstellung von Geschossen und Geschoßteilen eingerichtet und damit den Weg beschritten, den die meisten Maschinenfabriken während des Krieges zur Aufrechterhaltung ihres Betriebes eingeschlagen haben. Zweifellos haben die Parteien bei Abschluß des Vertrags an den Ausbruch des Krieges und an eine dadurch bedingte Änderung der Betriebsverhältnisse nicht gedacht. Damit ist aber noch keineswegs gesagt, daß das Abkommen auf diese veränderte Gestaltung nicht anwendbar ist. Gleichgültig muß es bleiben, ob die durch die Aufnahme neuer Warengattungen bedingte Umänderung des Betriebes einen größeren oder einen geringeren Umfang angenommen hat. Erheblich bleibt allein die Tatsache, daß es sich in dem einen wie in dem anderen Fall um den Absatz von Erzeugnissen der Fabrik handelt. Es ist kein innerer Grund abzusehen, warum die erst später aufgenommene Fabrikation von Bewegungseinrichtungen als Erzeugnisse der Beklagten den provisionspflichtigen Geschäften zuzuzählen sind, während das bei den Kriegslieferungen nicht der Fall sein soll.

Die Beklagte meint, daß es sich bei letzteren um Erzeugnisse im Sinne des Vertrags deshalb nicht handelt, weil die Kriegslieferungen, wenn sie auch räumlich verstanden, innerhalb des Arbeitsgebiets des technischen Bureaus Ch. abgeschlossen seien, sachlich ganz außerhalb dieses Arbeitsgebiets liegen, und weil dabei eine akquisitorische Tätigkeit des Klägers gar nicht in Frage gestanden habe. Dem kann aber nicht beigepflichtet werden. Es ist nicht erfindlich, warum der Kläger objektiv betrachtet nicht in der Lage gewesen wäre, auch den Verkauf von Granaten und Geschoßteilen vorzubereiten und in die Wege zu leiten; seine Vorbildung gewährte ihm jedenfalls die Möglichkeit, sich auch auf diesem Gebiete zu betätigen und einen Absatz für die Beklagte zu schaffen, zu erhalten und zu vermehren. Dem Umstande, daß es die Beklagte verstanden hat, hierbei den Kläger auszuschalten und durch direkte Verhandlungen die Bestellungen für die Artilleriewerkstatt in Dr. zu erlangen, muß um so mehr jede ausschlaggebende Bedeutung abgesprochen werden, als an sich nach dem Vertrage auch Geschäfte, die ohne Mitwirkung des Klägers geschlossen wurden, provisionspflichtig sind. Es wäre mit den Grundsätzen von Treu und Glauben auch schwer in Einklang zu bringen, wenn man das Abkommen auf solche veränderte Geschäfte nicht für anwendbar erklären wollte. Der Kläger war neben seinem Gehalt von 3600 Mark in der Hauptsache auf die Provision angewiesen. Infolge des Ausbruchs des Krieges und der dadurch bedingten Umgestaltung des Betriebs der Beklagten wäre der Kläger in seinen Verdienstmöglichkeiten unverhältnismäßig eingeschränkt worden, sofern man mit der Beklagten den Vertrag in einem derartig einengenden Sinne auslegen wollte. Das würde der Billigkeit nicht entsprechen, und es ist in einem Falle wie dem vorliegenden grundsätzlich die Provision zuzubilligen, gleichviel ob der Fabrikant seine früheren Artikel weiter herstellt oder sich im Rahmen einer im großen und ganzen dem bisherigen Betriebe angepaßten Fabrikation auf den Kriegsbedarf einrichtet. Daß die Provisionsbezüge dabei unter Umständen über den ursprünglich vielleicht gedachten Durchschnitt hinausgehen, darf für die Beurteilung der hier interessierenden Frage nicht weiter ausschlaggebend sein. Es ist Sache des Fabrikanten, sich durch eine richtige Kalkulation der Spesen und Geschäftsunkosten dabei vor Schaden zu bewahren. Jedenfalls kann der Frage, mit welcher Gewinnaussicht beim Vertragsschluß für den Kläger gerechnet worden ist, irgendwelche Bedeutung hier nicht beigemessen werden. Es ist anzunehmen, daß die Parteien, wenn sie bei Abschluß des Vertrags an den Krieg und die damit bedingte Umgestaltung des Betriebs gedacht hätten, auch die Gegenstände der Kriegslieferungen als provisionspflichtige Erzeugnisse hätten behandelt wissen wollen. R. ck.

δ) **Anwendung des § 88 auf Gelegenheitsagenten.**

OLG. Hamburg, 6. ZS. Urteil v. 6. Oktober 1917.

Der Kläger ist ohne Zweifel nicht Handlungsagent der Beklagten gewesen. Denn das würde voraussetzen, daß er ständig von ihr damit betraut war, Handelsgeschäfte für sie zu vermitteln, so daß er dauernd für sie Käufer ihrer Waren zu suchen und auch sonst überall ihr Interesse zu fördern hätte. Er war aber gleichzeitig auch für andere Bremer Getreideeinfuhrgeschäfte und für einige Getreidehändler in Hannover tätig. Wenn auch einem ständigen Handlungsagenten erlaubt ist oder jedenfalls nach Vertragsabsicht oder Gebrauch erlaubt sein kann, für mehrere Konkurrenzgeschäfte tätig zu sein, so wird ihn doch das Verhältnis zu den einzelnen Geschäftsherren immer verpflichten, die Interessen des einen nicht grob hinter die Interessen des anderen zurückzusetzen, sondern möglichst gleichmäßig, wenn auch unter Berücksichtigung der besonderen Verhältnisse jedes einzelnen, seine Tätigkeit zu verteilen. Die Stellung des Klägers war aber noch freier. Schon die große Zahl der Geschäfte, für die er tätig war, schloß ein dauerndes Verpflichtungsverhältnis zu jedem einzelnen aus. Er konnte die Käufer zuführen, wem er gerade wollte, konnte den einen dauernd bevorzugen und den andern ganz vernachlässigen, ohne daß er sich jemandem haftbar machte. Eine Verpflichtung zur dauernden Interessenvertretung bestand also nicht.

Es kann sich nur fragen, ob der Kläger zur Beklagten die Stellung eines Handelsmaklers oder eines Gelegenheitsagenten hatte, ob er also die Abschlüsse mit den Käufern objektiv vermitteln, die beiderseitigen Interessen und Angebote ausgleichen und dabei auch den Käufern zur Sorgfalt und Auskunft nach §§ 98, 101 verpflichtet sein oder ob er bei der Vermittlung der einzelnen Geschäfte nur zur Tätigkeit im einseitigen Interesse der Beklagten und nur ihr zur Sorgfalt und Auskunft verbunden sein sollte. Dabei muß der Umstand, daß er stets nur von der Beklagten Vermittlungsgebühr bekam und nicht von den Käufern, ausscheiden, da es in den Hansestädten vielfach entgegen § 99 Gebrauch ist, daß auch die Handelsmakler nur von den Verkäufern gelöhnt werden. Dagegen kommt zunächst in Betracht, daß der Kläger sein Geschäft als ein Getreideagenturgeschäft zum Handelsregister angemeldet hat und auch im Adreßbuch nur als Agent aufgeführt war. Einem Agenturgeschäft gleicht auch mehr der äußere Aufbau seines Geschäfts. Er unterhielt Zweigniederlassungen in Hannover und Osnabrück, die in unmittelbarer Verbindung auch mit der Beklagten und den anderen Getreidehändlern standen. Wenn auch eine persönliche Tätigkeit den Handelsmaklern nicht vorgeschrieben ist, so ist sie doch Regel.... Weiter betrieb der Kläger in demselben Geschäftszweige, in dem er vermittelte, auch ein Geschäft auf eigene Rechnung, was ebenfalls zur Stellung eines Maklers nicht recht stimmen will. Er hat auch nicht darauf geachtet, die besonderen Pflichten, die das Gesetz den Handelsmaklern auferlegt, zu befolgen... Anderseits erkundigte er sich nach der Kreditwürdigkeit neu zugeführter Kunden, wozu er wohl als Agent, nicht aber unter gewöhnlichen Umständen als Handelsmakler verpflichtet war. Von besonderer Erheblichkeit ist auch die Art, wie er seine Rechte gegen die Verkäufer geltend machte. Er beanspruchte die Vermittlungsgebühr nicht nach dem Abschlusse jedes Geschäfts, sondern sandte über die verdienten Provisionen halbjährliche Aufstellungen, genau wie in § 88[4] vorgesehen ist; darin forderte er die Gebühr nur für das in dem Halbjahr abgewickelte Geschäft. Daß es sich dabei nicht um ein bloß zeitliches Abhängigmachen von Ausführung und Erfolg des Geschäfts handelte, beweist die Tatsache, daß, wenn der Käufer zahlungsunfähig war, er nichts forderte.

Wenn aber so der Kläger sich selbst als Agenten bezeichnete und auch sonst dementsprechend dem Publikum und besonders den Verkäuferkreisen sowohl in der Einrichtung des ganzen Geschäfts wie in der Handhabung der einzelnen Geschäfte entgegentrat, so muß er sich auch gefallen lassen, als Agent in seinen Rechten und Pflichten behandelt zu werden. Daß er bei manchem, was er tat, besonders bei der Anforderung seiner Vergütungen, sich von dem Wunsche leiten ließ, bei seinen Auftraggebern nicht anzustoßen, und ohne die Meinung, daß es rechtlich so sein müsse, macht dabei nichts aus. Es zeigt einmal, daß er selbst bei seinen Auftraggebern einen entsprechenden Willen voraussetzte, dem er sich dann stillschweigend fügte; sodann kommt es nur darauf an, daß er sich ständig so gab, nicht warum er es tat.... Ist er demnach im Verhältnis auch zur Beklagten als ihr Gelegenheitsagent anzusehen, so muß der allerdings zunächst nur für die ständigen Agenten gegebene § 88 Abs. 1—3, wonach grundsätzlich nur für jedes zur Ausführung gelangte Geschäft Vermittlungsgebühr verlangt werden kann, auf ihn entsprechend angewandt werden. Denn diese Vorschrift hat nicht in der Dauerhaftigkeit des Verhältnisses, sondern in diesem selbst seinen Grund. Wie der Daueragent bei seiner ganzen Tätigkeit, so erstrebt auch der Gelegenheitsagent bei dem einzelnen Geschäft im Zusammenwirken mit dem Geschäftsherrn einen gemeinsamen wirtschaftlichen Erfolg, für dessen Erreichung er bezahlt wird. Bei solchem Zusammenschluß ist es aber selbstverständlich, daß für keinen ein Anspruch auf Gewinn besteht, wenn der Erfolg nicht eintritt. Etwas anderes ist es nur dann, wenn der Geschäftsherr, der nach dem Abschlusse das Geschäft in Händen hat, das Seine nicht tut, um es zur Ausführung und damit zum Erfolg zu bringen, und so den Agenten um den Lohn seiner Tätigkeit bringt. Hier hat aber die Beklagte die vermittelten Geschäfte deshalb nicht ausgeführt, weil sie auf Grund der in den Schlußscheinen enthaltenen Kriegsklausel zurückgetreten ist. Um einen auf freier Entschließung beruhenden Rücktritt handelt es sich dabei nicht, denn es ist ohne weiteres klar, daß bei einem seestädtischen Getreideeinfuhrgeschäft das Aufhören der Seeschiffahrt infolge des Krieges ein die bisherigen Verfügungen über den Haufen werfendes Ereignis ist. M. M.

ε) **Geschäftsabschluß „in dem Bezirk" des Agenten.**

OLG. Hamburg, 6. ZS. Urteil v. 14. Dezember 1916.

Der Kläger meint, daß es sich hier nicht um ein Geschäft handle, das „in dem Bezirk der Beklagten" abgeschlossen worden sei. Diese Worte sind aber, wie der Zweck des § 89 ergibt, nicht wörtlich zu nehmen. Das Geschäft brauchte nicht in dem Bezirke selbst durch eine hierauf gerichtete besondere Tätigkeit abgeschlossen zu sein. Der Verkehrsauffassung entsprechend sind vielmehr alle Geschäfte mit den Kunden des Bezirks gemeint, gleichviel, wo sie abgeschlossen werden (Rsp. 19 S. 306). Das vorliegende Geschäft ist aber nach der eigenen Darstellung des Klägers mit einer Berliner Firma abgeschlossen worden. Zunächst will er mit Stern abgeschlossen haben, ohne zu wissen, daß dieser Vertreter der Berliner Firma Simon war. Auch in diesem Falle war ein Berliner, nämlich Stern, Gegenkontrahent. Dann will der Kläger, als er erfuhr, daß Stern für Simon handelte, sich geweigert haben, das Geschäft zu erfüllen, worauf ihm der Makler den Käufer brachte. Es muß an sich schon auffallen, daß der Kläger sich plötzlich geweigert haben will, das Geschäft mit Stern auszuführen, sich trotz der Kenntnis, daß Stern Vertreter von Simon war, nicht gescheut hat, Stern am nächsten Tage noch weitere 600 Sack zu verkaufen. Aber der Schlußschein vom 29. Juli 1914, den A. an Simon sandte, ergibt ganz klar, daß A. nur als Vermittler zwischen dem Kläger und Simon aufzufassen ist, so daß es sich um ein Geschäft zwischen diesen beiden Parteien handelt. Vollends hat auch A. am selben Tage dem Kläger mitgeteilt, daß mit diesem Stern von der Firma Simon bestimmte Abmachungen über die Lieferung der Ware getroffen hat und daß A. die Zahlung unmittelbar von Simon dem Kläger zuführen werde. Diesem Schreiben hat der Kläger nicht widersprochen. Danach ist es auch für dieses Geschäft in keiner Weise zweifelhaft, daß der Vertragsgegner des Klägers die Firma Simon gewesen ist und daß dieser die Ware zu liefern war. Damit sind aber die Voraussetzungen des § 89 gegeben. Wenn der Kläger meint, er würde, falls er dies vor dem Abschluß erfahren hätte, die Provision der Beklagten in den Preis hineingerechnet haben, so ist das an sich unerheblich. Jedenfalls hätte er aber sich vor diesem Schaden schützen können, wenn er vor dem Abschlusse sich genau nach der Persönlichkeit seines Vertragsgegners erkundigt hätte. M. M.

Dazu: OLG. Breslau, 8. ZS. Urteil v. 18. Januar 1918.

Der Kläger hat am 15. Mai 1914 einen Agenturvertrag geschlossen, inhaltlich dessen er die Alleinvertretung sämtlicher Artikel des Beklagten für den Bezirk Schlesien und Posen übertragen erhalten hat. Nach § 2 erhält er eine Provision von 5 % vom Rechnungsbetrage für alle Geschäfte, die aus dem und für den angegebenen Bezirk mit oder ohne Mitwirkung des Agenten zum Abschluß gelangen. Der Kläger verlangt die Provision für die Waren, die in den Bezirk des Klägers auf Grund von Verträgen geliefert worden, die der Beklagte mit dem Beschaffungs-Bekleidungsamt in Berlin abgeschlossen hatte. Das LG. hat abgewiesen. Die Berufung ist begründet.

Der § 89 erfordert nicht, daß der Vertrag im Bezirk des Agenten selber geschlossen ist, sondern nur, daß es sich um ein Geschäft mit einem Kunden des Bezirks handelt. Es kommt deshalb darauf an, ob das Beschaffungsamt oder das einzelne Bekleidungsamt als Abnehmerin der vom Beklagten gelieferten Waren anzusehen ist. In dieser Beziehung steht zwar fest, daß dem Beklagten die Lieferung vom Beschaffungsamte zugeschlagen worden ist; er ist aber gleichzeitig darauf hingewiesen worden, daß der endgültige Lieferungsauftrag von dem Bekleidungsamte erfolgen würde, für das die Lieferung bestimmt ist. Dementsprechend ist die Mitteilung von dem Zuschlage auch nur als eine vorläufige bezeichnet worden. Daraus folgt, daß der eigentliche Vertragsgegner des Beklagten das Bekleidungsamt war. Das Beschaffungsamt ist nur aus organisatorischen Gründen eingeschoben, um einer Zentralstelle die erforderliche Aufsicht über die Heereslieferungen zu geben. Zu diesem Zwecke befindet sie zwar darüber, mit wem die einzelnen Bekleidungsämter die Verträge abzuschließen haben, sie schließt aber nicht selber den maßgebenden Vertrag. Daran ändert auch nichts der Umstand, daß die Lieferer sich gelegentlich des Ausgebots den Bedingungen des Beschaffungsamts unterwerfen mußten. Denn damit wurden nur die Bedingungen für den zukünftigen Kaufabschluß festgelegt, denen notwendig auch schon bei dem Zuschlage Rechnung getragen werden mußte, weil nur die Beteiligten, die sich diesen Bedingungen unterwarfen, bei dem Zuschlage Berücksichtigung finden sollten. Auch daß den Bekleidungsämtern die Zugrundelegung der Bedingungen beim demnächsten Vertragsabschluß dienstlich zur Pflicht gemacht war, beeinflußte die rechtliche Stellung des Bekleidungsamts gegenüber dem Lieferer nicht, da die Anweisung lediglich das Innenverhältnis zwischen Beschaffungs- und Bekleidungsamt betraf. Es mag sein, daß auch das Beschaffungsamt insofern in vertragliche Beziehungen zum Beklagten getreten ist, als es diesem durch den Zuschlag den Abschluß eines Kaufvertrags in sichere Aussicht stellte. Aber Herrin des demnächst abgeschlossenen Geschäfts war lediglich das Bekleidungsamt, das selbständig über die Menge der zu liefernden Waren, die Lieferzeit und die Art der Versendung zu befinden hatte, die Bezahlung des Kaufpreises besorgte und auch allein etwaige Mängelrügen anzunehmen hatte, also tatsächlich die Abschließung des Geschäfts erledigte, gleichviel, ob das Bekleidungsamt oder das Beschaffungsamt in den Büchern des Beklagten als Abnehmerin eingetragen war.

Der § 2 des abgeschlossenen Agenturvertrags geht aber über den § 89 noch insofern hinaus, als der Kläger bei allen Geschäften, die aus den und für den Agenturbezirk zum Abschluß gelangen, provisionsberechtigt sein sollte. Auch dieser Umstand sichert dem Kläger hier die Provision; denn wenn er von allen Geschäften, die für den Bezirk geschlossen waren, die Provision beziehen sollte, so sollte entscheidend sein, ob die Ware in den Bezirk des Agenten hineingeflossen, ob also der Sitz des Geschäfts im wirtschaftlichen Sinne im Agenturbezirke zu suchen ist. Diese Voraussetzung aber trifft hier zu, da die Waren nach dem Bezirk des schlesischen Armeekorps geliefert worden sind. Dem kann auch nicht entgegengesetzt werden, daß bei Lieferungen, die auf Bestellung des Hauptgeschäfts an dessen Filialen erfolgen, üblicherweise nur der Agent des Bezirks, in dem das Hauptgeschäft seine Niederlassung hat, die Provision erhält. Denn das mag zutreffen, wenn Vereinbarungen lediglich im Rahmen des § 89 getroffen sind (Recht 1913 Nr. 1646), ist aber nicht ohne weiteres richtig, wenn die Provision wie hier auch für den Fall zugesichert ist, daß das Geschäft für den Agenturbezirk geschlossen ist. Im übrigen würde der Agent des Hauptgeschäftsbezirks in solchem Fall auch nur dann die Provision beziehen können, wenn das Hauptgeschäft selbst den Lieferungsvertrag abgeschlossen hat und dabei die Belieferung der Filialen von sich aus angeordnet hat. Falls die Filiale selbst die Bestellung gemacht hat, käme unter Umständen auch hier nur eine Provision des Ortsagenten in Frage. Allgemeine Regeln über maßgebende Gesichtspunkte lassen sich nicht aufstellen; die Entscheidung kann immer nur nach Lage des Einzelfalls getroffen werden. Daß hier aber auch schon Billigkeitsrücksichten dazu führen, dem Kläger die Provision zuzuführen, kann nicht bezweifelt werden. Denn wollte man die Provision lediglich dem Agenten zusprechen, in dessen Bezirk das Beschaffungsamt gelegen ist, so würde diesem ein unangemessener Gewinn zufallen, den der Beklagte ihm zweifellos nicht zugewendet hätte, wenn er die durch den Krieg geschaffenen neuen Verhältnisse vorhergesehen hätte. Daß der Berliner Agent des Beklagten für die hier angegebenen Geschäfte auch Provisionsansprüche gegen den Beklagten erhebt, kann die Rechte des Klägers nicht beeinträchtigen. R.ck.

### b) Einberufung des Bezirksagenten.

OLG. Hamburg, 6. ZS. Urteil v. 7. März 1918.

Der Umstand, daß der Kläger durch sein Abrücken ins Feld für eine nicht bloß unerhebliche Zeit verhindert wurde, seinen Verpflichtungen als Bezirksagent nachzukommen, könnte nur vielleicht die Anwendung des § 323 (vgl. aber auch § 616 BGB.) rechtfertigen, also die Beklagte höchstens berechtigen, für die Dauer der Verhinderung die Gegenleistung zu verweigern; als solche stellen sich auch die nach § 89 HGB. ihm zustehenden Provisionen für die ohne seine Mitwirkung innerhalb des Bezirks geschlossenen Geschäfte dar.

Es kommt aber darauf nicht an, da sich die Beklagte im September 1914 damit einverstanden erklärt hat, daß während der Abwesenheit des Klägers seine Frau die ihm als Bezirksagenten obliegenden Verpflichtungen als sein Gehilfe erfülle. Der Kläger hat, als er der Beklagten seine Einberufung damals mitteilte, geschrieben, daß seine Frau „alles so gut wie möglich weitermachen werde". Darin lag das der Beklagten ersichtliche Erbieten, alle ihm obliegenden Verpflichtungen durch seine Frau erfüllen zu lassen, woraus zugleich das Verlangen hervorging, daß der Vertrag auch im übrigen eingehalten werde. Wollte die Beklagte nicht darauf eingehen, so hätte sie das zu erkennen geben müssen. Darin, daß sie das nicht tat, ist ein Einverständnis um so mehr zu sehen, als damals das weitverbreitete Bestreben bestand, den ins Feld Gerückten durch Aufrechterhaltung der vollen oder teilweisen Lohnzahlungen die Sorge um ihre Familie zu erleichtern. Die Beklagte hat dann auch bis Mai 1915 bei allen von der Frau in eigenem Namen gemachten Bestellungen eine Provision vom Fakturbetrage abgezogen und ihr oder dem Kläger selbst monatlich „Provisionsaufstellungen" geschickt und so zu erkennen gegeben, daß sie die Tätigkeit der Frau, soweit diese reichte, als Agenturtätigkeit sich gefallen lassen und behandeln wollte. Nun mag allerdings die Aushilfe der Frau sehr lückenhaft gewesen sein; sie hat die Kundschaft nicht besucht und nur im eigenen Namen Bestellungen bei der Beklagten gemacht, also die dem Bezirksagenten recht eigentlich obliegende Tätigkeit, innerhalb des ihm übergebenen und von ihm zu bereisenden Bezirks seinem Geschäftsherrn die Kundschaft zu erhalten und zu erwerben, ihn beim Publikum bekannt zu machen und überhaupt Vertreter seiner Interessen auch dem Namen nach zu sein, so gut wie gar nicht entwickelt. Allein diese unzureichende Erfüllung konnte die Beklagte vielleicht berechtigen, den Vertrag auf sofort zu kündigen oder auch Schadensersatz zu verlangen, beendete aber das Vertragsverhältnis nicht ohne weiteres; ebensowenig natürlich der Umstand, daß die Beklagte, weil ihr die Tätigkeit der Frau sehr bald nicht genügte, im Oktober 1914 einen neuen Agenten für den Bezirk bestellte, ohne dem Kläger oder seiner Frau dies mitzuteilen. Wurde aber das Vertragsverhältnis nicht aufgehoben, so lief auch die Berechtigung des Klägers auf die ihm nach § 89 zustehenden Provisionen für alle in seinem Bezirke geschlossenen Geschäfte weiter, also nicht bloß für diejenigen Geschäfte, die die Beklagte dort ohne Vermittlung Dritter schloß, sondern auch für diejenigen, die durch Dritte für sie vermittelt oder abgeschlossen wurden, mochte dieser Dritte nun ein besonders von ihr bestellter Agent sein oder nicht. M. M.

f) **Handelsmäkler:** *α*) **Gebühr für auflösend bedingte Geschäfte. Einfluß des Krieges.**

OLG. Hamburg, 6. ZS. Urteil v. 20. Dezember 1917.

Der Beklagte hält sich zur Bezahlung der eingeklagten Maklergebühr nicht für verpflichtet, weil die vom Kläger vermittelten Geschäfte wegen höherer Gewalt nicht ausgeführt seien. Allein das Ausfuhrverbot, das die Ausführung verhindert haben soll, ist am 23. März 1916 erlassen worden. Damals hätten aber die Abschlüsse vom 27. Januar und 24. Februar 1916 schon ausgeführt sein müssen. Ersterer verpflichtete den Beklagten zur Lieferung von 20000 kg in wöchentlichen Raten von je 5000 kg vom 27. Januar 1916 ab, letzterer zur Lieferung von 5000 kg in der auf den 24. Februar 1916 folgenden Woche. Bei dieser Sachlage kann der Beklagte sich der Bezahlung der Maklergebühr wegen dieser durch seine Schuld nicht rechtzeitig erfüllten Verträge gewiß nicht entziehen. Zu demselben Ergebnis muß man aber auch wegen der Gebühr für das Geschäft vom 22. Februar 1916 kommen, dessen Ausführung allerdings erst Ende März beginnen sollte. Es handelt sich hier um ein unter der auflösenden Bedingung der höheren Gewalt abgeschlossenes Geschäft. Die Frage, ob bei solchen Geschäften der Anspruch des Maklers bei Eintritt der Bedingung hinfällig wird, ist sehr bestritten. Das Gericht schließt sich grundsätzlich der verneinenden Ansicht an, wenn auch anzuerkennen ist, daß aus den begleitenden Umständen und der Verkehrsauffassung in einzelnen Fällen entnommen werden muß, daß nach der Absicht der Parteien das Recht des Maklers auf seine Gebühr wegfallen soll, wenn das Geschäft infolge einer auflösenden Bedingung wieder aufgehoben wird. Hier liegen solche Umstände nicht vor. Die während des Krieges angeblich entstandene Verkehrsanschauung, auf die sich der Beklagte berufen hat, ist nicht erwiesen worden. ... Es kann aber auch dem LG. nicht zugegeben werden, daß mit Rücksicht auf die Ausfuhrverbote, die gerade während des Krieges zahllose Geschäfte nicht zur Ausführung kommen lassen, die Parteien von vornherein darüber einverstanden seien, daß der Kläger einen Maklerlohn nicht verlangen könne, falls die Geschäfte tatsächlich wegen eines Ausfuhrverbotes nicht ausgeführt würden. Denn wenn auf der einen Seite für den Geschäftsherrn die Gefahr entsteht, dem Makler auch für ein nicht ausgeführtes Geschäft eine Vergütung bezahlen zu müssen, falls beim Eintritt der Bedingung der Anspruch auf die Vergütung nicht wegfällt, so besteht im entgegengesetzten Falle für den Makler die Gefahr, daß unter den gegenwärtigen Verhältnissen in fast allen Fällen sein Anspruch auf den Maklerlohn in der Schwebe bleibt und daß er häufig den bereits erhaltenen Lohn wieder herausgeben müßte. Sehr wesentlich für die Beurteilung der ganzen Frage ist die von dem Sachverständigen bekundete Äußerung eines der ersten Hamburger Kaufleute, daß die Gewinne während des Krieges bei den zur Ausführung gelangenden Geschäften durchweg so groß seien, daß sie auch die Mäklervergütungen für die nicht ausgeführten Geschäfte tragen könnten. Daher ist der Anspruch des Klägers begründet. M. M.

β) **Vermittler oder Selbstkäufer. Abschluß mit unbekanntem Vertragsgegner.**

OLG. Hamburg, 1. ZS. Urteil v. 4. Januar 1918.

Die Klägerin behauptet, Futtermittel vom Beklagten gekauft zu haben, dagegen meint Beklagter, daß sie ihm nur als Vermittlerin gegenüberstehe.... Die dem Beklagten mitgeteilte und von ihm anerkannte Grundregel ergibt klar, daß die Klägerin bei allen mit dem Beklagten abgeschlossenen Geschäften nur als Vermittlerin für Mitglieder der Landw.-Gesellschaft auftreten wollte. Sie lehnt jede eigene Haftung ab. Das Korelat dazu ist aber, daß ihr eigne Ansprüche aus dem Kaufe nicht zustehen. Natürlich war es ihr nicht verwehrt, auch im eigenen Namen zu kaufen: wenn sie das aber wollte, mußte sie es zu erkennen geben, und zwar beim Kaufabschluß. Dadurch, daß sie nicht nachträglich den Namen des Käufers aufgab, wurde ihre Eigenschaft als Vermittlerin nicht beseitigt; vielmehr war durch den Abschluß eine dem § 95 entsprechende Rechtslage hergestellt worden: § 95 ist auf den Fall auszudehnen, daß der Makler keine Schlußnote ausstellt, die Partei aber in den Abschluß gewillt hat, ohne die Gegenpartei zu kennen (Rsp. 7 S. 151, Staub § 95[6]). Wenn die Klägerin, im Gegensatz zu früheren Fällen, Gegenbestätigung mit Aufgabe des Käufers nicht einsandte, so folgt daraus, daß nach § 95[3] Beklagter berechtigt gewesen wäre, die Klägerin auf die Erfüllung des Geschäfts zu belangen; keinenfalls aber hat die Klägerin als Makler das Recht, in das Geschäft einzutreten. M. M.

γ) **Haftung des Handelsmaklers für Verschulden seines Untermaklers. Nichterteilung einer Schlußnota.**

OLG. Hamburg, 6. ZS. Urteil v. 11. Oktober 1917.

A. hatte 30 Barrel Tran für 360 Mark an den Zeugen Ley verkauft. Dagegen lautete die Verkaufsbestätigung, die die Beklagte als Makler dem Kläger am 1. Februar 1916 behändigen ließ, dahin, daß A. dem Kläger 30 Barrel Waltran für 380 Mark verkauft habe. Allerdings hatte Ley ihr fälschlich mitgeteilt, daß A. mit dem Verkauf an den Kläger einverstanden sei. Nach ihrer eigenen Darstellung war jedoch Ley ihr Untermakler. Eines solchen konnte sie sich bedienen; und es stand ihr frei, ihm die ganzen Verhandlungen mit dem Verkäufer zu überlassen. Wenn dann aber Ley ihr etwas Unrichtiges über die Erklärungen des A. mitteilte, so haftete sie, die selbst dem Kläger nach § 98 für Sorgfalt einzustehen hatte, für Verschulden des Ley nach § 278. Denn die Beklagte war dem Kläger natürlich verpflichtet, vor Ausstellung der Schlußnote und vor jeder sonstigen Mitteilung sich zu vergewissern, ob das von ihr Mitgeteilte den Tatsachen entsprach; ließ sie die Verhandlungen durch Ley führen, so übernahm er es ihr gegenüber, sie von dem, was innerhalb seines Tätigkeitsbereichs geschah, zu benachrichtigen. Insoweit war er ihr Erfüllungsgehilfe.

Weiter ist die Beklagte dem Kläger dafür verantwortlich, daß am 1. Februar 1916 nicht auch dem A. eine Schlußnote zugestellt ist. Zu ihrer Zustellung an beide Parteien ist der Makler jeder Partei verpflichtet (vgl. § 94: „wenn nicht die Parteien ihm dies erlassen"); und zwar ist er, da die Aushändigung der Schlußnote an beide Parteien gerade auch bezweckt, den Abschluß und dessen Bedingungen sicher zu machen und eine gleichwohl noch vorhandene Meinungsverschiedenheit sofort an den Tag zu bringen, dazu nicht bloß verpflichtet, wenn der Vertrag tatsächlich geschlossen ist, sondern wenn ihn der Makler geschlossen glaubt. Auch wegen dieser Unterlassung kann sich die Beklagte nicht darauf berufen, daß Ley den Auftrag erhalten und übernommen habe, eine ihm gegebene gleiche Schlußnote dem A. zu geben, den Auftrag aber nicht ausgeführt habe. Denn hier ist völlig klar, daß Ley eine Verpflichtung der Beklagten gegen den Kläger zu erfüllen hatte und ebenso, daß ihn, weil er den Auftrag nicht ausführte, ein Verschulden traf. Hätte er den Schlußschein behändigt, so hätte A. dagegen ebenso unverzüglich Verwahrung eingelegt, wie er nach Leys Schreiben vom 1. Februar ihm gegenüber klargestellt hatte, daß er mit dem Kläger nichts zu tun habe.

Danach haftet die Beklagte für den Schaden, der dadurch entstanden ist, daß sich der Kläger infolge der Verkaufsbestätigung und der Nichtbehändigung einer Schlußnote an A. darauf, daß A. ihm die 30 Barrel Waltran verkauft hätte, verlassen und deshalb die Anschaffung anderer gleicher Ware unterlassen hat. M. M.

g) **Offene HG.: α) Eintragung als Eigentümerin eines Grundstücks, wenn ihr Fortbestehen zweifelhaft ist.**

OLG. Hamburg, 1. ZS. Beschluß v. 25. März 1918.

Der Tod eines Gesellschafters löst die offene HG. auf, sofern nicht aus dem Gesellschaftsvertrag sich ein anderes ergibt (§ 131 Nr. 4). Ein Gesellschaftsvertrag kann nicht vorgelegt werden. Die Rechtslage ist daher jedenfalls nicht nach der Richtung hin klargestellt, daß die offene HG. A. & B. noch besteht. Nach dem Firmenregister bestand sie aus 2 Gesellschaftern; nach der Auflassung, aber vor der Eintragung, ist der eine Gesellschafter verstorben. Wenn aber die offene HG. nicht mehr bestehen sollte, so kann sie auch keine Rechte mehr erwerben und das Eigentum an einem Grundstück wird erworben durch die Einigung des früheren Eigentümers und des Erwerbers und durch die Eintragung im Grundbuch. Ebensowenig wie verstorbene Privatpersonen als Erwerber von Grundeigentum eingetragen werden können, kann eine offene HG. als Grundeigentümer eingetragen werden, von der der Grundbuchrichter anzunehmen berechtigt ist, daß sie nicht mehr besteht. Es ist auch nicht rechtsirrig, daß der Grundbuchrichter Klärung der Rechtslage verlangt, wenn die Sachlage zunächst ergibt, daß die einzutragende offene HG. nicht mehr besteht; das Bestehen einer einzutragenden Person ist Voraussetzung einer Eintragung; bestehen begründete Zweifel, so kann es nicht als rechtsirrig angesehen werden, wenn die Hebung dieser Zweifel verlangt wird. M. M.

*β*) **Vereinbarung, daß die Gesellschaft beim Tode des einen Gesellschafters nur mit einem seiner Erben fortgesetzt wird.**

OLG. Hamm, 1. ZS. Urteil v. 7. März 1917.

Das Gesetz (BGB. § 727, HGB. § 131 Nr. 4) geht grundsätzlich von der Auflösung der Gesellschaft im Falle des Todes eines Gesellschafters aus, läßt aber Vereinbarungen anderen Inhalts zu. Es kann vereinbart sein: a) daß die Gesellschaft mit den übrigen Gesellschaftern fortbesteht (BGB. §§ 736, 738, HGB. §§ 138, 140) oder b) daß die Gesellschaft mit den Erben des Verstorbenen fortgesetzt werden soll (HGB. § 139; Planck BGB. § 727[4]). Schließlich kommt noch c) der vom Tode eines Gesellschafters unabhängige Fall hier in Betracht, daß ein neuer Gesellschafter in eine fortbestehende Gesellschaft eintritt (Planck § 736[2]). Das LG. nimmt eine Verbindung der Fälle a) und c) als vorliegend an, davon ausgehend, daß nach dem Tode des Wilhelm A. die Beklagte die Gesellschaft (allerdings jetzt nur als Einzelkaufmann) fortgesetzt hat und die Witwe Wilhelm A. als fremde Person dann in die Gesellschaft eingetreten ist. Von diesem Standpunkte aus war es folgerichtig, gemäß § 738 BGB. die Auseinandersetzung und die Begleichung der dabei ermittelten Geschäftsschuld für notwendig zu erachten. Diese Auffassung widerspricht aber dem offenbaren Sinne des § 4 des Vertrages von 1909: „Stirbt Wilhelm, so tritt seine Frau an seine Stelle als Gesellschafterin in den Vertrag ein". Das kann nichts anderes heißen, als daß mit dem Tode des Wilhelm seine Witwe gleichsam automatisch an seiner Statt Gesellschafterin wird, ohne daß noch ein besonderer Akt des neuen Eintritts in die Gesellschaft erforderlich wäre, ferner, daß der Geschäftsanteil des Wilhelm nach dem Willen der Vertragschließenden unverändert in der Gesellschaft beruhen bleibe, nur sein Subjekt ändern, nicht aber, daß der Geschäftsanteil des Wilhelm aus der Gesellschaft herausgezogen werden sollte.... Indem hiernach Witwe A. unmittelbar mit dem Tode ihres Mannes ohne irgendwelche Veränderung in bezug auf die Vermögenslage der Gesellschaft in seine Stellung als Gesellschafter einrücken sollte, ist zum Ausdruck gebracht, daß die Gesellschaft mit dem Erben des verstorbenen Gesellschafters fortgesetzt werden sollte, also der Fall b) gemeint war. Zwar steht von den „Erben" nichts im Vertrage; aber dies ist unerheblich. Es darf auch der Erbe namentlich genannt sein; erheblich allein ist, daß er „als Erbe" die Gesellschaft fortsetzen soll. Bei der Beklagten war es ihr Sohn Adolf, ihr alleiniger Erbe; bei Wilhelm, der keine Kinder hinterlassen hat, war es seine Frau, von der man, wie die Beklagte selbst anführt, beim Vertragsschluß voraussetzte, daß ihr Mann sie zu einer Alleinerbin berufen werde. Infolge seines schnellen Todes ist es nicht dazu gekommen; jedenfalls gehört sie jetzt zu seinen gesetzlichen Erben. Als Erbin ihres Mannes sollte sie die Gesellschaft fortsetzen. Indem sie die Erbschaft nicht ausschlug, ist u. a. auch diese Vertragspflicht ihres Mannes auf sie übergegangen. Darf aber der Vertrag in diesem Sinne verstanden werden, so hat sich die Gesellschaft nach dem Tode des Wilhelm mit seiner Witwe unverändert fortgesetzt und war bei deren Eintritt für eine Auseinandersetzung der Gesellschaft kein Raum. Eine Auseinandersetzungsschuld des einen Gesellschafters kann erst entstehen, wenn einmal die Gesellschaft aufgelöst wird. Zurzeit besteht also keine aufrechenbare Forderung der Gesellschaft gegen die Erben des Wilhelm auf Auszahlung seines Anteils an der bei seinem Tode angeblich ermittelten Unterbilanz.

Bedenken hiergegen können nicht aus dem Umstande hergeleitet werden, daß 8 gesetzliche Erben des Wilhelm A. vorhanden waren und dadurch, daß eine von ihnen in die Gesellschaft eintrat, die Rechte und Pflichten der übrigen Miterben an den Gesellschaftsanteil des Wilhelm nicht berührt sind. Die Rechte und Pflichten der Miterben regeln sich durch den Gesellschaftsvertrag; indem sie Erben des Wilhelm geworden sind, sind auch dessen Rechte und Pflichten aus diesem Vertrage auf sie übergegangen. Durch ihn war einmal die Beklagte den Erben des Wilhelm gegenüber verpflichtet, die Witwe Wilhelm A. als Gesellschafterin in die Firma aufzunehmen und mit ihr die Gesellschaft fortzusetzen; daraus folgt, daß sie auch verpflichtet war, sich hinsichtlich des Gesellschaftsvermögens gemäß dem Gesellschaftsrecht zu verhalten, dh. von einer Auseinandersetzung bis zum Zeitpunkt der Auflösung der Gesellschaft abzusehen. Anderseits hatten die Miterben des Wilhelm mit der Erbschaftsannahme dessen Vertragspflicht der Beklagten gegenüber übernommen, den Eintritt der einen Miterbin in die Gesellschaft, ohne selbst Ansprüche auf den Geschäftsanteil ihres Erblassers zu erheben, zu dulden. Dadurch ist ausgeschlossen, daß ihnen selbst noch neben der Witwe A. Ansprüche auf Beteiligung an der Gesellschaft A. & Co. zustehen. Es ist als möglich und zulässig die Vereinbarung offener Handelsgesellschafter anzusehen, daß im Falle des Todes des einen Gesellschafters die Gesellschaft nur mit einem von mehreren Miterben fortgesetzt wird. F. r.

### γ) Auflösung wegen Niedergangs durch den Krieg.

OLG. Hamburg, 1. ZS. Urteil v. 20. März 1918.

Gegenüber dem Antrag auf Auflösung der nur die Exportagenturen betreffenden Gesellschaft beruft sich die Beklagte auf die langjährige Zusammenarbeit des Klägers mit ihrem verstorbenen Manne und auf die in Aussicht genommene Vertragsdauer von 30 Jahren. In Anbetracht eines nach langjähriger Tätigkeit des Klägers als Angestellter der Firma auf so lange Zeit hinaus begründeten Gesellschaftsverhältnisses reicht der Krieg, mag er auch nicht nur zu einer Erschwerung der Geschäftstätigkeit, sondern zum augenblicklichen Stillstand des Geschäfts geführt haben, nicht aus, um den Kläger zur einseitigen Aufhebung des Verhältnisses zu berechtigen; dies um so weniger, als die Einwirkung des Krieges nicht das Geschäft der Parteien allein, sondern alle derartigen Geschäfte ebenso und viele andere ähnlich trifft. Die Einwirkungen des Krieges auf das Unternehmen sind ein beide Gesellschafter gleichmäßig treffender Schicksalsschlag, den sie gemeinschaftlich zu überwinden streben müssen. Ein solcher Schlag darf nicht von einem der Gesellschafter dazu ausgenutzt werden, sich der übernommenen Verpflichtung zur gemeinsamen Arbeit im Betriebe der Firma zu entziehen. Das Geschäft mag nach dem Kriege zum großen Teil wieder von neuem aufgebant werden müssen, das Zusammenwirken hierzu aber ist eine durch den Vertrag für beide Gesellschafter begründete Verpflichtung, der sich keiner von ihnen einseitig entziehen darf. — Ebensowenig kann der Kläger aus den Beziehungen der Beklagten zu X. einen Grund für die Auflösung der Gesellschaft herleiten. Das Auftreten der Beklagten mit X. in der Öffentlichkeit war nicht derartig, daß das Ansehen und der gute Ruf der Gesellschaft in den Augen eines unbefangen und gerecht denkenden Menschen eine Einbuße oder gar der Betrieb eine Schädigung erleiden mußte. . . . M. M.

δ) **Wichtige Gründe nach § 133 HGB.**

Kammergericht, 7. ZS. Urteil v. 16. Februar 1917.

Die Parteien sind Brüder und die alleinigen Gesellschafter der offenen HG. Durch einstw. Verfügung ist dem Beklagten die Geschäftsführung und die Vertretung der Firma entzogen und das Betreten des Geschäftsraumes untersagt worden, weil er ehrverletzende grobe Schimpfreden gegen den Kläger geführt und ihn mit rohen körperlichen Mißhandlungen bedroht hat. Dazu kommt sein unziemliches Verhalten gegen mehrere im Geschäft beschäftigte Arbeiterinnen, besonders sein unanständiges Verhalten gegen die Packerin O. Ein derartiges Benehmen ist geeignet, die Achtung der Angestellten ihrem Geschäftsherrn gegenüber zu untergraben und damit die Geschäftsführung auch des andern Gesellschafters zu erschweren, was dann notwendig zur Folge haben wird, daß der Betrieb des Geschäfts beeinträchtigt wird. Auch dieser Umstand stellt einen wichtigen Grund dar, der einen Gesellschafter berechtigt, den Ausschluß des andern vom Geschäftsbetrieb zu verlangen. L. n.

ε) **Rechtsnatur der Auseinandersetzung der Gesellschafter einer off. HG. Behandlung einer Forderung als wertlos.**

OLG. Hamburg, 5. ZS. Urteil v. 13. Januar 1915.

Die Auseinandersetzung mehrerer Gesellschafter und die Feststellung der Abfindungssumme der einzelnen ist mangels anderweitigen Abkommens die Aufgabe nicht eines einzelnen, sondern aller Gesellschafter; sie ist das letzte Geschäft der Gesellschaft, durch das sie zu bestehen aufhört. Zur Führung dieses wie aller anderen Geschäfte sind darum nach § 114 alle Gesellschafter berechtigt und verpflichtet. Gemeinschaftlich haben sie die zum Gesellschaftsvermögen gehörigen Gegenstände und Rechte zu ermitteln, deren Wert zu schätzen, und, wenn eine Einigung nicht zu erzielen ist, Sachverständige zuzuziehen (vgl. RG. 15 S. 82). Die Auseinandersetzung stellt sich mithin als ein Vertrag bar, durch den auf Grund der übereinstimmenden Willenserklärungen aller Gesellschafter die Abfindungssummen der einzelnen festgestellt werden. Da Willenserklärungen nicht ausdrücklich abgegeben zu werden brauchen, genügt auch hier, wenn der eine Gesellschafter den Plan aufmacht und der andere durch sein Verhalten zu erkennen gibt, daß er mit der vorgeschlagenen Art der Auseinandersetzung einverstanden ist. Das war hier der Fall, wo der Kläger die ihm für die Auseinandersetzung bestimmte Bilanz entgegengenommen hat und damit einverstanden war, daß ihm das sich danach ergebende Guthaben zur Hälfte gutgebracht und verzinst wurde. Es liegt mithin ein Vertrag der Gesellschafter vor, an den beide Teile gebunden sind.

Ist bei der Auseinandersetzung ein unzweifelhaft vorhandener Vermögenswert nicht berücksichtigt und infolgedessen demjenigen Gesellschafter, der das Geschäft fortführt, allein zugeflossen, so wird, wenn letzterer arglistig verfuhr, der Geschädigte seine Willenserklärung und damit die ganze Auseinandersetzung nach § 123 BGB. anfechten können und dann wird, da die bisherige als von Anfang an nichtig anzusehen ist, eine neue Auseinandersetzung erfolgen müssen. Der Geschädigte wird auch aus § 826 BGB. Schadensersatz verlangen können. Arglist liegt jedoch hier nicht vor. Wie der Prokurist eidlich bestätigt, hat er und nicht der Beklagte die Bilanz aufgemacht, und zwar nach bestem Wissen. Der Beklagte hat ihm keine besonderen Anweisungen gegeben, besonders auch nicht über die Bewertung zweifelhafter Forderungen oder gar dieser hier fraglichen Forderung gegen D. Dafür, daß Beklagter diese Bilanz nachgeprüft und etwa absichtlich die Nichtaufnahme der Schuld des D. wider besseres Wissen gebilligt habe, ist nichts hervorgetreten. Sollte nun, abgesehen von Arglist, ein Vermögenswert nicht berücksichtigt und infolgedessen dem einen Gesellschafter ganz zugeflossen sein, so hätte dieser den bei Berücksichtigung jenes Wertes dem anderen Gesellschafter zukommenden Teil auf dessen Kosten ohne rechtlichen Grund erlangt (§ 812 BGB.). Aber auch dieser Sachverhalt liegt hier nicht vor. Nicht ein unzweifelhaft vorhandenes Vermögensobjekt ist unberücksichtigt geblieben, sondern eine aus den Büchern sich ergebende zweifelhafte Forderung ist wegen vermeintlicher Wertlosigkeit nicht unter die Aktiva der Gesellschaft aufgenommen. Ist es aber Sache aller Gesellschafter, sich über den Wert, zu dem die einzelnen Vermögensstücke einzusetzen sind, zu einigen, so können sie dabei sich eines Sachverständigen oder sonstigen Dritten bedienen und dessen Schätzungen demnächst ihrem Abkommen zugrunde legen. In dieser Weise sind die Parteien hier vorgegangen. Im Auftrage des Beklagten hat der von beiden Parteien gemeinschaftlich angestellte Prokurist die Wertschätzungen vorgenommen, den Wert der Forderung gegen D. nach bestem Wissen gleich Null geschätzt und sie deshalb unter die Aktiva der Bilanz nicht mit aufgenommen. Ohne weitere Prüfung haben die Parteien dann diese Werteinschätzung, die sie an sich selbst vorzunehmen hatten, zugrunde gelegt und dadurch sich zu eigen gemacht. War die Schätzung objektiv nicht richtig, so war das für das Verhältnis der Parteien zueinander ohne Bedeutung, denn die Auseinandersetzung hat auch den Zweck, eine Einigung der Beteiligten in zweifelhaften Punkten, besonders über den Wert der einzelnen Stücke des Gesellschaftsvermögens herbeizuführen. Ist eine solche Einigung erzielt, so kann der dadurch Geschädigte nicht nachträglich deren Beseitigung verlangen, weil der Wert eines Gegenstandes falsch eingeschätzt worden sei....

Auch die Frage, ob der Kläger die Auseinandersetzung deshalb anfechten könnte, weil er über den Wert der Forderung geirrt habe, ist zu verneinen; denn er hat sich über den Inhalt seiner Erklärung, daß das Vermögen der Gesellschaft in einer bestimmten, durch Schätzungen ermittelten Höhe für die Auseinandersetzung angenommen werden solle, nicht geirrt. Er will sich geirrt haben über den Wert eines einzelnen Vermögensstücks und dadurch soll die Erklärung herbeigeführt sein, die er bei Kenntnis des wahren Werts in dieser Weise nicht abgegeben hätte. Es liegt also nur ein Irrtum im Beweggrunde vor. Es kann aber auch nicht einmal zugestanden werden, daß die Einigungserklärung des Klägers durch einen Irrtum veranlaßt ist. Ohne jede Prüfung hat er sich damit einverstanden erklärt, daß die Bilanz der Auseinandersetzung zugrunde gelegt wurde. Er hat die einzelnen Posten der Bilanz gar nicht gekannt, sich weder hinsichtlich des einen noch des andern irren können, sondern er hat zu erkennen gegeben, daß er diese Bilanz, so wie der Prokurist sie aufgestellt hatte, und einerlei, ob sie in ihren einzelnen Posten richtig sei oder nicht, maßgeblich sein lassen wollte. Also nicht durch Irrtum über eine einzelne Forderung, sondern durch seine Entschließung, die Bilanz der Auseinandersetzung zugrunde zu legen, ist er zu der Einigung mit dem Beklagten über die Höhe seiner Abfindungssumme gelangt. M. M.

ζ) **Antrag, dem Liquidator die Vertretung und die Geschäftsführung zu entziehen. Zuständiges Gericht (HGB. § 147 Halbsatz 2; FrGG. § 145 Abs. 1).**

OLG. Dresden, 6. ZS. Beschluß v. 12. Mai 1917.

Auf das Gesuch, dem Antragsgegner durch einstw. Verfügung die Vertretung und die Geschäftsführung als Liquidator einer aufgelösten offenen HG. zu untersagen, hat die Vorinstanz mit Grund diejenigen Rechtssätze für anwendbar erachtet, die für die Abberufung eines Liquidators gelten. Denn werden einem solchen sowohl das Recht, die Liquidationsgesellschaft nach außen zu vertreten (Vertretungsbefugnis), als auch das Recht der Betätigung in dem Verhältnisse nach innen (Geschäftsführungsbefugnis), entzogen, so ist er einem abberufenen im Ergebnisse und in der Verkehrsauffassung gleichgestellt; weist ihm doch der Antragsteller selbst nur noch die Anmeldung des Erlöschens der Firma zu, eine Maßnahme, die nach Inhalt des § 157 erst nach der Beendigung der Liquidation Platz greift. Läuft demgemäß, was der Beschwerdeführer beantragt, auf die Abberufung des Liquidators hinaus, so könnte für den Erlaß der einstw. Verfügung, erschiene eine solche zulässig, nicht die Kammer für HS., sondern nur das Registergericht als Gericht der Hauptsache in Frage kommen (HGB. § 147 Halbsatz 2; FrGG. § 145[1]; ZBlFG. 5 S. 569; Rsp. 21 S. 97 $\gamma$).

Sucht übrigens der Beschwerdeführer inhalts seiner Beschwerdeschrift zu erreichen, daß die Vertretung der Liquidationsfirma und die Geschäftsführung an Stelle des Liquidators zufolge der Anordnung der Geschäftsaufsicht durch die Aufsichtsperson wahrgenommen würden, so ist dieses Verlangen, ohne daß eine einstw. Verfügung nötig wäre, schon nach § 29 der Bek. vom 14. Dezember 1916 dem Amtsgericht insofern unterstellt, als es in den Streitfällen zu entscheiden hat, die sich zwischen ihm und der Aufsichtsperson aus deren Anordnungen ergeben würden. Ann.

h) **Aktiengesellschaft:** $\alpha$) **Ersatzansprüche des entlassenen Vorstands.** OLG. Hamburg, 4. ZS. Urteil v. 11. Oktober 1916.

Die Widerklage gründet sich darauf, daß der Aufsichtsrat der klagenden AG. das Recht des Beklagten [ihres früheren Vorstandes] auf eine seiner Stellung entsprechende Behandlung schuldhaft verletzt und dem Beklagten infolge seiner dadurch verminderten Erwerbsaussichten Schaden zugefügt habe. Diese Begründung ist an sich schlüssig: sofern die unangemessene Behandlung eines Angestellten eine schuldhafte Vertragsverletzung darstellt, erwächst ihm daraus nach allgemeinen Grundsätzen ein — vertragsmäßiger — Ersatzanspruch. Die Klägerin ist daher dem Widerkläger haftbar, wenn der Aufsichtsrat bei seiner ihm vorgeworfenen Stellungnahme in der Generalversammlung vom 24. Juni 1910 als Organ der Gesellschaft in Erfüllung der ihr obliegenden vertraglichen Verbindlichkeiten (§ 278 BGB.) auftrat. Dies ist mit dem LG. zu verneinen.

Der Aufsichtsrat hat gemäß § 246 HGB. eine Überwachungspflicht, die ihm gegenüber der Gesellschaft obliegt; indem er sie wahrnimmt, handelt er auf Grund von Pflichten, die ihn selbst, nicht die Gesellschaft treffen; wenn er diese Überwachungspflicht verletzt oder bei ihrer Wahrnehmung die Rechte Dritter verletzt, macht er sich selbst, nicht die Gesellschaft, die insofern von ihm gar nicht vertreten wird, sich seiner nicht zur Erfüllung ihr obliegender Verbindlichkeiten bedient, verantwortlich. Auch wenn der Aufsichtsrat daher in der Generalversammlung die Ansprüche auf angemessene Behandlung, die Beklagter nicht nur gegenüber der Gesellschaft, sondern auch gegenüber dem Aufsichtsrat als Kontrollorgan haben mag, verletzt haben sollte, können daraus Rechte gegen die Gesellschaft nicht hergeleitet werden. Nicht anders aber liegt es bei den Handlungen, die der Aufsichtsrat in Vorbereitung der Versammlung getroffen hat, indem er die Presse über den Gegenstand der Tagesordnung und die Stellungnahme des Aufsichtsrates unterrichtete.

Aber selbst bei der Annahme, daß die Gesellschaft gemäß § 278 BGB. verantwortlich wäre, käme man zu keinem anderen Ergebnisse. Der Aufsichtsrat vertrat, wie nach der ganzen Sachlage nicht zu bezweifeln ist, den Standpunkt, daß die Verträge, die der Beklagte vor der Gründung mit einer Reihe von Aktionären geschlossen hatte, nichtig und strafbar seien, und daß er selbst sich, wenn er diese Verträge duldete, strafbar mache. Ob diese Anschauung trotz der Gutachten der RA. X. und Y. sachlich zutreffen und rechtlich begründet war, kann ganz auf sich beruhen.

Überdies verlangt Beklagter den Ausgleich der ihm entgangenen Gehaltsbezüge. Da der Aufsichtsrat befugt war, den Beklagten am 29. Juni 1910 ohne die Generalversammlung zu entlassen, hatte der Beklagte, wie in dem Vorprozeß rechtskräftig festgestellt ist, als Entschädigung seine Bezüge 10 Jahre lang, vom Zeitpunkt seines Ausscheidens aus der Gesellschaft, jedoch nur bis zu ihrer Auflösung, gemäß § 12 der Satzung zu fordern. Die angeblich vertragswidrige Behandlung hatte daher, trotz der nachfolgenden Entlassung, für den bei der Klage in Frage kommenden Zeitraum einen Schaden für den Beklagten gar nicht zur Folge gehabt; seine Vermögenslage war die gleiche geblieben, als ob er noch Vorstand der Gesellschaft war. Der angebliche Schade ist ihm vielmehr erst dadurch erwachsen, daß die Gesellschaft aufgelöst ist. Diese Auflösung aber ist ein neues, selbständiges Moment, das mit der angeblichen Vertragsverletzung gar nichts zu tun hat, indem die nachträglich beschlossene Auflösung den Wegfall der Entschädigungsansprüche ebensowohl auch ohne die Vertragsverletzung hätte herbeiführen können. Es fehlt daher an dem adäquaten Kausalzusammenhang zwischen der Vertragsverletzung und der Schadensfolge... M. M.

### β) Festsetzung der Dividende nach § 260 HGB.

OLG. Braunschweig, 2. ZS. Urteil v. 16. Mai 1916.

Der Kläger fühlt sich als Inhaber von Aktien Lit. B. durch den Generalversammlungsbeschluß von 1915 insofern beschwert, als nach diesem von dem bilanzmäßigen Reingewinn von 141376 Mark nur auf die Stammaktien Lit. A. eine Dividende von 4 % mit 104000 Mark verteilt und der Rest von 37376 Mark auf neue Rechnung vorgetragen ist. Er hat gegen den Beschluß zu Protokoll Widerspruch erhoben und meint, daß er gegen § 25 der Satzung verstoße und die Aktionäre B widerrechtlich benachteilige. In § 25 Nr. 4 heißt es: „Der verbleibende Rest stellt ... den nach Maßgabe des Beschlusses der Generalversammlung zu verteilenden Reingewinn des Jahres dar. Von diesem erhalten: a) vorweg die Stammaktien A bis 4 % des Nennwertes, b) alsdann die Stammaktien B bis 4 % des Nennwertes, c) der hiernach verbleibende Betrag wird unter die sämtlichen Aktien gleichmäßig verteilt." Diese Bestimmung kann nach dem Wortlaut und Zusammenhang gar nicht anders aufgefaßt werden, als dahin, daß in jedem Falle, wo nach der festgestellten Bilanz ein ausreichender Reingewinn vorliegt, erst die Aktien Lit. A. davon bis 4 % ihrer Aktien und dann die Aktien Lit. B. ebenfalls bis 4 % erhalten sollen. Wenn in § 25 Nr. 4 vorweg bemerkt ist, daß der Reingewinn „nach Maßgabe des Beschlusses der Generalversammlung zu verteilen ist," so wird dieses Recht der Generalversammlung durch die nachfolgende nähere Regelung wieder eingeschränkt.

Nach § 260 HGB. muß die Generalversammlung die Dividende auch dann festsetzen, wenn sich diese aus der Bilanz nach den näheren Bestimmungen des Gesellschaftsvertrags, wie hier ohne weiteres rechnerisch ergibt (Staub, Goldmann zu § 260; vgl. RG. 40 S. 36). Die Vorschrift der Satzung, daß der Reingewinn nach Maßgabe des Beschlusses der Generalversammlung zu verteilen sei, und die weitere in § 35 Nr. 3, daß die Höhe der jährlichen Dividende durch die Generalversammlung zu genehmigen sei, sagt nichts weiter, als was schon das Gesetz bestimmt und gibt deshalb der Generalversammlung noch nicht das Recht, die Dividende nach freiem Ermessen festzusetzen. Wenn hiernach aber auch der Kläger ein satzungsmäßiges Recht darauf hatte, von dem verfügbaren Reste zu 37376 Mark bis zu 4% Dividende zu erhalten, so war doch dieses Recht kein Sonderrecht, sondern nur der Ausfluß seines Mitgliedsrechts. Er kann also den Beschluß nur dann anfechten, wenn die Voraussetzungen des § 271, besonders von Abs. 3 Satz 2 vorliegen (Staub N. 9, Brand N. 2a zu § 213, München Seuff. 68 S. 84). An diesen fehlt es hier aber, da der Kläger unstreitig weniger als $^1/_{20}$ des Aktienkapitals besitzt. Nun kann zwar die Klage aus § 271 auch auf § 138 gestützt werden; sie unterliegt dann aber ebenfalls den formellen Voraussetzungen jener Vorschrift (Warn. 6 1913 S. 195).

Wie dort betont ist, gewährt allerdings der § 138 BGB. auch die Möglichkeit, die Feststellungsklage aus § 256 ZPO. dahin zu erheben, daß der Beschluß dem Kläger gegenüber nichtig sei. Der verletzte Aktionär müsse sich deshalb vor Klagerhebung entscheiden, in welcher Form er den Beschluß angreifen wolle. Hier hat sich der Kläger für die Anfechtungsklage entschieden. Wenn man in dieser aber auch zugleich eine Feststellungsklage aus § 256 ZPO. finden wollte, so ist doch durchaus überzeugend, wenn Beklagte behauptet, daß der Vortrag des Restes durch die Kriegsverhältnisse veranlaßt ist. Solche Maßregel entspricht der Handlungsweise eines vorsichtigen Kaufmanns. Daß dabei die Aktionäre der beiden verschiedenen Gattungen ungleich behandelt werden, ist nicht Folge von Willkür, sondern des Gesellschaftsvertrags, der eine solche verschiedene Behandlung vorsieht. Zuzugeben ist, daß Beklagte hiernach alljährlich einen Betrag auf neue Rechnung übertragen und dadurch den Aktionären A auch für solche Jahre eine Dividende sichern könnte, die sonst keinen Reingewinn ergeben würden. Unrichtig ist aber die Schlußfolgerung, daß die Aktionäre B dagegen nicht gesichert wären. Denn sie haben, abgesehen von dem Falle, wo mindestens $^1/_{20}$ des Aktienkapitals klagt, dann ein Klagrecht, wenn die Verfügung über den Reingewinn nicht sachlichen Gründen entspringt, sondern eine unsittliche Bevorzugung der einen Art von Aktionären auf Kosten der anderen darstellen würde. Davon kann aber hier keine Rede sein. W. n.

**γ) Kenntlichmachung der Abschreibungen in der Bilanz.**

OLG. Hamburg, 4. ZS. Urteil v. 17. November 1916.

Die Kläger meinen, daß der Beschluß der Generalversammlung, der die

Bilanz, die Gewinn- und Verlustrechnung und die Gewinnverteilung genehmigte, das Gesetz verletzt habe, weil sich aus der vorgelegten Gewinn- und Verlustrechnung die Höhe der Abschreibungen nicht ergäbe und dies in der Generalversammlung gerügt sei. Es ist aber nirgends im Gesetz vorgeschrieben, daß in der Gewinn- und Verlustrechnung der Betrag der Abschreibungen aufgeführt sein muß. Insbesondere ergibt sich das weder aus § 260, noch aus § 261. Wie der Beschluß vom 11. November 1901 (RJA 2 S. 239) ausführt, hat es seinen guten Grund, daß das Gesetz bestimmte Vorschriften über die Spezialisierung der Gewinn- und Verlustrechnung nicht enthält; die Angabe der Einzelheiten könne wegen der gesetzlich erforderlichen Offenlegung der Gewinn- und Verlustrechnung mit Rücksicht auf die Konkurrenz zu weittragenden Folgen führen. Der Inhalt der Rechnung stand also einer rechtswirksamen Genehmigung derselben nicht entgegen.

Eine andere Frage ist es, ob die Aktionäre in der Generalversammlung mündliche Aufklärung über den Gesamtbetrag der Abschreibungen verlangen konnten. Es bedarf hier keiner Entscheidung dieser Frage, da nach der ganzen Sachlage anzunehmen ist, daß beide Kläger vor der Generalversammlung den Gesamtbetrag der Abschreibungen erfahren haben. Im übrigen haben die Kläger nicht etwa behauptet, daß sie in der Generalversammlung mündliche Auskunft über die Abschreibungen erbeten haben, und daß ihnen solche mündliche Aufklärung versagt worden sei.

Die Kläger meinen endlich, daß die Bilanz dem Gesetze nicht entspreche, weil sie nicht nach § 261 den aus der Vergleichung sämtlicher Aktiva und sämtlicher Passiva sich ergebenden Gewinn oder Verlust am Schlusse der Bilanz besonders angegeben habe. In der Bilanz findet sich der Gewinn auf der Debetseite in den drei letzten Posten (Dividende, Tantieme, Vortrag) angegeben. Darin, daß der Gewinnbetrag aus diesen drei Posten ersehen werden muß und sich nicht mit einer einzigen Zahl eingetragen findet, liegt keine Verletzung des Gesetzes. M. M.

δ) **Anfechtung der Gewinnverteilung aus § 271 HGB.**[1]

OLG. Braunschweig, 2. ZS. Urteil v. 6. Juni 1916.

Der Kläger fühlt sich durch den Generalversammlungsbeschluß vom 2. Juli 1915 beschwert, wonach der im Geschäftsjahre 1914 erzielte Reingewinn nicht nach der Satzung von 1901, sondern nach dem Generalversammlungsbeschlusse vom 6. Juli 1909 verteilt ist. Nach der Satzung von 1901 § 12 hat der Aktionär auf jede Aktie jährlich 100 Zentner Rüben (Pflichtrüben) zu liefern, deren Kaufpreis der Aufsichtsrat festsetzt. Der § 18 schreibt dann weiter vor, daß jeder Aktionär auch seine andern Rüben zum ortsüblichen Preise (Abs. 3) der Fabrik anzubieten habe und bei freiwilliger Zu-

[1]) Haben, wenn auch abweichend von der Satzung, die Gesellschaftsorgane den Gewinn des Jahres 1911 nicht auf die früheren, sondern nur auf die für 1911 lautenden Dividendenscheine angewiesen, so ist der Kläger als Inhaber eines für 1909 und 1910 ausgestellten Dividendenscheins nicht befugt, jene Gewinnverteilung anzufechten; vgl. RG. 15 S. 98 (OLG. Hamburg, 4. ZS. Urteil v. 11. Okt. 1912).

sage dieser Überrüben zu den von der Fabrik festgestellten Preisen unter gewissen Voraussetzungen einen besonderen Gewinnanteil von 1 Pf. für jede vollen 5 Pf., die der Zentner in der Kampagne überhaupt verarbeiteter Rüben an Reingewinn durchschnittlich ergeben hatte, für den Zentner Überrüben erhalten solle (Abs. 5, 7). Diese Abs. 6, 7 sind dann aber mit $^3/_4$ Mehrheit, aber gegen die Stimme des Klägers am 6. Juli 1909 dahin abgeändert:

1. Diejenigen Aktionäre, die ihre sämtlichen Rüben der Fabrik liefern, erhalten zunächst die von Jahr zu Jahr von der Verwaltung festgesetzten Mindestpreise.

2. Verbleibt hiernach und nach den nötigen Abschreibungen ein Überschuß, so werden zunächst die Aktien mit 20 Mark verzinst.

3. Hiernach findet eine weitere Nachzahlung auf sämtliche Rüben bis zu 1,10 Mark für den Zentner statt.

4. Sollte dann noch ein weiterer Überschuß verbleiben, so soll er zur Hälfte den Aktien als Dividende und zur Hälfte sämtlichen Rüben zufallen.

Wer nicht sämtliche Rüben liefert, erhält nur den Mindestpreis ohne Anspruch auf weitere Zahlungen.

Der Kläger, der für 1914 nur seine Pflichtrüben geliefert hat, behauptet, gegen den Beschluß von 1909 und die auf Grund jenes Beschlusses erfolgten Dividendenzahlungen wiederholt mündlich Widerspruch erhoben zu haben und klagt deshalb auf Nichtigkeit des Beschlusses vom 2. Juli 1915, weil dieser den Reingewinn für das Geschäftsjahr 1914 nicht nach der Satzung von 1901 verteilt. Die Nichtigkeit des Beschlusses von 1915 ist auf die Nichtigkeit des voraufgegangenen Beschlusses vom 6. Juli 1909 gestützt. Dieser ist jedoch nicht nach § 271 angefochten, deshalb kann nur noch seine absolute Nichtigkeit geltend gemacht werden. Daß solche vorliegt, hat das LG. deshalb angenommen, weil der Beschluß sowohl dem Rechte der Aktionäre auf gleichmäßige Behandlung, als auch dem Grundsatze des § 276 widersprach. Dem war im wesentlichen beizutreten.

Aktien mit verschiedener Berechtigung im Sinne des § 275 sind weder durch die Satzung noch durch den Beschluß von 1909 geschaffen. Zwar wird man Aktien, die zum Rübenbau verpflichten und dafür zum Kaufpreise berechtigen, und solche, bei denen dies nicht der Fall ist, als Aktien verschiedener Berechtigung ansehen müssen (JW. 1912 S. 1108; Rsp. 24 S. 138). Allein hier hat die Satzung alle Aktionäre ohne Unterschied zur Lieferung einer bestimmten Rübenmenge und zum Angebot der übrigen Rüben verpflichtet. Daneben sind — und zwar ebenfalls unterschiedslos — alle Aktionäre berechtigt, vor der Bestellung ihre sämtlichen Rüben zum festgesetzten Preise anzubieten. Hieran ist durch den Beschluß von 1909 nichts geändert. Die Inhaber alter Aktien haben deshalb nach wie vor ein Recht auf gleichmäßige Behandlung hinsichtlich des Dividendenbezugs (RG. 49 S. 198, 80 S. 86). Die Verletzung dieses Rechts durch einen Generalversammlungsbeschluß würde deshalb in ein Sonderrecht der Aktionäre eingreifen; der Beschluß wäre in solchem Falle nichtig (Staub N. 9, Brand N. 4b zu § 250). So liegt die Sache hier. Nach § 18 der Satzung erhalten diejenigen Aktionäre, die schon vor der Bestellung alle Rüben der Fabrik zusagten, einen besonderen Gewinnanteil von einem Pf. Ein ähnlicher besonderer Gewinnanteil, aber in anderer Berechnung, wurde den Aktionären, die ihre sämtlichen Rüben lieferten, durch den Beschluß von 1909 zugesichert: sie erhalten außer den „Mindestpreisen" eine weitere Nachzahlung auf sämtliche Rüben bis zu höchstens 1,10 Mark für den Zentner. Es mag sein, daß durch diese besondere Vergütung der Wert für die Nebenleistung aus § 212 im Einzelfall überschritten wurde. Aber dem steht § 216 nicht entgegen; eine solche Mehrleistung ist zulässig und hier mit Rücksicht auf die Höhe noch nicht unter allen Umständen als eine verschleierte Dividende anzusehen (Staub N. 5, Goldmann N. 3, Lehmann-Ring zu § 216, a. A. Brand aO. N. 2a). Dagegen ist die weitere Bestimmung des Beschlusses von 1909, daß schließlich noch von dem Überschusse des Reingewinns die Hälfte nur denjenigen Aktien zufällt, auf die alle Rüben geliefert seien, nichts weiter als die Zusicherung einer verschleierten Dividende (BraunschwZ. 54 S. 50, 55 S. 69). Danach ist also zum vollen Dividendenbezug die Erfüllung einer neuen Nebenleistung nötig, nämlich die der Lieferung aller Rüben. Die Aktionäre würden hiernach in bezug auf die Dividende verschieden behandelt werden, je nachdem sie alle Rüben liefern oder nicht.

Nach § 276 erfordert nicht nur die nachträgliche Begründung, sondern auch Veränderung der Nebenleistungen im Sinne des § 212 die Zustimmung sämtlicher betroffener Aktionäre (Staub § 276, § 212[10]). Solche den Kläger unter Umständen benachteiligende Änderung ist durch den Beschluß von 1909 getroffen. Denn danach kann der Aktionär, der lediglich Pflichtrüben liefert, für diese (außer seiner sonstigen Dividende) „nur den Mindestpreis ohne Anspruch auf weitere Zahlungen" verlangen. Dieser „Mindestpreis" wird „von Jahr zu Jahr von der Verwaltung" festgesetzt. Die Satzung kannte diesen Mindestpreis für Pflichtrüben noch nicht; vielmehr hatte der Aufsichtsrat einen „Kaufpreis" vor der Kampagne sowohl für die Herbst- als auch für die Winterlieferung festzusetzen. Diese Festsetzung mußte gemäß § 315 BGB. der Billigkeit entsprechen (LeipzZ. 1 S. 285). Der Beschluß von 1909 ist deshalb auch gemäß § 276 HGB. nicht bloß anfechtbar, sondern nichtig (RG. 37 S. 65, 48 S. 107).

Das LG. meint aber, daß der Kläger und die anderen Aktionäre, die derzeit gegen den Beschluß von 1909 gestimmt hätten, nachträglich ihr Einverständnis mit diesem durch die widerspruchslose Annahme der auf Grund jenes Beschlusses für die Geschäftsjahre 1909 und 1911 gezahlten Dividende erklärt hätten. Die Geschäftsjahre 1912 und 1913 kommen nicht in Betracht, da für das erstere die Dividendenverteilung auf Grund eines abermals geänderten Beschlusses vorgenommen ist, wogegen der Kläger mit Erfolg die Anfechtungsklage erhoben hat, und für das letzte Jahr ein genügender Überschuß überhaupt nicht in Frage kam. Ebenso muß das Geschäftsjahr 1910 hier ausscheiden, da der Kläger in der Generalversammlung, die die Dividende festsetzte, nicht anwesend war. Hinsichtlich der Geschäftsjahre 1909 und 1911 streiten die Parteien, ob der Kläger gegen den Beschluß hinsichtlich des ersteren Jahres zu Protokoll widersprochen und hinsichtlich des letzteren der Dividendenverteilung ausdrücklich zugestimmt habe. Aber eines Beweises bedarf es nicht mehr. Denn wenn auch der Kläger gegen den Beschluß keinen Widerspruch zu Protokoll erklärt haben und ausweislich des Protokolls hinsichtlich des zweiten Beschlusses als zustimmend aufgeführt sein sollte, so genügt das noch nicht zu der Annahme, er habe seinen erklärten Widerspruch gegen den Beschluß vom 6. Juli 1909 fallen gelassen und nachträglich seine Zustimmung zu diesem erteilt. Diese Schlußfolgerung kann um so weniger Platz greifen, als der Kläger gegenüber dem Prokuristen der Beklagten wiederholt erklärt hat, er mißbillige den Beschluß.... W.n.

Dazu: **Haftung wegen arglistiger Anfechtung.**[1]

OLG. Hamm, 3/4. ZS. Urteil v. 8. Juni 1917.

Die Gewerkenversammlung der Gewerkschaft T. hatte Ende 1910 beschlossen, das ganze Bergwerksvermögen an die jetzige Klägerin zu verkaufen; der Preis war dabei für den Kux, soweit darauf Zubußen entrichtet waren, auf 6500 Mark, für andere Kuxe entsprechend weniger berechnet. Der Beklagte erwarb alsdann die beiden Kuxe Nr. 143, 612 und klagte erfolglos gegen die Gewerkschaft auf Aufhebung des Beschlusses. Die Klägerin beansprucht jetzt den Ersatz des Schadens, den ihr der Beklagte durch sein Vorgehen vorsätzlich zugefügt habe. Nach dem Beweisergebnisse hat der Beklagte die Kuxe erworben, um eine Zwangslage für die Klägerin zu schaffen und so diese zu bestimmen, die Kuxe zu einem übermäßigen Preise ihm abzukaufen. Die Zwangslage ergab sich daraus, daß die Klägerin nach Syndikatsbestimmungen vor der Durchführung des Beschlusses von Ende 1910 die Zeche noch als eine selbständige behandeln mußte; namentlich war die Syndikatsbeteiligung für T. besonders zu rechnen. Die Klägerin konnte nicht die dieser zustehende Förderung auf eine ihrer anderen Zechen übertragen und umgekehrt. Ferner waren die an das Syndikat zu entrichtenden Abgaben höher. Der Klägerin, die die weitaus größte Zahl der Kuxe erworben hatte, entgingen also die Vorteile, die der Gewerkenbeschluß für sie in Aussicht stellte. Der einfachste Weg, das Hindernis zu beseitigen und so den Erwerb der ihr schon gehörenden Kuxe nützlich zu machen, war offenbar der Ankauf der Kuxe des Beklagten. Darauf rechnete dieser; er ging dabei davon aus, daß die Zahlung auch eines ganz übermäßigen Preises für die Klägerin gegenüber dem andernfalls ihr entgehenden Nutzen nicht von Bedeutung sein könne. Für diese Auffassung spricht schon der Umstand, daß er die Kuxe erst erworben hat, als der Gewerkenbeschluß schon erlassen war; es handelte sich also nicht um einen alten Besitz, auf dessen günstige Verwertung es ihm ankommen konnte. — Er selbst gibt ferner den wirklichen Wert eines Kuxes auf 10000 Mark an. Nun ist selbstverständlich eine genaue Bewertung auch für den tüchtigsten Fachmann unmöglich. Der Beklagte hat aber für einen seiner Kuxe

[1] Die Revision ist zurückgewiesen.

9600 Mark gezahlt. Es ist völlig ausgeschlossen, daß er hätte annehmen können, der von ihm gezahlte Betrag bleibe hinter dem wirklichen Werte zurück und ihm entspreche gerade die runde Summe von 10000 Mark, die nur 400 Mark höher war. Vor allem aber hat der Beklagte trotz Befragens nichts vorgebracht, was es erklären könnte, daß er bei seinem Vorgehen an einen über 6500 Mark hinausgehenden Wert der Kuxe geglaubt hätte. Er hat sich auf Behauptungen ganz allgemeiner und unbestimmter Art beschränkt, wie sie sich einfach aus der Luft greifen lassen und ohne alle näheren Kenntnisse über jedes beliebige Bergwerk aufgestellt werden können, bei dem man an einer hohen Wertangabe ein Interesse hat.... Auch seine Anfechtungsklage ist erhoben und durchgeführt, ohne daß er irgendwelche bestimmten Behauptungen über die für die Bewertung der Kuxe maßgebenden Umstände aufgestellt hätte. Daß sonst alle Gewerken ihre Kuxe zu 6500 Mark abgegeben haben, zeigt deutlich die Unwahrheit der Behauptung, es sei allgemein der Wert des Kuxes höher geschätzt. Zugleich geht daraus hervor, daß der wirkliche Wert damals jedenfalls nicht mehr als 6500 Mark betrug. Nach dem im Anfechtungsprozeß erstatteten Gutachten muß vielmehr mit den damaligen Urteilen angenommen werden, daß der Wert eines Kuxes auf nicht mehr als 5500 Mark zu schätzen war.

Geht man hiervon aus, so hat Beklagter durch sein ganzes, mit dem Erwerb der Kuxe eingeleitetes Verfahren dem Anstandsgefühl aller, die billig und recht denken, grob zuwidergehandelt. Zugleich ergibt sich, daß der Klägerin ein Schaden erwachsen ist, und der Beklagte, der sich bewußt war, daß sein Vorgehen zu einer Verzögerung in der Durchführung des Beschlusses von 1910 führen würde, und welche Folgen dieser Umstand hätte, die Entstehung des Schadens vorausgesehen hat.... L. S.

ε) **Gebührt das Bezugsrecht auf neue Aktien dem Nießbraucher oder dem Eigentümer der alten Aktien?**

Bayer. Oberstes Landesgericht, 1. ZS. Beschluß v. 18. Januar 1918.

Zu dem Familienfideikommiß gehören 270 Aktien der G. Aktiengesellschaft zum Nennwerte von 1000 Mark. Diese Gesellschaft hat aus ihren Erträgnissen bedeutende Rücklagen gemacht, über die die Generalversammlung in der Weise verfügte, daß das Aktienkapital von 30 auf 40 Millionen Mark erhöht wurde, die hierzu erforderlichen 10 Millionen Mark den Rücklagen entnommen und die dafür ausgegebenen neuen Aktien den Aktionären unentgeltlich im Verhältnis von einer neuen auf drei alte Aktien zur Verfügung gestellt wurden. Die Frage, ob die auf die 270 zum Fideikommiß gehörigen alten Aktien treffenden 90 neuen Aktien auf das Fideikommiß oder auf dessen dermaligen Nutznießer persönlich auszustellen sind, hat dieser dem Fideikommißgericht unterbreitet, das die 90 neuen Aktien als Bestandteil des Fideikommisses erklärt hat. Die Beschwerde ist nicht begründet. Auch das Beschwerdegericht schließt sich der in der Literatur und Rechtsprechung überwiegend vertretenen Anschauung an, daß das Bezugsrecht auf neue Aktien nicht als Frucht oder Nutzung der Aktie zu erachten ist. Der Beweis allerdings, den das Fideikommißgericht aus dem Wortlaute des § 282 entnimmt, schlägt nicht durch. Wenn dort jedem „Aktionär" der Anspruch auf Zuteilung eines seinem bisherigen Aktienbesitz entsprechenden Teils der neuen Aktien zugesprochen wird, so ist durchaus nicht unzweifelhaft, ob unter dem „Aktionär" der „Aktionär als solcher", der Eigentümer im bewußten Gegensatz zu einem Nutzungsberechtigten gemeint ist. Der Ausdruck „Aktionär" könnte unter Umständen auch in dem Sinne „der aus der Aktie Berechtigte" auszulegen sein, so daß durch den Wortlaut der angezogenen Gesetzesstelle die Streitfrage nicht gelöst wird. Mit Recht aber führt das KG. (Rsp. 24 S. 139) aus, daß das Bezugsrecht auf neue Aktien weder ein Vorteil ist, den der Gebrauch der Aktie gewährt, noch eine Frucht im Sinne des § 99 BGB., da es kein bestimmungsgemäßer, regelmäßig wiederkehrender Ertrag ist, daß es auch nicht aus der Aktie selbst entsteht, sondern zu seiner Entstehung noch anderer mitwirkender Momente — der Erhöhung des Grundkapitals und des Beschlusses der Generalversammlung — bedarf, daß es demnach ein neu erworbenes selbständiges Vermögensrecht bildet, das das Stammrecht des Eigentümers der Aktie vermehren soll, also diesem, nicht dem Nießbraucher gebührt. Der gleichen Ansicht sind Planck § 99[3], Staudinger § 2112[2], RGKomm. § 1068[3], Staub HGB. § 282[11], Brand § 282[3], HoldZ. 15 S. 188, Ehrenberg 3 I S. 327, Lehmann Recht der AG. 2 S. 66 u. S. 465.

Die Richtigkeit dieser Anschauung will auch der Beschwerdeführer für den Normalfall der Ausgabe neuer Aktien gegen Zahlung eines Übernahmepreises nicht bestreiten, er glaubt aber, sie treffe dann nicht zu, wenn wie hier die für die Kapitalserhöhung erforderliche Summe den Rücklagen entnommen wird und die neuen Aktien den Aktionären ohne Entgelt zur Verfügung gestellt werden. Dieser Ansicht kann jedoch nicht beigetreten werden. Für die Aktiengesellschaft wäre der Erfolg ganz der gleiche gewesen, wenn sie nicht den von ihr eingeschlagenen Weg gewählt, sondern den für die Erhöhung des Stammkapitals erforderlichen Teil der Erträgnisse den Aktionären in Gestalt von Dividenden zugeführt und die für die Erhöhung des Stammkapitals benötigte Summe durch Einzahlungen der Aktionäre auf die neuen Aktien beschafft hätte. Es ist nicht einzusehen, welchen Unterschied es für die rechtliche Behandlung der neuen Aktien begründen sollte, daß die Gesellschaft, offenbar nur, um in der Festsetzung ihrer Dividenden nicht allzu hoch greifen zu müssen, den zweiten Weg gewählt hat. Wenn der Beschwerdeführer meint, die von der Gesellschaft aus den Rücklagen geleisteten Einzahlungen seien als Frucht anzusehen und dasselbe treffe folglich auch auf die neuen Aktien zu, so ist das nicht richtig. Denn die aus den Erträgnissen des Unternehmens gemachten Rücklagen sind eben nicht mehr „Frucht" im Sinne des § 99 BGB., also bestimmungsgemäßer, regelmäßig wiederkehrender Ertrag, sondern kapitalisierter Ertrag und demnach Mehrung des Stammvermögens (vgl. Winkler LZ. 1913 S. 48). Kn.

i) **Genossenschaft:** $\alpha$) **Anfechtung aus § 51 GenG. wegen vorschriftswidriger Ladung eines Mitgliedes. Erhöhung der Geschäftsanteile.**

OLG. Hamburg, 5. ZS. Urteil v. 25. Oktober 1916.

Der Beklagte rügt, daß die Mitglieder der Klägerin zu der Generalversammlung nicht ordnungsmäßig geladen seien. Allein nach § 51 GenG. kann ein nicht in der Versammlung erschienener Genosse, der den Beschluß damit anfechten will, daß die Versammlung nicht gehörig berufen sei, dies nur binnen einem Monat tun. Die Frist, die der Beklagte nicht innegehalten hat, ist eine Ausschlußfrist.

Die Erhöhung der Geschäftsanteile zur Befriedigung des vorhandenen Kapitalbedürfnisses ist gesetzlich zulässig, auch im Falle der Überschuldung der Genossenschaft. Die Bestimmungen über die Aktiengesellschaft und die GmbH. sind nicht entsprechend anzuwenden, sondern hier tritt gerade der Gegensatz zwischen jenen Gesellschaftsformen und der Genossenschaft zutage. Danach verstößt der Beschluß, dessen Ungültigkeit der Beklagte geltend macht, nicht gegen die guten Sitten.

Wenn der Beklagte schließlich geltend macht, die Einrichtung der Klägerin als solcher verstoße gegen die guten Sitten, da sie nicht im Interesse der Genossen gegründet worden, sondern die Gründung eines beschränkten Kreises von Personen sei, die nur bezwecke, der Gewinnsucht dieser Personen zu dienen, so läuft dieser Angriff darauf hinaus, daß sich die Genossen bei der Gründung von den Gründern haben übervorteilen lassen. Das ist hier ohne Belang. Der vom Beklagten daraus gezogene Schluß, die Genossenschaft sei nichtig, ist nicht zutreffend. Wann eine Genossenschaft nichtig ist, ergibt sich aus §§ 94, 95 Ges. Der Fall, daß sich die Genossen bei der Gründung von den Gründern übervorteilen lassen, gehört nicht hierher. M. M.

$\beta$) **Ausgeschiedene Genossen können die Bilanz nicht anfechten.**

Kammergericht, 7. ZS. Urteil v. 21. November 1916.

Der Beklagte, der als Mitglied der Klägerin Ende 1914 ausschied, wird zur Deckung des bilanzmäßigen Verlustes für 1914 mit dem anteilsmäßig berechneten Betrage herangezogen. Der Beklagte rügt, daß die von säumigen Genossen auf ihre Geschäftsanteile geschuldeten Beträge, sowie eine Regreßforderung gegen ein früheres Aufsichtsratsmitglied nicht in den Vermögensbestand aufgenommen seien. Allein eine von der Generalversammlung genehmigte Bilanz, die hier vorliegt, kann nur nach § 56 Ges. angefochten werden und demgemäß steht den ausgeschiedenen Genossen kein Anfechtungsrecht zu. Die Ausführungen des Beklagten, daß den ausgeschiedenen Genossen viel weiter gehende Rechte, nämlich die unbeschränkte Geltendmachung jeder objektiven Nichtigkeit der Bilanz zustehe, widersprechen dem klaren Sinn und Zweck des Gesetzes. Nur so viel kann zugegeben werden, daß der ausgeschiedene Genosse nicht völlig schutzlos ist. Bei einer klaren Verletzung seiner Rechte auf nur anteilsmäßige Heranziehung zur Deckung des Verlustes würde ihm der § 138 sowie § 134 BGB. zur Seite stehen. Diese

Vorschriften sind aber nicht anwendbar, wenn in der mindestens sehr zweifelhaften Frage, ob Forderungen auf die rückständige Deckung des Geschäftsanteils säumiger Genossen als Aktiva der Genossenschaft gebucht werden sollen, die Generalversammlung den von Parisius-Crüger § 7[29] eingenommenen verneinenden Standpunkt vertritt, oder wenn eine zweifelhafte nicht ausgeklagte Regreßforderung nicht in die Bilanz als Vermögensstück eingestellt wird. L.n.

γ) **Berechnung ihres Anteils nach Kopfteilen oder Geschäftsguthaben?**

OLG. Kiel, 1. ZS. Urteil v. 24. Mai 1917.

Die klagende Genossenschaft verlangt, weil ihr Vermögen zur Deckung der Schulden Ende 1914 nicht ausreichte, von dem damals ausgeschiedenen Beklagten den ihn treffenden Anteil am Fehlbetrage. Die Satzung § 9 regelt die Auseinandersetzung mit dem ausgeschiedenen Genossen, bestimmt jedoch über die Berechnung des Anteils nichts. Dieser ist deshalb gemäß der gesetzlichen Regel nach Kopfteilen zu berechnen, sofern sich nicht etwa aus dem übrigen Inhalt der Satzung zwingend das Gegenteil ergibt. Das LG. nimmt dies letztere an, weil im § 9 Satz 1 für den Fall einer Gewinnerzielung die Auszahlung des Geschäftsguthabens an den ausscheidenden Genossen vorgesehen sei, weil ferner nach § 55 der sich am Schlusse des Geschäftsjahrs ergebende Jahresgewinn und Jahresverlust auf die Genossen nach Verhältnis ihrer Geschäftsanteile verteilt werde, und weil endlich nach § 10 die Genossen für die Verzinsung der auf das Genossenschaftsgrundstück aufgenommenen Hypothekengelder „gemeinschaftlich und anteilsweise" aufzukommen habe. Diese Beweisführung ist aber nicht schlüssig.

Auch das GenG. sieht nämlich vor, daß bei ausreichendem Genossenschaftsvermögen das Geschäftsguthaben dem ausscheidenden Genossen auszuzahlen ist (§ 73) und daß der Jahresgewinn (Verlust) auf die Genossen nach Verhältnis ihrer Geschäftsguthaben zu verteilen ist (§ 19). So enthalten also weder § 9 Satz 1, noch § 55 der Satzung eine Abweichung vom Gesetz. Obwohl das Gesetz den Jahresverlust nach Geschäftsanteilen (Guthaben) verteilt und obwohl es dem ausscheidenden Genossen bei ausreichendem Vermögen das Recht auf Auszahlung seines Guthabens gewährt, bestimmt es doch die Heranziehung des ausgeschiedenen Genossen zum Fehlbetrage des Gesamtvermögens mangels anderweitiger Satzungsbestimmung nach Kopfteilen. Die anderweitige Regelung der Gewinnverteilung beim Ausscheiden und die anderweitige Verteilung von Jahresgewinn (Verlust) haben also dem Gesetz keinen Anlaß gegeben, von der Heranziehung der ausgeschiedenen Genossen für den Fehlbetrag nach Kopfteilen mangels entgegenstehender Satzungsbestimmung abzusehen. Für diese vom Gesetz selbst aufgestellte Unterscheidung sprechen auch sachliche Gründe: würde der ausscheidende Genosse für den Fehlbetrag nach Geschäftsanteilen haften, so würde ihm hierdurch der Entschluß, auszuscheiden, um so mehr erschwert werden, je höher seine Beteiligung ist. Dies hat das Gesetz, das dem Genossen sein Recht, nach seinem freien Willen auszuscheiden, grundsätzlich nicht verkürzen will (vgl. § 65[3]), für den Regelfall verhindern wollen, und es hat die Auferlegung dieses Nachteils nur dann zugelassen, wenn der Genosse durch eine zweifelsfreie anderweitige Satzungsbestimmung auf die hierin liegende Gefahr besonders hingewiesen war. Demgegenüber ist es nur billig und sachgemäß, daß bei ausreichendem Vermögen der Genossenschaft der Genosse sein Geschäftsguthaben ausbezahlt erhält und daß er an den laufenden Jahresgewinnen (Verlusten) nach Maßgabe seines Geschäftsguthabens teilnimmt.

Es muß daher aus der Satzung ersichtlich sein, daß gerade der Anteil des ausscheidenden Genossen am Gesamtfehlbetrage des Genossenschaftsvermögens anders als nach Kopfteilen berechnet werden soll. Dies ergibt die Satzung nicht. Im Gegenteil, der Umstand, daß ihr § 9 sich im wesentlichen wörtlich an § 73 GenG. anlehnt und gerade da schweigt, wo das Gesetz diesem Schweigen eine bestimmte rechtliche Folge seinerseits beilegt, ergibt, daß etwas vom Gesetz Abweichendes für diesen Fall eben nicht vorgesehen ist. Auf dasjenige, was die Verfasser der Satzung sich hierbei gedacht haben, kommt es nicht an; es entscheidet lediglich der durch objektive Auslegung zu ermittelnde Inhalt. Auch aus § 10 der Satzung läßt sich nichts schließen, wobei die Frage, ob diese Bestimmung überhaupt gültig ist, ganz dahingestellt bleiben kann. SchlHA.

k) **Gesellschaft mbH.:** α) **Gegenstand des Unternehmens.**

OLG. Dresden, 6. ZS. Beschluß v. 28. April 1917.

Nach dem Gesellschaftsvertrag ist Gegenstand des Unternehmens „der Handel mit Petroleum, Spiritus und anderen Haushaltungsgegenständen". Nach einem Gesellschafterbeschlusse sollte es anstatt dessen künftig heißen: „der Handel mit Petroleum, Spiritus, Beleuchtungsstoffen und Waren aller Art . . ." Die Vorinstanzen lehnten die Eintragung des Beschlusses ab, weil sich aus ihm nicht ersehen lasse, welche Art von Waren die Gesellschaft vertreiben wolle. Die weitere Beschwerde ist begründet. Die Frage, ob und inwieweit die Bezeichnung des Gegenstandes eine sachlich bestimmte, in das Einzelne gehende sein muß, wird verschieden beantwortet. Das RG. (RG. 62 S. 96) lehnt das Erfordernis der Individualisierung ab. Aber auch wenn man für das Registerwesen der strengeren Meinung zu folgen hätte, so ist die hier beschlossene Bezeichnung genügend bestimmt. In dem Falle (KGJ. 34 S. 149) war „der Betrieb eines Kaufmannsgeschäfts" bezeichnet, so daß darunter auch Geschäfte fallen konnten, wegen deren die staatliche Genehmigungsurkunde beizubringen war (§ 8 Nr. 4), oder Geschäfte der in § 41[4] bezeichneten Art, hinsichtlich deren dem Registergericht eine gewisse Überwachungspflicht obliegt. Trotzdem erachtete das KG. die Bezeichnung nicht ohne weiteres für ungenügend, sondern verwies die Sache zur Prüfung darüber zurück, ob nicht mit der gewählten Bezeichnung nach den örtlichen Verhältnissen und dem örtlichen Sprachgebrauche der Betrieb eines Gemischtwarengeschäfts gemeint sei. Als ausreichende Bezeichnung des Gegenstandes wird also angesehen die Angabe des Betriebs von Geschäften der in § 1² Nr. 1 HGB. aufgeführten Art. Genau das gleiche wird im jetzigen Falle mit der Fassung gesagt: „Handel mit Waren aller Art". Damit ist den Anforderungen des Gesetzes genügt; dafür, daß die Gattung der Waren angegeben werden müsse, mit denen Handel getrieben werden soll, bietet das Gesetz keinen Anhalt. Das würde auch auf etwas ganz Unzweckmäßiges hinauskommen. Wenn so zB. ein Warenhaus betrieben wird, müßte mit der Aufnahme eines jeden neuen Artikels eine Änderung des Gesellschaftsvertrags Hand in Hand gehen. Ein derartiges Ergebnis kann der Gesetzgeber unmöglich im Auge gehabt haben. Ann.

β) **Begriff der Einforderung i. S. der §§ 20, 21 GmbHG.**

OLG. Braunschweig, 2. ZS. Urteil v. 14. Juli 1916.

Die Klägerin ist 1910 vom Beklagten, von B. und von Müller mit einem Stammkapital von 75000 Mark gegründet, wovon jeder 25000 Mark als Anteil übernommen hat. Zufolge notariellen Vertrags derselben alleinigen Gesellschafter ist dann 1913 das Stammkapital auf 100000 Mark erhöht, indem Müller die neuen 25000 Mark als Vorzugsanteil übernommen hat. Dabei ist bestimmt, daß er 25% sofort, den Rest auf Erfordern der Geschäftsführer zu zahlen habe, daß jedoch der Rest nur mit je ⅓ für die laufenden Vierteljahre eingefordert werden dürfe. Unstreitig hat Müller diesen Vorzugsanteil nur teilweise gedeckt, der Rest hat weder von ihm eingezogen, noch durch Verkauf des Geschäftsanteils gedeckt werden können; auch von B. ist nichts zu erlangen. Nach § 24 muß deshalb Beklagter den Fehlbetrag aufbringen, falls er zurzeit der Fälligkeit der Beträge noch Gesellschafter war. Da der Vertrag von 1913 nur für 25% des übernommenen neuen Anteils die sofortige Zahlungspflicht festsetzte, im übrigen aber keinen festen Zahlungstag bestimmte, wurden die ratenweise zu leistenden Rückstände erst durch Anforderung fällig (LeipzZ. 1915 S. 910, Rundschau für GmbH. 1916 S. 109). Diese ist ebenso wie die Mahnung eine rechtsgeschäftliche Willenserklärung, die nach § 35² Satz 2 nur alle Geschäftsführer gemeinschaftlich abgeben können, sofern der Gesellschaftsvertrag nichts anderes bestimmt. Hier war durch § 9 vorgeschrieben, daß die Gesellschaft durch mindestens zwei (der drei bestellten) Geschäftsführer vertreten werden müsse. Diese Vorschrift ist 1913 nicht aufgehoben, sondern mit dem Zusatze versehen, daß die Gesellschaft „durch einen oder mehrere Geschäftsführer gerichtlich und außergerichtlich vertreten" werde. Daraus folgt, daß ein Geschäftsführer dann genügen sollte, wenn überhaupt nur einer vorhanden war. Bis Ende 1913 waren aber 3 Geschäftsführer vorhanden. Die lediglich vom Geschäftsführer Müller unterzeichnete Anforderung vom 1. Juni 1913 war deshalb ungenügend.

Es kommt hinzu, daß Müller namens der Klägerin die Anforderung an sich selbst gerichtet hat. Der § 181 BGB. macht aber eine Ausnahme nur für Erfüllungshandlungen und für den Fall der Gestattung durch den

Vertretenen. Eine Erfüllungshandlung kam hier nicht in Frage; denn durch die Anforderung sollte nicht erfüllt, sondern umgekehrt vom Gläubiger die Erfüllung begehrt werden. Aber auch eine Gestattung ist nicht behauptet. Allerdings kann sie durch die Gesellschaft stillschweigend erfolgen (LeipzZ. 1912 S. 470). Aber aus der größeren oder geringeren Unwahrscheinlichkeit einer Benachteiligung des Vertretenen durch die Rechtshandlung ist noch keine Gestattung herzuleiten (RG. 68 S. 178). Hier bestand die Gesellschaft, abgesehen von Müller, nur noch aus dem Beklagten und B. Für diese war es bei ihrer Persönlichkeit und der ganzen Sachlage ein völlig fernliegender Gedanke, daß sich einer von ihnen im Namen der Gesellschaft selbst mahnen könnte, zumal genügend andere Vertreter vorhanden waren. Ein Gestattungswille der Beteiligten im Sinne des § 181 BGB. kann deshalb nicht festgestellt werden. Auch eine nachträgliche, an sich nach § 177 BGB. für Rechtsgeschäfte des § 181 mögliche Genehmigung (RG. 56 S. 107) kommt hier schon gemäß § 180 nicht in Betracht, ist auch hier nicht behauptet. Es ist überdies anzunehmen, daß B. und der Beklagte von dieser Anforderung überhaupt nichts erfahren haben.

War die Anforderung vom 1. Juni 1913 unwirksam, so konnte die Anforderung vom 1. Dezember 1913 höchstens nach Maßgabe der Vertragsbestimmung gelten, daß der Rückstand in 3 Raten vierteljährlich fällig wurde. Aber auch diese zweite Anforderung hätten mindestens 2 Geschäftsführer unterschreiben müssen. Das war zwar insofern der Fall, als Müller und B. unterzeichnet hatten. Aber Müller war auch in diesem Falle behindert, so daß nur die Unterschrift von B. in Betracht kommt. Zudem erweist sich die zweite Anforderung noch aus einem anderen Grunde als unwirksam. Sie geschah „zum 1. Januar 1914". Zu diesem Zeitpunkte war aber der Beklagte bereits ausgeschieden. Allerdings gehört dazu nicht nur die formgültige Abtretung, sondern auch die Anmeldung des Erwerbes an die Gesellschaft. Allein die Anmeldung kann auch formlos erfolgen, nur genügt nicht, daß die Gesellschaft oder deren Organe zufällig von dem neuen Erwerber Kenntnis erhält (Staub N. 10, Förtsch N. 3 zu § 16), auch nicht, wenn einer von mehreren Geschäftsführern Erwerber würde (Rostock Rundschau 1915 S. 176 f.). Allein hier lag die Sache so, daß Müller Ende 1913 alleiniger Geschäftsführer wurde und zugleich sämtliche Geschäftsanteile aller übrigen Gesellschafter erwarb. In diesem Falle hätten also die Veräußerer die erforderliche Anmeldung des Erwerbs an den Erwerber oder dieser nur an sich selbst erstatten können, was zwar zulässig war (RG. 68 S. 179), aber nicht dazu nötigte, die Anmeldung irgendwie noch besonders unter der Abtretung auszudrücken; das wäre ein leerer Formalismus gewesen. Die Anmeldung muß vielmehr als erfolgt angesehen werden in demselben Augenblicke, wo Müller als einziger Geschäftsführer die Anteile seiner Mitgesellschafter durch Abtretung erwarb (Marcus Z. für Handelsr. 1914 S. 124, vgl. Bauers Z. für Aktienr. 20 S. 274). W. n.

# Wortregister.

Verfaßt von Oberlandesgerichtsrat Dr. Warneyer in Dresden.

(Die Zahlen bedeuten die Seiten.)

# Nachträge.

Bd. 34 S. 885 o. Abgeändert durch RG. 91 S. 243.
„ 35 S. 88 η. Revision zurückgewiesen aO. S. 263.
„ 36 S. 1 β. „ „ aO. S. 232.
„ „ S. 9 δ. Vgl. RG. 91 S. 260.
„ „ S. 22 β. Revision zurückgewiesen aO. S. 390.
„ „ S. 27 β. „ „ aO. S. 280.
„ „ S. 39. Vgl. RG. 92 S. 389.
„ „ S. 42. Abgeändert am 7. März 1918 (Warn. 11 S. 118).
„ „ S. 51. „ „ 8. März 1918 (aO. S. 109).
„ „ S. 60. Vgl. auch RG. 92 S. 281.

## Berichtigungen.

Bd. 35 S. 383 Zeile 15 von oben statt „218" lies „418".
„ 36 S. 13 g) muß es in der Überschrift heißen: Bek. vom „9." März 1915 statt „3." März.
„ „ S. 14 Zeile 15 von oben muß es heißen: Bek. vom „9." März 1915 statt „3." März.
„ „ S. 23 Zeile 9 von oben lies „Einziehungsvollmacht" statt „Einigungsvollmacht".
„ „ S. 44 Zeile 10 von oben statt „nicht zur Seite" lies „nach dem Beweisergebnisse nicht zur Seite".
„ „ S. 45 Zeile 8 von unten lies „§ 463 BGB." statt „§ 439".
„ „ S. 95 Zeile 14 von unten statt „§ 178" lies „§ 179".
„ „ S. 101 Zeile 17 von unten statt „§ 432$^2$" lies „§ 432 Abs. 1".
„ „ S. 153 Zeile 13 von oben lies „einen mittelbaren Besitz" statt „unmittelbaren".
„ „ S. 284 Zeile 9 von unten lies „§ 51" statt „§ 56".

FSC
www.fsc.org
MIX
Papier | Fördert gute Waldnutzung
FSC® C083411

Kolibri 360 GmbH
Ferdinand-Jühlke-Straße 7
99095 Erfurt, Deutschland
produktsicherheit@kolibri360.de